LvG

LvG

Louis van Gaal - der Trainer und der ganze Mensch

Aufgeschrieben von Robert Heukels

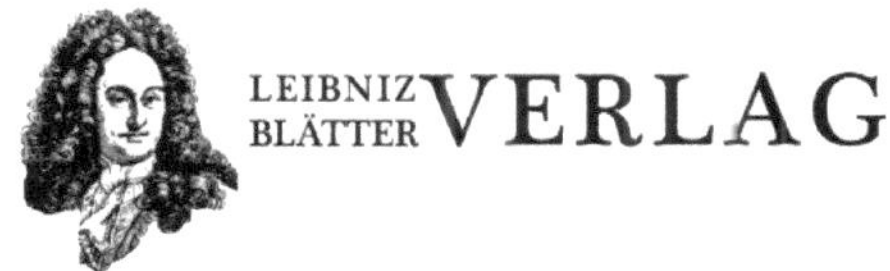

Leibniz Blätter Verlag

Umschlagentwurf: Tobias Hartmann

Übersetzung: Egon Boesten

Lektorat: Jürgen Fischer

Umschlagfoto © Getty Images

ISBN 978-3-9820573-3-0

E-Book ISBN 9783982289694

Inhalt

Louis – Mensch im Licht und Schatten

Der Raum misst knappe drei mal sechs Meter und besteht aus zwei Abteilungen. Es hat den Namen „Büro", und tatsächlich: dort stehen zwei Schreibtische. Sie stehen sich gegenüber mit einem über die volle Länge der Mauer gehenden abschließbaren Schrank. Das per Glastür abschließbare größere Abteil ist das kleine Reich von Louis. Meist steht die Tür offen, nur bei „wichtigen Gesprächen" geht sie zu. Wir sitzen uns gegenüber: der Cheftrainer und sein Pressechef. Das ist sozusagen „der kurze Weg". Egal wie früh ich morgens da hineinkomme, Louis sitzt schon da. Er ist ein Mann von Ordnung, Organisation und Struktur. Ich bin das, vorsichtig ausgedrückt, etwas weniger. Wir unterscheiden uns in einigen Dingen, aber wir kamen gut miteinander aus und erlebten besondere Zeiten. Wir kennen uns schon seit November 1971, aber bei unserem Einzug in das Zweisitzer-Büro im engen Ajax-Stadion *De Meer* im Winter von 1992 waren wir mehr oder weniger zur Zusammenarbeit verurteilt.

Fünf Jahre lang so ziemlich täglich dicht aufeinander zu sitzen, ein Büro teilen, reisen, Wochenenden als Höhepunkt der Woche gemeinsam erleben . . . da muss man wohl eine Kontaktstörung haben, wenn man sich dabei nicht kennen lernt. Jeden Tag die Freude darüber, sich wieder an die Arbeit zu machen, niemals gab es einen Moment der Langeweile. Die Emotionen von Glück und zurückhaltender Euphorie, die Momente des geteilten Verlustes, so leer wie die einer Niederlage, so tiefgehend und unakzeptabel wie der Tod seiner lieben Frau Fernanda . . .

Nachdem die ständig größer werdende an Louis persönlich gerichtete Post nach seiner Beurteilung durch mich als Pressechef und persönlichem Sekretär erledigt worden war (dazu die Post, die nichts mit Fußball zu tun hatte), kam es auch zu Gesprächen anderer Art. Daraus resultierte ein Einblick, wer dieser strukturierte, zielorientierte, ambitionierte und manchmal sehr beharrliche Mann war, viel von dem, was er tat, letztendlich gestützt auf einfache, aber menschliche Werte, mit der unumstößlichen Grundlage, die da heißt: Aufmerksamkeit und Liebe für Menschen.

Die Außenwelt und - ganz ehrlich, auch Partner und Kollegen aus der näheren Umgebung - sahen diesen Mann oft anders. Nicht selten geleitet durch unpassende Interessen oder Motive. Aber auch Personen, die verletzt worden waren oder sich verletzt gefühlt haben, stigmatisierten van Gaal als eine von sich eingenommene, eigenwillige, besserwisserische, unbeugsame und sogar arrogante Person. Bei dieser Art von Vorurteil ging es nicht um Inhalte, sondern um Vorlieben und Eigeninteresse. Louis wusste damit nicht richtig umzugehen: er machte keine Konzessionen, hielt an seiner Wahrheit und seinen Prinzipien fest. Dieser edle Standpunkt machte es nicht einfacher. Und Louis' unverkennbares Talent, Widerspruch zu provozieren, machte es auch nicht besser.

Im Besonderen die Medien verstanden es, mit einer einmal formulierten Charakterisierung die öffentliche Meinung zu lenken. Glücklicherweise akzeptierte nicht jeder dieses negative Etikett, genügend Menschen hatten dafür den richtigen Fühler. In den vergangenen Jahren ist dieses Etikett ersetzt worden durch ein klareres Bild. Ergebnisse, oftmals fantastische Ergebnisse haben dazu beigetragen, seine Fußballkunst unwidersprochen anzuerkennen. Jetzt, die eigene Laufbahn nicht länger als Hindernis, sondern als Referenz hinter ihm, ist der Augenblick erreicht sich umzusehen: die Biografie.

Ein Vorwort zu schreiben ist sehr ehrenvoll, aber an dieser Stelle keine persönlichen Dinge; schließlich geht es um die Hauptfigur. Doch missbrauche ich kurz, ohne Louis zurück zu lassen, diese Bühne: Die Jahre mit ihm schätze ich inhaltlich als die schönste Fußballzeit meines Lebens. Neben der besonderen, mit unglaublichen Erfolgen gezeichneten Dynamik dieser Zeit hat das vor allem mit ihm zu tun. Wir waren uns nicht immer einig, aber eine Meinungsverschiedenheit oder andere Bewertung hat nie dem gegenseitigen Respekt Abbruch getan. Ich sah Louis van Gaal im Licht und im Schatten und ich schätze ihn gerade wegen seines aufrechten Mensch-Seins. Louis ist kein Guru, keine Gottheit oder Prophet. Genauso wie er auch kein Buhmann, Besserwisser und schon gar nicht eine arrogante Person ist. Aber ich kann Ihnen als zukünftigen Leser dieses Buches versichern, dass er ein ganz besonderer Mensch ist, mit seinen Stärken und Schwächen, mit seinen Überzeugungen und Schwachstellen als Zeugen. Ich schätze ihn.

David Endt, Sportjournalist, ehem.
Ajax-Pressesprecher und 16 Jahre
Technischer Direktor bei Ajax

Prolog

„Verstehst du das?"

Ich hole Atem. Mein Schreiber fliegt über das Papier, aber ich bin immer Bruchteile von Sekunden zurück. Ganz kurz ist es still. Es dauert ihm doch zu lange.

„*Verstehst du*, was ich sage?"

Wir sitzen an „unserem" Tisch im Restaurant von Fysiomed, das Reich von Leo Echteld, seit Jahr und Tag Physiotherapeut vieler Topsportler. Abermals hatte Louis van Gaal einen Curry-Wrap bestellt mit Hühnchen und Avocado, und wiederum hatte er einen Lobgesang ausgebracht über die fantastische Zubereitung. Er findet ihn ehrlich lecker, diesen Wrap, jedes Mal genießt er ihn, als ob es das erste Mal wäre. Sorgfältig beseitigt er die Reste aus seinem Mundwinkel und schaut mich durchdringend an. Stundenlang hat er erzählt, etwas lauter als es sich wahrscheinlich gehörte. Leute schauen in Richtung unseres Tisches. Man sieht sie denken: Da sitzt er. Der Mann, der seit 2014 für immer „unser Bondscoach" ist.

„Verstehst du das?"

Louis van Gaal beugt sich nach vorn. An der Seite seines Kopfes sind die Adern etwas deutlicher sichtbar. Seine Ideen sichtbar zu machen kostet Energie. Sobald der Lehrer in van Gaal erwacht, steht alles auf „Hab' acht!" Die Stimmbänder sind angespannt, der Blick wird durchdringend und auch der Körper macht mit, die Hände, der Oberkörper, der Nacken. Mit großen Augen schaut er mich an – fast schon emotional. Ich nicke, hoffentlich nicht zu unterwürfig. Wenn ich meine Augen schließe, sehe ich ihn Anfang der 90er-Jahre mit einem 18-jährigen Nwankwo Kanu. Der Abstand ihrer beider Gesichter sehr klein, das Volumen der Stimme von Louis van Gaal sehr deutlich. Ich sehe Kanu so nicken, wie ich jetzt nicke.

Ich frage mich, was bewirkt das bei mir? Was mit Kanu? Wir könnten uns eingeschüchtert fühlen. Aber so ist es nicht. Die Antwort ist: Ich habe van Gaal nicht genau zugehört. Er hat mich überzeugt. Ich bin etwas klüger geworden. Was ich spüre, ist nicht die träge Müdigkeit nach einer mit viel zu viel Stoff vollgestopften

Mathe-Stunde. Was ich fühle, ist Raum. Energie. Nach jeder dieser stundenlangen Sitzung mit Louis van Gaal fühle ich mich - ein Lieblingswort von van Gaal - fantastisch. Ich verstehe Sachen, die ich vorher nicht begriffen habe. Ich sehe Möglichkeiten, die ich vorher nicht gesehen habe. Ich sehe Puzzle-Stückchen, die passen - von denen ich dachte, dass sie nie passten. Abermals in seinen Worten: unglaublich.

Als wir auseinander gehen - er wie immer mit geradem Rücken und trägem, stattlichem Schritt - wird Louis van Gaal väterlich. Dann geht es plötzlich über den Sinn des Lebens. Den Tod. Unsere Lieben. Einmal packte er meine Schulter, als es über Menschen geht, die für uns weg sind. „Es passiert uns allen. Wir können jeden Augenblick tot umfallen, es kann jeden Moment zu Ende sein. So ist es einfach. Es kann mir passieren, aber dir auch."

Er zieht die Augenbrauen hoch. Dann wieder strahlt er, wenn er jedem ein „Bis bald" zuwinkt. Draußen zögern wir. So als ob wir lieber noch nicht unseren eigenen Weg gehen wollen, lieber noch weiter geredet hätten. Er zeigt auf den Fahrradständer. „Bist du wieder mit dem Fahrrad unterwegs? Das finde ich wirklich fantastisch."

Ich öffne das Schloss und steige aufs Rad. Er ruft mir hinterher: „Wenn ich wieder hierhin gehe, schicke ich eine App an dich."

Die Whats-App-Nachrichten sind kurz und klar und jedes Mal mit einer klaren Unterschrift: LvG.

Robert Heukels

1

Wie es begann

Man hatte gerade den Geburtstag von Ton gefeiert. Fünfzehn war er geworden, es war eine fröhliche Gruppe gewesen. Vater Ben führte das Wort, alle hatten Torte und andere Leckereien geschmaust. Mutter Truus genoss es sichtlich, sie mochte Typen. Und es war schon eine imponierende Familie. Es gab acht Kinder im Haus am Galilei-Park. Neben Ton waren das Ad (16), Ben (13, Truus (12), Gerdie (10), Riet (8), Jos (5) en Gérard (2). Zwei Tage nach dieser Geburtstagsfeier, am 8. August 1951, durfte das Ehepaar einen Nachmittag ins Schwimmbad und brachte Mutter auf den Punkt genau um halb sechs das letzte Kind zur Welt: Aloysius Paulus Maria, Louis van Gaal.

Die Nachkriegszeit war voller Überraschungen, alles war speziell. Ein Fernseher! Ein Badezimmer! Ein großes Auto, ein Klavier – alles saßen gemeinsam vor dem Fernseher, wenn die Show von Lou van Burg und Maud van Praag lief. Die Familie van Gaal genoss das Leben. Die Atmosphäre war warmherzig, die Familie spielte mit Feuereifer Karten. Und obwohl Vater lange Tage als erster Repräsentant der Steinkohle-Handelsvereinigung arbeitete – wenn er da war, war er der Antreiber, der Mann der Initiative. Aber es gab auch einen Rhythmus von Regeln und Aufgaben, bei aller Geselligkeit musste auch alles erledigt werden.

Als Louis sechs war, verbachte die Familie einen Tag am Meer – aber das schlechte Wetter kam so schnell auf, dass man sich sputen musste. Während des Spurts zum Auto wurde es Vater van Gaal schlecht: Herzinfarkt. Damit begann eine bedrückende Phase von fünf Jahren Krankenbett. Ab und zu hörte der kleine Louis, nachdem er Unfug angestellt hatte, das bekannte Klopfen in der Etage über ihm, musste nach oben zu seinem Vater, um sich eine Tracht Prügel von dem kranken Mann abzuholen. Aber alle van Gaals erinnerten ihren Vater als einen Mann, der diplomatisch die Zügel in der Hand hielt. Gestraft wurde nie ohne Grund. So wie sein jüngster Sohn später einem Spieler bis ins letzte Detail auseinanderlegen konnte, warum er nicht in der Startelf stand – genau so erklärte Vater es, wenn er eine schwierige Entscheidung treffen musste. Gerade und ehrlich war er, bis zu seinem viel zu frühen Tod.

Die Schwestern turnten, die Brüder spielten Fußball. *RKSV De Meer* war der Verein der Familie van Gaal. Ein Hingucker, jedes Mal wieder, wenn sie mit allen im Borgward Isabella 1500 CC angerollt kamen.

Niemand war so gut wie der kleine Louis. Trotz seiner langsamen Muskeln gewann er die Zweikämpfe, mit einer raffinierten Technik, mit einem irren Auge für den Raum, stark am Boden und in der Luft.

Mutter bekam wenig davon mit. Sonntag war ihr Tag, endlich Ruhe. Als sie dann mal zum Zugucken kam, spielten Ad und Ben gegeneinander, der erste bei RKAVIC, der andere bei *De Meer*. Mutter sah, wie Ad einen Zahn ausspuckte und Ben mit einer Gehirnerschütterung vom Platz schlich. Also, dann konnte sie doch besser den Haushalt zu Hause versorgen – da war sie der Dreh- und Angelpunkt.

Watergraafsmeer war ein Dorf. Nachbarsfrauen lauerten hinter Gardinen, klammheimlich wurden Zigaretten geraucht und auf der Straße trieb sich Louis mit einem Ball von sieben Gulden fünfzig herum. Louis war so fanatisch mit Fußball beschäftigt, dass er immer gleich den nächsten Schritt machen wollte, und mit diesem Ball, der sowohl auf dem Acker wie auf Rasen ideal war, ging das. Zudem hatte die ganze Umgebung Spaß daran, sein Freund Maarten Spanjer kam alle Nase lang zu Mutter van Gaal, um sie zu fragen, ob er sich mal eben diesen Ball von Louis ausleihen dürfe.

Sehr schnell hatte Louis eine ganze Reihe von Nebenjobs, schön für ihn war es, Zeitungen in seinem Viertel austeilen zu können und er zu seinem sechzehnten als Belohnung eine rot-schwarze Puch kaufen konnte. Auf dem Stück Land neben der Emma-Kirche legte er viele Jahre lang mit seinen Freunden die Jacken ab, das waren dann die Torpfosten und Fußball war angesagt. Oder sie spielten auf der Straße, dabei spielte er den Torwart so lange, bis seine Knie blutig gefallen waren. Eine Sache hatte Louis nie, Zehenkappen. Er spielte so viel Fußball, dass die – zum Ärger seiner Mutter – schnell kaputt gingen. Aber als Jüngster hatte er bei ihr ein Stein im Brett, und sie ließ es zu, dass er so lange draußen spielen konnte. Durch den frühen Tod seines Vaters war sie die wichtigste Person in seinem Leben und Louis war ihre große zuverlässige Stütze.

Henk Groot. Dabei bekam Louis Gänsehaut. Wenn man diese Spitze spielen sah, Tore schießen, köpfen, sein Timing, dafür ging Louis ins Stadion De Meer. Da skandierten sie „Henkie, Henkie“ und das war auch das, was die ganze Familie an Sinterklaas-Abenden tat, wenn Louis Gedichte über Henk Groot vorlesen musste.

Der kleine Louis ahnte noch nicht, dass ausgerechnet dieser Henk Groot ihn für Ajax scouten sollte und dass Louis später als Assistent von Leo Beenhakker Scout Henk Groot abholen musste, um zusammen ein Spiel anzuschauen. „Eine ganz besondere Ehre", hatte Louis gesagt. Aber das war erst viel später.

Achtzehn war Louis und im *El Bacchus* hatte Fernanda Obbes ihm während des Tanzens erzählt, dass sie bereits liiert war. Dadurch ließ Louis sich nicht abhalten: „Ich werde immer auf dich warten." Vier Wochen später stand Fernanda vor ihm.

Ein Jahr später saß seine Mutter bei Jaap van Praag im Büro, dem Vorsitzenden von Ajax. Aber auch Bruder Ad saß dabei und der passte sehr gut auf. Am Ende des Gesprächs war Louis Spieler der Ajax-B-Mannschaft mit einem ziemlich guten Vertrag und einem Fiat 127 als Extra. Er sollte 750 Gulden (ca. 370 Euro) pro Monat verdienen und 125 Gulden pro Punkt erhalten. Der Star von *RKSV De Meer* wurde Ajacied, Spieler von Ajax Amsterdam, aber obwohl er stark spielte in einer Mannschaft voller Top-Talente wie zum Beispiel Johnny Rep, Arnold Mühren und Gerrie Kleton, hatte er Pech: auf seiner Position stand bei der ersten Mannschaft von Ajax . . . Johan Cruyff.

Inzwischen wusste Louis schon lange, was er wollte Rinus Michels werden. Als der Ajax auf den Spielfeldern bei *De Meer* führte, schaute der junge van Gaal atemlos zu. Seine spätere Studien-und Berufswahl, die Ausbildung an der Akademie für Körpererziehung ALO *(Academie voor Lichamelijke opvoeding)* war fast schon logisch und dort lernte er die Lektionen fürs Leben. Spiele-Dozent Max Koops kam eines Tages mit einem chaotischen Durcheinander und sagte seinen Studenten: „Du, du und du: unterrichten. Jetzt!" Selbst bestieg er die Kletterwand. Als einer seiner Stundeten anfangen wollte, rief Koops: „Wie können Sie nur jetzt anfangen, es fehlt dir schon einer, denn ich sitze hier!" Die Verwirrung bei den Studenten war fühlbar, bis einer von ihnen, der spätere Tanzlehrer Wladimir Donse, sich vor die Gruppe stellte und eine beeindruckende Geschichte zu erzählen begann. Plötzlich wurde das wirre Durcheinander ruhig, kam Koops von der Kletterwand – und van Gaal begriff, was Koops ihnen sagen wollte: jede Gruppe hat eine besondere Ansprache nötig. Koops ließ ihn sich vom Inhalt lösen, ließ ihn darüber stehen, auf allen Ebenen.

Er spielte Fußball, er lernte. Inzwischen verheiratet mit Fernanda und mit zwei Töchtern (Brenda und Renate) gesegnet, reiste er über Antwerpen (Antwerp FC) nach Velsen (Telstar), nächster Stopp Rotterdam (Sparta) und schließlich Alkmaar (AZ'67). Weil er zudem noch die Spieler innerhalb der niederländischen Profi-

Fußballervereinigung (Vereniging voor Contractspelers) an der Don-Bosco-Schule in Amsterdam unterrichtete und den Lehrgang Profi-Fußball besuchte, fuhr er mit seinem Wagen dreimal gegen die Leitplanken wegen purer Müdigkeit. Van Gaal arbeitete wie ein Besessener und war überall Initiator und Führungsperson. Die beste Zeit als Fußballer hatte er bei Sparta erreicht, wo er zusammen mit Mitspielern wie Dick Advocaat, Danny Blind, Wout Holverda oder John de Wolf Erfolge im europäischen Fußball feierte.

Im Jahr 1986 lief für Louis van Gaal bei AZ'67 alles zusammen. Dort sollte er seine Laufbahn als Fußballer beenden und ebenfalls Assistent von Cheftrainer Hans Berger werden. Das ging nicht gut. Van Gaal spielte unterirdisch und Berger wurde entlassen. Hans Eijkenbroek übernahm, war aber schon nach einem Tag wegen einer Atemstörung nicht mehr dabei. Van Gaal übernahm alles: AZ 1, AZ 2, Mannschaftssprecher. Die Zeitschrift *Voetbal International* mit Autor Kees Jansma kritisierte, van Gaal habe am Stuhl von Eijkenbroek gesägt und sei hysterisch und autoritär vorgegangen. Das Gegenteil schien wahr zu sein. Van Gaals stellte sich schützend vor Eijkenbroek und führte AZ nach seinen eigenen Vorstellungen: junge Spieler aus der Zweiten in die erste Mannschaft holen, aus der Mannschaft, die er so gut schon kannte. Martin van Ophuizen, Fons van Haastrecht, Marc Castelijn und Maurice van Ham tricksten die Alten, wie zum Beispiel David Loggie und Arnold Oosterveer, locker aus. Funktionäre, die zu späten kamen, verpassten den Spielerbus, auch hier war van Gaal klar und deutlich. Das kam ihm im Oktober 1987 teuer zu stehen, nach der Geschichte von Kees Jansma in *Voetbal International*. Floor Mouthaan war das Vorstandsmitglied, das damals sagte: „Louis, nimm dir mal kurz Urlaub." Van Gaal: „Urlaub? Ich kündige."

Es dauerte bis zum März 1988, als der Ajax-Vorsitzende Ton Hamsen sich in der Bewerbungskommission des Vereins zu Wort meldete: „Ihr solltet Louis van Gaal den Posten des Cheftrainers für die Jugendabteilung anbieten." Das hielt der, um den es ging, für gar keine gute Idee. „Wer war ich denn? Ein ehemaliger Fußballer, der als Trainer noch nichts vorweisen konnte. Ich war dazu noch lange nicht fähig." Und so wurde er erst mal Trainer der A1-Jugend und B-Jugend von Ajax. „ich hatte den Aad-de-Mos-Weg vor Augen, der war auch zuerst A1-Trainer und war erst danach Cheftrainer geworden."

Van Gaal begann energisch, holte Edgar Davids und Michael Reiziger aus der A2-Jugend, aber schon nach zwei Monaten forderte der Verein ihn auf, Assistent bei Ajax-1 zu werden. Kurt Linder war gerade entlassen worden, Spitz Kohn ersetzte ihn zeitweise und Barry Hulshoff sollte ebenfalls Assistent werden. Linder hatte zwei Spieler noch zu van Gaal mit dem Hinweis geschickt, „die bringen es nicht". Van Gaal setzte einen von ihnen, ein pfeilschneller Rechtsaußen, während eines Jugendturniers auf die Position 10, das machte der blonde Lockenkopf großartig. Wenig später gehörten Dennis Bergkamp und Richard Witschge zum Aufgebot von Ajax-1.

Das Trio Kohn-van Gaal-Hulshoff lieferte eine schöne Leistung ab. Aus dem Nichts heraus katapultierte sich Ajax nach vorn und wurde noch Zweiter in der Meisterschaft. Danach wurde Leo Beenhakker Cheftrainer und von Gaal konnte sich auf sein Trainer-Diplom konzentrieren. Als Praktikant ging er zum FC Barcelona von Johan Cruyff. „Ich hatte zwei Trainingstage mitgemacht, als ich zusammen mit den Gebrüdern Koeman, Ronald und Erwin, den Zweiten Weihnachtsfeiertag bei Johan zu Hause verbrachte. Wir kannten uns noch nicht so gut, ich hatte einmal ein sehr gutes Gespräch geführt, aber das ging vor allem mit seiner Frau Danny, Johan sagte nicht so viel. Zwischendurch klingelte das Telefon, es war für mich. Meine Schwester Riet war gestorben. Hals über Kopf bin ich nach Hause gefahren."

2

Ajax

Arie van Os hatte ihn angerufen. Ob Louis van Gaal zum Haus des Schatzmeisters kommen wolle. September 1991. Im Winter zuvor war van Gaal noch lange mit dem Ajax-Vorsitzenden Michael van Praag über den Strand von Izmir spazieren gegangen. Der Trainer wollte weg, auf eigenen Füßen stehen, er hatte sich schon bei Roda in Kerkrade und NAC in Breda beworben. Van Praag hatte eindringlich auf ihn bestimmt eingeredet: „Nicht machen Louis, du bist der nächste Cheftrainer von Ajax-1." Jetzt war es soweit. Leo Beenhakker ging zurück nach Madrid.

Innerhalb einer Stunde war alles geregelt. Sein Gehalt verdreifachte sich auf 375.000 Gulden (heute: ca. 175.000 Euro), aber viel wichtiger: ein Vertrag über drei Jahre statt des ursprünglich vorgesehenen einen Jahres. Van Gaal wollte etwas aufbauen. Am Tag danach, als er nach Hause fuhr, überkam es ihn: Was für eine Verantwortung! Cheftrainer von Ajax-1. Sollte er so machen, wie er dachte, es tun zu müssen, oder sollte er es auf eine angepasste Art und Weise tun? Zu Hause sagte Fernanda: „Tu, was du tun musst, ansonsten bist du nicht mehr du selbst." Er wusste, dass sie Recht hatte.

Am Tag danach warf er den Hut in den Ring. Jan Wouters setzte er von Position 4 auf 8. Wim Jonk von Ajax-B auf die 4, Danny Blind von 2 nach 3, Dennis Bergkamp von 7 auf 10, Marciano Vink von 3 auf die Position 6. Wouters, bereits gefeierter Nationalspieler, spielte mit Widerwillen mit. Mit den Außenspielern Brian Roy und John van ´t Schip bekam van Gaal gleich Streit, Vink war auch nicht zufrieden. Das bekannte TV-Programm *Barendt & Van Dorp* lud jeden unzufriedenen Spieler ein, um sich dort zu beklagen, die Medien wie der Telegraaf riefen Mord und Totschlag und es dauerte nicht lange, bis das Stadion den Namen Johan Cruyff skandierte.

Trotz der ganzen Unruhe und der anfangs enttäuschenden Ergebnisse blieb van Gaals voller Energie dabei, seine Auffassung zu predigen. Er sprach über die sichere Binnenwelt (Rinus Michels nannte diesmal die „Wagenburg", die es zu schaffen galt), seine Vorliebe für multifunktionale Spieler, über die Bedeutung von Frechheit, Teambuilding und TIPS (Techniek Inzicht Persoonlijkheid Snelheid = Technik, Einsicht, Persönlichkeit, Schnelligkeit) – ein ums andere Mal legte er auseinander, wie sein Prozess funktionierte. Aber vor dem Spiel gegen Osuna am 27. November 1991 hatte sich die Situation zugespitzt. An diesem Abend taten es die Spieler für ihn, den Coach. Sie gewannen. Die Spiele im UEFA-Cup hatten so oder so etwas Magisches an sich. Vor allem in Auswärtsspielen zeigte Ajax einen ganz besonderen Fußball, bei dem immer mehr Tore fielen. Spieler wie Edgar Davids, Dennis Bergkamp, Wim Jonk, Stefan Petersson und Aaron Winter schienen dann noch etwas mehr drauf zu haben. Van Gaal machte bei diesen Abenden Konzessionen bei seinem 1-4-3-3, spielte manchmal nur mit zwei Angreifern; der Siegeszug durch Europa rettete ihn. Besonders in Genua (Halbfinale) und Turin (Torino, Finale) hinterließ das neue Ajax unter van Gaal großen Eindruck. Der Gewinn des UEFA-Cups ließ auf jeden Fall den Ruf nach Johan Cruyff verstummen.

Co Adriaanse war der erste, der es sagte. Der Chef der Jugendfußballausbildung bei Ajax, der wegen seines kargen Büros bei Ajax Co-Container genannt wurde, sagte es, wie es war: „Louis van Gaal? Der hat die Gabe eines Sehers!"

Es erwies sich immer mehr, dass van Gaal Recht hatte. Das Sichten brachte ihn weit. Ronald de Boer kam zurück vom FC Twente, auf der Rechtsaußenposition wurde Bryan Roy zuerst durch Edgar Davids und dann durch Marc Overmars ersetzt, auf der halblinken Position spielte Michel Kreek bärenstark, aber dort schien der noch jüngere Davids für die richtige Balance innerhalb der Mannschaft zu sein. Nach dem Abgang des viel umjubelten Duos Bergkamp-Jonk zu Inter Mailand entschied van Gaal sich für John van den Brom auf 4 und Dan Petersson auf 10, aber schon sehr schnell musste der verletzungsanfällige Däne einem jungen Finnen den Vortritt lassen. Jari Litmanen, der beim Training statt auf der Position 6 sich immer besser auf 10 in Szene setzte. Ein ganz besonderer Clou gelang mit dem Zurückholen des verlorenen Sohnes Frank Rijkaard, der auf der 6 spielen sollte. Aber erst als Rijkaard neben Danny Blind als phänomenales zentrales Verteidiger-Duo quasi das Rückgrat der Mannschaft wurde, erreichte Ajax Champions-League-Niveau.

Inzwischen verjüngte van Gaal – mit seinem Pendant Gerard van der Lem als Assistent – die Mannschaft konsequent weiter. Clarence Seedorf debütierte an seinem 16. Geburtstag. Patrick Kluivert und Nwankwo Kanu kamen im Alter von 18 dazu. Ein weiterer junger Nigerianer, Finidi George, entpuppte sich als Offenbarung auf Rechtsaußen. Edwin van der Sar war noch ein Niemand und doch war er der ersehnte Torwart, der immer an der richtigen Stelle stand und ausgezeichnet mitspielte. Van Gaal war dabei ein Meisterwerk zu schmieden und nach dem Gewinn der nationalen Titel begann das junge Ajax respektlos Europas Elite zu jagen.

AC Milan, Gewinner der Champions League 1994, war die erste Mannschaft, die erstaunt nach den zweifachen 2:0-Ajax-Sieg sowohl in Amsterdam wie auch in Triest zurück blieb. Dann gab es diesen herrlichen Fußballsturm im alten Amsterdamer Olympia-Stadion im Halbfinale gegen Bayern: 5:2. Und sogar in Wien, am 24. Mai 1995, bewahrte Ajax kühlen Kopf. Ajax spielte nicht großartig, aber erzielte ein Tor, das im Training endlos eingeübt worden war. Herausfordern, umkreisen, den Ball zirkulieren lassen, gedanklich schnell, Tiefe suchen - alles kam in diesem 1:0 von Patrick Kluivert zusammen. Van Gaal, der an diesem Abend auch wegen seiner Karate-Einlage Berühmtheit erlangte, war nun definitiv Top-Coach in Europa.

Der wohl am meisten beladene Titelgewinn war die Landesmeisterschaft von 1994. Das war der Titel, den seine Spieler für Fernanda gewannen, seine viel zu früh verstorbene Frau.

Fernanda, über sie sagte van Gaal: „Sie war meine Geliebte, brachte meine Kinder zur Welt, ging mit mir, sorgte für mich."

Im Sommer 1993 waren sie 20 Jahre verheiratet. Um dies zu feiern verbrachten sie 20 Tage auf einem Kreuzfahrtschiff, 19 davon war Fernanda krank. Jeden Tag dieser Geschmack, dann ein Rennie und zur Mittagszeit immer schlafen, das konnte nicht richtig sein. Aber Fernanda stand im Leben so wie ihr Mann: stark positiv, nicht jammern. Erst am 9. November 1993 rief Joan, die Frau, die mit Tante Sien die Spielerkantine betrieb, Louis während des Trainings an. Er wusste es gleich. Es lief verkehrt.

Am Tag danach kam die Diagnose. Leber- und Bauchspeicheldrüsenkrebs. Die Bauchspeicheldrüse, keine Chance mehr. Trotz der Aussichtslosigkeit - das Los der BNers, Bekende Nederlanders, der bekannten Niederländer - gab es Hilfsangebote von allen Seiten, Ärzte wollten das Unmögliche schaffen. Es sollte nicht so sein. Fernanda starb am 17. Januar 1994 nach einer grausamen Zeit voller missglückter Rettungsaktionen und mit viel Schmerz.

Sein Glaube an Gott war weg. Eine junge Frau so schleichend sterben zu lassen – darauf konnte sich van Gaal keinen Reim machen. Die Spieler und alle, die bei Ajax arbeiteten, hatten das Drama mit großer Anteilnahme verfolgt. Die Fußballer sagten: wir werden Meister, für sie, für Fernanda. Zwei Ziele hatte die Frau von Louis noch gehabt: 40 werden und die Meisterschaft mitfeiern. Es war ihr nicht beschieden, aber Louis machte ein Versprechen wahr: er arbeitete weiter in ihrem Geist, mit dem Kampfgeist, der so typisch für sie war.

In der Zeit des Champions-League-Gewinns wurde Ajax schier unüberwindlich. Der Van-Gaal-Fußball war eine Augenweise und dominant, seine Art zu sichten und zu verjüngen bezahlte sich weiter aus. Nach dem Weggang der Routiniers Frank Rijkaard, Peter van Vossen und John van den Brom und der Youngster Clarence Seedorf und Tarik Oulida folgten andere. Keine Ankäufe, der Fortschritt entwickelte sich im Team; Frank de Boer wurde ein großartiger Innenverteidiger, der einen Freistoß nach dem anderen ins gegnerische Tor zirkelte, Winston Bogarde entwickelte sich von einem trostlosen Linksaußen zu einem imponierenden Linksback, Ronald de Boer und Edgar Davids entwickelten sich zu Weltklasse-Spielern im Mittelfeld und egal wer in der Spitze stand, Patrick Kluivert oder Nwankwo Kanu – es war einfach beispiellos. In der Champions League trumpfte der Titelverteidiger in den Auswärtsspielen bei Real Madrid und Borussia Dortmund auf. Speziell im Bernabeu-Stadion zelebrierte Ajax Traumfußball. Es gewann nur mit 2:0, hätte es den Video-Beweis schon gegeben, wäre am Ende ein 4:0 herausgekommen.

Das jahrelange Passen und Schießen, die Spielformen, die Fitness, das Antizipieren, die wahnsinnige Ballgeschwindigkeit, das raffinierte Positionsspiel – all das, was van Gaal gebetsmühlenartig gepredigt und hatte üben lassen, fand im Spiel statt. Aber ganz besonders seine Idee vom Totalen-Mensch-Prinzip feierte Urstände und das war auch nötig. Igenewari, der Bruder von Finidi, wurde in Nigeria versehentlich getötet, Patrick Kluivert verursachte einen tödlichen Unfall, die Spieler waren inzwischen so etwas wie Pop-Idole und wurden von den netten Mädchen der Stadt angehimmelt, die kapitalkräftigen Klubs aus Italien und Spanien zerrten förmlich an den Spielern, und durch das berühmte Bosman-Urteil von 1996 – wodurch Spieler am Ende einer Transferperiode ablösefrei den Verein verlassen konnten – geriet das Ajax-Traumschloss ins Wanken. Die größte Gefahr steckte in der enormen Unruhe über die Gehaltsstufen, die es bei Ajax gab, wodurch sich die jungen Spieler gegenüber den Routiniers zurückgesetzt fühlten.

Und als dann noch die Karte „Schwarz gegen Weiß“, dunkelhäutige Spieler gegen weiße Spieler, während der EM 1996 auf den Tisch kam, explodierte es. Nichtsdestotrotz entwickelten sich die Ajax-Spieler imposant weiter. Auch 1996

(Finale) und 1997 (Halbfinale) beeindruckte die Mannschaft. Beide Male konnte nur Juventus, ein des Dopings verdächtiges Team, die Amsterdamer stoppen.

Van Gaal wollte schon einige Zeit Ajax verlassen. Was gab es noch zu gewinnen nach dem Weltcup, den sich Ajax in Tokio holte? Aber seine Töchter hatten ihn nötig. Und deshalb dauerte es bis zum Sommer 1997, ehe er Ajax verließ. Viele Emotionen. Die letzte Saison war unglaublich schwer. In der Ehrendivision lief es nicht mehr, es gab Verletzungen, die vielen neuen Rasenflächen im Amsterdamer Stadion entwickelten sich zum Drama, der Wechsel vom vertrauten Stadion De Meer in die neue Umgebung war sowieso nicht leicht und als van Gaal bekannt gab, zu Barcelona zu wechseln, verletzte der Verein ihn tief, indem er ausgeschlossen wurde. Er war der Technische Direktor und leitete auch das Scouting verantwortlich. Man sagte: du gehst zu einem anderen Top-Klub, da wirst du ja demnächst uns Talente vor der Nase wegschnappen.

„Ich hatte mich sieben, acht Jahre lang voll und ganz für Ajax eingesetzt, ich hatte alles gegeben. Ich kannte den Klub so gut. Wäre ich sie gewesenen, hätte ich das ausgenutzt. Wie konnte man nur so denken: Louis wird uns wohl in die Quere kommen . . . natürlich nicht!“

Dennoch: der Abschied war bewegend. Die F-Side hatte ihn mit einem glänzenden Feuerwerk verabschiedet, das Publikum jubelte ihm zu, seine Mutter saß in der Königsloge, van Gaal wurde zum Ritter geschlagen. René Froger und Karin Bloemen sangen, es war einer der schönsten Tage in seinem Leben. Aber das Schönste war, wie die Spieler sich verabschiedet haben: engagiert und intensiv. Die goldene Uhr, die ihm die Spieler damals schenkten, bedeuteten für ihn mehr als das, was der Vorstand ihm in der Villa Lokeend in Vinkeveen überreichte. „Kurz zuvor hatte der Vorstand über die Medien mitteilen lassen: Louis verdient immer alle Ehre, aber kein Spieler war gut genug für ihn, wir werden niemals mehr so viel Macht in die Hände eines Mannes legen.“

Ajax, aufgeschrieben: LvG

„Ajax, ich bin da aufgewachsen. Man geht dann so richtig niemals weg. Der Verein ist in meinem ganzen Denken tief verwurzelt. So wie Truus mit Feyenoord fühlt.

Das ist wie früher. Ich bin im Amsterdamer Stadtteil Watergraafsmeer geboren, war ein glühender Anhänger des Fußballs, logisch, dass es für mich Ajax wurde.

Bei Ajax kommen nur ein paar Faktoren dazu. Die Amsterdamer Fußballkultur ist sehr kritisch. Es gibt viele Aspekte, Ex-Spieler haben großen Einfluss, denn Fußballer werden in den Niederlanden mehr geschätzt als Trainer. Als Coach von Ajax muss man gute Resultate holen und schönen Fußball sehen lassen. Wenn das eine, das Ergebnis, stimmt, jammert man über das andere, den fehlenden schönen Fußball, und umgekehrt. Dabei spielen die Medien in Sachen Ajax immer eine große Rolle, die gehen immer auf die Spieler zu. Und nun hat aber ein einziger Spieler – bis auf Johan Cruyff in der Vergangenheit – nicht so viel Einfluss; dazu bedarf es Unterstützung, also reden all die Freunde miteinander. Und mit dem *Telegraaf*, der größten Zeitung des Landes. Wenn diese Zeitung etwas nicht will, läuft es dann wie ein Perpetuum Mobile, dann untergraben sie dauernd. *L'histoire se répète* – die Geschichte wiederholt sich.

Leute wie Erik ten Hag und ich überleben so etwas. Wir sorgen sowohl für gute Ergebnisse wie auch für schönen Fußball. Aber einige Trainer arbeiten wirklich gut, überleben es aber nicht. Wie man mit Marcel Keizer (Vorgänger von Erik ten Hag) umgegangen ist, war unverhältnismäßig. Seine Mannschaft begann gerade, gut zu spielen – einfach lächerlich, dass man genau in dieser Situation den Mann entlässt. Das kommt einem politischen Mord gleich. Marcel wurde geopfert, um Dinge bei Ajax zu verändern. Es hatte etwas mit der Nouri-Tragödie zu tun, sie hatte sehr viel Einfluss auf das Geschehen. Marcel war eigentlich schon weg, bevor er richtig anfangen konnte. Nach dessen Rauswurf war die Vereinsführung abhängig von ten Hag. Er hat es gezeigt und bewiesen, dass so etwas funktioniert – und sie, die Vereinsführung, damit gerettet."

„In meiner Zeit bei Ajax hatte ich immer Rückendeckung von Michael van Praag, Arie van Os, André Kraan und Uri Coronel. Aber auch sie hielten dem Druck der Medien und der früheren Spielergrößen nicht Stand. Ich war gezwungen, Resultate vorzuweisen, andernfalls würde ich es nicht überleben. Wenn wir bei Osuna auswärts nicht gewonnen hätten, wäre ich schlicht und einfach rausgeflogen. Ich hatte damals Aaron Winter auf die Position 10 gesetzt, Bergkamp doch wieder auf Außen postiert. Entgegengesetzt zum Ajax-Stil hatte ich ein paar mehr defensive Akzente gesetzt. Ich brauchte ein Bollwerk. Wir gewannen, aber es war kein sehr gutes Spiel, kein offensiver Fußball. Aber wenn wir nicht gewonnen hätten, hätte ich später nicht so viele Titel bei und für Ajax gewinnen können. Denn das ist wiederum die Kehrseite: als Coach von Ajax kann man etwas erreichen, wenn man etwas in der Hinterhand hat. Dort ist immer die Jugend, die sich ihren Weg erspielt und zur Spitze entwickelt."

„Ich hatte sofort das Prinzip *Der ganze Mensch* in meinem Kopf. Ich veränderte es bereits, als ich 1991 Ajax trainierte, 1995 veränderte ich es noch viel besser und im Jahr 2013 bei *Oranje* noch einmal viel besser. Als ich als Trainer begann, hatte ich zwar eine Idee, wie man auf Spieler zugeht, auf dem Gebiet hatte ich einen Vorsprung. Dass ich Lehrer war, überzeugend wirkte, das Spielchen durchschaute - all das spielte eine Rolle, aber die ganz große Neuerung war, dass ich Spieler als Menschen betrachtete. Wie waren sie erzogen, wie tickten sie? Ich war ein Mann der Praxis, ich habe studiert, indem ich beobachtete, indem ich agierte und es dann bewertete und auf Grund dessen wiederum anpasste.

Deshalb holte ich Ronald de Boer zurück zu Ajax. Ich war überhaupt nicht damit einverstanden, dass Leo Beenhakker ihn ablehnte. Unglaublich. So ein kreativer Geist wie Ronald. Ein echter Ajax-Fußballer. Also holte ich ihn wieder zurück.

Leo ließ Ronald als rechte Sturmspitze agieren und ich dachte immer schon: da muss der nicht stehen. Ich sah ihn zuerst als Spitze, dann als Halbrechts. Auf der Sechs. Ronald war ein wichtiger Einkauf, passte wunderbar in die Vision und Kultur des Vereins. Als Mensch eine Art Tyrann, als Teamspieler die Personifizierung von dem, wie Fußballer sein sollten, wie ich glaube. Aber seine Entwicklung als Angreifer war vermasselt. Das Umschalten von Ballbesitz nach Ballverlust gelang ihm weniger gut. Neun von zehn Mal traf er beim Umschalten die richtige Entscheidung auf dem Spielfeld. Finidi und Litmanen machten es zehn Mal in zehn Situationen richtig. Sie versagten nie."

„Frank Rijkaard kam dank Robby Haarms zu Ajax zurück. Ich musste zuerst noch wissen, ob er es bringt. Ältere Spieler agieren oft routinemäßig. Ich bin ein Anhänger davon, sich jedem Spiel anders zu nähern, damit unsere Stärken gegen den besonderen Gegner wirksam zum Einsatz kommen. Ich wusste nicht, ob Rijkaard da mitspielen würde. Haarms sagte: „Das wird er tun." Bob hatte ihn schon bei Cruyff und de Mos kennen gelernt. Dann fang ich an abzuwägen. Warum sagt Bobby das? Bobby hatte mich damals schon überzeugt. Aber auch dann entscheide ich. Und wenn jemand dafür verantwortlich gemacht wird, dann bin ich es: Louis van Gaal. Es kann auch schief gehen. Iván Gabrich? Mein Scout Ton Pronk meinte: „Der Mann, der nie versagt. Und Ton hatte Finidi, Kanu, Litmanen zu uns gebracht. Ein toller Scout. Aber er empfahl uns auch Gabrich und Rosales. Netter

Kerl, Ton. Auch nicht immer richtig gewürdigt. Mit Gabrich funktionierte es nicht. Nur: es ist meine Entscheidung, ihn zu holen, es ist meine Entscheidung die Worte von Ton – der Mann, der nie versagt – zu nutzen."

„Ich hatte einen guten Draht zu Spielern wie Kanu. Aber dann kam das Bosman-Urteil. Waren Finidi und Kanu gleich weg. Die ganze Mannschaft lief weg. Elendig angefressen war ich. Aber immerhin erreichten wir 1997 mit Spielern zwischen 19 und 20 Jahren noch das Halbfinale der Champions League, Spieler, die nachher nie mehr in der absoluten Spitze mitgespielt haben. Ich wurde kritisiert, als wir im Halbfinale ausgeschieden waren, heute bekommen sie Applaus wenn sie im Halbfinale ausscheiden.

Wenn man mit einem Verein die Champions League und den Weltpokal gewinnt, kann es nicht mehr besser werden. Nur: meine jüngste Tochter musste ihr Abitur noch machen. Ich konnte nicht einfach ins Ausland wechseln. Habe gewartet, bis sie es geschafft hatte. Dann habe ich gefragt: ‚Traust du dir das zu?' Sie war noch so jung, ihre Mutter war gestorben. Sie hatte schon einen Freund. Sie sagte: ‚Papa, ich schaff' das.' Ja, was soll man davon halten, für sie war es ein Paradies, dass ihr Vater wegging. Freiheit!. Verrückt, aber ich mache viele Sachen für andere, entscheide mich für sie. Als ich zu AZ Alkmaar wechselte, lag das auch daran, dass der Vater meiner Frau Truus im Sterben lag und meine Töchter mich nötig hatten."

„Ich versuche Spieler im Laufe einer Saison zu beeinflussen und zu überzeugen, wie sie sich weiter entwickeln müssen. Ich führte für sie einen Entwicklungsplan ein. Ich sprach mit ihnen aus fachlicher Sicht: was wäre gut für dich und was nicht? Auch mit Bryan Roy führte ich das Gespräch. Er blieb dabei, im Spiel dauernd von Links nach innen zu wechseln. Wo er doch mit dem rechten Fuß weniger konnte. Bei Foggia tat er das auf diese Art und Weise. Aber bei Ajax hatten wir eine Philosophie. Die Außenspieler sollten sich außen vorbeidribbeln. Das war auch schon zu Zeiten von Piet Keizer und Sjaak Swart so. Dann flankten sie und Henk Groot konnte die Bälle reihenweise einköpfen. Später funktionierte das auch so mit Patrick Kluivert und Stefan Petersson, die orientierten sich auf den ersten Pfosten und hopp, Außenspieler über Außen, Flanke, Kopfball: Tor. Erst viel später veränderte sich der Fußball im Hinblick auf defensivere Taktiken, also veränderte sich meine Idee vom offensiven Fußball auch und so hätte Bryan meine rechte Spitze sein können. So wie Arjen Robben das bei Bayern war.

Bryan Roy war ein sehr lieber Junge. Nada war eine tolle Frau. Ich mochte sie gern. Aber wenn man das nicht macht, was die Mannschaft von einem verlangt . . . Roy füllte die Position des Linksaußen bei Ajax nicht so aus, wie es sich bei Ajax gehörte. Er zog bei seinen Aktionen auf unsere Position vier, Wim Jonk, und kam oft sogar bei Danny Blind aus, unsere Nummer drei. Das war sehr schade. Die einzige Lösung war ein Wechsel. Fußball spielen konnte er. Er hatte Qualitäten. Die passten aber nicht zu Ajax. Das habe ich ihm verdeutlicht. Es tat mir sehr weh, denn ich hatte eine besondere Beziehung zu ihm."

Bryan Roy

Von Mythos zum Menschen

Was war da bloß los? Sein Telefon klingelte unaufhörlich. Eine WhatsApp nach der anderen, eine SMS folgte der nächsten. Schaute er zu? Sah er das? Es war Sonntagabend, 5. August 2018, und Bryan Roy schaute auf dem Flugplatz in Dänemark verwundert auf sein Handy.

Am Abend zuvor war Louis van Gaal Gesprächsthema in der Fernsehsendung *Zomergasten* (Sommergäste). Eine Viertelstunde sprach er über Bryan Roy. Van Gaal hatte einen TV-Ausschnitt ausgesucht der Sendereihe *Brandpunt* (Brennpunkt) aus dem Jahr 1992. Dieser Mitschnitt befasst sich mit dem Linksaußen von Ajax. Es war eine besondere Situation, in der der Fernsehsender KRO dies brachte, es war kurz, nachdem der Trainer seinem Schüler erzählt hatte, dass sie voneinander Abschied nehmen müssten. In der Sendung kamen viele Fußballliebhaber zu Wort, die fast schon prosaisch die Aktionen des Fußballspielers beschrieben, wie ein Mythos, Film- oder Pop-Star.

Die Moderatorin bei *Zomergasten*, Janine Abbring, konfrontierte Louis van Gaal mit dem Satz: „Aber Sie haben ihn doch rausgeschmissen"

Van Gaal: „Nein, das ist nicht wahr, das ist ein Prozess gewesen. Ich habe diesen Ausschnitt ausgesucht, um zu zeigen, wie schwierig es ist, dies als junger Spieler zu bewältigen. Er wird verherrlicht."

„Vergöttert", gab Abbring zu.

Und ja, Van Gaal war der Coach, der gesagt hatte: „Hier hört es auf, Bryan." Und nein, das hatte nichts mit nicht zuhören wollen oder Davonschweben des Spielers zu tun. Van Gaal: „In der Sendung gab es einen einzigen Kritikpunkt, und zwar in dem Augenblick als Hugo Camps als weiterer Gast in der Runde sagte, dass Bryan höchstens einmal im Monat zu erkennen gab, wie gut er eigentlich ist. Aber einen Coach beschäftigt ein anderes Ziel. Der will, dass ein Spieler, in jedem Spiel sein Niveau erreicht. Dabei begleitet ein Coach einen Spieler – dass er von einem bestimmten Punkt aus eine höhere Ebene erreicht. Auf *seine* Art und Weise. Das wäre das Beste, das ist das Prinzip *Der ganze Mensch*. Aber Bryan konnte die Funktionen und Aufgaben eines Linksaußen nicht so ausführen, wie ich es vor Augen hatte. Und Fußball ist kein individueller Sport, es ist ein Mannschaftssport. Man muss im Dienst der Mannschaft agieren. Außer wenn man so gut ist wie Mounir El Hamdoui später bei AZ Alkmaar, dann stellt man die Mannschaft darauf ein. Mounir erzielte 25 Tore, Bryan nicht."

Die Moderatorin unterstellte noch einmal, dass Bryan Roy nicht zuhören wollte. Van Gaal schüttelte den Kopf: „Bryan wollte wirklich zuhören. Aber die Gegenspieler stellten sich darauf ein. Doppelte Manndeckung. Darauf liefen seine Aktionen nicht mehr vertikal, sondern diagonal oder sogar horizontal, nach rechts. Dabei vernachlässigte er seinen starken linken Fuß. Das hat etwas mit der Identität des Spielers zu tun. Er hat ein Adlerauge und einen starken linken Fuß; wenn er beides nicht benutzt, ist der Trainer gefordert. Ich versuchte, ihn mit seinen Stärken Fußball spielen zu lassen. Aber es geht dann auch um Effektivität und was dabei fürs Team heraus kommt, denn ein Mittelstürmer ist auch abhängig von seinen Mitspielern, auch vom Linksaußen. Und wenn dann jemand nicht so agiert, dass es ins System passt, muss ich mich nach Alternativen umsehen."

Bryan war 21, noch ein Kind. Der Trainer sagte: Ab hier ist Schluss. Im Brandpunt sagten sie: er ist ein Gott. Van Gaal: Die Herren, die dies sagten, meinten seine Kleidung, seine Hände, sie benutzten sogar den Ausdruck ‚erotisch´. Das ist als Trainer doch nicht mein Thema? Es geht doch darum, ob ein Spieler sich in der Mannschaft mit seinen Mitspielern messen kann und im Dienste dieser Mannschaft spielen kann?"

Er hatte es noch mal gesehen, Bryan Roy. Und noch einmal. Immer wieder Gänsehaut und Tränen. „Weil es so liebevoll war, wie van Gaal es sagte. Wie viele Spieler kannte er aus seiner Karriere und dann redet er an so einem Abend eine Viertelstunde über mich. Nur um es noch einmal vernünftig zu erklären. Ich war gerührt."

Roy ist zu Hause im hippen Brooks an der Beethovenstraße in Amsterdam. Er sieht gut aus. Das war in den letzten Jahren auch mal anders. Nur Ärger bei Ajax. Die Nachwehen der Cruyff-Revolution. Aber jetzt ist Bryan gesund und munter, mit ungebremster Energie und lautem Lachen erzählt er an einem Stück, geht ab und zu an die Bar, Tassen und Teller zu holen, um damit zu zeigen, mit was er beschäftigt ist: wie wird Fußball gespielt, wenn man im Ballbesitz ist.

Aber zuerst zurück ins Jahr 1992: „Soll ich mal etwas ziemlich Komisches sagen. Als ich van Gaal kennen lernte, empfand ich ihn wie Cruyff. Alle Hinweise, die er gab: wie Cruyff. Man musste immer erst ein wenig nachdenken und dann dachte man; eigentlich einfach, aber es stimmt!"

Roy sah den jungen Trainer van Gaal gern. „Unglaublich begeisternd, ein inspirierter Coach. Es gab Spitz Kohn, Barry Hulshoff und Louis; anfangs war er kaum sichtbar. Ein liebenswerter Mann, nett, ein Lehrer, dieses Verhalten. Er mochte mich. Oh, Mann. Dann kam er wieder, um mit mir zu quatschen. So begeistert, wenn ich etwas gut gemacht hatte. Dann schwebte ich förmlich. Später habe ich genau das als Trainer übernommen. Wenn man als Trainer jubelt, wenn ein junger Spieler etwas gut macht, das gibt einen Extra-Schub."

Für Roy war es in sich logisch, dass van Gaal Cheftrainer wurde, nachdem Leo Beenhakker zu Real Madrid wechselte. „Das war die normalste Sache der Welt. Er leitete viele Trainingsstunden unter Beenhakker und seine Ideen und Visionen zum Fußball waren sehr klar und deutlich. Da gab es keine Unterschiede. Wir waren in der Jugend durch Cruyff ausgebildet im 1-4-3-3. Und van Gaal perfektionierte es; etwas weniger leichtfertig und locker, ein paar zusätzliche Aufgaben und Funktionen. Aber die Linie war klar.

Später setzte er Leute auf andere Positionen. Da gab es den ersten Streit. Für mich war inzwischen etwas Dramatisches passiert: Richard Witschge war nach Barcelona verkauft worden. Ries war der Halblinks, an dessen Seite ich mich so wohl fühlte. Den habe ich so vermisst."

Trotzdem: tolle Zeiten. „Wir gewannen den UEFA-Cup und wurden nur knapp Zweiter in der Meisterschaft hinter PSV, weil doch PSV Weltklasse war mit Romàrio, Vanenburg, Koeman und Top-Trainer Guus Hiddink. Das war unser Pech. Aber ich bin immer noch stolz darauf, dass wir damals unsere Fans so unterhalten haben. Wir spielten den schönsten Fußball. Der Fußball von Pep Guardiola heute – den spielten wir in den späten 80er-Jahren, Anfang der 90er-

Jahre. Zuerst unter Johan, dann unter Louis. Ganz Europa drehte sich um. Guardiola sagte mir: ‚Ich habe euch damals bewundert'. Kannst du dich noch daran erinnern, dass wir ein Freundschaftsspiel gegen Real Madrid spielten? September 1992. Wir gewannen 3:1 und waren wirklich fantastisch. Wir haben sie k-o-m-p-l-e-t-t auseinander gespielt. Standing Ovations. Bergkamp machte damals noch zwei Tore: wunderschön."

Van Gaal hatte seinen Fußball aufs Spielfeld gebracht. „Er war ein Meister darin uns beizubringen, wie wir von hinten heraus den freien Mann finden konnten. Schieben, sich zurück fallen lassen, den Gegner, der uns festzusetzen versuchte, dann der lange Ball auf Dennis, es war alles sehr feinsinnig gesponnen. Das muss man wissen: wir spielten mit der DNA von Johan und Louis. Kein einziger Coach traut sich das heute noch. Guardiola und Ten Hag kommen dem nahe. Aber so extrem, wie wir damals spielten, so offensiv? Habe ich nie mehr gesehen."

Das Spiel gegen Real Madrid war eins seiner letzten Highlights bei Ajax, der Sommer von 1992 hatte ihn geschafft. „Ich höre Michels noch rufen: ‚Hé, Garfunkel.' Wir hatten eine schwere Saison hinter uns. UEFA-Cup gewonnen, dann gleich die EM in Schweden. Ich saß geschlaucht von einem Training vor dem Spiel gegen Deutschland. Ich ging auf dem Zahnfleisch. Nach der EM hatten wir zwei Wochen Pause und hopp ging es wieder los, musste ich wieder anfangen. Ich war erschöpft, konnte nicht mal mehr piep sagen. Wie aus heiterem Himmel sagte Louis: ‚Bryan, ich möchte mit dir sprechen.'

Es war auf dem Trainingsplatz von De Meer. Er sagte: ‚Ich werde Abschied von dir nehmen, ich habe nicht mehr so viel Vertrauen in dich. Du kannst bei der Zweiten mittrainieren und am Ende der Saison den Verein verlassen.' Ich musste heulen, war total fertig. Er hielt mich kurz fest, drückte mich an seine Brust.

Am Abend wiederholte Louis im Fernsehen genau das, was er mir gesagt hatte. Das traf mich hart. Er hätte sagen können: ‚Bryan ist zurzeit müde, er muss sich ausruhen, aber er kann sich zurückkämpfen.'

„Jetzt hatte ich kein Privatleben mehr. Fernsehkameras vor der Haustür meiner Eltern und von Nada. Ich war jung, wohnte noch zu Hause. Es war ein Irrenhaus."

Einen knappen Monat spielte er in der Zweiten von Ajax. „Ich erholte mich und fand zu alter Form. Der Körper war wieder da. Wir sollten gegen Feyenoord spielen, als mein Berater Rob Jansen sagt: „Bryan, Luis möchte dich wieder auf der

Bank haben." Aber Mino Raiola, der für Rob einige Dinge erledigte, sagte: ‚Es gibt Interesse von Foggia. Das sagt dir wahrscheinlich nichts, aber die haben einen sehr guten Trainer, Zdenek Zemak.´ Dann habe ich mich aus dem Bauch heraus entschieden. Ich war sauer. Die schlechteste Entscheidung, die man sportlich treffen konnte, habe ich getroffen. Und es kam so, wie es kommen musste. Das war das triste Ende von mir bei Ajax. Was besonders wehtat: Im Sommer wollte Florenz 13 Millionen Gulden für mich ausgeben, aber damals durfte ich nicht weg von Louis. Florenz, oh, Mann! Hätte ich schön gefunden. Es war das berühmte Fiorentina mit Batistuta."

Der Einfluss all dieser Dinge auf den jungen Bryan Roy: riesig. „Es hat mich sehr lange belastet. Aber es war mein Los, mein Lebensweg, meine Art und Weise wach zu werden. Ich war Louis dankbar dafür, ich habe mich in Foggia gut weiter entwickeln können und hatte zwei fantastische Jahren unter Zema, mit Kolyvanov, Stroppe und mich selbst als Spitzen. Gegenwärtig sind Spieler in ihrem 22. Lebensjahr schon so erwachsen! Wenn ich meinen Sohn Quentin ansehe, der ist sozial schon viel weiter als ich in diesem Lebensalter war. Bei Foggia wurde der Prozess vom Jugendlichen zum Mann beschleunigt; dort konnte ich mich sozial – emotional weiter entwickeln. Nada und ich waren ins kalte Wasser geworfen worden. Anfangs war sie noch nicht einmal da, saß ich dort allein mit Mino, mein persönlicher Assistent, mein Bruder, mein Übersetzer. Zu zweit waren wir damit beschäftigt, das Haus anzustreichen. Jetzt ist Apulien eine Booming-Gegend, aber damals war da nichts, und Foggia war zudem noch das hässlichste Städtchen in diesem Landstrich. Es war eine Tortur."

Das hatte Bryan lange belastet. „Ja, weil ich so von Louis fallen gelassen wurde. Aber mein Zorn hatte Gründe: Enttäuschung, weil ich dachte, wir hätten etwas gemeinsam, und mein schlechtes Gefühl zu dem, wie es gelaufen ist. Ich war nicht der schlechteste Spieler und *ich* durfte gehen. Das empfand ich als ziemlich schmerzlich. Was Louis bei *Zomergasten* erzählte, begriff ich. Aber es gab doch etwas, was ungesagt blieb: ich war todmüde. Ich begann in dieser Saison nicht gut, war auch so ein Springinsfeld. Vielleicht war Louis am Anfang seiner Trainerlaufbahn auch zu ungeduldig und konnte das alles nicht sehen."

Nach der Sendung rief Roy van Gaal an. „Ich wollte mich für seine Worte bedanken. Ich habe mich dann mit ihm im Hotel Huis ter Duin verabredet." Dort sagte er: ‚Ich hätte dich ganz auf Rechts setzen müssen. Aber ich war noch jung und kam da erst später drauf.' Ich antwortete: ‚Das macht mir heute nichts mehr aus, ich habe mich dadurch so entwickeln können, dass ich heute immer noch Bryan bin.'

So fühlt sich das wirklich an. Ich hatte mich von der Marke entfernen können, zu der ich mich selbst gemacht hatte. Wenn man ein Abziehbild ist, ist es schwierig glücklich zu sein, denn was ist man dann in Wirklichkeit. Nun weiß ich es schon. Damals nicht. Es war genau das, was Louis bei den *Zomergasten* deutlich machte: die Beweihräucherung auf der einen Seite und den Schockeffekt, den Louis bei mir verursacht hat."

„Also, damals erkannte ich das nicht. Saß ich dann kurz nachdem Louis ich in die Zweite verbannt hatte, bei *Barendt & Van Dorp* in der Talkshow. Dieses Interview hat ziemlich viel Wirbel verursacht. Ich war so sauer und traurig und Frits (Bahrendt) und Henk (van Dorp) bespielten diese Stimmung. Nicht besonders gescheit von mir. Damit setzte ich meine Beziehung zu Louis aufs Spiel. Was habe ich da bloß gemacht, denke ich heute noch. Mein Mütchen kühlen."

Und jetzt? „Jetzt kann ich daran denken, ohne Groll."

Jetzt gelingt es ihm ohne Mühe van Gaal und seinen großen Lehrmeister Cruyff in einem Atemzug zu nennen. „Johan, Louis und Rinus Michels waren die allerbesten, ich durfte bei allen dabei sein. Da bin ich verdammt stolz drauf."

Roy beschäftigt sich immer noch mit dem Fußball seiner Lehrmeister und begeistert doziert er: „Bei Louis kamen die Innenverteidiger oft an den Ball, dann ließ sich der Halbrechts zurück fallen. Logisch, denn das war Ronald de Boer, der Architekt. Der musste ganz schnell in Ballbesitz kommen. Nicht Litmanen, das war der steil gehende Spieler. Bei Barcelona waren es Xavi und Iniesta, die sich fallen ließen und den Ball haben mussten. Niemals der zentrale Mittelfeldspieler. Also: die Position vier und zehn füttern, die zwei Mittelfeldspieler an den Seiten dirigieren. Darüber spreche ich mit Louis heute."

Brian Roy brachte alle Tassen und Teller brav wieder zurück. Genug Lärm und Aufregung. Die Leute im Brooks sehen mit einem Lächeln im Gesicht zu, sie kennen ihn alle noch, den Jungen von damals, den Mann von heute. Er beendet die Geschichte: „Obwohl dies damals so passierte, bin ich Louis dankbar. Mein Leben ist so gelaufen, wie es war. So musste es sein."

Frank Rijkaard

Nicht immer diplomatisch, aber ehrlich

Pünktlich betritt er mit leicht federndem Schritt die Rosa-Welt von MaMa Kelly, das Restaurant das zwischen allen Hühnchen und Hummer Aussicht bietet auf das Heilige Feld: Olympia-Stadion Amsterdam. Als Frank Rijkaard auf den grünen Rasen starrt, schaut er in die Vergangenheit. Hier wurde AC Mailand bezwungen, hier wurde Bayern München nach Hause geschickt.

Frank Rijkaard erzählt es mit Gefühl, funkelnden Augen, die ganze Zeit über ein breites Lächeln, das ihn undurchdringlich macht. Bestimmende, aber freundliche Stimme. Er warnt: „Erinnerungen sind selektiv. Man vergisst etwas, man behält etwas."

Die erste Szene, die ihm in den Sinn kommt. Sommer 1993: „Ich kam zurück zu Ajax. Das erste Mal, dass ich mich melden musste, war im Trainingscamp. Sie hatten schon angefangen, ich kam zu spät. Da kam ich dann, der verlorene Sohn. Sie standen da: viele Journalisten. Mir schien es unpassend zu sein, einfach an ihnen vorbei zu laufen, also blieb ich kurz stehen, wechselte mit dem einen oder anderen ein paar Worte. Man sieht es schon kommen, ich kam zu spät in den Essenssaal. Nicht wissend, dass Louis van Gaal immer wartete, bis jeder da war. Niemand durfte beginnen, bis wir vollständig am Tisch saßen. Dann gab der Chef das Zeichen - und wir griffen zu."

Er nahm einen Bissen vom Caesar-Salat, stand auf und machte es durch Stimmveränderung wie damals van Gaal: „Rij - kaard!" Die Leute im Restaurant sahen auf. Rijkaard setzte sich wieder. Gelassen: „Darauf hatte Louis schon gewartet. Er schnellte hoch und rief beinahe triumphal: ‚Rijkaard! Du bist zu spät! Du bist ... zu spät!' Und er zeigte mit dem Finger auf mich: ‚Und du weißt, was das bedeutet.' Ich schaltete schnell: „Ehrlich gesagt, weiß ich es nicht, denn es ist das erste Mal, dass ich hier bin.' Man sah gleich, dass er nachdachte, um dann noch einmal mit erhobenem Finger zu sagen: ‚Da hast du recht. Aber beim nächsten Mal gibt es ein Strafgeld.'

Schließlich kam es nach zwei intensiven Fußballjahren zum 22. Mai 1995, zwei Tage vor dem Finale in Wien. Louis van Gaal hielt in einem übervollen Saal im De-Meer-

Komplex eine Presse-Konferenz, bei der er sehr emotional den Traum vom Gewinn der Champions League in den Mittelpunkt stellte. Es ging ihm immer ums Team. Aber jetzt stellte er eine Person besonders heraus. „Ich hoffe, dass wir die Champions League gewinnen, das hoffe ich vor allem für Frank." Schon vorher hatte er liebevoll vom Rückgrat des berühmten Teams voller Talente, die Stützen gesprochen – das waren Danny Blind und Frank Rijkaard, die Pfeiler, die Männer, die das Team mit ihrer Erfahrung und ihrem Überblick lenkten. Wer in dieser Zeit das Ajax von van Gaal im Blick hatte, hätte ein Buch schreiben können über die Lobeshymnen, die van Gaal über seine Routiniers ausschüttete.

Das Bild: so viel Vertrauen zwischen van Gaal und Rijkaard. Der Letztgenannte nickt, aber: „Am Anfang war nicht zu spüren, dass es zwischen uns klickte. Im Gegenteil."

Die Vorgeschichte: „Als ich damals beschlossen hatte, bei Milan aufzuhören, fragte ich mich: Wie weiter? Ich wollte noch ein paar Jahre irgendwo spielen. Sonne, Meer, ein schönes Leben boten sich an. Nizza, Cannes, Vereine aus Italien, das lockte natürlich. Und ich wurde älter, gefestigter, also warum nicht? Aber ich wusste schon sehr schnell: am liebsten wollte ich zu Ajax. Das Gefühl wurde immer stärker: es MUSS Ajax werden. Mein Abgang dort war nicht so schön gewesen und ich wollte damit die letzten Jahre dort gut abschließen, alles geben für Klub und Team. Ajax würde mich davor bewahren, es zu locker anzugehen, wenn ich dort zweimal hintereinander schlecht spielte, würde man anfangen zu meckern. Ich kannte mich gut genug: Sonne und Meer? Dann würde meine Laufbahn wie eine Kerze ausgehen, ich bin dafür einfach zu bequem. Ich habe David Endt, damals Pressechef von Ajax und ein guter Freund, gebeten, einen Kontakt herbeizuführen. David sagte daraufhin: ‚Okay, ich werde mich darum kümmern´. Aber es dauerte ziemlich lange, bevor ich von David eine Antwort erhielt. Hinterher erzählten Bobby Haarms und Gerard van der Lem mir, dass Louis mich am liebsten nicht in der Mannschaft hätte, darum dauerte es so lange. Bobby sagte: ‚Frankie, es dauerte so lange, dass ich auf Louis zugegangen bin und ihn auf die Seite genommen hatte: Wenn du Frankie nicht zurückholst, gibt es von mir Prügel. Und dann sagte Louis: wenn du das sagst, Mister Ajax, dann mache ich es!´

„Wenn man das hört, erahnt man es, dass wir anfangs kein gutes Verhältnis hatten. Aber ich verstand es. Louis war ein junger Trainer, der wollte gern junge, formbare Spieler haben. Womöglich hätte ich als Älterer Starallüren und so den Betrieb gestört. Ajax war ein Team von Jungspunden – und sie waren schon so gut. Aber ich bin nie ein unbequemer Typ gewesen und allmählich wurde unser Verhältnis besser. Er begann einzusehen, was er an mir hatte und er litt nicht unter mir."

Nicht dass man sich einig war über die Rolle, die Rijkaard erhielt. „Ich war ein Routinier und konnte nicht mehr so viel laufen wie ein junger Spieler. Ich wollte zentral stehen, aber der Zufall wollte es, dass vor dem niederländischen Supercup-Finale gegen Feyenoord viele Mittelfeldspieler verletzt waren. Trotz meines Trainingsrückstandes fragte Louis: ‚Frank, willst du nicht doch Halbrechts im Mittelfeld spielen.' Ich sagte: ‚Gut', und wir spielten sehr stark, gewannen mit 4:0. Daraufhin beließ es Louis logischerweise so, aber ich meinte zu Louis schon, dass er meine Rolle benutzen sollte und mich optimal zum Einsatz bringen wollte, ich zentral dahinter stehen müsste. Mir gelang das Umschalten und Aufrücken ins Mittelfeld nicht mehr gut genug."

Trotzdem spielte Ajax meist sehr überlegen. Bis dass es in einer etwas schwächeren Phase im UEFA-Cup durch Parma mit Zola und Asprilla auf den Boden der Tatsachen gedrückt wurde. „Dort wurden wir an die Wand gespielt. In der Nachbesprechung gab es von Louis viel Kritik gegen mich. Damals bin ich heftig geworden: „Hör mir zu, wenn du möchtest, dass meine Effizienz top ist, musst du mich dort nicht aufstellen." In den Niederlanden fiel das nicht so auf. John van den Brom machte es auf der Position 4 ganz ordentlich und ich hielt in der niederländischen Ehrendivision ganz gut mit. Aber wenn man wirklich das absolute Top-Niveau erreichen will, ging das nicht mehr so weiter. Wir schieden nahezu aussichtlos durch Parma im UEFA-Cup aus, das kann man nichts anders sagen. Aber na gut, Louis war der Coach und er stellte mich nachher dann doch auf die Vier. Das musste ich ihm schon zubilligen, in seinem Kopf gab es dann wohl die Überlegung: okay, so ist die Situation, was fange ich damit an?"

Van Gaal entschied sich für das, was sich hinterher als erfolgreich und das Beste herausstellte. Clarence Seedorf und Ronald de Boer bekleideten im Gegenzug die Position rechts in der Mitte, Frank Rijkaard wurde eine der Stützen in der Abwehr. Das Tandem mit Danny Blind schien unüberwindlich. „Ich hatte etwas mehr den Drang, hinten zu bleiben, mit dem Fokus aufs Coachen. Ich stand da wirklich meinem Mann. Danny machte mehr die Meter nach vorn. Dann sah ich ihn wieder und wieder an mir vorbei nach vorn stürmen. Mit dem Bayern-Spiel als Höhepunkt. So irre spektakulär."

Die Entstehung des Ajax der 1990er-Jahre, die Handschrift – alles van Gaal, unterstreicht Rijkaard. „Die Handschrift des Trainers wurde innerhalb eines

Spieljahres deutlich sichtbar. Ein erfolgreiches Team hat immer einen Coach, der den Laden zusammen hält. Der Normen und Werte lebt. Als ich damals dazukam, bemerkte ich es gleich: was für eine tolle Gruppe von Talenten. Das war wirklich sein Team. Das Team, das Louis geformt hatte, dem er Fußball-Unterricht gab. Sein Vorteil bestand darin, dass er schon die Jugend trainiert hatte, das gab ihm den Vorsprung vor einem Coach, der von außen in den Verein kommt. Eigentlich war ich der Außenseiter in der Truppe, ich brachte Erfahrung und Intuition hinein. Ich war ein sensibler Spieler."

Der spätere Trainer Rijkaard sah die Stärke von van Gaal in dessen Lehrer-Blut. „Die didaktische Art und Weise Führung zu gestalten, die kannte ich bei Michels. Bei Louis sah man die Fortsetzung: Lehrer, Sport- und Turnwelt, Unterricht im Fußball. Alles methodisch und systematisch, das ist wichtig für Spieler, denn so herrscht Klarheit und Struktur. Das ist dann auch bedeutsam, wenn es um Disziplin geht. Ich habe von jedem etwas mitgenommen, auch von Arrigo Sacchi habe ich viel gelernt, aber bei Louis erinnere ich mich immer wieder an dieses Didaktische."

Wieder eine Situation. *De Meer* Mitte der 1990er-Jahre. Vorbesprechung des Spiels. Van Gaal fand lobende Worte für einen Spieler. Rijkaard: „Aber! Er! Spielt! NICHT! Das rief Louis förmlich. Und dann begann er zu erzählen, warum das Spiel eine andere Maßnahme erforderte. Und variierte das Ganze auch und dann sagte er: ‚Und dann haben wir auch noch . . . Dann folgte ein Name aus der Reserve-Mannschaft und begann mit seinen Fingern aufzuzählen: ‚Der weiß es! Der hat Übersicht! Dies und das ist für uns wichtig . . . Aber er spielt nicht!' Peter van Vossen und ich fingen schon an zu lachen, aber das funktionierte sehr gut. Denn danach gab es ein Interview mit dem Spieler und natürlich lautete die Frage immer: ‚Bist du nicht enttäuscht?´ Und dann antwortete der Spieler: ‚Jawohl, aber ich verstehe es, wegen dies, das und jenem´ – dann erzählte der Spieler genau das, was Louis in der Kabine gesagt hatte. Ich habe das als Trainer auch ein paar Mal gemacht. Es geht immer um die Erklärung, das Warum. Louis konnte immer so gut erzählen, verrückt genug, es war immer ein toller Augenblick. Auch weil es mit ein bisschen Humor einherging."

Obwohl gerade van Gaal immer das Team obenan stellt, hob er vor dem Champions-League-Finale in Wien ganz besonders Rijkaard hervor. „Er wusste, dass ich aufhören wollte. Und wir hatten es doch zu einer schönen Zusammenarbeit gebracht. Als Coach unternahm man doch alles, um zum einem erfolgreichen Ergebnis zu kommen. Denn ich glaube schon, dass er jeden Spieler gleich behandelte, ich wurde den anderen nicht vorgezogen. Das Team stand immer über allem."

Rijkaard hatte sie alle als Trainer. Cruyff, Sacchi, Capello, Michels . . . Worin unterschied sich Louis vom Rest? „Das Didaktische. Die Erklärungen. Die Analyse des Gegners. Man ist als Trainer immer so gut wie die Spieler, die einem zur Verfügung stehen. Aber eine Gabe von ihm, von Louis, ist es, dass er die Jungs da heraus fischte und sie auf die richtige Position setzte. Eigentlich wurde jeder von Louis auf eine andere Position gesetzt."

Hat van Gaal mit seiner Vorliebe für Disziplin zur Entwicklung beigetragen? Rijkaard: „Natürlich ist der Fußball in dieser Zeit viel ernsthafter geworden, Fußballer zu sein ist mehr nur als ein Beruf. Wenn man nur Messi oder Ronaldo nimmt, wenn die es lange durchhalten, sich um sich zu kümmern und zusätzliche Anstrengung liefern – das ist der sich abzeichnende Trend. Auch weil es als Signal in den sozialen Medien gestellt wird: Sieh mal, wie hart wir arbeiten, sieh mal wie gut wir aussehen. Früher gab es dieses an sich arbeiten auch schon, aber viel weniger in der medialen Öffentlichkeit. Die Disziplin ist besser geworden. Dabei hat Louis eine wichtige Rolle gespielt. Mit all seinen Charaktereigenschaften hatte er großen Einfluss auf jugendliche Spieler." Dass Louis die jungen Spieler immer schnell ins Spiel brachte, dafür konnte Rijkaard – der in seiner Zeit als Trainer Individualisten wie Messi, Ronaldinho, Deco und Etho glänzen ließ – weniger Begeisterung aufbringen. „Nun, die erfahrenen routinierten Spieler spielten sich bei ihm nicht immer in den Vordergrund. Bis zu seinem Engagement bei Manchester United hat sich dies nicht geändert. Ich denke da an Di Maria und Falcao, die konnten bei ihm nicht überzeugen. Vielleicht hätte ich sie als Coach etwas entschiedener und öfter eingesetzt. Ich hätte den Jungs, die geholt worden sind, gesagt: zeigt erst mal, was ihr drauf habt – und würde erst danach die jungen Spieler bringen. Andererseits muss man ihm genau das auch anrechnen: Xavi, Iniesta, Victor Váldes, Puyol, Rashford, Alaba, Müller, ich könnte noch mehr aufzählen. Allesamt Spieler, die sehr schnell begriffen haben, was er wollte."

Ja, sie gingen oft denselben Wegen und auch einmal zusammen (Ajax, Sparta, Oranje, Barcelona), aber Freunde fürs Leben sind sie nicht geworden. „Wir treffen uns das eine oder andere Mal bei Wiedersehenstreffen, Buch-Präsentationen, der Kontakt ist zufällig. Ich sage für mich: ich durfte ihn erleben. Das formt einen. Als Trainer habe ich meine eigene Sichtweise dazu gepackt, Trainier kopieren funktioniert nicht. Ich finde schon, dass Louis es manches Mal etwas diplomatischer hätte machen sollen – auch um sich selbst zu schützen. Das hätte für ihn auch weniger Widerstand bedeutet. Aber ich höre ihn dann schon wieder sagen: ‚Nein, eben nicht, ich muss alles erklären!´

Zufällig ging es bei ihm vor kurzem genau darum, er war sich schon bewusst, wer wie tickte und wählte vor diesem Hintergrund seine Assistenten. Gerard van der Lem war plus und minus, aber mit derselben Philosophie. Ich finde das ziemlich gescheit, man hat immer starke und schwache Seiten, so ist das dann auszugleichen, es fällt weniger auf, je mehr man sich seiner eigenen Schwachpunkte bewusst ist, desto schöner ist es."

Gräbt noch mal in seinem Gedächtnis: „Wir haben auch viel gelacht. Bei all diesen Teambuilding-Situationen. Auf einmal sagte er dann: Heute spielen wir kein Fußball, heute gehen wir schwimmen. Leider konnte ich an diesem Tag nicht mit. Peter van Vossen kam danach zu mir und hielt sich den Bauch vor Lachen: ‚Frank, da hättest du bei sein müssen. Stand Louis dann mit so einer Pfeife und wir sollten dies und das tun, als er in einem Augenblick schreit er in Richtung Nwankwo Kanu schreit: ‚Kanu, du musst tauchen!´ Worauf Kanu erwidert: ‚Mister! Ich kann nicht schwimmen!´"

Wenn Rijkaard eine Abschiedsrede auf van Gaal halten müsste? „Louis, du kannst stolz sein auf das, was du geleistet hast. Du bist einer der am meisten entscheidenden Menschen, die dem niederländischen Fußball ihren Stempel aufgedrückt haben und auch außerhalb davon. Genieße deine wohlverdiente Ruhe. Du warst nicht immer sehr diplomatisch, aber ehrlich. Du hast keine Rolle gespielt, du warst echt. Und dieses Ehrliche war überall die Grundlage."

Rob Jansen mit John van 't Schip als Gast

Beide große Herren

In Noordwijk aan Zee geht es in einem gerade frisch herausgeputzten Apartment, nicht weit vom Haus von Louis van Gaal entfernt, sehr hektisch zu. Männer schleppen Kabel, Beton und Geräte, dazwischen ein Mann mit extravaganter Brille, der sich mühsam bewegt. Der fröhliche Rob Jansen, mit gemütlichem Haager Akzent, ist ein wandelndes Büro. Sein Leben scheint aus einem Gewirr von Drähten zu bestehen, die auf die eine oder andere Weise doch irgendwie im Kopf des bekanntesten niederländischen Spielerberaters zusammen kommen. Er verspricht mir, dass es gleich losgehe: „Ich habe gleich noch für dich einen speziellen Gast, denn John kommt vorbei. Der weiß auch noch was über Louis."

Als wir endlich in Ruhe bei einer Tasse Kaffee sitzen, meint er: „Louis und Fernanda waren so etwas wie Kinder von meinem Vater Karel. Papa war Begründer der niederländischen Profi-Fußballtrainer-Vereinigung (VVCS) und Louis gehört dem Vorstand an als Vertreter der Spieler. Louis und Fernanda besuchten uns oft, sie hatten einen guten Draht zu meinen Eltern. Ich selbst bin Jahrgang 1955, Louis wurde 1951 geboren, das bekam ich als kleiner Junge mit. Ich sah gleich: Louis ist ehrgeizig und sehr von sich überzeugt. Stärke und Hindernis in einem? Das rief Widerspruch hervor, das ging nicht anders.

Mit 23 begann ich bei der VVCS, ich bekam von ganz nah mit, wieviel Respekt mein Vater Louis entgegen brachte – und umgekehrt. Und das, obwohl sie konträre Ansichten vertraten. Mein Vater war ein echter Gewerkschafter, Sozialdemokrat mit Herz und Seele. Das ist er bis zu seinem Tod im Jahre 2008 geblieben. Louis wollte damit nichts zu tun haben, der fand den sozialdemokratischen Vorsitzenden (und späteren Ministerpräsidenten) Joop den Uyl nicht gut, mit diesem *laissez-faire,* wie er es immer ausdrückte. Diesen Respekt habe ich auch gegenüber Louis. Wir denken über viele Dinge anders, aber unsere Treffen sind immer sehr unterhaltsam. Vielleicht gerade deswegen, denn auch Truus ist so etwas wie ein Gegenpol zu ihm. Wobei der Gegensatz zwischen ihm und mir extremer ist, ich bin wirklich total anders. Ich denke oft über Louis: was regst du dich darüber so auf?

Der Humor von Louis ist speziell. Er ist lustig, wenn er etwas trinkt. Aber ich kann ihn auch provozieren. Das ist mein Haager Humor. Schließlich akzeptiert er es dann auch, aber zwischendurch habe ich meine Riesenfreude. Wir saßen einmal in einer Kirche bei einem exquisiten Dinner, das Sylvia Tóth organisiert hatte. Er war so sehr damit beschäftigt, mir alles Mögliche zu erklären, ohne zu merken, dass ich zuerst meinen Teller leer aß und dann seinen. Hopp – verschwand das Fleisch von seinem Teller. Jeder bekam es mit, nur er nicht. Bis er endlich seinen Teller im Blick hatte, nach Luft schnappte und dann förmlich brüllte: „Was glaubst du, um Himmelswillen, was du da machst, Rób-Ján-sén?"

„Andererseits berührt er mich. Immer wieder für die Schwachen da sein. Mit diesen Jungs beschäftigte er sich als junger Trainer damals bei Ajax schon, dann wurde der Lehrer in ihm geweckt. Er ist auf viele Weisen damit beschäftigt, die Menschen besser zu machen, ihnen etwas beizubringen. Ich finde das großartig.

Aber es fällt mir dann auch immer wieder auf: die Besessenheit, der unbändige Wille dazu führt auch schon mal zu eigenartigem Verhalten. Das sieht er selbst nicht, er weiß es nicht, aber ich an seiner Stelle würde etwas weniger laut krakeelen, wenn etwas gewonnen wurde und würde wohl auch einen Gang zurückschalten, wenn es etwas zu feiern gibt. Naja, aber niemand sagt es ihm. Das trauen sich die Menschen nicht, mich kann er nicht antasten, ich sage es einfach. Der Unterschied zwischen Louis und mir ist, dass ich in demselben Maße, in dem ich älter werde, ich immer mehr akzeptieren kann und immer weniger verurteile. Ich denke mir heute oft: Jungs, worum geht es eigentlich um Himmelswillen?"

In den 1990er-Jahren, auch danach übrigens noch, hatten Trainer und Spielerberater der Stars ziemlich entgegengesetzte Interessen. Es begann schon mit Dennis Bergkamp und Wim Jonk, die kurz vor einem wichtigen Spiel von Ajax bei Inter Mailand unterschrieben. Das stimmte überhaupt nicht mit dem professionellen Denken von Louis überein. Später begann der Streit um die Gehälter vom Goldenen Ajax, bei dem die jungen Spieler zu kurz kamen und beinahe alle bei der Spielerberater-Agentur VVCS vertreten wurden durch Rob Jansen und Sigi Lens. Jansen nickt zustimmend. „Er konnte sich dann enorm mir gegenüber aufregen. Das machte mir aber nie etwas aus. Ich verstand natürlich schon manchmal, weswegen er sauer war. Sein Interesse war Ajax. Meins war: die Spieler. Ich erledigte alles anständig.so sauber wie möglich. Manchmal ging es nicht anders, so wie damals bei Bergkamp und Jonk. Nur ein einziges Mal hat es zu großen Problemen geführt. Damals war Louis richtig sauer und ließ sich über mich in den Medien aus. Das fand ich daneben, weil die Fans das aufgriffen und mich als Zielscheibe sahen. Das wurde gefährlich; es konnte meine Familie treffen. Deshalb bin ich auf ihn zugegangen und habe gesagt: ‚Louis, ich bin nicht sauer auf dich, aber realisiere dir bitte, welchen Einfluss dies auf mein Leben hat.´ Das machte ihn betroffen: ‚Sorry, Rob, das war nicht meine Absicht.´ Ich antwortete: ‚Das begreife ich, aber du musst auch begreifen, dass ich meine Spieler schütze.´ Dies war das einzige Mal, dass wir aneinander gerieten. Sonst gab es nie Streit, ich respektierte ihn als Fachmann trotz mancher Bedenken wegen seines gewöhnungsbedürftigen Verhaltens – aber ich sah immer die andere Seite von ihm: lieb, einfühlsam, Familienmensch, gegenüber den ganz Jungen und Schwachen super-sozial. Wenn man das in den Vordergrund stellt, empfindet man solch einen Mann ganz anders. Und ganz ehrlich: Ich verstehe, dass er es manchmal schwer hatte mit meiner Berufssparte.

Die Generation der Ajax-Spieler, mit der wir damals groß wurden, kam in eine Welt, die wir allesamt – weil wir so dicht dran saßen – normal fanden. Aber so war es nicht. Es war extrem. Ich saß am Verhandlungstisch mit Sigi Lens gegenüber Arie van Os, Arie van Eijden und Maarten Oldenhof. Louis war der Trainer, er saß im Hintergrund. Die Verhandlungen führte er nie. Aber dass die Spieler weg wollten, beeinflusste seine Gedankenwelt. Er war felsenfest davon überzeugt, dass er das Denken der Spieler und ihre Entscheidungen beeinflussen konnte. Das stellte sich als absolut nicht richtig heraus. Ich höre ihn noch sagen: ‚Finidi? Der verlässt uns nicht.´ Als der dann doch zu Sevilla zu wechseln schien, empfand er dies als Verrat. Louis ist ein sehr sensibler Mensch, dann fühlt er Schmerz und Trauer. Ich begriff das. Ich sagte ihm: ‚Louis, Spieler missachten das, da wird ein Punkt gemacht und andere haben auf einmal mehr Einfluss und sie folgen dem Geld.´ Er wurde richtig sauer. ‚Das ist so nicht, Rob Jansen!´ Er beschäftigte sich so mit seinen Spielern, er dachte, was das Beste für die Spieler in ihrer Entwicklung sei. Er dachte: den Einfluss von Dritten kann ich beherrschen, der Einfluss Dritter kann nie so groß sein. Ist es aber doch in dieser Fußballwelt. Ich kann mir vorstellen, dass er einige Spielerberater hasst. Und es sind auch einige dabei, die sind grässlich für den Fußball, die Spieler in die falsche Richtung beeinflussen. Aber ich bin für Relativieren. Viele sind auch okay."

Die ganze Fußballwelt kann sagen, dass Louis van Gaal vor allem mit jungen, noch formbaren Spielern gut auskommen kann – Jansen denkt anders darüber. „Spieler, die ich kenne, sehen Louis positiv. Sie sahen, dass er sein Fach beherrschte. Natürlich, es gab Stars wie Ribéry und Rivaldo, die empfanden Louis als zu oberlehrerhaft. Aber das ist keine Frage von Jung oder Alt, mehr eine Frage der Kultur. Er arbeitete gerade mit Spielern unterschiedlicher Couleur erfolgreich. Hat er es bei der WM in Brasilien nicht gut hinbekommen, van Persie und Sneijder erfolgreich miteinander spielen zu lassen? Ich glaube schon. Aber wenn man es in seiner Karriere mit Hunderten von Spielern zu tun hat, gibt es immer ein paar darunter, mit denen es einfach nicht klickt. Ziemlich logisch.

Dabei ist Louis ein großartiger Coach, alle großen Trainer sind eigenartig. Das muss auch wohl so sein, denn ein sozialdemokratischer Laissez-faire-Coach wird es überhaupt nicht schaffen. Sie sind alle speziell: Mourinho, Wenger, Klopp. Auch Louis ist eine besondere Gestalt. Ein Beispiel. Ich rufe Leute an, wenn es ihnen schlecht geht. Und Louis lag bei einem Verein einmal schwer unter Beschuss. Ich rufe also an: „Ziemlich mies für dich und Truus, kann ich irgendwie helfen?" Aber anstatt dass er sagt: ‚Schön, dass du mich anrufst, Rob´, quatscht er munter drauf los: ‚Worüber redest du? Ich habe überhaupt kein Problem.´ Ja, das ist dann wieder so lustig. Ein normaler Mensch öffnet am Abend eine Flasche Wein und denkt sich: ‚Ziemlich mies, was jetzt gerade passiert. Louis nicht. Das ist eigenartig und sehr authentisch."

Fassade? Jansen: „Schauspielerei? Louis? Nein, das sind zwei Dinge, die nicht zusammen passen. Er kennt die Begriffe Macho und Theater nicht. Deswegen spielt er seine Rolle auch so perfekt. Dann verliert er komplett die Kontrolle. Großartiges TV. Das Lustige ist, dass wenige Spieler damit Probleme haben, sie mögen das eigentlich. Weil sie merken: der Mann setzt sich für uns ein."

Sind Jansen und van Gaal Freunde? „Wir sprechen uns nicht so oft, aber kennen uns schon sehr, sehr lange. Wenn man sich dann wiedersieht, ist die Verbindung da." Auf welcher Seite stand Jansen in der Cruyff-Revolution? „Im Spagat. Auf der einen Seite saßen van Gaal und Blind, auf der anderen Dennis Bergkamp und andere, die ich als Spieler betreut habe. Ich empfand es alles als sehr traurig. In solchen Momenten ziehe ich mich zurück, manchmal ist Nichtstun auch nicht schlecht, oder? Dabei geht es meist um Folgendes: manchmal können bestimmte Leute einfach nicht durch ein und dieselbe Tür. Das muss man akzeptieren, *let it be*. Man sollte es sich nicht schwerer machen als es ist. Louis und Johan, Louis und Ronald – es sind in gewisser Hinsicht Gegensätze. Das ist doch möglich? Allesamt große Persönlichkeiten. Das ist meine Schlussfolgerung. Ich halte Louis und Ronald für besondere Menschen, wobei es eine bemerkenswerte Gemeinsamkeit gibt: auch Ronald hatte eine besondere Beziehung zu meinen Eltern und ich habe ein guten Draht zu Ronald und dessen Frau Bartina, deshalb liegt es mir alles sehr am Herzen. Beim Abschiedsspiel von Dirk Kuyt hatte ich dafür gesorgt, dass Louis an einer Seite von mir beim Lunch saß, Ronald an der anderen. Die beiden hatten sich natürlich untereinander gestritten, aber ich dachte: es wäre doch fantastisch, wenn sie ganz normal zueinander sagten: ‚Schwamm drüber, wir geben uns die Hand, alles klar.´ Wenn das doch mal passieren würde, fände ich das so schön, dachte ich."

Kurze Stille: „Ich habe mit viel Respekt gesehen, wie Louis als Trainer und Coach bei all seiner Halsstarrigkeit bis in die Weltspitze gekommen ist. Als eine besonders markante Persönlichkeit, das macht das Bild für mich noch deutlicher. Man muss froh sein über solche Menschen, die besondere Qualitäten besitzen und ein besonderes Verhalten an den Tag legen, vergleiche dich mit ihnen, es gibt genug farblose Menschen. Verurteilen ist ziemlich leicht. Wenn man älter wird, erkennt man eher, dass man manchmal besser schweigt, lächelt und darauf achtet, was andere tun. Überall hat er Meisterschaften und Pokale gewonnen, die größten Vereine der Welt durfte er trainieren, das ist an sich schon eine Leistung. Und er hat auf seine eigene Art und Weise Geschichte geschrieben. Es gibt im Ausland viel Respekt für die Leistungen von Louis, für sein Können, man wird ihn nie vergessen. Eine Parodie ist auch eine Form von Anerkennung. Wie damals in Spanien. Ich denke ab und zu daran, wie ich ihn gefragt habe: ‚Was hältst du denn von dieser Parodie?´, dann würde er sagen: ‚Wieso Parodie? Was meinst du damit?´"

Es klingelt. „Da ist Johan!", jubelt Jansen. Sein Terminkalender scheint komplett zu platzen, denn er muss nun an drei Stellen zugleich sein. Das löst Jansen ganz einfach: „John, das ist der Biograph von Louis, setz dich – Kaffee?" Und bevor der Trainer und der Biograph es sich realisiert haben, löst sich Jansen im Nichts auf.

John van 't Schip fängt gleich an – so als ob es abgesprochen sei: „Es gab einen großen Unterschied zu vielen anderen Trainern: Louis konnte alles deutlich erklären. Anfangs noch nicht. Wir mussten einmal gegen AA Gent antreten und damals wollte er zu Hause mit zwei Spitzen spielen. Das gefiel uns gar nicht. Und wir sorgten als Spieler dafür, dass wir wieder zum 4-3-3 zurückkehrten. Das war seine große Stärke. Dass er – nachdem er all unsere Argumente gehört hatte – das Ganze dann doch zurückdrehte. Aber das, was Erik ten Hag anfangs auch drauf hatte, als er von Utrecht zu Ajax kam, das passierte bei Louis genauso. Mit einem sehr jungen Team von AZ Alkmaar hatte er es sehr gut hinbekommen und dann möchte man es beim neuen Klub auf dieselbe Art und Weise hinkriegen. Aber Ajax hat ganz eigene Gesetze, darauf musste er von uns gestoßen werden. Danach hat er das 4-3-3 auf seine Art gestaltet mit einigen Entdeckungen, die wirklich gut waren. Das Tandem mit Bergkamp und Jonk war eine Offenbarung.

Ich machte eine eigenen Erfahrungen mit Louis, weil ich als Rechtsaußen anders agierte, als Louis es wollte. Ich litt schon seit Jahren darunter, dass jeder mich auf Rechtsaußen setzte. Johan machte das, Beenhakker ebenso und nun auch Louis. Leo (Beenhakker) hatte mir gerade etwas mehr Freiheit gegeben, weil ich so gern aus dem Mittelfeld kam. Aber Louis sagte: ‚Nein, das hier sind deine Aufgaben.´ Ich wollte das damals nicht.

Van 't Schip tauchte kurze Zeit unter, aber hatte Glück. „Wir holten wenig Punkte und ich durfte wieder mitmachen. Wir haben dann anders gespielt, mit Aron

Winter vor mir und Bryan Roy als echter Linksaußen. Danach habe ich das beste halbe Jahr meines Lebens gespielt und wir holten den UEFA-Cup. Aber Louis und ich wussten beide, dass es nicht andauern würde. Ich bin dann nach Genua gegangen."

Im Nachhinein musste van 't Schip anerkennen: „Louis wusste sehr gut, wie er spielen wollte und wie Spieler glänzen konnten. Das hinzukriegen war seine große Stärke, aber ganz besonders mit jungen Spielern. Manchmal kam es mit älteren deswegen zu Zusammenstößen. Als er mit Rivaldo in Barcelona in eine schwierige Situation kam, sagte er: ‚Das habe ich schon früher mitgemacht mit van 't Schip.' Wurde ich dann doch mal eben in einem Atemzug mit Rivaldo genannt, haha!"

Van 't Schip bezeichnete Cruyff und van Gaal als die Trainer, von denen er am meisten gelernt hatte. „Louis formulierte sehr klar, wie gespielt werden musste, mit Disziplin. Johan war als Trainer mehr Spieler unter den Spielern, konnte aber auch knallhart sein, herausfordernd. Immer direkt vom Fußball aus gedacht. Aber der konnte richtig wütend auf dich werden, wenn man etwas anderes machte als das, was er von dir wollte. In diesem Sinne waren beide hochkonzentriert.

Johan und Louis waren echte Ajax-Größen. Am besten sah man das daran, wie sie die Torhüter einsetzten: Der Torwart wurde immer wichtiger: der fliegende Torwart. Für Johan war es sein Steckenpferd und kam mit Stanley Menzo, Louis bezog Frans Hoek sehr stark in seine Überlegungen mit ein, der Torwarttrainer sorgte dafür, dass Torhüter immer angespielt werden konnten, das war riesig fürs Positionsspiel. Stanley und später Edwin van der Sar spielten beide sehr guten Fußball. Später kritisierte man, das Spiel würde dadurch langweilig, wenn man immer wieder den Torhüter einbezog, aber es war eine große Stärke. Es wurde nur von niederländischen Mannschaften oftmals übertrieben, dadurch gab es sehr viele Phasen Ballbesitz in der eigenen Hälfte. Aber Ballbesitz in der gegnerischen Hälfte – das ist entscheidend. Dieses Umschalten. Ballverlust, gleich agieren, Reaktion. Das war bei Johan so, das war auch bei Michels schon so und das war auch bei Louis so. Ich habe das als Trainer bei meinen Vereinen mitgenommen. Aber dazu bedarf es fußballerische Qualität, dann kann man dominieren.

Louis verkörperte wirklich die Ajax-DNA, hatte dort in der Jugend gespielt, dort schon eine ganze Zeit als Trainer gearbeitet. Ich glaube, dass er wirklich das fortgesetzt hat, was Michels und Cruyff entwickelt hatten. Und er hatte unglaublich große Erfolge. In Bernabeu gegen Real, in Triest gegen Milan und auch gegen Bayern und Dortmund, das waren Spiele der Spitzenklasse. Ich genoss das Training unter Louis. Total schön. Ich stieß zwar mit Louis zusammen, wenn es darum ging, wie ich spielen sollte, und wenn es um Disziplin ging und darüber, was er wie sagte, aber inhaltlich konnte ich ihn nicht widerlegen."

„Schön!", hören wir auf einmal. Rob Jansen ist wieder da. Nicht allzu lange, denn Van 't Schip und Jansen müssen weg und gehen zum Auto von John. Jansen fällt wieder etwas ein. „Ich musste immer so lachen, wenn Louis über Louis van Gaal sprach. Dann schaute er sich um und sagte: „Wo ist der Kerl bloß, wir sind offensichtlich zu dritt hier."

Van 't Schip: „Er hatte es auch immer über einen Louis-van-Gaal-Spieler, klasse, nicht wahr?"

Jansen empfindet den Weg zum Auto als sehr lang: „Sag mal, John, wo steht denn dein Auto?"

Als wir an den bekannten Jaguar, BMW, Teslas und anderen teuren Gefährten vorbei gehen, steht da auf einmal ein Fiat Cinquecento. Das Auto von Johns Tochter, aber Rob Jansen wäre nicht Rob Jansen, wenn er sich darüber nicht lustig gemacht hätte: „Himmelherrgott, John. Ist der das? Muss ich da rein. Wer hat eigentlich deine Geschäfte geregelt?"

Einen Tag später hatte ich Jansen wieder am Telefon. „Du ahnst nicht, wo ich bin. Ich dachte, da ich ja doch sein Nachbar geworden bin, besuche ich ihn einfach."

Und im Hintergrund ist die Stimme von Louis van Gaal zu hören.

Ronald de Boer

Wo der Spieler erfolgreich war, stand der Trainer in seinem Leben

Es gibt kaum einen Ex-Fußballer, der sich so tadellos kleidet, rasiert und frisiert. Ronald de Boer, der eher zierliche Fußballer vergangener Zeiten, hat sich speziell auf dieses Gespräch vorbereitet. Obwohl er erst nach dem Lunch mit Frank Rijkaard ankommen sollte, sind Ronald und seine Freundin Suze schon viel früher im Olympia-Stadion. Ganz im Sinne von Louis van Gaal: „Frank und ich verspäteten uns manchmal, aber Louis war immer vor der Zeit da. Seitdem bin ich lieber immer etwas früher da."

Frank und Ronald de Boer, die Ironie des Schicksals verhalf den beiden zu einem zweiten Vater. Ajax-Trainer van Gaal fuhr täglich von Avenhorn nach Amsterdam, Vater de Boer brachte die Zwillinge zuerst von Grootebroek zu van Gaal und dann machten sie sich zu dritt auf den Weg. Ronald de Boer hatte bereits eine Begegnung mit dem jungen van Gaal hinter sich. „Ich spielte in der A1 und Louis war Trainer der Zweiten. In der Ballecke von Sjakie Wolfs waren wir gerade dabei die Schnürsenkel zu binden, da sagte er auf einmal: ‚Wirst du ein Top-Fußballer?´ Ich dachte in dem Augenblick: Was soll ich darauf antworten? Also murmelte ich etwas wie: ‚Ich glaub' wohl, Trainer.´ Worauf er gleich erwiderte: ‚Denn ich werde ein Top-Trainer!´ Das klang verdammt überzeugend Er war überhaupt nicht unsicher."

Der Fußball-Analytiker: „Ich glaube, dass Louis sich eine Position im Fußball auf der allerhöchsten Stufe erworben hat. Da sind: Michels, Cruyff und van Gaal. Aber Louis steht mit großem Vorsprung auf Platz eins. Aufgrund von Taktik die Entscheidungen zu treffen, großartig. Und in diesem Trio war Louis schon ein Vertreter der neuen Generation Top-Trainer. Der Fußball entwickelt sich von Generation zu Generation. Es ist schon lange mehr keine reine Gefühlssache, so wie Johan es konnte. Bei ihm dachte ich immer: Wenn er nur selbst mittrainieren durfte, war es gut. Louis arbeitete vor dem Hintergrund seiner Philosophie. An die wir glaubten."

Während bei Cruyff das Bauchgefühl regierte, arbeitete van Gaal von seinem Verstand aus? De Boer: „Ja, genau, das war der Unterschied. Viele Menschen glaubten, dass diese Philosophie sehr starr war. Aber van Gaal war eben nicht ganz gradlinig, er schaute sehr genau, was er verändern musste. Er machte nichts, ohne es zu begründen. Louis ist eigensinnig, aber nicht halsstarrig."

So wie van Gaal es in den 90er-Jahren bei Ajax machte, geht es heute nicht mehr, meint de Boer. „Louis hatte von vornherein die gesamte Struktur festgelegt, das war eine gute Basis für uns, sich zu entwickeln. Im heutigen Fußball ist das unmöglich geworden. Die großen Mannschaften arbeiten alle auf dieselbe Art: sie stellen sich viele gute Spieler hin und lassen dann den Trainer mit seiner

Philosophie arbeiten. Ich erkenne, dass Pep Guardiola viel von Louis gelernt hat, qua Struktur, in Sachen Taktik, wie man spielen muss. Teams von Guardiola schätze ich in taktischer Hinsicht noch extremer ein als die von Louis, besonders im Ausknobeln der Möglichkeiten bei Ballbesitz. Wie seine Mannschaften das Spiel in der Hand halten, das ist bisher nur selten so gezeigt worden. Die Möglichkeiten sind inzwischen unbegrenzt, wenn man sich ansieht, was für Mannschaften da stehen. In unserer Ajax-Zeit hatten wir maximal 14 Spieler für die Stamm-Besetzung, das war klar. Es gab nie Zweifel, niemals Verletzungen, unsere Wechsel waren logisch, die Bankbesetzung war logisch, es war wirklich eine andere Zeit. Man sehe sich nur Manchester United an – wie viele verschiedene Egos kommen da zusammen?"

Die 90er-Jahre. Samstags, da stand der Trainer vor der Tafel mit Magneten. Die Spieler dachten: morgen wird sich der Gegner wieder förmlich einmauern. De Boer: „Also dachten wir: die trauen sich doch zu nichts, ganz bestimmt nicht in *De Meer*. Aber plötzlich kam Louis auf einmal mit seiner Geschichte. Der Gegner würde Ajax mächtig unter Druck setzen und voll auf Angriff spielen. Dann dachte jeder: nein, nein, hör' auf, das wird nie passieren. Aber dann kam der Sonntag und da spielte der Gegner detailgetreu so wie Louis es vorausgesagt hatte. Er hatte immer Recht. Wir waren so gut vorbereitet, dass niemand uns überraschen konnte. Und wenn es dann mal ein bisschen anders als gedacht lief? Schwuppdiwupp, Wechsel zur Pause oder kleine taktische Umstellung, damit hatte er wieder die Lösung und wir machten es in der zweiten Hälfte klar. Ich habe schon mal gedacht: von der Bank aus ist es immer sehr schwer zu erkennen, was gerade lief. Aber Louis hatte so viel taktisches Verständnis, dass er alles sah. Und sein Training war absolut phänomenal. Ich kann mich nicht daran erinnern, dass wir einfach nur so trainierten. Er bereitete zielgerichtet aufs Spiel vor, er wusste genau, wo dabei unsere Chancen lagen. Ich war immer nervös vor dem Training, es ging dabei um alles."

Hat van Gaal den Fußball verändert? Weltweit? De Boer spitzt die Lippen. „Das Trainingsniveau, das Louis damals einbrachte, ist heute der Standard. So intensiv. Im Ausland hat man sich daran gewöhnen müssen. Das Niveau hat sich nach oben verändert, das Beliebige ist weg. Das Passen, Schießen, Herausfordern – darauf hatte Louis immer großen Wert gelegt, den Fußball zu leben. Er verlangte viel von sich, aber auch von uns. Er überließ nichts dem Zufall. Wenn wir lässig wurden, wurde er umso besessener.

Das Bild gab es wohl: der Trainer, der seine Jungs drillte und nur an Teambuilding dacht. Vergessen wird meist, dass ein kreativer Spieler wie Ronald de Boer echt ein van-Gaal-Spieler war. „Man darf nicht vergessen, dass Louis selbst ein technisch begabter Spieler war. Er realisierte, dass die Mannschaft zuerst kommt, aber dass wir dafür auch Spieler mit kreativem Potenzial nötig hatten. Dann ging etwas. Darum war setzte er auf mich; ich konnte jemanden locker ausspielen. In Wirklichkeit brachte er zwei große erfolgreiche Strömungen zusammen: die von Dynamo Kiew und Barcelona. Das System von Lobanowski und die individuelle Klasse von Barcelona."

De Boer war froh, dass er ein lernfreudiger, folgsamer Junge war. „Wir hatten am Montag die Nachbesprechung. Und ich ahnte es schon: Ups, ich habe zweimal meinen Gegenspieler laufen lassen. Allen Erkenntnissen zum Trotz hoffte ich darauf, dass er das nicht gesehen hatte. Aber Louis sah alles. Also hat man sich ganz klein gemacht. Edgar Davids und mich nahm er immer am härtesten ran. Dann hatte er sogar Schaum vor dem Mund. So aggressiv war er. ‚Ich habe es wohl gesehen, Ro-nald-de-Boer! Du hast wieder gezockt. Das geht nicht, das darf nicht sein! Gegen einen besseren Gegner wird das ein Tor.´ Fand ich gut, diese Leidenschaft. Einmal hatte ich meiner Meinung nach gut gespielt. Aber ich hatte zwei schwache Momente. Er machte er wieder zum Thema, worauf ich sagte: ‚Ich habe doch verdammt noch mal mein Bestes gegeben?´ Er: ‚Dein Bestes? Ein normaler Spieler gibt sein Bestes, du musst mehr tun.´

Ich wusste also, dass ich damit bei ihm auch nicht ankommen konnte. Schön war, dass er nach dem Weltcup-Finale gegen Gremio auf mich zukam: ‚Du warst nachlässig.´ Ich sagte: ‚Das stimmt überhaupt nicht, ich habe solide gespielt. Ich möchte, dass du dir das Spiel noch mal ansiehst und es mir dann noch mal sagst.´ Später kam er dann noch mal zu mir: ‚Du hast recht, so schlecht warst du nicht.´ Hatte er sich doch tatsächlich das Spiel noch einmal angesehen."

Die Immer-wieder-Geschichte: van Gaal, der fast jeden auf eine andere Position setzte und der Spieler dann tatsächlich besser wurde. Van Gaal holte Ronald de Boer 1993 zurück zu Ajax, nachdem er eine ausgezeichnete Saison bei Twente im Mittelfeld agiert hatte. Der Stürmer spielte übriges auf der halbrechten Position. „Aber, halt, das war meine eigene Idee. Während der WM 1994 in den USA wollte Dick Advocaat etwas verändern und ließ mich im Training gegen Rob Witschge spielen. Für mich eine komplett andere Welt. Was für eine lockere Position. Ich hatte auf einmal unendlich viel Raum vor mir. Nachdem wir ausgeschieden waren, gab es einen Zwischenstopp beim Flug in Dallas. Bombengefahr an Bord, ausgerechnet in Amerika. Zufällig war Louis auch an Bord, sodass ich alle Zeit der Welt hatte, mit ihm zu reden. Ich sagte: ‚Halbrechts, da musst du mich auch mal spielen lassen.' Er: ‚Oh, muss ich das? Kannst du das überhaupt? Gehst du dann mit deinem Gegenspieler mit.' Ich: ‚Das schaffe ich ganz sicher und das werde ich bestimmt machen.' Er: ‚Okay, dann machen wir das, wenn du meist, du kannst das.' Ich wusste, dass er mich mochte, also wagte ich es so zu reden. Danach hatte ich auf dieser Position eine gute Zeit. Ich spielte weltmeisterlich. Als wir die Champions League gewannen, wurde kein Ajax-Spieler zum Fußballer des Jahres gewählt, auch im darauffolgenden Jahr nicht. Damals meinte Gerard van der Lem: ‚Der beste Spieler der Welt war in diesem Jahr ganz einfach Ronald de Boer.' Das vergesse ich nicht mehr, vor allem weil Gerard derjenige war, der mir immer sagte: ‚Ich weiß nicht, was Louis an dir gefressen hat.' Guardiola hat mir damals auch gesagt, ich sei ein Spieler, dem er gern zuschaue. Das sind doch tolle Komplimente."

Mit keinem anderen hatte er so einen guten Draht wie zu Louis van Gaal. „Das Verhältnis ist immer noch sehr gut. Truus und ich mögen uns auch. Meine Freundin hat kein Verhältnis zum Fußball, sie begegnete einmal Louis und das bedeutete ihr dann nicht so viel. Danach sagte sie: ‚Was für ein verrückter Mann!´ Die beiden gingen wirklich durch eine Tür. Ich fragte noch: ‚Was findest du denn so verrückt an ihm?' Suze: ‚Ein aufrechter, lieber, interessanter Mann.'

Man sieht ihn meist als egozentrisch, besserwisserisch, arrogant. Absolut nicht! Für mich ist er ein zweiter Vater. Überall wo ich erfolgreich war, war er mein Trainer. Ich habe ihm viel zu verdanken."

Wir können nicht verlieren. Diese Gedanken gingen bei Ajax durch die Köpfe der Spieler am 17. April 1996. In Athen liefen sie aufs Feld und die Menge tobte, selten hörten wir so ein Pfeifkonzert. Gerard van der Lem friemelte eine Zigarette aus der Schachtel, steckte sie an, nahm einen Zug, blies Rauch in die Luft und stieß Edwin van de Sar an. Mit seinem deftigen Amsterdamer Akzent zeigte er auf die aufgebrachte Menschenmenge: „Sieh' doch mal, Ed, wie froh die Menschen sind, dass wir hier stehen."

Ajax war müde. Die Reihe der „Endspiele" schien endlos. Die ganzen Reisen erforderten einen Wechsel bei der nicht ganz so breit aufgestellten Ajax-Auswahl.

Madrid, Dortmund, Saragossa, Tokyo, überall waren sie per Flugzeug in dieser Saison gereist. Und jetzt schien die Souveränität weg zu sein. Im Vergleich zur glorreichen Mannschaft von 1995 fehlten Rijkaard und Seedorf, sie gehörten nicht mehr dazu. Kluivert und Overmars waren verletzt, links hinten stand der alte Kämpfer Silooy, auf Linksaußen Bogarde, Kanu spielte in der Spitze, auf der Bank die jungen Wooter und Musampa. Zu Hause hatten sie tatsächlich verloren, 0:1 gegen eine kompakte Mannschaft. Halbfinale der Champions League – der Titelverteidiger musste sich von einem harten Knock-out erholen.

Und dann dieses Publikum, diese unglaubliche Einschüchterung. Ein Gegner, der seinen Lauf hatte. Ein normaler Trainer hätte seine Entschuldigungen und Erklärungen schon parat gehabt, aber van Gaal blieb aufrecht und verblüffte mit Lösungen, die er schon von vornherein als fantastisch bezeichnete. Genau an diesem Abend stand Ajax auf, und Ronald de Boer und Davids spielten vielleicht das beste Spiel ihres Lebens. Die Augen des Erzählers leuchteten auf. „Louis hatte uns in den Jahren immer fantastisch vorbereitet. Dabei dachte jeder: Milan, Real, Bayern, Herrgott, die sind schon verdammt gut. Aber dann sagte er jedes Mal: ‚Ja, aber es gibt wirklich Chancen.´ Und das schien auch so zu sein. Damals hatten wir zu Hause verloren, das gab es noch nie, kannten wir nicht. Aber dann erschien Louis, wie abgesprochen, mit einem Fax von Frank Rijkaard, das uns richtig motiviert hatte. Er las das gut vor, mit so vielen Emotionen – man sah die Tränen in seinen Augen. Das war nicht gespielt oder ersonnen, das war Louis. Voller Leidenschaft. Immer sehr energisch. Also gingen wir aufs Spielfeld und hatten nur einen Gedanken: wir können nicht verlieren." Schon in der vierten Minuten traf Litmanen, der Finne machte es noch einmal und der Jungspund Wooter erzielte auch noch ein Tor, es wurde ein Amsterdamer Meisterstück: 3:0. In Athen war es ganz still.

„Es war so klug von Louis. Er behielt auch danach noch die Leidenschaft. Darum schmerzte es mich so sehr, dass er 1996 bekannt machte, dass er Ajax verlasse. Er betrat die Kabine, mit Tränen in seinen Augen, erzählte, es gebe Zweifel im Vorstand. Es war tatsächlich etwas vorgefallen. Sie zweifelten an den Qualitäten des Trainers. Wie konnte das sein, nachdem was er alles gewonnen und aufgebaut hatte? Kurze Zeit danach spielten wir – am Tag vor Nikolaus – bei Grashoppers Zürich, wir gewannen mit 1:0. Nach Spielende holte man mich vor die Kamera und bei mir flossen sogar die Tränen. Ich sackte in mich zusammen, weil ich es für ihn mies fand. Wir, die Spieler, hatten viel weniger Qualität. Wir waren verletzt, taten uns schwer mit dem Rasen in der Amsterdam-ArenA, was alles die Chemie unter uns nicht besser machte. Aber das hatte überhaupt nichts mit ihm zu tun."

Schon früher liefen die Tränen über die Wangen von de Boer: „Der Tod von Fernanda, das fand ich schon schlimm. In *De Meer* erzählte er oben in der Spielerkantine: sie ist unheilbar krank. Er sagte: Sie hofft die Meisterschaft noch mitmachen zu dürfen. Das gab uns einen enormen Schub, für sie taten wir es. Dass wir dadurch eine besondere Motivation verspürten, widerspiegelte sich wohl auch in der Homogenität der Gruppe.

Louis sagte immer: Du bist Fußballer und du bist Mensch, der Mensch steht allerdings an Nummer eins. Wenn es zu Hause nicht läuft, kann man auf dem Spielfeld auch nicht glänzen. Wenn man den Kopf frei, dann kannst du ganz sicher erfolgreich sein. Er war auch ein Pionier der Vorstellungskraft. Da gab es dann eine taktische Besprechung, danach wusste man alles, ganz besonders kannte man dann die Schwächen seines eigenen Gegenspielers. Bevor man dann ins Bett ging, ließ man das Spiel an seinem geistigen Auge vorbei laufen. Ich schloss dann meine Augen und visualisierte dabei, wie ich Finidi frei decken könnte oder meinen Gegner auf dem falschen Bein umspielen konnte. Toller Mann."

Das Vermächtnis von Louis. Wenn jemand darüber etwas sagen kann, dann ist es ganz sicher Ronald de Boer. Als Fußball-Analytiker hat er Fußballaugen, die alles sehen. „Was City nun mit Pep macht, da erkenne ich vieles wieder. Und in den Anfangsjahren von Mourinho bei Porto spielte die Mannschaft exakt so wie wir. Ich wusste nicht einmal, dass er dort Trainer geworden war, ich sah nur die Mannschaft spielen und dachte: Das hat viel Ähnlichkeiten mit van Gaal. Schien dort doch ein alter Assistent aus Barcelona-Zeiten am Ruder zu sein. Das hat Mourinho nicht durchgehalten, der hat danach mehr aufs Ergebnis gespielt. Andererseits: Wie sollen die Leute sich an dich erinnern? Jeder spricht noch über die WM 1974, trotz des verlorenen Finales. Und jeder hat es noch über das Ajax der Jahre 1995 und 1996, obwohl wir damals das Finale (1996 gegen Turin) ebenfalls verloren. Natürlich, Preise und Pokale gewinnen, darum dreht sich alles. Aber für die Ewigkeit? Das Bayern von Pep – das war doch ein Genuss zuzusehen? Sein Barcelona, Manchester jetzt: ein Genuss. Das Ajax von ten Hag 2019 genauso. Jeder spricht darüber. Das hat van Gaal auch immer gemacht, auch wenn er öfter in Richtung Ergebnis spielen ließ, er war immer von dem Gedanken beseelt, das Publikum zu begeistern.

Klar, wenn man ein abschließendes Urteil abgeben muss, gibt es immer etwas anzumerken. Ich glaube, Louis hätte es bei Barcelona gescheiter anstellen können. Und: Mit dem Einfluss der Presse dort hat er so nicht gerechnet. Er dachte: Gegen die komme ich an. Aber dass auf einmal in der Kabine mehr Niederländisch als Spanisch gesprochen wurde, das war nicht gut. Und alles kam dann nach draußen, aber hallo. Sogar die Gehälter der Spieler wurden öffentlich. Darüber hat er die Leute von Spielerberater Roger Wittmann auch noch mal zur Rede gestellt. Nun ja, auch dieses Gespräch fand Wort für Wort in den spanischen Medien statt.

Doch glaube ich immer noch, dass jeder, der mit ihm bei Barcelona gearbeitet hat, immer noch ein gutes Verhältnis hat. Angefangen von der Kantinenbedienung bis hin zum gesamten Personal. Ich sah mit ihm zusammen in Stockholm das Europa-League-Finale Ajax gegen Manchester United. Alle Leute von Manchester freuten sich darüber, Louis zu sehen. ‚Was für ein toller Trainer.' Und ihm gegenüber: ‚Wir vermissen dich noch jeden Tag.' Das sagt doch eigentlich alles?"

3

Barcelona

Louis van Gaal hatte sie während der WM 1994 kennen gelernt. Truus Opmeer, die bei jedermann geachtete Chefin Events der Versicherung *Nationale Nederlanden*. Van Gaal erzählt immer noch begeistert, wie Feyenoord-Fan Truus in den USA faktisch kurz sein Chef war, als er bei 300 Geschäftspartnern der *Nationale Nederlanden* einen Vortrag als Trainer/Coach von Ajax hielt.

Den darauf folgenden Sommer gingen sie zum ersten Mal, vorsichtig, miteinander in Urlaub und danach war es klar: diese beiden Menschen gehörten zusammen. Zusammen würden sie die ausländischen Abenteuer auch angehen, Truus und Louis kündigten beide zur selben Zeit, sie bei *Nationale Nederlanden*, er bei Ajax. Es schien anfangs so, als ob die Reise nach Mailand ging, aber die Verhandlungen mit Milans Sport-Direktor Ariedo Braida verliefen seltsam. Die Italiener wollten eigentlich nur eine einzige Frage geklärt wissen: wieviel Geld wollte van Gaal. Der polterte los: „Money is not important!“ Woraufhin Truus ihm einen kleinen Tritt unter dem Tisch gab.

Aber van Gaal fuhr unbeirrt fort: Wie war der AC Milan eigentlich organisiert? Wie viele Ärzte waren dort beschäftigt. Struktur und Vision, das war immer sein Ding. Aber der Mailänder Sportdirektor Braida bestand auf zwei Business-Fragen: den Blankoscheck und – van Gaal müsse sofort kommen. Er dachte: Es gab noch nie einen niederländischen Trainer, der in der Serie A gearbeitet hat. Die sportliche Herausforderung war enorm, Milan saß in einem tiefen Tal. Und das Geld schien grenzenlos zur Verfügung zu stehen. Aber Louis sagte: „Das geht nicht, gleich anfangen. Ich bin noch bis zum Ende der Saison Trainer von Ajax. Und den Vertrag erfülle ich.“

Während Milan mit allem Tamtam nach Amsterdam kam, meldete sich der FC Barcelona und wollte den Trainer in Camp Nou treffen. Das fand van Gaal wiederum abwegig, also traf man sich auf halber Strecke, Paris. Allerdings kam der Vorsitzende Nunez nicht selbst, sondern schickte seinen Sohn. Auch nicht richtig. Als der Senior schließlich beim zweiten Treffen van Gaal die Hand schüttelte, hatte er eine besondere Geschichte parat. Van Gaal sollte als Ausbildungschef kommen. Dadurch lernte er den Verein kennen, die Sprache beherrschen und könnte dann später Nachfolger von Bobby Robson werden, dessen Vertrag auslief. Nunez nahm van Gaal für sich ein, bot weniger Geld als Milan, aber kam mit einer besseren Perspektive. Und so wurde es also Barcelona.

Einige Monate nach der Übereinkunft geriet der Vorsitzende in wilde Panik. Der Fußball unter Robson wurde trotz des Gewinns des UEFA-Cups, des spanischen Pokals und des Supercups von Spiel zu Spiel schlechter. Die Barcelona-Fans, die *socios*, pfiffen und murrten, sogar dann, wenn die Mannschaft 7:1 gewonnen hatte. Nunez rief van Gaal an: „Louis, vergiss, was wir abgesprochen haben, du musst sofort als Trainer anfangen. Es wurde eine Gesprächsrunde mit Robson und dessen Assistent Mourinho, Nunez und van Gaal anberaumt. Robson reagierte professionell und zurückhaltend, er wurde weggelobt. Mourinho ging an die Decke: „Robson muss bleiben, Vertrag ist Vertrag." Van Gaal ging nicht auf diesen Wechsel ein: „Das war nicht die Verabredung." Nunez blieb ruhig und überredete die Männer: „Das Interesse des Vereins geht vor." Van Gaal ärgerte sich darüber, dass sein Lehrjahr gestrichen worden war, er hätte gern die Vereinskultur besser kennen lernen wollen und hätte sehen wollen, welche Perspektiven die Barcelona-Jugend in den nächsten Jahren bietet. Jetzt stand er Auge in Auge mit 98.000 verrückten Menschen in Camp Nou, die einen Fußballhimmel voller Erfolge von ihm erwarteten.

Van Gaal traf in Barcelona auf ein ziemlich altes Team. Nadal, Stoichkov, Amor – Spieler aus der Cruyff-Ära waren noch immer dabei. Zusammen mit Pep Guardiola bildeten sie den Mannschaftsrat. Die Hierarchie innerhalb dieser Gruppe war stark, die Ehrfurcht vor dem Mister möglicherweise noch größer. Das gefiel van Gaal nicht wirklich, er wollte Diskussion, Engagement. Diskussionen gab es erst, als er den Freibeuter Stoichkov aus dem Spielerkader strich. So war das Ganze nicht gemeint. Van Gaal gab nach, nannte aber alles beim Namen, wo Stoichkov seiner Meinung nach gegen die Regeln verstoßen hätte. Ein paar Wochen später war der Bulgare weg, und die Spieler begriffen, warum.

Der Kulturschock war enorm. Van Gaal wollte über alles sprechen, am liebsten offen und direkt, die Spieler waren in Spanien daran nicht gewöhnt und fühlten sich in ihrem Stolz verletzt. Van Gaal wiederum wurde seinerseits wütend darüber, dass die von ihm so sehr favorisierte sichere Wagenburg nicht zustande kam. Tatsächlich so ziemlich alles sickerte zu den Medien durch.

Van Gaal begann das Team zu erneuern. Die alte Garde zog ab, anstelle davon holte er alte Bekannte. Zuerst kamen Michael Reiziger und Ruud Hesp, danach Winston

Bogarde, dann wieder Ronald und Frank de Boer, Jari Litmanen, Patrick Kluivert, Philip Cocu und Boudewijn Zenden. „Im Nachhinein betrachtet war das nicht gut", gibt van Gaal zu. Die Niederländer erfreuten sich des spanischen Lebens und es gelang ihnen nicht, sich auf das Wesentliche zu konzentrieren. Oder wie van Gaal es formulierte: „Die Weinflaschen blieben bei den Spaniern beim Mittagessen halbvoll, bei den Niederländern waren sie bis auf den letzten Tropfen ausgetrunken." Seine besten Profis in dieser Zeit? Luis Enrique und Luís Figo, echte Van-Gaal-Spieler, Typen in seinem Sinn. Die beiden Namensvetter von Louis: immer gewinnen wollen, immer durch und durch spitze sein, im Spiel, beim Training, in der Kabine, offen für endlosen Fortschritt und Diskussion. Auch schätzte er die großartigen spanischen Jugendspieler, wie Carlos Puyol, Xavi, Victor Valdés und Andrés Iniesta. Die schienen immun zu sein gegenüber ihrer eigenen Kultur der Vergötterung und der Verführung, die Niederländer deutlich weniger. „Es ist ganz einfach: die spanische Kultur passt nicht zum Bio-Rhythmus der Niederländer. Mussten sie am Sonntag spielen, gingen sie am späten Abend noch essen. Wenn man dann am Dienstag ein Champions-League-Spiel hat, funktioniert das nicht. Aber sie taten es trotzdem."

Im dritten Jahr hatte van Gaal das Ganze in Fahrt gebracht. Bis zum Wintereinbruch und Rivaldo, Star der Mannschaft, zum Weltfußballer des Jahres gekürt wurde. Der bis dahin immer bescheidene Brasilianer veränderte sich zusehends, spätestens nach seinem grandiosen Fallrückerzieher-Tor gegen Valencia – ein Tor, das in aller Welt auf den Bildschirmen zu sehen war. Nichtsdestotrotz war Rivaldo ein Mann, der tat, was der Trainer ihm sagte; also kam Rivaldo am Tag nach dem großen Fest mit der Bitte um ein Gespräch, eine Bitte, die van Gaal gern erfüllte. Der Trainer dachte: wird er sich wohl bei uns allen bedanken.

Nichts traf weniger zu. Rivaldo sagte: „Ab heute spiele ich nie mehr Linksaußen."

Van Gaal reagierte. Rivaldo musste auf die Bank. Bei den Ergebnissen und im Spiel von Barcelona, bis dahin großartig, gab es deutliche Rückschritte. „Dann habe ich den größten Fehler meiner Laufbahn gemacht: ich habe Rivaldo zurückgeholt und auf die Position 10 gesetzt. Aber er konnte auf dieser Position für die Mannschaft weniger machen als auf der Position 11."

Bei Barcelona sah man alles van Gaal aus den Händen gleiten. Der nahe Gewinn der Champions League wurde von Gaizka Mendieta und Claudio (der Floh) Lopez, die Quälgeister von Louis van Gaal aus Valencia, schon im Halbfinale zunichte gemacht.

Inzwischen gab es einen politischen Machtkampf. Obwohl van Gaal im dritten Jahr seinen Vertrag um wiederum drei Jahre verlängert hatte, erklärte er sich solidarisch mit dem zurücktretenden Präsidenten Nunez. Dadurch ließ er, zum Entsetzen von Truus, sechs Millionen Golden an sich vorbei gehen Es machte ihn bei den *socios* populär und für van Gaal fühlte es sich logisch an, er wollte keinen Cent für eine Arbeit, die er nie erledigen würde.

Im Nachhinein? „Im ersten Jahr machte ich keine Zugeständnisse und holten wir drei Titel. Im zweiten passte ich mich an die Kultur an und wir gewannen nur noch einen. Im dritten Jahr spielten wir den schönsten Fußball, aber da war die Frage Rivaldo."

Pep Guardiola

Solange die Spieler dich für einen tollen Trainer halten

Manchester ist eine Stadt voller Kontraste. Die Stadt atmet schwer, heimgesucht von Jahrhunderte langem Regenfall, der Lärm von Bohrmaschinen und quietschenden Bremsen von Bussen, Bahnen, Zügen. Wer den Mut hat, einen Spaziergang vom Zentrum Richtung Norden zu machen, wo der grenzenlose Luxus der Premier League bei United und City zu Hause ist, trifft zuerst auf Armut und drogensüchtige Junkies, die um Geld oder dein Telefon betteln. Wenn das Etehad Stadion ins Bild kommt, ist das so, als ob der graue Vorhang auf Seite rutscht und Disney World auftaucht. Wohin mach auch sieht: Reichtum, Futuristisches, Hightech, Jugend im Lichtblau träumend von später, die ultimative Akademie des Fußballs. Siebzehn Spielfelder, die daliegen wie Billardtischflächen, ein Bild voller Halluzinationen.

Aber, glücklicherweise, sind noch keine Roboter angekommen, es sind allesamt Menschen, die dort ein- und ausgehen und übers miserable Wetter meckern. Txiki Begiristain, Mikel Arteta (damals noch kein Cheftrainer bei Arsenal) Sergio Agüero – sie spurten vom Trainingsplatz zu den Kabinen, grüßen kurz, schütteln ihren Kopf, das Wasser fließt überall. Der von der Sonne auf den Malediven gebräunte Pep Guardiola läuft wie ein verwundetes Tier zitternd die Treppe Richtung heiße Duschen hinauf. Kurze Zeit danach steht der Manager und Cheftrainer von Manchester City schon wieder strahlend vor uns, angezogen mit seinem obligatorischen blauen Pullover, bei dem lässig ein winziges Stückchen seines T-Shirts herausschaut. Er sagt zu, sich für uns alle Zeit der Welt nehmen zu wollen, aber die Stimme des Vaters meldet sich bei ihm im gleichen Atemzug: „Meine Frau Christina ist mit unserer jüngsten Tochter in Barcelona; deshalb muss ich heute Abend für die beiden Ältesten, Maria und Màrius, kochen."

Louis van Gaal und der Cruyff-Schüler Pep Guardiola. Erinnerungen an die Zeit in Barcelona erhielten einen neuerlichen Schub durch einen Dokumentarfilm im spanischen Fernsehen. Emotionale Aufnahmen aus der Zeit Ende der 1990er-Jahre. Da ist der Trainer, der den Arm seines Kapitäns ergreift, sie diskutieren mit Händen und Füßen, ihre Hände weisen in alle Richtungen, sie versuchen den anderen zu überzeugen. Im Vorwort der Biografie von Pep schreibt van Gaal, wie er Guardiola, der nicht der Älteste der Mannschaft war, allen katalanischen Gesetzen zum Trotz doch zum Mannschaftskapitän machte und wie es Pep wagte, dieses Amt für den aus dem Mannschaftskader verbannten Stoichkov anzunehmen. Das wusste van Gaal zu schätzen, man war schon eine Persönlichkeit, wenn man so gegenüber dem Trainer zu sprechen in der Lage war. Der letzte Satz dreht sich um die spätere Karriere von Guardiola als Trainer, der zweimal mit einem spielerisch glänzenden FC Barcelona die Champions League gewann. Ein Satz voller Zuneigung: „Er war dabei erfolgreich, was ich nicht schaffte. Pep machte mich stolz."

Van Gaal sieht unter den heutigen Trainern in Guardiola das meiste von seiner Herangehensweise wieder, ist aber auch kritisch und wundert sich oftmals, wieviel Nachdruck er auf die Offensive und auf das Spiel seiner Mannschaft legt. „Man muss auch Respekt vor dem Gegner haben, und die Gegner mauern oft nur, parken den Bus im Strafraum. Glaubt er nicht, dass dies die schwierigste Art ist, die Champions League zu gewinnen? Andererseits weiß ich es zu schätzen, dass man bei allen Mannschaften, die Pep trainierte, seine Handschrift erkennt. Wirklich: seine Handschrift. Das ist ein Kompliment, denn das kann man nicht über sehr viele Trainer sagen. Er ist meiner Meinung nach der absolute Offensiv-Trainer, und darum sehe ich mir gern seine Mannschaften an. Er geht nur zu viel Risiko ein. Das machen Peter Bosz und Erik ten Hag auch, deswegen passt meine weiterentwickelte Vision jetzt besser bei Jürgen Klopp. Das Ergebnis ist auch wichtig, andernfalls wird man als Coach entlassen."

Um ein Haar wären sie gar nicht aufeinander getroffen. Pep Guardiola sagt: „Ich stand 1997 kurz vor der Entscheidung, um nach Parma zu wechseln. Damals realisierte ich mir, dass van Gaal zu Barcelona kommen sollte, und ich beschloss zu bleiben. Weil er von einem Klub kam mit einer der besten Mannschaften, die ich je gesehen hatte. Sein Ajax. Mit unglaublich talentierten Spielern, jungen Spielern, alle sehr diszipliniert. Ich wollte unbedingt mit so einem Trainer zusammen arbeiten."

Aber: „Unglücklicherweise zog ich mir kurz, bevor Louis kam, eine mysteriöse, schwere Verletzung zu, die Ärzte bekamen nicht heraus, was es war. Fast ein Jahr hat mich das gekostet. Als ich dann wieder spielen konnte, hatte ich nicht mehr das hohe Niveau von vorher. Aber für mich war die Zeit mit van Gaal interessant und von großer Bedeutung. Es war zu der Zeit, als ich beschloss, Trainer zu werden. Er war mein Lehrer. Ich lernte viel über Physiologie, mentale Dinge, Disziplin. Manchmal war ich einer Meinung mit ihm, manchmal nicht, aber es war für mich unheimlich wichtig, um dabei zu sein und zu sehen, wie er Spiele vorbereitete, wie er zu seinen Entscheidungen kam. Ich sah einen Mann, der in jeder Hinsicht diszipliniert vorging. Auch bei der Art und Weise, wie er seine Mannschaften spielen ließ, sein Engagement mit seinen und für seine Ideen. Und vor allen Dingen, wie stark er war in schwierigen Zeiten. In diesen Momenten zweifelte man immer am Trainer, ganz bestimmt in Barcelona. Egal wer du bist, Trainer von Barcelona zu sein, ist immer ein hartes Stück Arbeit. Aber er blieb immer sich selbst. Ich habe immer viel davon gelernt."

Stundenlang konnten sie hinter verschlossenen Türen diskutieren. Dabei ging es vor allem um Taktik. „Wir hielten beide sehr viel davon. Das waren der Drang und der Versuch, das Spiel zu begreifen. Wir kommen aus demselben Stall, nach und mit Cruyff ist die Fußballkultur ähnlich und vergleichbar mit der in den Niederlanden geworden. Wesentlich ist: Es gibt einen Grund Fußball zu spielen. Es ging bei van Cruyff, Michels und van Gaal immer über das Warum. Wir konnten schlecht oder gut spielen, aber das war nicht die Frage. Die Frage war einzig und allein: warum spielen wir so? Vor allem am Anfang haben Louis und ich darüber sehr viel gesprochen."

Sechs ganze Spiele machte Guardiola in der ersten Saison unter Louis van Gaal, aber er war der Mann mit der Kapitänsbinde. „Louis wollte einen Spieler auf dem Platz, der seine Philosophie rüberbringen und übersetzen konnte. Ich stimmte dem nicht zu. Ich habe immer daran geglaubt, dass ein Mannschaftskapitän für die Mitspieler da sein müsste und nicht in erster Linie für den Trainer. Es ist wichtig, dass der Kapitän die Interessen seiner Mannschaft in den Mittelpunkt stellt. Was fordern die Spieler, was haben sie nötig, was wollen sie? Ich hatte damals das Gefühlt, dass er mich mit der Rolle als Kapitän förmlich ‚kaufte´ und ich wollte so nicht gebraucht werden. Als Stoichkov ganz einfach aus der Mannschaft gesetzt wurde, konnte ich ganz normal auf ihn zugehen und sagen, dass ich dies für eine schlechte Entscheidung hielt. Wenn das Verhalten eines Spielers schlecht ist und man nicht mit ihm einverstanden ist, setze ihn dann auf die Tribüne oder lass ihn für eine kurze Zeit außen vor. Aber ich finde, dass ein Spieler immer respektiert werden muss und Teil der Mannschaft bleiben muss. Als Trainer und Anführer einer Mannschaft muss man darüber sprechen mit einem einzigen Ziel: was ist letztendlich das Beste für die Mannschaft? Louis mochte das Diskutieren und gab sich echt Mühe, mich zu verstehen. Was ich schon sagte: manchmal stimmt man eben nicht überein. Allerdings muss schlussendlich der Trainer die Entscheidungen treffen."

Der Trainer war, bevor Louis van Gaal kam, lange Zeit Johan Cruyff gewesen. Mit seinem Dream-Team waren es sensationelle Jahre bei Barcelona, das Ende war weniger schön, aber der Geist von Johan wehte noch rund um Camp Nou. Pep Guardiola nannte man einen Cruyff-Zögling. Aber nie vergaß er van Gaal. „Johan Cruyff ist der einflussreichste Mann in meiner Laufbahn. So wie Louis das für Xavi, Iniesta, Puyol ist. Wenn man von einem als junger Spieler die Chance erhält, Fußballer zu werden, dann wird derjenige immer wichtig sein. Ich werde immer denen gegenüber dankbar sei, die mir geholfen haben. Das ist menschlich. Ich hatte viele Jahre die Unterstützung von Johan, zuerst als Spieler, dann als Trainer. Aber auch von anderen Trainern habe ich viel gelernt, ganz sicher von Louis. Er hat alles Mögliche bei Barcelona eingeführt. Manchmal mit Erfolg, manchmal etwas schwierig. So wie das gemeinsame Abendessen. Unsere Kultur war anders, und bei Ajax war es für ihn mit all den jungen Spielern einfacher, seinen Stil zu vermitteln. In den Niederlanden sind die Medien weniger hartnäckig und kritischer als bei Barcelona oder Real Madrid. Aber er versuchte konsequent die Dinge zu verändern.

Doch musste er so manches Mal kämpfen. Bei Ajax waren sie alle jung, dort konnte man sagen: das ist dein Raum, deine Position, das musst du machen, da musst du bleiben. Dann machten die das auch. Bei Barcelona hatten die meisten Spieler mehr Erfahrung, ihnen gegenüber konnte man sich so einfach sagen: okay, du bist Außen, bleib auch dort. Oder: du bist Nummer 10, bewege dich so und so im Raum. Ich wollte selbst auch gern mit Außenspielern spielen, ich war richtig verliebt in das Ajax mit Overmars und Finidi George, bei Barcelona hätte ich auch gern so gespielt, dann hätte ich mit geschlossenen Augen Figo und Luis Enrique anspielen können. Wenn die Außen außen stehen, unterstützt man die Leute im Mittelfeld enorm. Dann sind sie viel einfacher anzuspielen."

Hier fanden die beiden zueinander, aber was war es, was Guardiola am meisten bei van Gaal schätzte? „Von Louis habe ich das ganze Messwesen gelernt. Er wollte alles Mögliche messen. Und das Planen. Die Vorbereitung. Das war das erste Mal, dass ich von ganz nah miterleben durfte, wie ein so hochgradig perfektionierter Plan in der Vorbereitung entstand. Wie er Situationen vorbereitete, alle Einzelheiten hervorholte, alles durchdachte. Einige Dinge habe ich übernommen, andere Dinge nicht, jede Person ist natürlich anders. Ich bin mehr ein Latino, etwas flexibler, er ist mehr geradeaus als ich. Ich bin auch konsequent in meiner Arbeitsweise, aber nicht so sehr aufs Detail achtend wie Louis. Ich sehe uns noch nach einem Spiel auf einem Flugplatz stehen, mit wehenden Krawatten ums Kinn. Und manchmal konnte er Dinge zu einem Zeitpunkt äußern, wo ich nur dachte: Nun ja . . . Schließlich hatte er meistens recht, musste wohl auch wirklich so sein, wie er es wollte. Die Philosophie, mit der wir auf dem Platz spielten und arbeiteten war unglaublich. Darum bin ich froh, dass ich damals in Barcelona geblieben bin, dadurch konnte ich miterleben, wie er arbeitete.

Natürlich hat Louis – so wie viele Manager und Trainer, die ich mitgemacht habe – Einfluss auf mich gehabt. Und viele Dinge, die ich mache, habe ich von Johan und Louis. Diese beiden sind die Trainer und Manager, von denen ich am meisten aufgesogen habe, in meinem ganzen Werden als Manager, in meiner ganzen Entwicklung als Manager, in all den Dingen, die mache. In mir und meinen Mannschaften sitzt unglaublich viel von ihnen. Natürlich. Ich bin in meinem Denken und Tun so dicht bei der Holländischen Schule, ganz deutlich bei der Oranje-Nationalmannschaft und Ajax, das qua Positionsspiel so stark war. Nun ist das übrigens anders geworden. Die niederländische Nationalmannschaft spielt inzwischen ganz anders und Ajax in offensiver Hinsicht auch. Auffallend wie frei und aufregend sie angreifen, allerdings viel weniger aus einem Positionsspiel heraus wie noch in der Vergangenheit. So wie das Ajax von Louis van Gaal beim Gewinn der Champions League 1995, das war ein klares 4-3-3 mit genauen Positionen im Spiel. In dieser Hinsicht war Oranje bei der WM 2014 in Brasilien auch wieder ganz anders, mit fünf Abwehrspielern. Ich weiß nicht, warum er das tat, vielleicht aufgrund der Qualitäten seiner Spieler, aber ich glaube immer, wenn man aus einem ganzen Land Spieler berufen kann, man wahrscheinlich 250 Aspiranten und immer Leute findet, die diese Philosophie umsetzen, nach der man spielen lassen will. Aber dass man bei Bayern, Barcelona und auch in meinen

Mannschaften noch immer mit echten Außenstürmern agiert, das ist dem Einfluss von Johan und Louis geschuldet. Natürlich.

Louis hat aus mir einen besseren Spieler und Trainer gemacht. Ich begriff seine Philosophie. Bei Johan war es mehr . . . (Guardiola greift an seine Nase, beginnt zu schnauben) . . . der roch das Talent. Louis war mehr der Mann des kleinen und großen Abc. Es muss so und so funktionieren. Er konnte in einem Spiel genau das Detail verschieben, etwas ändern, was der Mannschart enorm half. Johan machte das mehr beim Training und achtete da sehr präzise auf Details, wie zum Beispiel beim Passen, da musste die Genauigkeit, die Qualität gut sein. Louis arbeite wie ein Mathematiker, fast schon akademisch. Genau darin lag der Unterschied zwischen den beiden. Ich hab von beiden etwas. Das ist der ganze Trick, dass man als Mensch so offen sein, um das Beste von jedem anderen zu übernehmen."

Das Spannende bei Van Gaal und Guardiola ist, dass der erste sich in der Balance zwischen schönem Fußball, Ballbesitz-Fußball und dem Ergebnis bewegt. Guardiola sucht permanent den Angriff, während van Gaal sich in den vergangenen Jahren korrigierte, nachbesserte. Dabei ist das die Frage von van Gaal: Kann man die Champions League gewinnen, wenn man nur an die Offensive denkt?

Guardiola breitet die Arme aus: „Ich habe damit zweimal die Champions League gewonnen! Und zwar durch so offensiv Fußball zu spielen. Ich lasse mich lieber ‚anklagen', zu offensiv gespielt zu haben als andersherum, ich spiele lieber vierzig Meter vorn. Aber in der Champions League geht es um Details. Das ist das Entscheidende. Eine falsche Abwehraktion, eine verpasste Torchance: weiter kommen oder ausscheiden. Ich bin einer Meinung mit Louis, dass man in der Champions League solide sein muss, dass man an seine Abwehr denken muss. Aber ich glaube schon, dass wir es mit unserem offensiven Fußball immer gut gemacht haben."

Etwas energischer: „Ich sähe es gern, wenn Louis als Manager zurück käme und mit seiner Mannschaft gegen uns spielen würde. Dann würde er sehen, wie schwierig es ist, bei uns zum Torerfolg zu kommen. Das fände ich großartig, wenn er wieder zurück kommt, *I love it*. Als Manager ist er immer noch sehr jung. Ich glaube, er muss einfach mal mit Truus reden, um ihre Zustimmung zu bekommen."

Meint Guardiola das wirklich, oder hat ihn die Anregung von van Gaal gestört, er gehe zu große Risiken ein? Er meint es. „Ein Manager wie Louis, und das gilt für mich genauso, ist Trainer ein Leben lang. Bis zu dem Tag, an dem wir sterben, denken wir über Fußballtaktik nach. Wenn ich ehrlich bin, glaube ich, dass er aufgehört hat, weil es für ihn keine gute Chance mehr gab. Aber wenn ein Verein mit Perspektive kommt oder eine aussichtsreiche Nationalmannschaft, sehe ich ihn zurückkommen. Das glaube ich wirklich."

Zurück zu seinem unzähmbaren Willen immer offensiv spielen zu wollen. Van Gaal gab nie die Liebe zum offensiven Fußball auf, aber ein wenig umdenken – das tat er schon. Von Guardiola ist der Satz: „Es gibt nichts Gefährlicheres im Fußball als gar nichts zu riskieren." Guardiola verändert ein Detail ein wenig: „Es ist nichts so gefährlich wie spielen ohne Risiko. Das glaube ich immer noch. Je mehr man angreift, desto mehr Chancen kreiert man. Aber ich denke, das Wichtigste ist, dass man offensiv spielt wegen der Spieler, aus Respekt vor ihnen. Wenn man ihnen sagt: ‚Verteidigen, verteidigen, verteidigen und auf den einen perfekten Konter zu warten', sagt man eigentlich: ‚Ihr seid nicht gut genug, um gegen diesen Gegner zu bestehen.' Man muss auch Respekt dem Spiel gegenüber haben. Wenn alle Mannschaften anfangen defensiv zu denken, ermorden wir den Fußball. Verteidiger sind dankbar dafür, wenn sie in einer Mannschat spielen, die aufgefordert wird, wirklich die Offensive zu suchen. Es ist so einfach. Wenn man den Ball haben will und der andere nicht, wer wird dann das Spiel machen? Wir müssen mutig sein, Spektakel-Fußball bieten. Großartig sein wollen. Das ist das Wahre."

Die Frage ist und bleibt: Ist seine Philosophie umsetzbar in einer Zeit, in der Manager und Trainer immer mehr den Bus im Strafraum des Gegners parken, mauern und Fußballer mehr und mehr Athleten werden, während sich alles um Daten, Mathematik und Information dreht. „Ja, Fußball ist Mathematik. Die Information, die Datenmenge, alles geht schneller. Stimmt. Aber wenn Messi den Ball hat, ist es keine Mathematik mehr. Auch wenn man alles kontrollieren will, es wird immer etwas da sein, wie zum Beispiel dieses außergewöhnliche Talent von Messi, das man nicht kontrollieren kann. Letztendlich geht es um die Qualität des Zuspiels, die Qualität der Antizipation, die Qualität des Eins-gegen-eins. Wenn man im richtigen Augenblick hinsichtlich des Gegners und des Mitspielers beginnt zu laufen oder zu bewegen und dann der Pass gut ist, dagegen kommt keine Mathematik oder eine Datenmenge an. Es ist vor allem die Klasse einer Mannschaft, die einen Spieler besser macht, Maschinen werden das nie übernehmen können."

Wirklich gute Trainer hinterlassen immer etwas. Oder? Erik ten Hag fiel auf, dass Bayern, wo er 2013 als Trainer der B-Mannschaft begann, noch ziemlich viel Van-Gaal-DNA in sich hatte. Cheftrainer war damals Guardiola. Der sagt: „Zwischen mir und Louis gab es auch noch Jupp Heynckes. Aber natürlich hatte Louis etwas hinterlassen. Als ich kam, waren da noch Spieler wie Thomas Müller und Philipp Lahm und die hatten als junge Spieler van Gaal erlebt, der ihnen Konzept nach Konzept und Idee nach Idee mitgegeben hatte. Wenn ich bei Barcelona oder Bayern weggehe, läuft das nicht anders; Spieler nehmen immer etwas mit vom Trainer, mit dem sie zusammen arbeiten. Das würde ich jedoch nie beanspruchen. Es ist ein Missverständnis zu glauben, dass wir Trainer Spielern alles beibringen können. Nein. Sie nehmen von jedem etwas mit. Wir, Manager und Trainer, müssen Spieler darin unterrichten zu begreifen, wir müssen ihnen beibringen, wie sie zusammen spielen sollen und von dieser Warte aus müssen wir sie spielen lassen, eben genau so, wie wir es für richtig erachten. Das ist alles. Mehr nicht.

In unserem Fach ist es oft so, dass wir einem anderen etwas wegnehmen wollen, so wie: Ich kam in eine Wüste und lasse es zurück als Paradies. Pfff. Nein. So ist es überhaupt nicht. Van Gaal hat bei Bayern für Strukturen gesorgt, das gehört einfach zu ihm, er ist ein Mann, der 24 Stunden an sieben Tage arbeitet und alles in die Hand nimmt. Viele Dinge sind durch ihn bei Bayern bleibend verändert. Manager entscheiden alle fünf Minuten irgendetwas. Das ist, was wir tun: Entscheidung nach Entscheidung nach Entscheidung. Auf dem Platz und außerhalb. Er wurde damals sehr durch den Klub unterstützt, durch die Präsidenten. Er konnte bei Bayern machen, was er wollte."

Louis van Gaal bewundert Guardiola vor allem, weil sein Spielstil, seine Handschrift so deutlich erkennbar ist. „Das ist das größte Kompliment. Das finde ich sehr schön. Ich finde es auch immer sehr lachhaft, nach dem Spiel eine Pressekonferenz geben zu müssen, um das Spiel zu erläutern. Ein Manager sollte das nicht tun müssen. Eben weil ein Spiel nicht erklärt werden muss. Wie habt ihr gespielt? Was habt ihr gemacht? Was war die Intention? Schaut euch die Mannschaften an! Seht auf die Mannschaften von Louis. Von Sacchi. Von Cruyff. Die großen Trainer der Welt. Man sieht es, wenn man sich deren Mannschaften ansieht: das ist das, was sie spielen wollen. Wenn ich mir zehn Minuten ihrer Mannschaften ansehe, weiß ich Bescheid. Ich erkenne ein klares Muster bei Barcelona, Ajax, Bayern, in all den Jahren. Die Art und Weise, wie Trainer ihre Mannschaften offensiv einstellen, ist komplett anders, aus einem ganz einfachen

Grund: der Qualität der vorhandenen Spieler – aber das Muster, die Intentionen erkenne ich gleich.

Die Trainer, von denen ich sprach, hoben die Qualität des Spiels auf ein höheres Niveau, indem sie den Spielstil veränderten. Wenn man als Vorsitzender so einen Trainer verpflichtet, weiß man also, was sie versuchen werden. Dann geht es in erster Linie nicht um Gewinnen oder Verlieren, sondern um die Art und Weise, wie sie spielen wollen. Die einzige Einflussmöglichkeit, die wir als Trainer haben, ist unsere Idee von Fußball. Ich muss meine Spieler davon überzeugen, dass dies die Art und Weise ist, die sie spielen sollen, weil es so den meisten Spaß macht. Ich habe auch schon Titel und Spiele verdammt hässlich gewonnen. Das gelingt dir ein oder zweimal, vielleicht auch öfter, aber auf lange Sicht gesehen ist das keine Option. Gewinnen ohne zu sehen, dass es deiner Mannschaft Spaß macht zu spielen, ist nichts, wobei allerdings jeder Trainer seine eigene Maxime sucht. Wenn man sich meine Mannschaften ansieht, weiß man, was mich gutgelaunt stimmt. Ich mag es, wenn meine Spieler wie Stiere verteidigen, aggressiv sind und immer wieder den Ball haben wollen, um damit das zu machen, was am schönsten ist: angreifen."

Und andersherum: Wie schätzt Guardiola van Gaal schließlich ein? Top 10 aller Zeiten? „Ganz bestimmt. Mindestens. Er ist einer der Größten. Ich halte nichts davon, jemanden als den Größten auszumachen. Sacchi, Michels, Cruyff, van Gaal, einige andere italienische Trainer: allesamt Weltspitze. Oft sieht man sich an, wer die meisten Titel gewonnen hat. Das ist auch sehr wichtig, Titel verhelfen dir zu einem noch besseren Vertrag, einem neuen Job, neuen Chancen. Aber die Trainer, die Meisterschaften gewinnen, verfügen meist über die besten Spieler, die größte Unterstützung vom Vorsitzenden und sind bei den besten Vereinen unter Vertrag. Der Trainer ist erst dann gut, wenn Spieler, die unter ihm gearbeitet haben, sagen: Wow, dieser Trainer ist unglaublich. Man kann die Anzahl der gewonnen Titel falsch einschätzen, man vermag es aber nicht, die Spieler, mit denen man gearbeitet hat, falsch zu bewerten. Die haben jeden Tag mit dir zu tun, die wissen, was passiert ist, welche Probleme es gegeben hat, welche Lösungen angewendet worden sind, in welchen Momenten wir ruhig und zurückhaltend blieben, wann wir uns stark in schlechten Zeiten gezeigt haben, wie entschlossen und konzentriert wir gearbeitet haben. Sie, die Spieler, wissen das."

Pep ähnelt Louis, Pep ist auch irgendwie anders als Louis. So sehr er gern Luis als Trainer zurückkommen sieht, selbst wird er es nicht bis in alle Ewigkeit durchhalten. „Nein, ich werde rechtzeitig in Rente gehen. Luis ist anders als ich. Ich spiele viel Golf, er nicht. Gut? Naja, er spielt ziemlich schlecht. Ehrlich gesagt, ich auch, ich bin aber jung und kann mich noch steigern."

Dann ernsthaft: „Der Job kostet mich viel Energie. Und mein Elan ist nicht mehr so groß wie zu der Zeit, als ich dreißig war. Vielleicht bin ich noch mit 65 Trainer und Manager, aber ich werde mir bis dahin viele Pausen gönnen. Ich bin jetzt 48, ich werde nicht andauernd diesen Job machen. Für mich sehe ich einen Rhythmus von fünf Jahren arbeiten, dann zwei oder drei Jahre nichts machen und dann wieder fünf Jahre arbeiten. Nach Barcelona nahm ich auch eine Auszeit, aber das war es nicht wirklich, weil ich in Gedanken sehr schnell bei Bayern München war. Man hat eine Retrospektive nötig, ein Art Rückschau: Was ist passiert, was ist für die Zukunft nötig? Man muss sich dann und wann die Zeit nehmen, um darüber nachzudenken."

Wie ein Sohn zu seinem Vater spricht, möchte Guardiola noch etwas van Gaal sagen: „Ich danke dir. Dass ich die Möglichkeit erhalten habe, mit dir zusammen zu arbeiten. Wir waren nicht immer einer Meinung, aber ich empfinde eine große Dankbarkeit."

4

Oranje – Teil I

Das war ja richtig lecker gefüllter Kuchen, befand Henk Kesler, der Direktor Profi-Fußball im niederländischen Fußballverband KNVB. Truus hatte sie aufgedeckt, van Wely aus Noordwijk aan Zee hatten sie zubereitet. Kesler war mit seinem Vorgänger Arie van Eijden zum Haus von Louis van Gaal gefahren, die Mission war klar: Oranje musste 2002 Weltmeister werden unter der Führung eines Bondscoach, der die Starspieler allesamt kannte wie kein anderer. Das war die letzte Chance für diese Generation und deshalb war der beste Coach gerade gut genug.

Van Gaal hatte die wilde Ambition, nicht nur Bondscoach sein zu wollen, sondern auch Technischer Direktor. Es sollte ein Masterplan entstehen, er wollte wirklich etwas für den niederländischen Fußball darstellen und dies war seine Chance.

Als er seinen Posten antrat, kam er sehr schnell dahinter, dass der Jahrgang hinter den Stars nicht ganz so gut war. Sein Lieblingsthema, junge Leute zum Einsatz zu bringen, wurde etwa schwieriger. Van Gaal vertraute auf die Akteure, die er schon länger kannte und lernte eine Lektion, die er später – während seiner zweiten Amtszeit als Bondscoach – allzu gut gebrauchen konnte. Da wusste er, dass er der Jugend trotz alledem eine Chance geben musste, junge Spieler zum Einsatz bringen musste. Aber im Jahr 2000 war das alles ganz anders. Van Gaal sollte mit einer durch die EM in Belgien und den Niederlanden förmlich traumatisierte Mannschaft (ausgeschieden im Halbfinale nach irre vielen vergebenen Elfmetern) gleich in Heimspielen gegen Portugal und Irland ran, die beiden ernsthaften Mitbewerber in der Qualifikationsrunde. Auf keinen Fall eine ideale Terminierung.

Es ging gleich daneben. Vor ihm hatten als Bondscoach Guus Hiddink und Frank Rijkaard das Team locker geführt. Van Gaal und Sportphysiotherapeuth Raymond Verheijen wollten dagegen Leidenschaft, Einsatz, Disziplin, Antizipieren, Fußball eben als professionellen Job. Verheijen war noch jung und war davon überzeugt, dass Fußballer sich mit Piloten und Chirurgen vergleichen lassen mussten. Wenn die einen Fehler machten, war der Patient tot. Van Gaal und Verheijen forderten beinharte Professionalität, wollten alles um 180 Grad verändern. Die Spieler, die qua Alter auf die dreißig zugingen oder sogar schon älter waren, haben sich förmlich erschreckt. Im Ausland war die Arbeitsauffassung, gelinde gesagt, leicht verwässert, im Ausland traten sie vor allem zu Spielen an, Trainingstage waren da nicht so wichtig wie in den Niederlanden.

Ronald de Boer erklärt die Gefühle der Akteure von damals: „Wenn ich auf diese Periode zurückblicke, wollte Louis zu viel zu schnell ändern. Jeder kannte die Holländische Schule, die Ajax-DNA dieser Auswahl war recht hoch, viele junge Spieler hatten dort ihre Ausbildung erhalten. Dann muss man die nicht mehr so drillen. Hatten wir am Sonntag gespielt, ging es gleich ins Flugzeug, Montag Ankunft, und hallo gleich in die Trainingsklamotten. Ich dachte: Trainer, lass es alles ein bisschen lockerer angehen. Louis überspannte seine Position als Bondscoach. Man kann nicht in einer so kurzen Zeit alles wieder neu einschleifen. Und als Raymond Verheijen dazukam, wurdest du so oder so müde. Dabei ist der doch ein Fachmann, aber wir waren Fußballer um die dreißig. Auf der Spitze unseres Könnens, jeder war bereits fit. Darin hat Louis sich damals geirrt. Wir hatten Ruhe nötig, kein Über-Training."

Ein Meer von Unruhe beschäftigte Oranje. Edgar Davids, Frank de Boer und Jaap Stam hatten es mit der Nerven kostenden Nandrolin-Affäre zu tun, obwohl niemals bewiesen wurde, dass sie Doping benutzt hatten. Es gab den Vorfall mit dem Nackt-Model Kira Eggers, das im Hilton Kopenhagen auftauchte, als die holländische Nationalmannschaft dort vor dem Länderspiel gegen Dänemark übernachtete. Antizipieren, Disziplin, sich mit dem Spiel beschäftigen. Van Gaal ahnte, dass, seine Jungs es nicht mehr schafften. Nur was konnte er innerhalb einer halben Woche unternehmen? Die Spieler, die jeder auch in ihrem Verein eine wenig gute Phase durchlebten, machten Fehler, die sie anderswo nicht machten. Wodurch Portugal mit einem lachenden Auge 2:0 gewinnen konnte und Irland dank eines späten Traumtores von Giovanni van Bronckhorst gerade ein 2:2 abgerungen werden konnte. In den Auswärtsspielen ging es dann richtig in die falsche Richtung. In Lissabon ging eine furios spielende Oranje-Elf 2:0 in Führung, um in den Schlussminuten komplett die Kontrolle zu verlieren: 2:2. Und gegen Irland spielte nur eine Mannschaft, aber Oranje ließ Chance und Chance aus, während Jason McAteer der Mann war, der ein Tor schoss. Keine WM.

Die Bilder verrieten alles: Frank de Boer, der einen folgenreichen Strafstoß verursachte. Edwin van de Sar, der Bälle passieren ließ, die er noch nie durchgelassen hatte. Pierre van Hooijdonk, ansonsten kaltblütig, der zweimal vergaß, die Partei gegen Portugal zu entscheiden. Patrick Kluivert, der in aussichtsreichen Momenten Chancen ausließ. Marc Overmars, der das Spielen einstellte, als es einen Pfiff aus dem Publik gab: Konter, Gegentor. Und an der Seitenlinie gebärdeten sich van Gaal, meistens ein ruhiger Trainer, der selten seine Bank verließ, und Assistent Ruud Krol wie wild.

Die Kritik ergoss sich in Kübeln. Die Spielerwechsel wurden unter die Lupe genommen, das strenge Regiment von van Gaal als altmodisch tituliert. Wie konnte er nur so mit gestandenen Fußballern umgehen? Andererseits war van Gaal tief enttäuscht von seinen Spielern, die er schon jahrelang kannte. So hatte er sie doch nicht angeleitet? Er hatte mitbekommen, dass sie sich vor den Halbfinalspielen 1998 und 2000 ins Nachtleben gestürzt hatten, das sollte bei ihm anders werden. Aber er hatte einen Security-Mann nötig, Bertus Holkema, um die Jungs in Schach zu halten – so weit war es inzwischen gekommen.

Das Ausscheiden vor der WM, die doch eigentlich gewonnen werden sollte, war ein Tiefschlag, die Umsetzung des Masterplans war eine Mission, die noch erfüllt werden musste. Dieser Plan war für van Gaal eine Herzensangelegenheit. „Meine Philosophie unterschied sich von der des KNVB beim Aspekt Kernthemen. Ich habe die drei Kernthemen von Rinus Michels (Ballbesitz, umschalten, Ballbesitz des Gegners) übersetzt in vier Teilbereiche, eine Struktur, die einem Zirkel gleicht: Ballbesitz Gegner, umschalten zum Ballbesitz, Ballbesitz, umschalten nach Ballbesitz des Gegners. Das wurde damals beim Verband in Zeist akzeptiert. Diese Aspekte zu benennen macht es auch leichter, sie in der Spielsituation der speziellen Situationen zu trainieren. Das ist das Wesentliche. Ich habe mit meiner Geschichte über das Umschalten die Fußballtheorie, wie sie von Michels und Bert van Lingen geformt wurde, um eine Nuance erweitert. Mein Gedanke ging dahin, den Aspekt Umschalten in zwei Teil-Aspekte zu bringen. Wir hatten die EM 2000 analysiert: 30 Prozent der Tore fielen nach Umschalten mit Ballbesitz, aber auch viele Chancen und Möglichkeiten resultierten daraus.

Van Gaal konfrontierte die Trainer-Gilde mit etwas, über das vorher noch nie nachgedacht worden war. Das Denken vom Aspekt des Umschaltens her. Er begann es zu formulieren – mit Hilfe von Video-Analysen. Machte das Ganze trainierbar. „Ich fange noch stets so wie Michels an: die Spielorganisation bei Ballbesitz des Gegners. Aber mein Training basierte immer mehr auf dem Umschalten mit Ballbesitz. Bei AZ, mit Spielern mit ganz anderen Qualitäten, trainierte ich so, denn in diesem Augenblick ist der Gegner noch nicht organisiert. Das brachte uns immerhin die niederländische Meisterschaft."

Trotz des Masterplans war die Enttäuschung rund um Oranje zu groß. Van Gaal trat zurück. „Medien minus minus!" Eine emotionale Presse-Konferenz. Am Tag zuvor hatte er noch mit Herz und Seele hundert Coaches im Jugendfußball trainiert, am Nationalen Coach-Tag. „Ich war dort, um Menschen schlauer zu machen. Ich hatte natürlich überhaupt keine Lust darauf, aber wenn ich da bin, stehe ich auch dazu. Ich war dort mit einem zwiespältigen Gefühl. Mit der Nationalmannschaft war ich durch, den Masterplan aufzugeben war schwieriger. Wir hatten richtig gut etwas in einer sehr engen Zusammenarbeit zuwege gebracht. Arno Pijpers, Andries Jonker, Mark Wotte, Remy Reijnierse, Wim van Zwam, Timo Stoop und die Technische Abteilung des KNVB hatten dies erarbeitet. Aber wir waren noch nicht in der Phase des Kontrollierens, Evaluierens, wir waren noch nicht fertig. Der komplette KNVB-Masterplan war zwar in Bewegung gekommen, endlich, vom Frauenfußball bis zu den Freizeitkickern, von der Jugend bis zu den Amateuren.

Später sah ich Dinge zurück, bei denen ich dachte: Da haben wir auch ein kleines Steinchen dazu beigetragen. Der Frauenfußball hat sich doch toll entwickelt."

Oranje – Teil I, aufgeschrieben: Louis van Gaal

„Die Situation damals, als ich zum ersten Mal Bondscoach von Oranje war, ist zu vergleichen mit dem, was ich später im dritten Jahr bei AZ mitmachte. Damals hatte ich eine Auswahl von Spielern, die gerade mit Foppe de Haan Europameister bei den Junioren geworden waren, aber es fehlten in der Kabine die verletzten erfahrenen Spielerpersönlichkeiten wie Schaars und Mertens. Ich hatte nicht erwartet, dass unsere Spieler nicht das Gleichgewicht im Mannschaftsgefüge sicherstellen konnten, aber sowohl im dritten Jahr bei AZ wie auch in der ersten Periode bei Oranje übernahm niemand die Verantwortung.. Schließlich gibt es aber auch nur wenige, die das können. Schaars war so jemand, Luis Enrique, Danny Blind – das sind die Typen, die das verinnerlicht haben, für einen Coach ist das sehr wichtig.

„Als ich, viel später, zu United wechselte, wusste ich inzwischen überdeutlich, dass ich den ganzen Laden durchmischen musste und das tat ich auch. Bei der niederländischen Nationalmannschaft machte ich noch einen Denkfehler. Ich *wusste*, dass ich auffrischen musste, machte das aber unvollständig. Ich behielt das Vertrauen in die erfahrenen Spieler, weil ich an meinen Prinzipien festhalten wollte: offensiv, dominant Fußball spielen. Die Spieler, die sich dafür empfahlen, waren aber noch nicht so weit. Im Nachhinein betrachtet hätte ich meine Spielstrategie anpassen müssen und auf jeden Fall den Kader verjüngen müssen, so wie ich es in der zweiten Periode bei der niederländischen Nationalmannschaft gemacht habe.

Ich hätte die Balance im Mannschaftskader suchen müssen, eine neue Balance im professionellen Denken. Topsport bedeutet alles aus sich herausholen. Und im Fußball macht man dies auch noch miteinander. Als Team. Die Krux ist: Fußballer sind wie echte Menschen. Sie sind egozentrisch. Die Mannschaft wird schnell weniger wichtig, wenn die Ergebnisse nicht stimmen. Dann zählt sehr schnell nur ein Interesse: das Eigeninteresse.

Auch wenn ich Spieler schon fünf bis acht Jahre kannte, als Trainer coachte, durfte ich nie davon ausgehen, dass sie dasselbe Verhalten an den Tag legten. Sie spielten bedingt durch den Erfolg des niederländischen Fußballs zum ersten Mal auf einem sehr hohen Niveau im Ausland, bei Real Madrid, FC Barcelona, AC Milan, Juventus, Manchester United . . . wo andere Normen und Werte in der Kultur, in der Gesellschaft und in der Fußballwelt gelten. Um dies auf einem erhöhten Plateau zu bewältigen, musste man als Mensch schon eine starke Persönlichkeit sein.

„Ich hatte nicht erwartet, dass sie bei mir ein anderes Verhalten zeigen würden. Es war für mich das erste Mal, dass sich der übergroße Teil eines Mannschaftskaders gegen meine Fußballsichtweise wendete. Unser Traum, Weltmeister zu werden, zerbrach. Was für eine Todsünde, denn ich sah ganz gute Chancen, mit dieser Gruppe Weltmeister zu werden. Wenn sie sich wie Profis verhalten hätten. Aber ich war unerfahren in einer Situation, in der Spieler sich von mir abwandten, sich nicht so verhielten wie Profis. Darum habe ich später Spieler ausgewählt aufgrund ihrer Professionalität und habe sogar verletzten Spielern den Vorzug gegeben nach dem Motto: Ist er professionell genug, um schnell wieder fit zu werden? Wijnaldum nahm ich mit, obwohl er nicht fit war. Das ist am Ende das Schöne: Aufgrund meiner eigenen Entwicklung und Erfahrung habe ich es in meiner zweiten Periode bei Oranje alles anders bewerkstelligen könne.

5

Zurück nach Barcelona

Und dann kam der am meisten unerwartete Anruf. Barcelona. Da saß der Nachfolger von Nunez, Joan Gaspart, der sich mit seinen Händen die dünnen Haare raufte. Noch immer machte die Lobby-Gruppe *Blauer Elefant* knallhart Opposition, und der Hotelier, der unter Nunez Vize-Präsident gewesen war, sah wie unter seinen Händen und seiner Führung die Großmacht Barcelona zerrann.

Zurückkommen ist nie angebracht, wusste Louis van Gaal, aber Ehrgeiz und Versprechungen reizten ihn. Gaspart hielt ihm vor, dass sehr viel möglich war. Van Gaal sollte es einfach nur sagen und dann würden sie jeden kaufen, den er wollte. Und Gaspart machte auch noch ein finanzielles Angebot, dass van Gaal nicht ausschlagen konnte. Der Trainer bekam das Gefühl, dass er wirklich etwas erreichen konnte.

Es ging eigentlich alles von vornherein daneben. Ohne dass van Gaal gefragt wurde, verkaufte man den Weltstar Riquelme, die Kasse war wohl schon ziemlich leer. Van Gaal durfte noch Gaizka Mendieta und Torwart Robert Enke kaufen, das war's dann. Da stand der Trainer nun, mit der alten Enklave; Frank de Boer, Marc Overmars, Philipp Cocu, Michael Reiziger und Patrick Kluivert waren immer noch in Barcelona. In der Vorbereitung spielte Barcelona dank des Trios Saviola-Kluivert-Luis Enrique einen grandiosen Fußball. Das Komische war nur, dass diese drei den Unterschied in der Champions League ausmachten, aber nicht in der spanischen Liga. Die spanischen Klubs schienen alle taktisch gegen dieses Barcelona gewappnet zu sein und machten durch ihren Konterfußball die Barcelona-Abwehr zu Hackfleisch; so gewann Sevilla durch drei Tore von José Antonio Reyes in Nou Camp, während der Barcelona-Gegner gerade fünfmal über die Mittellinie kam.

Die *weißen Taschentücher* kamen früh in dieser Saison zum Vorschein. Die Scheiben im Stadion gingen zu Bruch. Gaspart fragte nervös van Gaal, ob er an Rücktritt denke. Der aber glaubte fest an seine Vision und Idee. Er mochte dieses Team, das zwar nicht so gut war wie die Mannschaft aus seiner ersten Barcelona-Zeit, aber die Jungs strengten sich zusammen an und wollten etwas. Sogar ein Star wie Riquelme, der von den Medien zu hoch eingeschätzt wurde, tat sein Bestes, aber viele konnten den Druck nicht aushalten, mussten ihrem Alter Tribut zollen. Nur die jungen Helden, Xavi, Iniesta, Puyol und Valdes, allesamt debütierten sie unter van Gaal, machten ihre Sache gut. Das waren auch die Spieler, die immer wieder wiederholten, wie wichtig van Gaal für sie gewesen ist. Iniesta in van Gaals Biografie, Teil 1 (Biografie & Vision): „Von jedem lernt man was, aber van Gaal ist für mich doch der allerwichtigste gewesen. Er vertraute mir, ich werde ihm dafür ewig dankbar sein." Puyol: „Wegen van Gaal bin ich da, wo ich jetzt bin. Er verlangte vollkommene Hingabe und sprach immer über den Verstand, den Geist. Er fragte morgens vor einem Spiel oder auch vor dem Training, ob man klar im Kopf sei. Der Geist ist stärker als der Körper, ich identifizierte mich vollkommen mit dieser Aussage. Wenn man es will, schafft man es. Das habe ich verinnerlicht." Und Xavi: „Der Geist, der Wille ist alles, im Sport und im richtigen Leben, das ist fundamental. Wenn man im Kopf klar ist und man ein gutes Gewissen hat, läuft der Rest von allein. Dann kann man erreichen, was man will. Van Gaal forderte viel von einem, um sicherzustellen, dass man dem großen Druck Stand halten konnte. Er selbst ist ebenfalls sehr stark."

Die Jungen von damals, die Stars von später, spielten also für van Gaal. Aber die Niederländer waren bis auf den immer fit dastehenden Cocu häufig verletzt. Mendieta war nur ein Schatten seiner selbst aus der Valencia-Zeit, jeder hatte es schwer mit dem großen Erwartungsdruck. Und manchmal schien es auch so, dass das Glück, das van Gaal so oft in seiner Nähe wusste, verschwunden war. Alle möglichen Bälle trafen nur Latte oder Pfosten.

Die mächtige Bank La Caixa und der ebenso mächtige Trikotsponsor Nike in der Person von Sandro Rossell stellten sich hinter Joan Laporta, der mit Johan Cruyff einen mächtigen Freund an seiner Seite wusste. Der *Blaue Elefant* würde die nächsten Wahlen gewinnen. Gaspart hatte immer öfter ein Gesicht wie sieben Tage Regenwetter. Van Gaal ahnte es; das war nicht mehr zu drehen. Er trat zurück, obwohl das große Ziel noch in Reichweite lag, der Gewinn der Champions League. Aber in der spanischen Meisterschaft sackte Barcelona auf einen sehr gefährlichen Mittelfeldplatz ab. Der Serbe Radomir Antic übernahm und machte aus Barcelona eine Kampfmaschine, von der der argentinische Schläger Juan Pablo Sorin mit seiner langen Mähne die Symbolfigur wurde. Barcelona konterte sich noch auf den vierten Platz und scheiterte erst im Halbfinale der Champions League. Louis van Gaal war da schon längst im 40 Kilometer von Barcelona entfernten Sigtes zu Hause.

6

Keine poetische Zeit als Technischer Direktor von Ajax

Und dann rief Arie van Eijden auf einmal wieder an. September 2003. Van Gaal hatte ein Déjà vu - denn genau wie 1991 lautete die Botschaft: Leo Beenhakker ist zurückgetreten, willst du sein Nachfolger werden? Nun war Leo Beenhakker schon ein paar Monate nicht mehr da und hatte van Eijden als Interimscoach selbst dessen Rolle ausgefüllt, aber naja. Van Gaal war eigentlich mit Ajax durch, in einem Interview hatte er gesagt: „Solange dort gewisse Leute arbeiten, die Co Adriaanse so schäbig behandelt haben, komme ich nicht zurück." Daran wusste sich van Eijden sehr gut zu erinnern. Er wusste auch, wer die *gewissen Leute* waren.

Darum verliefen die Verhandlungen anfangs angespannt. Van Gaal spürte es: der Vorsitzende John Jakke wollte ihn gern verpflichten, van Eijden hatte seine Bedenken. Andererseits: Wenn der für Ajax teure van Gaal käme, stieg das Gehalt aller Direktoren, das war zum Vorteil für van Eijden und Finanzdirektor Jeroen Slop. So lief das bei Ajax: Alle Direktoren verdienten das gleiche Gehalt.

Im November 2003 war es soweit, van Gaal holte ein Papier aus seiner Innentasche und dichtete über seine Zurückkehr zum „Klub seines Herzens, immer besonders"(*club van zijn hart, altijd apart*). Es war seine Art zu sagen: eine Entscheidung aus Liebe.

Anfangs sah es auch gut aus. Cheftrainer Ronald Koeman war in Barcelona sein Assistent gewesen und die Familien van Gaal und Koeman waren dick befreundet. In der Jugendabteilung arbeiteten ehemalige Ajax-Spieler wie Danny Blind, John van 't Ship und Marco van Basten. In Sichtweite zeigten sich schon Wesley Sneijder und Ryan Babel. Der junge, unbefangene Rafael van der Vaart hatte sich schon etabliert und den kannte van Gaal schon von der U-19-WM, ebenso wie John Heitinga.

Van Gaal arbeitete hart und gründlich. John van 't Ship hatte zu dieser Zeit mit dem Trainerjob zusammen mit seinem Kollegen Marco van Basten begonnen, Schulter an Schulter, auf Augenhöhe, ohne Hierarchie. Van 't Ship: „Wir trainierten die Jugend, zusammen Jong Ajax. Und dann kam Louis van Gaal zu Ajax. Als Technischer Direktor. Wir sollten uns auf einmal erklären. In seinem kleinen Büro. ‚Warum macht ihr dies, warum macht ihr das?' Es wurde schnell klar, dass Louis und Marco nicht die besten Freunde waren. Bis zu dem Augenblick, in dem Louis lospolterte: ‚Wer ist hier eigentlich der Trainer' – ‚Ja, äh, wir beide' Er: ‚Das geht überhaupt nicht! Okay, dann beschließe ich hiermit, dass Johnny der Trainer ist und Marco Assistent.' Nun, Marco war außer sich. Frustrationen bei beiden. In dem Augenblick, in dem sie nicht übereinstimmten, war die Spannung spürbar. Und ich saß dazwischen. Aber gut, später gingen Marco und ich zur niederländischen Nationalmannschaft, Marco wurde Bondscoach und ich sein Assistent."

Das war doch eine verrückte Situation bei Ajax? „Ja, sicher. Dann saßen wir in der Trainer-Kabine von Ronald Koeman, der als erstes mit uns, Tonnie Bruins Slot, Marco und mir, ein Glas Wein trank, und dann redete Louis nur mit mir über die Frage, welche Spieler in der Zweiten standen. Ich hatte auch ein bisschen das Gefühl, dass Louis es auch nicht störte, dass Marco und ich danach gingen. Aber gut, das ist alles Vergangenheit, später als Cheftrainer habe ich doch einige allgemein wichtige Dinge von Louis übernommen, auch in meiner Fußball-Philosophie. Ich habe ganz einfach solide viel von ihm gelernt."

Van Gaal wusste verteufelt gut, wie es mit Ajax weiter gehen sollte: Augenmerk auf die Jugend, von der Jugend ins A-Team durchselektieren, stoppen mit all den Einkäufen. Was hatten die ganzen Investitionen zwischen 1991 und 2004 gebracht? Das untersuchte er alles sehr genau, und heraus kam dabei, dass die eigene Jugendabteilung mit Abstand den größten Ertrag geliefert hatte. Er stellte gründlich die medizinische Abteilung auf den Kopf, legte mehr Wert auf Hirn und Geist, mit den Jugendtrainern überprüfte und bewertete er jeden Montag alles nach Herzenslust.

Aber er setzte sich auch mit einem Hocker an den Rand des Trainingsplatzes, wenn Ajax-1 trainiert. Er ärgerte sich über die Anfängerfehler von Koeman, der alle Mühe hatte, die Gruppe mit solch nicht unbedingt pflegeleichten Typen wie Zlatan und Mido zusammen zu halten. Im Dezember verlor Ajax in Brügge und blieb in der Vorrunde des Champions League hängen, außerdem gab es Niederlagen im Pokal und in der Meisterschaft. Van Eijden bot Koeman aus heiterem Himmel eine Vertragsverlängerung an, und van Gaal dachte: Das hätte ich nicht so gemacht.

Ajax war in der davor liegenden Saison in der Champions League weit gekommen, und van Gaal machte kein Geheimnis daraus, dass er Ajax noch weiter vorn sehen könnte. Koeman war überhaupt nicht begeistert und zielte auf van Gaal, als er in einem Interview sagte: „Und dann gibt es noch Herren, die diese großen Ziele erreichen wollen."

Es wurde deutlich, dass es zwischen den Freunden von früher nicht mehr klickte. Der Verkauf von Zlatan Ibrahimovic war ein heißes Thema. Zlatan und van der Vaart haben sich überhaupt nicht verstanden und das kratzte am Teamgeist. Koeman wollte sich nicht zwischen diesen beiden entscheiden müssen, van Eijden lag zu der Zeit im Krankenhaus und van Gaal traf die Entscheidung, als Juventus mit einem ausgezeichneten Angebot für Zlatan kam. Van Gaal erinnert sich: „So war das Problem gelöst. Ronald war ziemlich froh, wurde aber später ziemlich wütend: ‚Und dann verkaufte van Gaal auch noch am letzten Tag des Transfer-Fensters Ibrahimovic!'

Leo Beenhakker schüttete bei *Studio Voetbal* noch Öl ins Feuer, indem er van Gaal als ungeeignet für den Posten des Technischen Direktors einschätzte, weil der sich zu viel um die Spieler kümmerte. Van Gaal, intern wegen seiner Fußball-Philosophie und seines Leitungsmanagements gepriesen, wurde nun einbestellt durch die Vorstandsmitglieder Jaakke und Klaas Nuninga: der Technische Direktor habe einen ausgezeichneten Masterplan geschrieben, sei aber in seinem Auftreten zu forsch und fordernd, zu direkt in seiner Haltung und stoße Menschen vor den Kopf. Sie konnten sich überhaupt nicht damit abfinden, dass der Technische Direktor sich auch um den Ein- und Verkauf kümmerte. Das war Aufgabe des Trainers. Und die beiden fanden es überhaupt nicht gut, dass van Gaal in einer Präsentation beim Aufsichtsrat gesagt hatte: „Wenn man die angestrebten Ziele nicht erreicht, muss man sehen, woran es gelegen haben könnte: Liegt es am Coach, an den Spielern oder am Management?" Für van Gaal so etwas wie das kleine Einmaleins, das Abc des Führens, aber Koeman hatte genau das als einen Angriff auf sich gesehen. Denn die Zielsetzungen, die wurden mal eben nicht erreicht . . .

Das Gespräch lief aus dem Ruder. Van Gaal trat unmittelbar danach zurück. Jaakke erschrak: Warte mit einer Mitteilung bis nach dem Wochenende. Aber wie es das Schicksal so wollte, war genau die Nachricht am Abend in der Talkshow bei *Barend & Van Dorp* Thema, dass van Gaal gekündigt habe. Nur Jaakke, Nuninga und van Gaal selbst wussten davon – und der Letztgenannte war wahrlich kein Freund von Barend und van Dorp.

Van Gaal war enttäuscht. Ajax war seiner Meinung zu einem Verein geworden, in dem Machtspielchen und Verbindungen zu den Medien wichtiger waren als Idee, Entscheidungen auf Basis von Argumenten zu treffen. Er war komplett anderer Meinung als Arie van Eijden, der an der Seite von Koeman und den Spielern blieb, die rebellierten, wie zum Beispiel Hatem Trabelsi, der sich geweigert hatte zu spielen, weil er einen lukrativen Vertrag in Aussicht hatte. Es ärgerte van Gaal, wie Spieler mit ihren Autos umgingen, die Disziplin missachteten, wie sie hinter dem Rücken von Koeman bei Besprechungen standen und dann Mätzchen machten. Van Gaal wollte Koemans Vertrag beenden und mit Danny Blind weiter machen und las genau das - obwohl es nur intern besprochen worden war - am anderen Tag in der Zeitung. So wollte er nicht arbeiten. Mit rot unterlaufenen Augen und sehr viel Emotionen erschien er abermals auf einer Pressekonferenz, der letzten im November 2004. Dieses Mal kein Gedicht, dieses Mal der Abschied. „Das tat weh. Ich mochte diesen Klub."

7

Die Wende: AZ

Oranje: eine Ernüchterung. Barcelona: nicht geglückt. Ajax: gekränkt bis auf die Knochen. In Sitges vor den Toren Barcelonas zogen Truus und Louis die Bilanz und wogen für sich auf Basis der vielen Angebote, die ihn erreichten, ihre Möglichkeiten. Boca Juniors? Der erste niederländische Trainer, der auf beiden Kontinenten die Champions League gewinnt, wie schön? Spartak Moskau: auch außergewöhnlich; Manchester City: ein englisches Abenteuer, stand immer schon auf der Wunschliste. Mexico: wenn man über Abenteuer spricht. Aber das war sehr weit entfernt von Brenda und Renate, und der Vater von Truus war krank. Und als die Nachricht kam, dass Co Adriaanse bei AZ Alkmaar aufhörte, sagte Louis: „Ich glaub, dass Dirk Scheringa mich jetzt anrufen wird." Truus zog die Augenbrauen hoch. AZ? Louis war doch ein Sieger, der musste an der Spitze arbeiten.

Bei van Gaal gingen alle Gedanken in eine Richtung: zurück an die Basis. Zu Menschen hin, denen er vertrauen konnte. Menschen, mit denen man etwas aufbauen konnte, Seite an Seite. Scheringa und Co. überzeugten van Gaal mit einer schlüssigen Geschichte über Kultur, Identität, Regeln, Spielweise, medizinische Abteilung, Strukturen, Normen und Werte. „So etwas hatte ich noch nie mitgemacht."

Van Gaal wurde bei AZ auf Händen getragen, alles war leichter. Mit einer Fünf-Mann-Gruppe gab es andauernd Meetings: neben van Gaal waren das der Vorsitzende Dirk Scheringa, Direktor Toon Gerbrands, der Technisch Direktor Marcel Brands und der Finanz-Manager René Nelissen. Van Gaals Assistenten, Martin Haar und Edward Metgod, waren untereinander und mit van Gaal auf einer Linie; van Gaal suchte und fand einen Computer-Experten mit Max Reckers, er schaltete das Büro von Leo van der Burg ein (der das Buch „Tu das, worin du gut bist“ über Persönlichkeitsmerkmale, Charakter und Talent geschrieben hatte), Jos van Dijk wurde der Sportphysiologe. Eigentlich war AZ besser als der Rest der Liga, obwohl der Verein weder den höchsten Etat noch die besten Spieler hatte.

Van Gaal schlug anfangs den gleichen von Adriaanse vorgegeben Weg ein. AZ stand für Spielfreude und Spektakel, auch in Europa, mit offensivem Fußball, vertikalem Pressing und vielen Kabinettstückchen, herrlich anzusehen. Van Gaal dagegen, das hatte Truus richtig erkannt, verwandelte sich mehr in Richtung Siegertyp. Zocken, davon hielt er nicht viel – und so baute er AZ langsam aber sicher zu einer Mannschaft um, die horizontal Pressing in einem 1-4-4-2-System spielte. Die älteren AZ-Spieler, Barry van Galen und Kennet Perez kämpften genau dagegen an. Das war doch alles top mit Co Adriaanse, warum also verändern? Van Galen sagte darüber in van Gaals Buch Biografie & Vision: „Von allen Spielern hatte ich die größten Probleme mit seiner Philosophie. Die Idee vom Pressing, die er favorisierte – horizontales statt vertikales Pressing – hat mich überhaupt nicht überzeugt. Ich mochte das bedingungslose Pressing von Co: hopp und drauf, jagen und erst dann aufhören, wenn der Gegner den Ball ins Aus befördert hatte. Louis wollte mehr Struktur. Soll heißen, dass jeder auf seiner Position bleiben sollte. Er war überzeugt davon, das so sein musste, aber wir hatten doch so einen großen Erfolg mit dem System von Co gehabt, sodass wir dachten: Warum? Darüber haben wir viel gesprochen. Ha – er hatte noch viele Gespräche vor sich, um uns zu überzeugen . . . Ich habe oft die Diskussion gesucht, aber Louis konnte gut zuhören. Sehr gut sogar. Ob er damit etwas tat, das war eine andere Sache. Für ihn zählte: Das ist meine Art vorzugehen. Aber weil der Widerstand von uns leidenschaftlich war, ging Louis ganz normal damit um. Das mochte er; er sah und bemerkte, dass wir für AZ das Beste wollten. Der kollektive Drang, das war ihm wichtig. Louis ist gleich Teamgeist. Das genießt er förmlich. Wir waren mal in so einem Center Parc, da sah ich ihn am Abend mit Truus zusammen sitzen, strahlend übers ganze Gesicht. Er saß da und sah uns zu, wie wir uns beim Tanzen verrückt vergnügten. Dabei wirkte er sehr glücklich. Und, wissen Sie, was er noch machte? Einmalig, macht kein Trainer. Wenn ein Spieler einige Spiele gut spielte, kümmerte er sich um einen besseren Vertrag, dann glaubt er, dass du dir das verdient hast. Wer macht das noch? Herrje, ich hätte eher bei ihm trainieren müssen, bei diesem Mann.“

Nach dieser großartigen ersten Saison, von der van Galen so euphorisch erzählte, fühlte sich van Gaal tatsächlich glücklich. Was für eine tolle Truppe, welch klasse Typen. Aber trotzdem musste er wieder durchselektieren, die alte Gruppe brauchte frisches Blut. Und tatsächlich: In der zweiten Saison konnte AZ am 29. April 2007 Meister werden, im Stadion Woudestein bei Excelsior Rotterdam. Nur noch kurz gegen Excelsior gewinnen und die Sache schien klar.

An diesem Tag passierte das Unglaubliche. AZ schien locker gegen Excelsior zu gewinnen, aber in der 19. Minute musste Torwart Boy Waterman mit Rot vom Plat, und Luigi Bruins brachte Excelsior per Strafstoß in Führung. 20 Minuten vor Spielende stand es 2:2 – und fünf Minuten später erhielt auch Kevin van Dieren vom Gegner Rot, also wird es doch wohl klar gemacht werden können. Nur mit zehn gegen zehn war es ausgerechnet AZ-Gegner Excelsior, der traf. PSV war Meister, ausgerechnet die Mannschaft von Ronald Koeman. Aber es kam noch dicker, als Ajax entgegen aller Prognosen das Pokalfinale gegen AZ gewann und zudem in den Play-offs für die Europacup-Plätze die Mannschaft von van Gaal bezwang. Nur leere Hände am Ende nach einer großartigen Saison . . .

Irgendwo schien das aber auch logisch zu sein, AZ bezahlte Spielern ein Gehalt von 400.000 Euro, die Top drei der niederländischen Eredivisie zahlten eine Million, und doch hatte die beste Mannschaft keinen Titel gewonnen. Van Gaal machte sich danach mit noch mehr Ehrgeiz an seine Arbeit, er wollte partout mit AZ einen Titel gewinnen. Doch in der dritten Saison fanden zu viele Spieler ihren Rhythmus nicht. Die Disziplin ging den Bach runter. Auf einmal fand sich van Gaal in der Rolle des Lehrers wieder, die er überhaupt nicht wollte. Die ehedem so tolle Atmosphäre war komplett weg.

Shota Arveladze hatte aufgehört, das Knie war kaputt. Danny Koevermans ging zu PSV. Stijn Schaars verletzte sich schwer, der Neue, Mounir Al Hamdaoui kam mit einer überstandenen Knie-Operation und die Sturmspitzen Ari und Graziano Pellè waren noch nicht so beständig. Torwart Joey Didulica: verletzt. Libero Gijs Luirink: langzweitverletzt. Maarten Mertens: auch verletzt. Es gab keine Persönlichkeiten mehr, die Hierarchie wurde ordentlich durcheinander gebracht und das hatte fatale Folgen.

Auf einmal stand AZ in der Tabelle noch ganze drei Punkte vor der Graafschap aus Doetinchem, dem klassischen Underdog der *Eredivisie*, wenn sie nicht gerade abgestiegen waren. Van Gaal begann nachzudenken. War dies ein Team, das den Typ van Gaal nötig hatte? So ein Mensch, der immer auf der Suche nach Topsport-Niveau war? Er konnte es nicht mehr so leiten, wie er wollte, und der Verein schien daran zugrunde zu gehen, sodass er eine Entscheidung traf: ich will raus. Scheringa und Brands wollten davon aber nichts wissen, Gerbrands und Neelissen zweifelten:

„Vielleicht steigen wir sogar ab." Brands und Gerbrands starteten noch einen Versuch, van Gaal zu halten, aber es wurde in Noordwijk ein seltsamer Abend. Mal drohte es gesellig zu werden, aber der Kummer war enorm. Am Ende eines emotionalen Abends waren sie mit sich klar. Sie wollten die Trennung. Nun ging es nur noch darum, die ganze Geschichte abzuschließen und die Spieler zu informieren.

An diesem Freitag passierte etwas, mit dem niemand gerechnet hatte. Die Spieler weigerten sich einfach, die Entscheidung zu akzeptieren. Mit Didulica, Schaars und Kew Jaliens vorneweg bedrängten sie van Gaal. „Trainer, das kannst du nicht machen." Van Gaal erwiderte: „Nun: Wenn ihr noch was erreichen wollt, müsst ihr mit den tonangebenden Herrschaften sprechen." Die Spieler beeilten sich und machten sich auf den Weg Richtung Vereinsführung; AZ glich einen Tag lang einem Tollhaus. Draußen warten die Journalisten auf eine Presse-Konferenz, die nicht stattfinden sollte, und die Spieler setzten sich ausnahmslos dafür ein, dass ihr Trainer blieb. Der meldete sich von zu Hause: „In drei Wochen entscheide ich. Lasst ihr mal sehen, dass ihr eines van Gaal würdig seid."

Toon Gerbrands: „Danach ist Marcel mit ihm nach Heerenveen zum Spiel Jung-Heerenveen gegen Jung-AZ gefahren. Die Fahrt dorthin ging über den Abschlussdeich. Dort sagte Marcel: „Okay, wir werden den und den verkaufen, den holen, dies und das verändern:" Louis: „Wenn du das machst, dann bin ich dabei." Darauf Marcel: „Dann machen wir uns an die Arbeit."

Van Gaal blieb. Aber nach dem elften Platz in seiner dritten Saison gab es einen Start mit zwei Niederlagen in der vierten. Die Kritik der Medien und der Spieler machte sich wieder bemerkbar, weil van Gaal zu einem 1-4-4-1-1-System wechselte mit El Hamdaoui in einer ziemlich freien Rolle vorn, mit abwechselnd Ari, Jeremain Lens, Pellè oder Dembélé dahinter und in der Nähe davon. Die Spieler verloren ihre Spielposition und murrten, die Medien glaubten, van Gaal sei verrückt geworden. Aber am 20. September 2009 gewann AZ mit 1:0 durch Maarten Martens gegen PSV und danach ging es vorwärts und voran. Nach acht Spieltagen stand AZ an der Spitze und gab sie nicht mehr ab. Manches Mal war AZ wieder die Mannschaft mit spektakulärem Fußball, manches Mal spielte man wochenlang auf Nummer sicher und blieb ohne Gegentor, aber immer war El Hamdaoui mit tollen Toren erfolgreich. Das Umschalten von Ballbesitz Gegner zu eigenem Ballbesitz war überwältigend gut, das van-Gaal-Muster war eingeschliffen. Hinten verteidigten sie wie die Löwen, das Mittelfeld glänzte mit besonderer Eleganz, Leidenschaft und

Routine. Dembélé und Pellè machten deutlich, dass sie auf dem Weg waren, großartige Spieler zu werden. Dieses AZ war kaum zu bezwingen.

Und so gab es nach 1981 endlich wieder ein großes Fest in Alkmaar. Louis hatte die versprochene Meisterschaft für den Klub gewonnen, der ihm so sehr am Herzen lag. Dass man im Meisterschaftsfinale gegen Vitesse verlor wurde dadurch wiedergutgemacht, weil PSV AZ-Mitkonkurrent Ajax mit 6:2 förmlich hinweg fegte. Zudem hatte AZ etwas geschafft, was es schon so lange vergeblich versucht hatte: in einer Saison gegen Ajax, Feyenoord und PSV zu gewinnen. Und das alles mit einer Mannschaft, deren Stammbesetzung meist lautete: Romero; Swerts, Moisander, Moreno, Pocognoli; Medes da Silva, De Zeeuw, Martens, Schaars; El Hamdaoui; Dembélé.

AZ, aufgeschrieben: LvG

„Es ist für mich nach wie vor schwer, über AZ zu sprechen, über das eine Jahr, in dem wir Elfter wurden. As die Spieler mich baten zu bleiben, hatte ich mit denselben Spielern ein schreckliches Jahr hinter mir. Es gab zu viele, die es nicht mehr allzu genau nahmen. Das hatte mit ihrer Kultur zu tun. Aber auch mit dem Umstand, dass Maarten Martens und Stijn Schaars, meine beiden Spielführer, verletzt waren. Es gab niemanden, der in der Kabine mit den Normen und Werten von AZ, mit der Vision und Struktur von Louis van Gaal umzugehen wussten. Es gab keine Balance in der Gruppe, sodass wir nicht mehr mit der Vision und Struktur unsere Zielstellungen erreichen konnte. Im Grunde genommen resultierte das aus einer falschen Einkaufspolitik, und dafür war ich mitverantwortlich.

Als ich begriff, dass es falsch lief, habe ich alles unternommen, um das Ganze wieder in die richtige Spur zu bekommen. Ich fand es auch lächerlich, aber sie mussten sich morgens wieder bei mir melden. Das machten sie auch. Danach ließ ich es wieder laufen, ich setze auf Eigenverantwortlichkeit. Aber was passierte dann: prompt kamen wieder einige zu spät. Und wenn man zu spät kommt, ist man auch auf dem Platz bei bestimmten Entscheidungen zu spät. Das zeigt Wirkung. An einem bestimmten Punkt sah ich, dass es abwärts ging Richtung Abstiegszone. Das durfte nicht passieren. Ich konnte diese Gruppe nicht mehr führen und überzeugen und habe daraufhin gesagt: Das kann hier besser jemand anders übernehmen. Ich war gescheitert. Toon Gerbrands, Dirk Scheringa und Marcel Brands wollten das nicht akzeptieren. Aber ich sah keine Möglichkeit mehr. Ich sah uns schon absteigen. Daraufhin haben Toon, Dirk und Marcel die Spieler zusammen geholt und haben mich zu Hause aufgesucht. Ich habe den Spielern gesagt: „Seid ihr denn motiviert genug, um es nach meinen Regeln und mit der entsprechenden Disziplin zu machen? Lasst es einfach sehen, dass ihr meiner würdig seid." Danach ging es etwas besser, und wir landeten noch im Mittelfeld der Tabelle.

Ich habe dabei nie gespielt, habe nur immer gesagt, was ich dachte. Als wir in der darauf folgenden Saison bei ADO Den Haag mit 0:3 verloren und wir aus zwei Spielen nicht einen einzigen Punkt geholt hatte, meinte ich nur: „Das war das beste Spiel, das ich von AZ mitgemacht habe." Und so wurden wir am Ende Meister."

Toon Gerbrands

Monolog, Dialog, verändern

Im Stadion von PSV herrscht Stille. An der Wand hängen Schwarz-Weiß-Fotos, ein fliegender Torwart Jan van Beveren, die immer sprintenden Brüder Willy & René, der starke Ralf „Koteletten" Edström.

Direktor Toon Gerbrands lässt seine imposanten Hände sehen. Der große Volleyball-Coach früherer Jahre ist schon wieder einige Jahre im Fußball tätig. Kein Wunder, dass er sehr gut mit Louis van Gaal klar kommt, sie sind allen Unterschieden zum Trotz aus dem gleichen Holz geschnitzt. Gerbrands Credo „Pünktlich da sein gibt es nicht, zu spät kommen wohl" könnte wohl auch von Luis van Gaal sein.

Gerbrands: „Wenn man mit Louis arbeitet, gibt es immer Streit. Er hat eine Meinung, in allen Bereichen. Wir hatten einmal neue Kaffeetassen mit unserem Logo. Dann konnte er ganz normal sagen: ‚Was ist das nun wieder, das sieht doch nicht aus, das Logo mussrunter.' Er suchte den Wettkampf, wollte wetteifern. Das sitzt in seinem Blut. Ich bin mir sehr sicher, dass, wenn die Tassen kein Logo gehabt hätten, er gepoltert hätte: ‚Wo ist denn hier das Logo, wir sind doch ein Fußballverein?' Wenn wir uns stritten, endete das meist mit einer Wette. Nachdem er zweimal eine Flasche Wein verloren hatte, beschloss er, nicht mehr auf Faktenwissen zu wetten, sondern auf Ergebnisse."

Im Sommer 2019 hatte Gerbrands mit großer Begeisterung eine Sendung der *Avondetappe*, den Late Night Talk zur Tour-de-France-Etappe, gesehen: Louis van Gaal in der Tour de France. Mitfiebernd, jubelnd, die pure Freude am Sport, aber nachdem die Jumbo-Visma-Mannschaft knapp den Sieg im Sprint verpasst hatte, hatte van Gaal nichts Besseres zu tun, der Mannschaftsführung auseinanderzulegen, wie man den Sprint hätte machen müssen. Die Radsport-Teamleiter hörten amüsiert zu, aber sagten nicht, dass van Gaal unrecht hatte. Gerbrands: „Dann ist er für sich ganz ehrlich. Ich glaube manchmal: Was ich sage, muss stimmen, über bestimmte Dinge sage ich also nichts. Aber Louis sagt alles. Auch gegenüber einem Radsport-Teamchef, der da doch mehr von wissen müsste. Louis hätte es auch akzeptiert, wenn der dann gesagt hätte: ja, gut und ganz nett, aber ein Sprint funktioniert im Radsport so und so. Immer herausfordern. Das ist Louis. Auch wenn er irgendwo im Fernsehen zu sehen ist, sagt er: ‚Wenn ich in einem Programm auftrete, verdoppelt sich die Zuschauerzahl!' Dann sage ich immer: „Mal langsam." Aber er hat recht. Es gibt etwas Spannendes in ihm. Die Leute wissen das: Das wird ein netter Fernseh-Abend, er kann irritiert sein, aber auch komplett aus der Haut fahren, wie bei der Tour . . ."

Wetteifern. Ein schöner Van-Gaal-Begriff. Stimulieren, reizen, sticheln, herausfordern, klaren Kopf behalten, wach sein. Gerbrands: „Das ging den Tag über so. René Neelissen sagte mir mal: ‚In der Ära von Louis van Gaal fuhr ich lieber bei Rot über eine Ampel als zu spät zu einem Treffen zu kommen, denn da bekam man es wieder vorgehalten.' Man musste immer gut vorbereitet sein und alles, was man sagte, mit Fakten untermauern. Mich stellte er den ganzen lieben Tag lang auf die Probe. Einmal war Marcel Brands nicht da, da kam er während des Spiels auf mich zu: ‚Nun, Toon, jetzt bist du der Ranghöchste und darfst den *Man of the Match* nennen. Ich bin gespannt!' Wir spielten gegen Roda JC und ich machte am Ende des Spiels einen Vorschlag, und zu meiner großen Überraschung sagte er: ‚Eine gute Wahl!' Aber dann fragte er noch: ‚Und wie ist deine Meinung zum Spiel?' Ich war ehrlich und meinte, dass es nicht herausragend gewesen sei. Louis: ‚Oh, du meinst also nicht herausragend.' Inzwischen wusste ich, wie ich reagieren musste, also formulierte ich drei Argumente, um meine Meinung zu untermauern. Er daraufhin: ‚Oh.' Ein Tag später: ‚Meintest du das wirklich, Toon?' Er ging auf seine Tafel mit Magneten und begann ausführlich zu dozieren, warum das Spiel so schwer war. Mit einer fast selbstverständlichen Begeisterung gab er dem Direktor eine Fußball-Nachhilfe-Stunde. Ich fand es herrlich. ‚Also?', fragte er am Ende. ‚Welchen Schluss ziehst du daraus?' Ich sagte: ‚Nächste Woche NAC, das wird für uns schwieriger als gegen PSV.' Daraufhin applaudierte er."

Die Aufmerksamkeit, die van Gaal verlangte, kam nie zu einem Ende. Gerbrands: „Wenn ich mit ihm irgendwo zum Essen ging und an der falschen Seite saß, wurde ich gleich zurecht gewiesen. Denn auf einem Ohr ist er fast taub. Das muss man immer beachten."

„AZ ließ er zwei Etagen höher zurück. Bei Manchester hat er neue Messmethoden eingeführt. Uli Hoeneß sagte mal: ‚Louis hat uns Bayern eine Etage höher gebracht. Überall, wo er gearbeitet hat, konnte er jeden davon überzeugen, dass das Team wichtiger sei als der Einzelne. Weil es unvergesslich bleiben wird, wie er es managte.'

Beispiel: Maarten Martens war verletzt gewesen und kam zurück, war aber schon zweimal erst eingewechselt worden. Ein Journalist fragte: ‚Meinen Sie, dass Sie bald wieder in der Startelf stehen?' – ‚Ja', sagte Martens. Beim Essen ergriff Louis das Wort. Alle Spieler hörten atemlos zu. ‚Meine Herren! Haben Sie das Interview von Herrn Martens gesehen? Herr Martens wurde zweimal eingewechselt und glaubt nun, von Anfang an zu spielen. Viele Dank, Herr Martens. Jetzt gibt es zwei Alternativen: ich setzte Herrn Martens auf die Bank und dann werden sie schreiben, dass ich meinen besten Spieler auf die Bank setze. Oder Herr Martens spielt, dann werden sie schreiben, dass Herr Martens bei AZ das Sagen hat.'

Es wurde kurz still, ich sah, wie Martens sich hin und her bewegte. Van Gaal dann mit lauter Stimme: ‚Aber! Maarten Martens spielt! Noch deutlicher: er ist der einzige, der sicher einen Stammplatz hat. Die anderen zehn nicht.'

Man begreift, wie es funktioniert. Die Spieler gingen auseinander, neun von zehn denken jetzt: ich spiele doch wohl? Danny Koevermans und Shota Arveladze gingen zusammen und Martens gesellte sich zu ihnen. Sagte Danny zu Martens: ‚Vielen Dank! Shota spielt immer, also bin ich das Opfer.' Auf einmal stand Maarten stark unter Druck. Der sagte dann seinen Mitspielern: ‚Helft mir.' Er hat drei Tage lang nicht richtig geschlafen, aber im Spiel war er erfolgreich und glänzte. Er konnte gar nichtanders, er musste gut spielen und er musste an seine Mitspieler appellieren. Ich fand das genial. Ein mögliches Problem hatte Louis umgedreht, ohne sauer zu sein, aber doch subtil Druck aufzubauen. Er hatte ganz einfach deutlich gemacht: Das hier ist ein Mannschaftssport. Danach ist nichts dergleichen noch einmal passiert."

Denkfehler: Maartens hätte auch dem Druck nicht standhalten können. Gerbrands: „Nein, auf keinen Fall. Das hatte Louis schon lange ganz klar richtig eingeschätzt. Martens ist der Typ, der dann gut spielt. Das wusste er einfach."

Es klingt Bewunderung aus den Worten von Gerbrands, wenn er über van Gaal spricht, hier und da auch Verwunderung. „Die Art und Weise, wie er alles macht, ist manchmal sehr speziell. Noch ein Beispiel: An einem Tag klopfte er bei mir an: ‚Toon, wir benötigen einen Video-Mann.' Und zu Max Reckers, den er im Auge hatte, sagte er: ‚Mach mal einen Plan.' Ich meinte daraufhin zu Louis: ‚Nimm jetzt auch mal was von mir an; einen Spezialisten darf man nie damit beauftragen, einen Plan zu schreiben, das geht dann in alle Richtungen. Man muss ihm exakte Fragen stellen: Wie können wir das machen, was bringt mir das?'

Louis war doch immer der Regisseur. Der kümmert sich nicht ums Licht, nicht um das Bühnenbild, nicht um den Ton, aber hat zu allem eine Meinung. Und Louis ist, wenn er fest dran glaubt, derjenige, der die Spezialisten in den Himmel lobt. Ein unglaublicher Computer-Freek, ein unglaublicher Direktor – dann sind wir alle die besten. Das wird er niemals direkt sagen, das geschieht immer indirekt oder über die Medien. Ich bin neugierig, warum er das so macht, würde ich ihn gern noch mal fragen wollen: Warum machst du einem immer nur dann Komplimente, wenn du mit anderen über den sprichst, den du meinst."

Gerbrands und van Gaal sind Seelenverwandte. Beide gewissermaßen als Coach geboren. „Ich coache schon lange nicht mehr und weiß intuitiv, dass ich diesen Job nicht mehr machen werde. Und doch werde ich niemals definitiv sagen, dass ich aufhöre. Denn dann würde etwas in mir erlöschen. Ich bin mir sicher, dass es Louis genauso ergeht. Ich bin mir auch sicher, dass es sehr wichtig für ihn ist, auch wenn er schon seit drei oder Jahren aufgehört hat, immer noch gefragt zu werden, um diese oder jene Aufgabe anzugehen. Es kann sein, dass er doch noch einmal schwach wird und es dann doch noch einmal macht. Ich traue mich nicht, darauf eine Flasche Wein zu wetten.

Ich habe ihm schon mal gesagt: An dem Tag, an dem du wirklich aufhörst, wirst du zum Mythos. Das macht dich bedeutsamer als du es jetzt schon bist. Siehe Michels. Wenn sein Name genannt wird, kennt jeder dessen Erfolge."

Würde Gerbrands es begrüßen, wenn van Gal Trainer-Anfänger wie Phillip Cocu oder Mark van Bommel begleiten würde? „Was man als Trainer am Anfang vor allem lernen muss: wie geht man mit den Menschen um? Wenn man das von Louis lernen könnte, ist das Gold wert. Aber ich beobachte auch, dass Trainer-Kollegen oftmals faul sind, ich bin erstaunt darüber, wie wenige doch bei Trainer-Kollegen ein Praktikum machen. Martin Haar notierte alle Trainingseinheiten von Louis, diese Skripte werden noch mal für viel Geld versteigert werden. Louis sah sich immer das Training von Michels an. Mourinho war anfangs viele Jahre Praktikant bei Louis. Wenn man nichts gesehen hat, kann man auch nichts lernen.

Louis könnte einem Politiker helfen, einen Top-Unternehmer, einem Fußballer, einem Coach. Und er sagt im Prinzip auch nie Nein, er ist einfach ein sehr netter Mensch. Aber er will es auch mit Spitzenleuten zu tun haben. Dann kann er noch Jahre von besonderer Bedeutung sein. Ich glaube auch, dass der Fußballverband viel mehr mit ihm tun muss. In Zeist sollte man einfach sagen: ‚Diesen Mann schätzen wir, die gesamte Ausbildung wird aufgrund der Philosophie von Louis van Gaal aufgebaut.' Das müsste so sein. Aber wir leben in einem Land, in dem es kein Heldentum geben darf und deshalb gibt es so viele verpasste Chancen."

Was hat Gerbrands von van Gaals Arbeitsweise aus der Nähe, bei AZ, erkannt? „Dabei erinnere ich mich an unseren früheren isländischen Top-Fußballer Gretar Steinsson. Dem stellte man im Manchester TV genau dieselbe Frag. Damals antworte Gretar: „Monolog, Dialog, verändern." Damit traf er den Nagel auf den Kopf.

Monolog: Hierbei erzählt Louis, wie es gehen muss. Auf eine dominante Art. Ein Meter nach links, ein Meter nach rechts. Keine Interaktion, keine Diskussion. Nicht schön. Die Spieler fragen sich, was geht hier ab? Aber danach: Dialog. Louis stellt Fragen. Wie geht es zu Hause? Wie schätzt du deine Position ein? Aber hallo, ein netter Typ! Und wenn man es dann hinbekommen hat, ist der auch noch bereit, es für dich anzupassen, zu verändern!

Nach der WM 2014 kam Georgino Wijnaldum zurück zu PSV. Ich fragte: ‚Wie war es bei meinem Freund van Gaal?' Er sagte: ‚Unglaublich, anfangs dachte ich nur: wenn ich das bloß mal sechs Wochen durchhalte. Aber nach eineinhalb Wochen fing er an mit mir zu reden, bekam ich eine andere Spielposition und es verlief ausschließlich menschlich, *human interest, stand* im Vordergrund. Was für ein netter Mensch. Und dann fragte ich ihn, ob ich ein wenig mehr vorn spielen könnte, und das war gut.' Letztendlich spielte Wijnaldum auf dieser Position im Spiel um den dritten Platz und machte er sein Tor gegen Brasilien.

Es wird deutlich. In der Phase des Monologs ist er streng, in der Dialog-Phase sind sein Gegenüber und er ein Herz und eine Seele, beim Anpassen erweitert er deine Position. Menschen, die nicht bereit sind, sich zu entwickeln, zu lernen, überstehen die erste Phase nicht. Oftmals sind das die Stars."

Doch muss es etwas geben bei van Gaal, sodass dieser Weg auch funktioniert. Gerbrands: „Es funktioniert, weil van Gaal größer als das Team ist. Er schafft für die Spieler eine sichere Umgebung, eine eigene Welt, bei der er auf der Brücke zur Außenwelt steht. Er ist bereit den Preis dafür zu bezahlen. Er ist der Vater, der die Familie beschützt. Alle Kritik wird bei ihm abgeladen und das findet er prima. Wenn man das mit seinem Engagement und seiner Ehrlichkeit kombiniert, wird es schon ganz besonders. Damit macht er alles noch deutlicher. Er ist kein Politiker, obwohl er viele Stimmen bekäme. Aber achten Sie mal darauf. Bei jeder offenen Frage, die man Louis stellt, bekommt man meist tolle Antworten. Bei Behauptungen gibt es gleich Gegenfragen: ‚Hast du ein Diplom? Wieviel Ahnung hast du davon? Warum war der Wechsel denn nicht gut?' Dann geht er in den Angriff über. Dass seine Ehrlichkeit auch alle möglichen Konsequenzen haben kann, wissen wir nur zu gut. Ich habe Pressekonferenzen mitgemacht, die eskalierten. Aber wenn ich danach darüber nachdachte, wie es dazu kommen konnte, landete ich immer wieder bei: Louis ist einfach ehrlich."

Man fragt Gerbrands öfter danach, und immer ist die Antwort dieselbe: „Louis ist der beste Coach, den ich erlebt habe. Co Adriaanse war auch hervorragend, aber Co gibt selbst zu, dass Louis noch besser ist. Es war entscheidender Augenblick bei AZ. Als Co uns verließ, fragte ich intern: ‚Der Beste verlässt uns, wer ist noch besser?' Louis van Gaal, sagte jeder. Daraufhin meinte ich: ‚Dann werden wir den anrufen.' Aber bei AZ wurden sie ganz schnell bescheiden: Wie denn? Ich sagte: ‚Anrufen.'

Wir ließen Dirk, den Chef von allem, ihn anrufen, und das erste, was Louis sagte, als er sich meldete: ‚Das dachte ich mir schon.' Am Samstag darauf besuchten wir ihn in seinem Haus in Sigtes in Spanien. Martin van Geel, damals noch technischer Direktor, Dirk und ich. Truus setzte sich an den Tisch, etwas weiter weg. Ich habe noch nie jemanden so dicke Bücher lesen sehen, ohne eine einzige Seite echt gelesen zu haben.

Louis hatte 20 Aspekte zu Papier gebracht. Wir zu jedem eine Antwort. Später erzählte Lous, dass er dies noch nie mitgemacht habe. Schließlich fragte er: ‚Ich bin immer Trainer *und* Technischer Direktor gewesen, ist das ein Knackpunkt?' Ja, sagten wir, absolut. Er wiederum: Ich nehme immer meinen eigenen Stab mit, ist das ein Knackpunkt? Wir wieder: ‚Ja, absolut.' Worauf sich herausstellte, dass er genau dies gut fand, dass wir an unseren eigenen Leuten festhielten.

Wir konnten ihn natürlich nicht so bezahlen, wie es seinen Qualifikationen entsprach. Also ist er für ein AZ-Plus-Gehalt gekommen. Er konnte das Zehnfache irgendwo anders verdienen, aber er entschied sich für seine Fußball-Philosophie und aus privaten Gründen so, denn dem Vater von Truus ging es schlecht. Am Ende verließ er uns mit einem Meistertitel und Champions-League-Fußball. Das gelang ihm nicht mit Geld, sondern mit seiner Philosophie und seinem Sachverstand."

Die Zeit des Trios Van Gaal-Gerbrands-Brands war für alle Beteiligten eine einzigartige Periode. Gerbrands: „Das war großartig. Türen zu, alles besprechen, offen, ehrlich, respektvoll. Wie das zustande kam, war wirklich spannend. Am ersten Tag, als Louis bei AZ hereinkam, trat Martin van Geel zurück. Ich dachte: Okay, was passiert jetzt, will Louis jetzt doch Technischer Direktor werden, und wie kommt er damit klar, dass der Mann, der ihn eingestellt hat, nun selbst geht? Also begann ich vorsichtig: ‚Louis, so etwas passiert und . . .' Worauf er gleich sagte: ‚Ich bin hierhin gekommen wegen meiner Fußball-Philosophie. Sucht euch einen anderen. Bis dahin musst du es selbst machen, und wenn du Ratschläge brauchst, komm einfach herein.'"

Da saß Louis bei AZ. „In einer alten Bude. Der war Barcelona gewohnt, hallo. Aber das einzige, um das er für sich selbst bat, war eine gute Kaffee-Maschine. Bei ihm drehte sich alles um die Spieler, ums Team. Er sagte: ‚Gute Bälle, ein gutes Spielfeld und gute Spieler, mehr ist nicht nötig.' Nach einem Jahr, in dem wir beinhart gearbeitet hatten, um alles zu verbessern, sagte er: ‚Ihr habt alles gehalten, wonach ich in Sitges gefragt hatte.' Ich sagte: ‚Das ist doch nichts Außergewöhnliches?' Er: ‚Du kennst die Fußballwelt nicht.'

In den Jahren bei AZ machten sie zusammen alles Erdenkliche mit. Gerbrands: „Ich glaubte selbst, dass Meister werden mit AZ ein Ding der Unmöglichkeit sein werde.

In Sitges fragte er: ‚Was ist die Zielstellung des Vereins?‘ Ich sagte: ‚Dritter, Vierter, Fünfter, sich für den Europa-Cup qualifizieren.‘ Er: ‚Okay. Also auch ein Landesmeistertitel?“ Das begriff ich nicht. Daraufhin hatte er es über Zielstellungen im Gegensatz zu Ambitionen. Er sagte: ‚Jeder Top-Trainer beschäftigt sich mit seinen Ambitionen und jeder Fußballverein mit der Zielsetzung. Das widerspricht sich nicht.‘ Aber in der Kabine sagte er: ‚Es darf nicht diesen Raum verlassen, aber meine Ambition ist der Traum – der Titel.‘

Das trieb ihn an und dazu kam sein Groll auf Ajax. Er fühlte sich nach seiner Zeit als Technischer Direktor dort gekränkt. Ich bin mir zu hundert Prozent sicher, dass dies ihn motiviert hat: zu zeigen wie gut er ist und wer er ist.“

Und mit strahlenden Augen: „Viertes Jahr, das dritte Speil: Heimspiel gegen PSV. In der 81. Minute: Martens, 1:0. Louis hatte das System etwas verändert in Richtung zwei Spitzen, auch weil Shota Arveladze meinte: wir dürfen nicht so viele Gegentore kassieren, ein 1:0 bedeutet auch drei Punkte. Dann hört Louis zu, hallo, der nimmt auch etwas von Menschen an, die er schätzt. Als wir einmal in einem Spiel bei Willem II 5:0 zur Pause führten, war Louis vom Spiel unserer Mannschaft sehr angetan. Marcel Brands sagte: ‚Ja, sicher, aber am Ende stand es 6:1, also ein 1:1 nach der Pause.‘ Die Pressekonferenz begann und die Medien waren euphorisch. Sagt Louis: ‚Hoho, wir haben in der zweiten Halbzeit unentschieden gespeilt. 1:1.‘ Großartig. Ich habe diese Momente vier Jahre lang genießen dürfen. Wir haben alle so viel voneinander gelernt.

Eine andere schöne Geschichte. Wir philosophierten einmal während seiner Zeit als Bondscoach über die Zielstellungen bei so einer Endrunde. Ich sagte, dass es immer ungerade sei. Er: ‚Ungerade, wie das?‘ Ich sagte: ‚Dann gewinnt man immer sein letztes Spiel, dann wird man Erster oder Dritter. Beim Volleyball will man sogar Fünfter werden, dabei gewinnt man die letzten beiden Spiele.‘ An diesem Abend erhielt ich fast 20 Fragen von Medien. Was war geschehen? Louis hatte während der Pressekonferenz gerufen: ‚Die Zielstellung ist ungerade, das habe ich von meinem Guru Toon Gerbrands.‘ Schon verrückt, dass er dann genau Dritter bei dieser WM wurde. Er hatte es vorher darüber auch mit seinen Spielern angesprochen. Das kennzeichnet ihn: er behält etwas und benutzt es. Daran erkennt man den Fachmann. Er hatte auch wirklich daran geglaubt, nicht Dritter, sondern Erster zu werden, so tickt er. Darum sagte ich schon im Vorfeld, während das Land noch der WM entgegen fieberte: ‚Wartet mal ab. Er hat die Jungs demnächst sechs Wochen, da wird man sehen, was er kann.‘ Ich war ein einsamer Rufer in der

Wüste. Aber ich wusste um seinen Sachverstand, das Team die Nummer eins sein zu lassen, den Klub die Nummer zwei und die Spieler kamen an dritter Stelle. Und wenn ein überragender Spieler es nicht bringt? – Pfeif drauf, dann muss der einfach raus. Es geht Louis immer um das Team, die Mannschaft. Ich war mir so sicher: wenn er eine Mannschaft schmieden kann, ist er zu allem in der Lage."

8

Traumverein FC Bayern:

Kurz, aber heftig

Viermal waren sie schon vorbei gekommen, die Männer aus Bayern. Beim ersten Mal war er noch Trainer von Ajax und seine Wahl fiel auf Barcelona. Beim zweiten Mal lockte ein WM-Titel mit Oranje, beim dritten Mal zog es ihn wieder nach Barcelona und beim vierten Mal traf das Interesse der Bayern in einem falschen Moment ein, denn er hatte AZ einen Titel versprochen und den hatte er noch nicht gewonnen.

Der FC Bayern klopfte dann ganz normal auch wieder zum fünften Male an. Alles war in sich so schlüssig: Louis van Gaal und *Der Rekordmeister*, wie füreinander geschaffen. „Ich wollte immer gern zu Bayern. Ich dachte: Dorthin gehören meine Persönlichkeit und meine Art zu arbeiten. Das hat auch etwas mit der deutschen Kultur zu tun: freundlich, höflich, nett. Die Straßen dort sind sauber, die Menschen diszipliniert. Alles, was zu meinen Werten passt, findet man genau dort. Und Bayern ist doch in Deutschland der absolute Top-Klub, mit einer Philosophie, mit einer Ausstrahlung."

Die beiden, die van Gaal verpflichteten, waren die Ikonen des Vereins: Uli Honeß und Karl-Heinz Rummenigge. Technischer Direktor und Vorstandsvorsitzender vom FC Hollywood, wenig später waren sie selbst Präsident und Vorstandsvorsitzender. Speziell Hoeneß wollte den Tulpengeneral unbedingt für die Bayern gewinnen, und während der Verhandlungen ging es auch Rummenigge darum. Van Gaal nahm Andries Jonker als Assistent mit, und innerhalb kürzester Zeit sprachen die beiden Deutsch.

Nach drei Spielen kam Bayern gerade mal auf zwei Punkte und der Trainer hatte bereits einen Zusammenstoß mit Sturmspitze Luca Toni hinter sich. Toni und Ribéry hatten in der Vergangenheit als Stars einige Privilegien und waren erschrocken, als van Gaal sie nach dem Motto führte: was dem einen recht ist, ist dem anderen billig. Darüber hinaus machte Toni in den Augen von van Gaal nicht das, was er machen musste, während andere Stürmer immer ihr Bestes gaben.

Die Suche nach einer neuen Sturmspitze war intensiv. Van Gaal versuchte es mit Mario Gomez, Ivica Olic und Miroslav Klose, aber fand erst dann die richtige Antwort Ende August, als Arjen Robben von Real Madrid zu Bayern wechselte. Mit dem französischen Star Frank Ribéry auf Links und Robben auf Rechts wurde der Weg nach oben fortgesetzt, wenn allerdings Robben oder Ribéry wegen Verletzungen nicht dabei waren, gab es qua Ergebnis Rückschläge. Beim Oktoberfest hob van Gaal schon glücklich den Bierkrug und vor der Winterpause hatte der durch van Gaal zusammengestellte medizinische Stab Robben wieder topfit. Der Zug war nicht mehr zu stoppen, weder in Deutschland noch in Europa. Es zeigte sich der Vorbote eines ausgelassenen Frühlings in Bayern mit meist begeisterndem Fußball.

Inzwischen war van Gaal vor allem damit beschäftigt, Jugendspieler zu integrieren. Thomas Müller und Holger Badstuber waren die beiden ersten, die als Youngster den Sprung nach oben schafften, in der Winterpause übernahm van Gaal das Trio David Alaba, Diego Contento und Mehmet Ekici in sein Aufgebot. Die Konkurrenten Schalke 04 und Werder Bremen wurden eingeholt und im direkten Vergleich bezwungen, in der Champions League ging es ungebremst weiter.

Schließlich wurde Bayern am letzten Spieltag Meister und gewann den Pokal, nachdem man Schalke im Halbfinale und Bremen im Finale geschlagen hatte.

In Deutschland herrschte trotz der Enttäuschung über das verlorene Champions-League-Endspiel vor allem Freude und Bewunderung. Robben wurde Fußballer des Jahres und Louis van Gaal der Trainer des Jahres. Das selbsternannte Feierbiest hob die Meisterschale, ließ auf dem Balkon in München verschmitzt seine Waden sehen und sich durch die Menge bejubeln.

Nach einer anstrengenden WM in Südafrika sah es später ein Stück weniger sonnig aus. Die Bayern-Helden waren im Spätsommer 2010 einfach müde. Die deutschen Nationalspieler waren bis ins Halbfinale gekommen, die Niederländer van Bommel und Robben sogar bis ins Finale. Bei der Rückkehr an die Säbener Straße waren sie alles andere als fit und frisch. Und obwohl van Gaal von der Vereinsführung viel Raum erhielt, um alles so zu gestalten, wie er wollte, gab es immer wieder auftretende Irritationen darüber, dass Rummenigge und Hoeneß gern zusammen mit van Gaal nachdachten und Überlegungen anstellten. Ein höchst strittiges Thema wurde insbesondere die Position des Torwarts. Hoeneß wollte unbedingt Manuel Neuer von Schalke holen, der ältere Torwart Hans-Jörg Butt machte Fehler und der junge Thomas Kraft war ein Talent, aber lange nicht fehlerlos. Van Gaal warf man vor, das nicht zu sehen. Rummenigge sah sich gezwungen, ein Treffen mit van Gaal, Sportdirektor Christian Nerlinger und Hoeneß zu organisieren, um die Wogen zu glätten.

Hoeneß ließ sich aber nicht bremsen und äußerte in den Medien laut und deutlich seine Meinung. Gegenüber dem Pay-TV-Sender Sky sagte er im November 2010: „Es ist schwierig, mit Louis van Gaal zu sprechen, weil der die Meinungen anderer Menschen nicht akzeptiert. Ein Fußballverein ist in der heutigen Zeit keine One-Man-Show." Hoeneß plauderte weiter: „Es war eine gute Entscheidung des Vereins, die von van Gaal ausgemusterten Spieler in dieser Saison zu behalten." Damit meinte er Mario Gomez, Anatoli Timoschenko und Martin Demichelis, die im Heimspiel gegen Freiburg (4:2) alle ein Tor erzielten. Hoeneß: „Aber es geht im Prinzip um vier, fünf Spieler, die durch van Gaal permanent falsch eingeschätzt wurden. Als Vereinsführung haben wir gesagt: es reicht. Und jetzt holen diese Spieler für uns die Kohlen aus dem Feuer. Wie van Gaal mit meiner Kritik umgeht? Wahrscheinlich gar nicht, aber er wird damit leben müssen. Ich habe bei ihm immer das Gefühl, dass er mich für einen ganz netten Kerl hält und dass er meine Meinung respektiert, aber dann doch das macht, was er sich in seinem Kopf denkt." Das war ein diskutabler Wutausbruch, denn die Frage bleibt danach noch: wie erfolgreich haben die vier, fünf Spieler, die Hoeneß meinte, danach noch agiert gegenüber den Akteuren, die van Gaal zu dieser Zeit ins Team nahm?

Aber nicht nur mit Hoeneß lag van Gaal überkreuz, er musste auch noch seinen Spielführer gehen lassen. Van Gaal: „Mark war mein großartiger Anführer in der Kabine. Er setzte sich immer mehr für mich als gegen mich ein. Als ich Mark gehen ließ und Philipp Lahm als Mannschaftsführer bestimmte, war das für mich letztendlich nicht zum Vorteil. Van Bommel war mehr auf meiner Linie, Lahm orientierte sich mehr an Hoeneß. So habe ich es zumindest empfunden. Aber ich ließ meinen alten Spielführer doch zu Milan gehen, weil ich es ihm gönnte. Für ihn war es als älteren Mittelfeldspieler in der Bundesliga schwerer mitzuhalten als in der italienischen Serie A."

Es wurde – vor dem Hintergrund der steten Unruhe – eine durchwachsene Saison. Phasenweise sah man von Bayern sensationellen Fußball, dann war wieder Sand im Getriebe. Vierter Platz, dort blieb Bayern hängen, im März von Schalke im Pokal ausgeschaltet und durch Angstgegner Inter in der Champions League. Zu diesem Zeitpunkt war schon bekannt, dass van Gaal seinen Drei-Jahres- Vertrag nicht erfüllen würde. Im April fiel der Vorhang nach einem 1:1 gegen Nürnberg definitiv.

Andries Jonker übernahm auf den Rat von Gaal hin, schließlich wurde es der dritte Platz, einen Platz besser.

Deutlicher als jemals zuvor gab es Spannungen in der Beziehung zwischen van Gaal und dem Verein, für den er arbeitete. Es gab keine Nuancen, es gab in München nie einen Mittelweg. Die Beweihräucherung und Bewunderung einerseits waren enorm und vielleicht auch übertrieben, Panik und Unruhe waren andererseits auch in einem bisher unbekannten Maße vorhanden. Hoeneß äußerte sich nach dem Aus von van Gaal heftig und emotional, ausgerechnet in der van Gaal nicht unbedingt wohlgesonnenen niederländischen Tageszeitung *De Telegraaf*. Nachdem van Gaal ein paar Jahre nach seinem Abgang sagte, dass Jupp Heynckes und Pep Guardiola sein System übernommen hätten, reagierte Hoeneß wie von der Tarantel gestochen: „Nur ein Louis van Gaal kann so etwas sagen. Aber sein Problem ist, dass Louis nicht Gott ist, sondern der Vater von Gott. Bevor die Welt entstand, gab es Louis. Wenn man aus dieser Perspektive die Welt besieht, weiß man nicht, wie sie funktioniert."

Hoeneß setzte noch eins drauf: „Van Gaal hat das schlechte Erbe seines Vorgängers Jürgen Klinsmann für uns aufgeräumt. Dadurch hat er zum Teil zur heutigen Entwicklung von Bayern beigetragen. Darüber hinaus geht seine Verantwortlichkeit für den heutigen Erfolg nicht." Ermuntert durch den *Telegraaf*, der Zeitung, die während der Cruyff-Revolution bei Ajax eineindeutig auf der Seite von Cruyff stand, fuhr Hoeneß fort: „Durch sein Verhalten sieht niemand in der Welt ihn als guten Mann – obwohl er ein erfolgreicher Trainer und Coach war. So etwas wie bei Ajax – sich als Direktor berufen lassen und vier Wochen später vor Gericht stehen – so etwas kann nur einem van Gaal passieren. Niemand bei Bayern würde solche Mätzchen machen. Van Gaal wohl. Weil er nicht offen ist, nein, sogar Entscheidungen nicht akzeptiert, die auf der Basis von Meinungen getroffen werden, die nicht die seinen sind. Warum es eine 20 Jahre dauernde Animosität mit Johan Cruyff gibt, einem der besten Fußballer aller Zeiten, einer echten Ajax-Koryphäe, Fußballer mit einer großartigen Fußballvision und Persönlichkeit? Louis van Gaal ist tatsächlich selbst die Ursache aller Probleme. Jeder würde sich selbst in Frage stellen. Aber nicht Louis."

Kein Wunder also, dass, als bei Bayern nach dem Abgang von Jupp Heynckes wieder van Gaal ins Blickfeld geriet, van Gaal sagte: „Solange Uli Hoeneß noch bei Bayern sitzt, werde ich nie mehr für Bayern arbeiten." Er erklärte es: Philipp Lahm spielte damals linker Verteidiger, ich hatte ihn auf Rechts aufgestellt. Darüber hatte ich dauernd Streit mit Hoeneß, der meinte, Lahm müsse auf Links spielen. Die Zeit hat es bewiesen: Lahm ist als Rechtsback Weltmeister geworden und hat auf dieser Position die Champions League gewonnen."

„Ich glaubte an das Talent von Thomas Müller und stellte ihn auf, aber dann musste meine Frau Truus sich auf der Tribüne anhören, dass ihr Mann es wieder vollständig falsch gemacht hätte. Genauso war Hoeneß mit mir nicht einer Meinung, Alaba viel Spielzeit zu geben, bis heute immer noch eins der größten Talente von Bayern. Hoeneß kann bei Tisch ein echter Gentleman sein, aber er ist auch knallhart. Vielleicht ist auch gerade das seine beste Eigenschaft."

Die Schärfe verschwindet im Laufe der Zeit, denn als die Medien 2018 vermeldeten, dass van Gaal definitiv als Coach aufhört, überraschte Hoeneß mit einem bemerkenswerten Statement: „Louis van Gaal ist einer der besten Trainer der Welt. In meinen Augen ist er verantwortlich für eine fundamentale Veränderung bei Bayern München. Er hat hier eine Spielweise eingeführt, die auf Ballbesitz und Positionsspiel basiert. Jupp Heynckes und Pep Guardiola haben das nachher fortgesetzt und haben es zum Teil verbessert.

Leider ist Louis eine Persönlichkeit, die schwer zu erreichen ist. Er behält immer einen gewissen Abstand, wodurch wir uns nie so näher kamen, wie ich eigentlich wollte. Doch respektiere ich ihn als Fachmann und will ihm alles Gute für die Zukunft wünschen."

Luca Toni wollte nie mehr etwas Gutes über van Gaal sagen, außer dass der Mann verrückt sei, aber Frank Ribéry drückte sich in *France Football* etwas nuancierter aus: „Sein Training war das Beste, was ich mitgemacht habe. Er ist ein Fachmann. Aber mit dem Menschen Louis van Gaal hatte ich meine Probleme. Um ehrlich zu sein: Unsere Beziehung war immer sehr angespannt. Ich kann immer noch nicht sagen, dass wir Freunde waren, aber wir sprechen miteinander und verstehen uns besser. Er hat seinen Job gemacht und ich auch."

Karl-Heinz Rummenigge meinte schließlich: „Pep Guardiola ist ein Genie. Aber die Größe des FC Bayern trägt den Stempel von Louis van Gaal."

FC Bayern, gezeichnet: LvG

„Wenn man ins Ausland geht, spielen kulturelle Dimensionen eine große Rolle. Als ich zu Bayern ging, dachte ich, das würde einfach, meine Philosophie dort zu implementieren. In Deutschland hält man viel von Hierarchien, dort macht man, was der Ranghöhere anordnet. Aber ich traf dort viele ältere Spieler an: Luca Toni, Daniel van Buyten, Martin Demichelis, Ivica Olic, Hans-Jörg Butt, Miroslav Klose, Mario Gomez. Es kostete mich viel Energie, die zu überzeugen. Auf der anderen Seite hatte ich Menschen über mir: Karl-Heinz Rummenigge, Uli Hoeneß, Karl Hopfner. Die Spieler haben sich besser an mich angepasst als die Menschen über mir. Und das obwohl mich letztendlich die Spieler entlassen haben. Das war einmalig. Meistens waren Spieler mir gegenüber loyal."

„Im ersten Spiel kamen wir zu einem Unentschieden, das zweite verloren wir, im dritten mussten wir gegen den amtierenden Deutschen Meister antreten, gegen Wolfsburg. Gleich Krisensitzung. Ich wusste genau, was ich sagen wollte: ‚Wir müssen Robben holen.' Die Vereinsführung: ‚Ja, aber . . .' Ich hatte natürlich mit Daniel Pranjic von Heerenveen einen halben Niederländer geholt und Edson Braafheid vom FC Twente. Sie dachten wohl: dieser van Gaal will wieder nur Niederländer holen, wie damals beim FC Barcelona.

Ich konnte einfach begründen, warum ich Robben so gern wollte. Bayern spielte immer ein 1-5-3-2 mit Flügelverteidigern oder ein 1-4-4-2. Ich glaubte nicht, dass man mit diesen fußballerischen Qualitäten ein 1-5-3-2 spielen müsste und begann deshalb mit 1-4-4-2, auch weil aufgrund dieses Spielsystem gesichtet und eingekauft worden war. Aber es ging nicht von meiner Philosophie aus und irgendwie war es auch seltsam, dass sie aufgrund dieses Systems Spieler verpflichtet hatten; ich hatte immerhin schon am 30.April gesagt, wie ich spielen lassen wollte. Wahrscheinlich hatte man schon davor schon mit Spielern gesprochen und Dinge verhandelt, aber trotzdem. Obwohl ich fünf zentrale Stürmer in meinem Aufgebot hatte, konnte ich das System innerhalb eines Jahres umbauen; zuerst bin ich von einem breiten Mittelfeld mit vier Spielern nebeneinander ausgegangen und zu einer Raute im Mittelfeld gewechselt, um später 1-4-3-3 zu spielen. Aber das bescherte mir eine heftige Auseinandersetzung mit Hoeneß.

Ich suchte eine Lösung, um zum 1-4-3-3 zu kommen. Also sagte ich: ‚Ich will Robben.' Hoeneß: ‚Robben? Wir haben doch schon Ribéry?' ‚Ja, aber ich habe gesehen, dass sie ihn bei Real Madrid auch schon mal Rechtsaußen haben spielen lassen.' Und jetzt spielt Bayern immer noch so, und zwar mit schnellen

Außenspielern. Ich empfand es als logisch, das System so umzubauen, aber im Hintergrund lief man Sturm. Was macht er denn nun? Van Buyten und Demichelis mussten auf der Mittellinie verteidigen, dazu waren sie eigentlich nicht in der Lage. Ich wollte damals schon Mats Hummels holen. Den hatte Hoeneß gerade nach Dortmund gehen lassen, bekam ich also nicht organisiert. Aber wen holten sie zwei Jahre später zurück? Hummels."

„Ich fand: Wenn man fünf Sturmspitzen im Aufgebot hat, kann man auf drei verzichten. Es war nicht so schwierig, um Luca Toni gehen zu lassen, der positionierte sich außerhalb der Mannschaft. Darin stimmten die hohen Herren mit mir überein. Anfangs gingen sie mit mir mit. Nur als wir zweimal hintereinander verloren, musste ich, schwupp-di-wupp zu Hoeneß nach Hause. Dabei nahm ich Truus mit, weil ich meinte, es ginge um einen freundschaftlichen Besuch, aber daraufhin musste Susi aus der Dusche kommen, um Truus zu unterhalten, und ich musste ins Büro von Hoeneß. Dort bekam ich das Wort zum Sonntag zu hören, aus dem hervorging, dass man einen Verein nicht allein leiten könne. Dabei benötigt man Hilfe! Von ihm! Ich sagte damals: ‚Aber wenn ich Hilfe nötig habe, komme ich nicht zwangsläufig zu dir, dann gehe ich erst zu meinen Assistenten. Du hast mich angestellt. Aber ich glaube nicht, dass ehemalige Profi-Fußballer noch wissen, wie heute Teambuilding läuft, ihr seid nicht jeden Tag beim Training, ihr seht das große Ganze nicht mehr.' Nun ja, damit hatte er große Probleme.

Sie wollten so gern Einfluss nehmen. Beispiel: Ich stellte Lahm auf rechts hinten. Nachdem er zehn Jahre lang hinten links gespielt hatte. Aber Philipp war ein Rechtsfuß und spielte sehr offensiv; dann ist es doch besser, wenn er auf Links spielt? Ich frage Spieler nach ihrer Lieblingsposition, ich fordere sie dazu auf. ‚Wo, glaubst du, kommst du am besten zurecht?' Die Antwort von Philipp: hinten rechts. Dort spielte Christian Lell, aber doch meinte ich, dass es für die Mannschaft am besten war, wenn Lahm rechts spielte, das galt im besonderen Maße, nachdem Robben gekommen war. Aber ich wurde gleich mit Fragen eingedeckt: Warum sollte Lahm nun auf einmal rechts spielen? Wie konnte ich das nur machen? Musste ich es wieder erklären: Lahm war ein Rechtsfuß auf Links, aber wenn wir mit zwei Außenstürmern spielen wollen, die nach innen ziehen, um ihr Schussbein in Position zu bringen, mussten die Außenverteidiger über die Flügel kommen. Dann muss man als Verteidiger mit deinem Spielbein auf der richtigen Seite stehen, Wenn man zu einem Tackling ansetzt, ist es auch vorteilhafter, als Rechtsfuß rechts hinten zu stehen. Das ist alles von der Warte ausgesehen, die da heißt: das Totale-Mensch-Prinzip, angepasst an die Spieler. Danach blieb Lahm während seiner gesamten

Laufbahn, auch als Nationalspieler, auf der rechten Seite. Dann gibt es doch nur einen, der Recht hat?

Auf der anderen Seite konnte sich Hoeneß auch begeistern. Bei den großen Erfolgen fand er es alles großartig und sagte es auch. Als wir Meister wurden, den Pokal holten, im Champions-League-Finale standen – da war Hoeneß ehrlich begeistert und schenkte mit zwölf Flaschen Rioja, weil er so glücklich war, den Rioja, den wir an jedem Freitagabend vor einem Spiel gemeinsam tranken. Aber in Deutschland gibt es hierarchische Strukturen und die Leute gehen damit in gewisser Weise um. Ich habe mir dabei selbst eine Grube gegraben, indem ich es nicht genügend beachtete.

Ein anderer Aspekt ist, dass in Deutschland Disziplin, Struktur und Rahmenbedingungen unglaublich gut sind. Hier hatten Rummenigge und Hoeneß eine fantastische Arbeit geleistet, das ist wirklich ihr Verdienst."

„Bei Bayern waren die Sturmspitzen nicht so sehr Anspielstation, sodass sie den zweiten oder dritten Mann anspielen konnten. Darum musste ich oft auf dieser Position wechseln, mit Klose, Gomez oder Olic, je nach Spieltaktik. Sie hatten alle ihren eigen Stil, die leider in allen drei Fällen nicht ganz in mein Ideal von einer Sturmspitze im 1-4-3-3-System passten. An sich logisch, denn Bayern spielte, bevor ich kam, immer mit zwei Spitzen. Ivica Olic hatte noch öfter als Linksaußen gespielt, weil Ribéry in der ersten Saison oft verletzt war. Aber er war bei weitem nicht so kreativ wie Ribéry. Als Persönlichkeit war Olic ein echter Gewinnertyp.

Dank Robben und Ribéry verfügten wir immer über Offensiv-Kreativität und deshalb konnten wir jeden schlagen. Auch Inter im Champions-League-Finale, aber das musste nicht sein. Dass ich gegen meinen alten Assistenten José Mourinho verlor, bedeutete mir persönlich viel und spielt für mich als Trainer aber keine Rolle. Er war, ebenso wie Marcel Bout bei Bayern, mein Analyst bei Barcelona. Ich diskutierte mit Mourinho oft über Taktik, ich fand, dass er es richtig einschätzte. Aber er war viel unterwegs, weil er Spieler scoutete und Analysen erstellte. Er war nicht oft beim Training. Ich sah es gern, wenn er einen Tag nach dem Spiel seine Analysen ablieferte, weil man dann noch konzentriert ist, die Analysen sollten Priorität haben. Wenn ich dann noch nicht zu Hause war, hatte er sie schon bei Truus abgegeben. Später haben wir uns noch als Kollegen getroffen und sogar noch ein Champions-League-Finale bestreiten können.

Mein Physiotherapeut Jos van Dijk kam vor nicht allzu langer Zeit zu mir und erläuterte noch einmal, wie das Finale sich entwickelte. Es gab ein Handspiel im Strafraum von Inter. Maicon schlug einen Ball auf den Boden wie beim Basketball. Das war ein Strafstoß, durch den wir die Führung hätten übernehmen können. Dann wäre es zu unserem Vorteil ausgegangen, denn sie kamen in der ersten Hälfte dreimal über die Mittellinie. Aber diese Aktion wurde nicht geahndet. Es war ein enttäuschendes Finale, wir waren spielerisch besser, aber sie mauerten sich ein, parkten erfolgreich den Bus im Strafraum und setzten auf Sneijder und Milito. Und wir hatten das Pech, dass Ribéry verletzt war. Ein kreativer Spieler weniger, um die Mauer zu knacken."

„Bei Bayern hätte ich wahrscheinlich acht Jahr geschafft. Ich lag dort im Clinch mit den Vorstandsleuten, die sich mit der Aufstellung beschäftigen wollten, aber das war immer noch besser als durch kommerzielle Interessen behindert zu werden, wie es später bei Manchester United passierte. Uli Hoeneß und Karl-Heinz Rummenigge wissen schon, wie die Fußballwelt funktioniert. Hoeneß besorgte sich eine Reihe von Informationen von den Spielern und das führt immer zu einem verzeichneten Bild. Spieler werden immer Informationen aus ihrer Sicht geben, nie aus Sicht der Mannschaft. Wenn diese beiden Herren mich unterstützt hätten, wäre ich mit Sicherheit für einen längeren Zeitraum in München geblieben. Dass sie das letztendlich nicht taten, hat mich irritiert. Wir haben ein Vorstellungsgespräch im Wohnhaus von Rolf Leeser geführt. Während am Königinnentag ein Mann in die Kutsche bei De Naald in Apeldoorn fuhr, saß ich bei Hoeneß und Rummenigge, um ihnen zu erklären, wie ich Fußball verstand: die Kultur, das Spiel, alles. Sie waren davon ausnahmslos begeistert. Gleich nach den ersten Spielen, die wir verloren oder die unentschieden ausgingen, musste ich mich gleich wieder erklären. Ob ich nicht andere Spieler aufstellen wollte. So ging das bei mir aber nicht. Ich war ja nun gerade dafür eingestellt worden, Entscheidungen zu treffen."

„2010 war ich noch der populärste Trainer, von allen Spielern der Bundesliga gewählt, und ich war immer noch in verschiedenen Fernseh-Programmen. Das organisierte mein fantastischer Pressechef Markus Hörwick: Aber Hoeneß hatte im Oktober, November 2011 – in meiner zweiten Saison – schon für sich beschlossen: Van Gaal muss weg. Wir hatten vor einem Champions-League-Spiel einen heftigen Streit gehabt, ab diesem Moment war zu spüren, dass ich zurecht gestutzt werden sollte. Das sah man. Deutsche Medien können dich aufs Schild heben oder stürzen, vor allen Dingen *SportBild*, so wurde ich also – nachdem ich anfangs als Erfolgstrainer galt – immer mehr angegriffen als der Trainer, der seine Spieler nicht mehr erreichte. Diese Macht besaß Hoeneß. Ich hätte diese Kulturdimensionen besser einschätzen müssen. Denn dort ist es ganz normal, so eine Diskussion anzuschieben, wenn man etwas weniger Erfolg hat.

Hoeneß wollte näher an der Mannschaft sein, alles wissen. Ich meinte, dass dies nicht gehe. Die Frage ist: Hätte ich nicht gescheiter mit ihm umgehen müssen? Aber so bin ich nicht. Ich hatte eine Philosophie mit Hoeneß abgesprochen und vereinbart, ich weiche dann nicht nach zwei Niederlagen davon ab. Das Interessante ist: Sie spielen immer noch nach derselben Philosophie, auch nach all den Jahren. Ganz einfach nach der Philosophie von van Gaal.

Die zweite Saison fing mühselig an, weil nahezu meine gesamte Stammelf eine schwere WM hinter sich hatte. Und in der ersten Saison hatte die Umwandlung, die ich angestoßen und durchgeführt hatte, viel Energie gekostet. Das darf man nicht unterschätzen. So ein Übergang ist immer sehr intensiv. Es hatte sich eine Übermüdung in der Mannschaft breit gemacht.

Man wiederholte immer wieder, dass ich Manuel Neuer von Schalke nicht wollte. Das stimmt nicht. Ich fragte nur: „Warum wollt ihr Neuer?“ Wir hatten in der ersten Saison mit Thomas Kraft einen talentierten Keeper, der es in den Augen von Torwarttrainer Frans Hoek und mir wirklich drauf hatte, Hans-Jörg Butt war unsere erste Wahl, etwas älter, machte seine Sache gut. Ich sagte: „Wenn Butt geht, kann Neuer kommen. Aber glaubt bloß nicht, dass Neuer alles ist. Wir haben auch noch Kraft.“ Wir wurden Meister mit Butt. Nur, es war wieder so ein Versuch von Hoeneß, und natürlich versuchte er es erneut und natürlich kann man im Nachhinein sagen: Neuer hätte kommen sollen. Er hat es außerordentlich gut gemacht, keine Frage, und wäre auch ganz sicher meine Nummer eins geworden. Aber sie erleben die Spieler doch nicht jeden Tag und können sie deswegen nicht so beurteilen wie wir, der Betreuerstab?

Zum Problem wurde nur: Butt fiel in der zweiten Saison ab, hielt mal so, mal so, und ich ließ Kraft ins Tor. Der hielt gut, aber machte auch Anfängerfehler. Daraufhin meinten sie: ‚Siehst du! Er wollte Neuer nicht!‘ Ja, das war schön. Ich hatte bei Ajax einen jungen Edwin van der Sar ins Aufgebot geholt, und der machte zu Beginn auch kleine Fehler, der war ein Jungchen aus Voorhout in Südholland. Ich hatte bei Barcelona den jungen Valdés in die Mannschaft geholt. Das war meine Art zu arbeiten.

Ich sagte regelmäßig zu Hoeneß: ‚Warum soll Neuer kommen? Komm doch mal mit Argumenten.' Aber das bedeutete doch nicht, dass ich ihn nicht haben wollte? Ich ärgerte mich so. Wenn man sich so lange damit beschäftigt, ist das doch seltsam?

Wir waren Meister, hatten das Double gewonnen, waren im Finale der Champions League. Wenn man dann schon im November wieder anfängt, Unruhe zu stiften, bleibt die Frage: warum tust du das? Hoeneß und ich passten einfach nicht durch eine Tür. Das hatte mit Einmischung in der Kabine zu tun. Das konnte ich nicht ab. Fand ich am schlimmsten. Hinter meinem Rücken Intrigen zu spinnen. Und dann kam er wieder in mein Büro mit technischen Ratschlägen. Aber ich denke auch, dass man als Spieler nicht dabei mitmachen sollte, was man auf der Schule petzen nennt. Aber jemanden auffordern zu petzen, ist noch schlimmer. Denn ein Spieler wird dann immer das sagen, was der Präsident gern hören will."

„Wie es zu meiner Entlassung gekommen ist, werde ich nie ergründen können, aber ich hatte stark den Eindruck, dass Hoeneß dabei eine große Rolle gespielt hatte. Er bat nach dem Unentschieden gegen Nürnberg – bei dem genau die von mir eingesetzten Youngster Alaba und Kraft Fehler gemacht hatten – zuerst die Spielführer zu ihm zu kommen, und als die sein Büro verließen, kam ich ihnen auf der Treppe entgegen. Ich ging hoch, sie runter, Ich sah das Entsetzen bei Bastian Schweinsteiger, der mich umarmte, und die Entschlossenheit bei Philipp Lahm, der mich kaum ansah. Da wusste ich, dass ich entlassen werden sollte. Bastian war pro-van Gaal, Philipp ein bisschen weniger. Wobei ich doch gerade mit Philipp so ein gutes Verhältnis hatte. Philipp fühlte sich wohl auf der rechten Seite, und ich hatte ihn auch noch zum Spielführer gemacht. Aber der Herr war einmal während eines Trainings sauer auf mich. Ich fand es ärgerlich, dass er sich nicht anbot, nicht den Ball haben wollte. Seine Antwort: ‚Ja, sie haben mich geblockt, dann komme ich unter Druck.' Daraufhin rief ich zurück, dass er sich bewegen müsste: ‚Damit machst du das Feld größer, muss ein Gegenspieler mitgehen und entweder du oder ein Mitspieler kann durchspielen.' Waren wir also beide sauer. Ob das nun der Grund war oder nicht, ich glaube nicht, dass er mich im Gespräch bei Hoeneß unterstützt hat. Denn schließlich flog ich raus.

Das Schöne war, dass nach einem Länderspiel Niederlande-Deutschland in der Arena, 2012, der Pressechef von deutschen *Mannschaft* auf mich zukam. Eine halbe Stunde nach dem Spiel. ‚Herr von Gaal, unser Mannschaftskapitän wartet auf Sie.'

Lahm schien schon auf mich gewartet zu haben, um mir die Hand zu schütteln. Das fand ich sehr schön von ihm."

Philipp Lahm

Kritiker und Bewunderer in einer Person

Die Fußball-Laufbahn von Philipp Lahm, alles in allem ein echter Münchener, liest sich wie ein Märchen. Aufgewachsen bei Bayern, spielte er als Jugendlicher zwei Jahre beim VfB Stuttgart, um sich zu etablieren. Danach bastelte er an einer schier endlosen Reihe von Erfolgen bei seinem Traumverein. Lahm spielte ganze 13 Jahre in der ersten Mannschaft bei Bayern, kam in zehn Jahren auf 113 Länderspiele, wurde mit seinem Verein und seinem Land Weltmeister.

Eins seiner besten Jahre spielte er unter Louis van Gaal. Ein Trainer, dem er erwartungsvoll entgegen sah: „Als er kam, dachte ich, super. Nun kommt ein Trainer zu uns, der bei Ajax eine ganze Generation geformt hat. Ein klarer, konsequenter Fußballtrainer, der weiß, was er will."

Eines der Dinge, die van Gaal wollte, war, Lahm von links hinten nach rechts hinten zu stellen. Das gab eine Menge Diskussionen im Verein, ganz besonders Uli Hoeneß fand, dass Lahm auf Links gut zurechtkam. Lahm hat seine eigenen Erinnerungen daran: „Dass ich die Seite wechselte, war noch nicht einmal die Idee von Louis van Gaal. Ich selbst wollte dort spielen, weil ich wusste, dass ich dort noch besser klar kam. Van Gaal war anfangs darüber noch eher skeptisch, weil er jemand anderen für diese Position vorgesehen hatte. Und es ist einfacher, jemanden für die rechte Seite zu finden als für die linke, es gibt wenige gute Linksverteidiger. Aber der Trainer war innerhalb kürzester Zeit überzeugt davon, dass es eine gute Idee sei, die Seite zu wechseln. Mit Arjen Robben habe ich auf der rechten Flanke sehr viel Freude in dieser Saison gehabt, wir ergänzten uns großartig.

Der Trainer hatte sowieso in kurzer Zeit sehr viele organisatorische und strukturelle Dinge verbessert, er beendete die, die deutlich nicht gut liefen. Die Mannschaft bekam durch ihn eine klare Idee, ein Konzept, ein flexibles 1-4-3-3. Genau dafür hatten wir die richtige Elf.

Ich begriff bei van Gaal vor allem, dass Disziplin und Struktur die wichtigsten Voraussetzungen waren, um eine Mannschaft funktionieren zu lassen. Der Trainer hat alle Spieler deutlich positioniert; jeder wusste genau, wo er zu stehen hatte und wie die Hierarchie ineinander griff. Jede Position wurde doppelt besetzt. Wir haben von Beginn an Szenarien im Spielaufbau und bei Ballbesitz trainiert. Wie ist das Spiel zu eröffnen! Das war etwas, was ich schon bei den Junioren von Bayern gelernt hatte, ich war damit vertraut, das gab mir eine natürliche Sicherheit.

Auf der anderen Seite: Disziplin und Ordnung sind wichtig, aber ich glaube, dass wir ein wenig mehr Freiheit außerhalb des Spielfeldes nötig hatten. In der Zeit von van Gaal gab es eine neue Generation Spieler, die es guthieß, dass mit Regeln und Struktur gearbeitet wurde, aber außerhalb des Spielfeldes war es oftmals übertrieben viel an Regeln. Meiner Meinung nach hielt sich der Trainer zu sehr an der Struktur fest, war er etwas zu dogmatisch. Alles musste nach Regeln ablaufen. Beim Essen, beim Training, auf der Fahrt zum Stadion. Da ordnete der Trainer an, dass wir in kurzen Hosen zum Stadion fahren sollten und dabei sollte dann auch die Bus-Chauffeurin eine kurze Hose an haben. Andernfalls fuhr der Bus nicht ab."

Nichtsdestotrotz: Die erste Saison unter van Gaal genoss Lahm wie im Rausch. Er glänzte, stürmte am laufenden Band nach vorn, verdiente sich einen Assist nach dem anderen, erzielte vier Tore. Zusammen füllten sie gierig den Trophäenschrank vom FC Bayern. Aber nach der WM 2010 kam der Schnellzug nicht mehr in Fahrt. „Wir haben diese Saison schlecht begonnen, und das hatte seine Gründe. Wir konnten offensiv mit unserem Aufbau das Spiel nicht mehr öffnen, wir standen zu hoch und kassierten dadurch im Grunde genommen unvermeidbare Gegentore, wir wurden oft mit Konter durch die Mitte vorgeführt. Einige Spieler, darunter auch ich, haben darüber mit dem Trainer gesprochen und ihn darauf hingewiesen. Aber man konnte mit ihm nicht darüber sprechen. Die Dickköpfigkeit war nicht gut für die Mannschaft. Und es wurde für uns schwer, voll und ganz den taktischen Entscheidungen des Trainers zu folgen."

Lahm wurde genau zu dieser Zeit Spielführer bei van Gaal. „Wir waren uns allerdings einig darin, dass wir eine klare Sichtweise auf den Fußball nötig hatten, eine klare Idee. Und der Trainer hatte aus dem FC Bayern ein diszipliniertes Team gemacht. Ein paar Spieler (Müller, Schweinsteiger, Ribéry und Robben) agierten durch die Struktur von van Gaal viel effektiver. Dahinter stand ein Grundgedanke, für den ich mich auch stark gemacht hatte, intern, aber auch nach außen hin. Dass ich nach dem Weggang von Mark van Bommel Mannschaftsführer wurde, war der ganz normale Lauf der Dinge. Schließlich war ich inzwischen auch Spielführer bei der Nationalmannschaft."

Das Spannungsfeld zwischen Lahm und van Gaal, zwischen Mannschaftskapitän und Trainer, erreichte einen Tiefpunkt in der Zeit um die Entlassung von van Gaal. Als wir den Spielführer mit der Situation konfrontierten, als er und Bastian Schweinsteiger aus dem Büro von Hoeneß kamen und auf der Treppe van Gaal entgegen kam, sagt Lahm: „In bestimmten Situationen geht es darum, wie sich eine Mannschaft entwickelt. Ich werde es ganz offen sagen: Darüber hatten der Trainer und ich andere Auffassungen. FC Bayern blieb in dieser Saison weit hinter den Erwartungen zurück, und dann ist es wichtig, dass sich etwas verändert.“ Und die Geschichte mit dem Zusammenprall beim Training zwischen van Gaal und Lahm? „Daran kann ich mich überhaupt nicht erinnern, davon kann nicht die Rede gewesen sein. Wir hatten schon viele Diskussionen zum Thema Spielaufbau.“

Dass Lahm Jahre später noch auf van Gaal wartete, um ihm nach dem Freundschaftsspiel zwischen den Niederlanden und Deutschland die Hand zu schütteln – daran kann er sich wohl erinnern: „Es gab keinen einzigen Grund, dies nicht zu tun. Ich habe so lange gewartet, um zu ergründen, ob er mir auch noch die Hand schüttelt. Ich respektiere ihn als große Persönlichkeit, als Trainer, ein Supertyp mit ein paar merkwürdigen Auffassungen. Wir treffen uns ab und zu noch mal bei Ereignissen, und jedes Mal freue ich darauf, ihn zu sehen.“

Lahm hat auch noch eine Botschaft für van Gaal: „Natürlich wünsche ich ihm vor allem ein angenehmes Leben, und ich hoffe, er kann noch viele seiner Erfolge genießen, die er gehabt hat. Er sollte es sich gemütlich machen und nicht die Disziplin, die er anderen gepredigt hat, für sich selbst einfordern. Louis van Gaal ist ein großer Trainer. In den Niederlanden kann man nur Johan Cruyff auf eine Stufe mit ihm stellen. Louis' Name – und was könnte ich Schöneres sagen – steht für spektakulären Angriffsfußball.“

Uli Hoeneß

Wie auch immer, ein sehr wichtiger Trainer in der Geschichte von Bayern

Lange Zeit war er der Mann, der 1974 schon in der ersten Minute des WM-Finales Johan Cruyff foulte. Strafstoß, Neeskens, 0:1. Uli Hoeneß gab später ehrlich zu, dass er zu spät gekommen sei. Wir Niederländer wurden doch an der Nase herumgeführt, die Deutschen holten sich den WM-Titel nach einem 2:1-Sieg. Einer der zahllosen Titel, die der Fußballer aus Ulm gewann, meistens bei „seinem" Klub: dem FC Bayern. Erst Ende 2019 trat er ab, inzwischen 68 Jahre alt geworden, er hatte seit 1970 im Verein aus München wirklich alles gemacht: Spieler, Manager, Vorsitzender, Präsident. Im Verein war er so unantastbar und populär, dass er sogar nach einer Gefängnisstrafe von dreieinhalb Jahren (wegen Steuerhinterziehung) als Präsident wiedergewählt wurde. Da saß er nun wieder, zwischen seiner lieben Susi und seinem Weggefährten Karl-Heinz Rummenigge, dem Vorsitzenden vom *Rekordmeister*. So als ob nichts passiert sei.

Das Gespräch mit Uli Hoeneß ist – ebenso wie das Lahm – eins der beiden kürzesten für dieses Buch, es ist ein Telefongespräch mit einem Wirbelwind, während im Hintergrund andere Telefonapparate heftig lärmten. Hoeneß, man muss bei ihm noch altmodisch per Fax einen Termin anfragen, wurde im Bratwursthandel mit seinem Betrieb Ho We (Hoeneß & Weiss) unglaublich reich und ist auch noch in seinem Alter augenscheinlich ein enorm beschäftigter Chef. Trotzdem möchte er nicht fehlen in der Biografie des Mannes, mit dem ihn eine Art Hass-Liebe verband, Louis van Gaal.

Das ist auch der Mann, den er in der Vergangenheit wiederholt besuchte, um ihn zu Bayern zu holen. Passte der Holländer wie kein anderer zu Bayern? Hoeneß: „Mein Gedächtnis erlaubt es mir nicht mehr zu erzählen, wie oft wir Louis gebeten haben, zu uns zu kommen, aber es war oft. Sein Name tauchte immer wieder dann auf, wenn wir die Position des Trainers zu besetzen hatten. Es schien uns eine perfekte Wahl zu sein. Louis van Gaal stand für ein extrem klares Konzept, eine extrem deutliche Idee vom Spiel, ein großes Maß an Disziplin und: er hatte eine ausgeprägte eigene Meinung. Das Letztgenannte hatten wir auch immer, ich wusste also, dass es Diskussionen geben würde, aber das ist alles andere als schlecht. Ich war damit einverstanden."

Am 30. April 2009 saßen Rummenigge (von Hoeneß stets ‚Kalle' genannt) Hoeneß und van Gaal zusammen und es fühlte sich gut an. Hoeneß: „Ja, damals haben wir ein sehr gutes, konstruktives Gespräch geführt und seine Wahl war auch gleich deutlich. Es gab auch keine anderen Optionen, aber van Gaal sollte es machen. Ihn wollten wir haben. Glücklicherweise kam es dann auch dazu. Wir hatten uns im

August, nachdem die ersten Spiele nicht so ein großer Erfolg waren, wieder zusammen an einen Tisch gesetzt und ihm gesagt: „Du bist der Trainer, du musst deinen Stil durchsetzen, dazu haben wir uns entschlossen und wir werden das unterstützen; wir hoffen, dass du sehr erfolgreich sein wirst." Wir wussten, dass es nicht so einfach würde, gleich Top-Resultate zu holen, wenn man so einen mit so einer klaren Auffassung von Fußball und so einer deutlichen Meinung verpflichtet. Dann muss man sich erst aneinander gewöhnen. Wir wussten: das wird ein bisschen dauern."

„Wie immer im Leben gibt es Momente, in denen man rechts oder links herum gehen kann. Entscheidende Augenblicke, in denen man den Schlüssel für die Zukunft findet – oder eben nicht. Das Spiel gegen Juventus war so ein Augenblick."

Uli Hoeneß erinnert sich noch sehr gut daran. Es war am 8. Dezember 2009 in Turin, Bayern war schon eine Zeitlang auf dem Weg dahin, den Durchbruch zu schaffen, aber an diesem Abend musste man ohne Ribéry und Robben den letzten Strohhalm packen. Gegen das Juventus von Buffon, Del Piero, Trezeguet, Cannavaro und Grosso musste Bayern unbedingt gewinnen, um die Gruppenphase zu überleben. Die Aufstellung war so: Butt; Lahm, van Buyten, Badstuber, Pranjic; Demichelis, van Bommel; Müller, Schweinsteiger; Olic, Gomez. Hoeneß: „Vor diesem Spiel war der Druck immens. Bordeaux hatte sich bereits qualifiziert, Juventus reichte ein Unentschieden. Das muss man sich mal vorstellen: Wenn wir nicht gewonnen hätten, wären wir bereits in der Vorrunde ausgeschieden! Dann wäre es eine sehr schwierige Angelegenheit geworden. Wir saßen alle sehr angespannt da, aber an diesem Abend präsentierte van Gaal ein Team, das unglaublich fit und gut vorbereitet war. Unsere Mannschaft war bereit, es wurde ein tolles Spiel, 4:1. Ab diesem Moment war es perfekt: Dies war der Weg zu einer schönen Fußballsaison. Alles würde gut."

Doch trotzdem gab es zwischen den beiden öfter Spannungen. Hoeneß protestiert: „Nein, nein, das ist in den Medien immer falsch rüber gekommen, so als ob wir uns nie einig waren. Unsinn. Das einzige, was ich empfand, war, dass man bei Diskussionen voneinander wissen muss, was man will und was man denkt. Nur dann kann man seine eigenen Argumente erläutern. Ich hatte damit bei Louis so meine Mühe. Warum kam er zu bestimmten Entscheidungen, was waren die Argumente? Ich wollte wissen, wie er dachte. Aber er informierte uns nicht. Ich sagte ihm: ‚Louis, erzähl Kalle und mir, was dir vorschwebt, dann wird es für alle einfacher.' Aber man lasse sich nicht täuschen: Louis hat zu dieser Zeit viele Dinge entscheiden dürfen und wir haben das akzeptiert; es ist oft so gewesen, dass wir ihm viel Erfolg gewünscht haben. Er hat vor dem Hintergrund seiner klaren Konzepte und Pläne Dinge konsequent um- und durchgesetzt, Dinge, die auch heute noch beim FC Bayern gelten. Dass er junge Spieler gebracht hat: das hat uns weitergebracht, das machen wir jetzt immer noch. Ich erkenne bei Bayern immer Elemente, die Louis eingebracht hat. Früher spielten wir mit Gerd Müller in der Spitze, griffen wir über die Flügel an, aber der Spielaufbau verlief langsam und basierte auf unseren individuellen Qualitäten. Louis verstand Fußball vom Ballbesitz her, wenn der Gegner den Ball hatte, bedrängten wir ihn gleich, setzten ihn unter Druck, in hohem Tempo liefen Angriffe oder es wurde gekontert. Er hat uns eine neue Basis-Perspektive gegeben."

In der zweiten Saison kam es öfter zu Zusammenstößen zwischen Hoeneß und van Gaal. Zum Beispiel bei der Frage, wer denn nun im Tor spielen müsse. Hoeneß: „Nun ja, wir wollten auf jeden Fall Manuel Neuer haben. Wir waren der Meinung, dass er der beste Keeper wäre. Aber van Gaal sagte: ‚Ich habe ihn nicht nötig, Kraft ist auch gut.' Ich bin froh, dass wir uns letztendlich durchgesetzt haben und Neuer geholt haben, man kann schwerlich behaupten, dass er seit vielen Jahren nicht der beste Torwart von Deutschland ist. Aber das war typisch für Louis, da wollte er dann doch seine eigene Meinung durchsetzen. Ich glaube immer noch, dass er in dieser Frage falsch lag. Neuer war einfach besser."

Man muss es so sehen: sportlich hatten wir eine sehr gute Zeit unter Louis, aber menschlich war es schwieriger. Für Menschen wie mich, die auch eine klar ausgesprochene Position vertraten, war es nicht einfach, mit ihm zu arbeiten. Und doch habe ich seine direkte Ehrlichkeit immer gut gefunden, zu Bayern passend. Es ist ein Missverständnis zu glauben, dass ich seine Direktheit nicht geschätzt hätte. Gerade doch. Und ja, dass ich ihn einmal in einem Interview den Vater von Gott genannt habe, resultierte aus meinem Gefühl heraus, bei jemandem mit so einer starken Meinung gelten andere Meinungen weniger. Aber diese Aussage war auch etwas übertrieben, mit einem Augenzwinkern, um klar zu machen, wie ich das sah. Es war absolut nicht beleidigend gemeint."

Auch die Entlassung am Ende der zweiten Saison müsse van Gaal nicht persönlich nehmen, unterstreicht Hoeneß: „Abschied nehmen ist schwer und schwierig. Wir waren der Meinung, dass wir etwas unternehmen mussten, um das Blatt zu wenden. Man trifft immer Entscheidungen aus der Überzeugung heraus: das ist gut für die Mannschaft. Dass wir ihn entließen, war absolut nicht persönlich gemeint, es geschah vorausschauend auf die weiteren Entwicklungen. Wir meinten, es muss sich unbedingt etwas verändern, um noch etwas zu erreichen. Es ändert aber nichts daran, dass ich immer noch der Meinung bin, dass er einer der allerbesten Trainer ist, die Bayern jemals hatte."

Welche Rolle hatten die Spieler bei der Entlassung? Hoeneß: „Keine. Solche Entscheidungen muss man als Leitung allein treffen, diese Verantwortung hatten Kalle und ich. Wir beide sind lange genug im Top-Fußball, um einschätzen zu können, was gut für den Verein ist. So etwas kann man doch nicht Spielern überlassen?"

Alles in allem ist Hoeneß lobend: „Louis van Gaal ist sehr wichtig für uns gewesen." Ich glaube, dass diese Zeit geglückt ist. Wenn er mal wieder in München ist oder Oranje gegen Deutschland spielt, freuen wir uns immer auf ein Wiedersehen. Louis ist jedenfalls ein sehr wichtiger Trainer in der Geschichte von Bayern gewesen. Eine einzigartige Persönlichkeit. Das resultierte aus seinem grenzenlosen Selbstvertrauen. Das konnte er auch der Mannschaft vermitteln, die Jungs glaubten an sich."

Was glaubten die Jungs? Hoeneß: „Dass Louis so gut war. Dieses Selbstvertrauen impfte er ihnen ein und das merkte man der Mannschaft an, das machte es so gut. Und das wiederum passte gut zu Bayern, dieses Selbstbewusstsein, das Selbstvertrauen ist eine Stärke. Das gehört zu Louis und das gehört zu uns. Dabei hatte er viele Beziehungen geknüpft mit den Menschen hier, noch immer gibt es viele, die gut über ihn sprechen, auch die jungen Spieler, die er ins Team brachte und auch Kalle, jeder ist noch sehr begeistert von ihm Er bleibt ein gern gesehener Gast in München. Auch für mich? Gewiss. Ich habe verstanden, dass er sauer über Dinge war, die ich über ihn gesagt habe, aber ich glaube, dass Spannungen ausgeräumt sind und alles ausdiskutiert wurde. Kein einziges Problem. Überall nur Respekt."

Gab es bei Hoeneß in all denen Jahren einmal die Neigung, van Gaal erneut zu verpflichten? Hoeneß: „Nein, einen Trainer darf man nie zurückholen, weil es selten funktioniert. Jupp Heynckes ist eine Ausnahme. Aber ansonsten nie. Das geht selten gut, das ist bewiesen."

Also bleiben die Erinnerungen, die auf der menschlichen Ebene doch besonders sind. Hoeneß erinnert sich gern an das Feierbiest in van Gaal: „Die Rotwein-Abende am Freitag waren legendär. Wir kamen oft zusammen, am Abend vor dem

Spiel, und das genossen Kalle und ich mit ihm. Dabei ging es lang und viel um den spanischen Rotwein. Ach ja, das waren doch sehr angenehme Augenblicke. Noch lange danach konnten wir keinen spanischen Wein trinken, ohne daran zu denken. Jaaa, unser Verhältnis war besser, als die meisten dachten."

Thomas Müller

Auch van Gaals Bayern brachte Deutschland und die Niederlande näher

Thomas Müller ist ebenso wie Philipp Lahm ein Mann der schwindelerregenden Statistiken. Ab seinem elften Lebensjahr spielte er – gebürtig aus Bayern – bei Bayern München. Sein Trophäenschrank quillt an allen Seiten über und es sind beileibe keine Preise aus Kindertagen, die er sammelt. Weltmeister mit Deutschland, Weltmeister mit Bayern, die Champions League, acht deutsche Meistertitel, Gewinner des Goldenen Schuhs bei der WM 2010 und der Zähler ist immer noch in Betrieb. Aber der Mann, der immer wieder begeistert auftaucht, um Tore zu schießen, Vorlagen zu geben, ist ein unglaublich netter Mensch geblieben, eine fröhliche Quasselstrippe. Exakt zum vereinbarten Zeitpunkt ist er beim Interview. Müller, mit lautem Lachen: „*Pünktlich* wie Louis van Gaal!"

Es war der gute alte Hermann Gerland, seit Menschengedenken für Bayern tätig, der Louis van Gaal den Tipp gab. Müller: „Ich hatte eine gute Saison in der Zweiten gespielt und gerade meinen ersten Vertrag unterzeichnet. Louis war auf der Suche nach jungen Leute für die Erste und Hermann sagte einfach: „Badstuber und Müller." Anschließend hatte ich ein bisschen Glück. Die erste Mannschaft startete nicht so gut in die neue Saison und Louis testete viel. Eigentlich hatte er nicht die Spieler für sein geliebtes 1-4-3-3 und so kam er zu mir. Aber es war wirklich so, dass Louis sagte: „Alle Top-Leute raus und alle jungen rein." Er war auf der Suche nach der richtigen Mannschaft für das System, und weil die erfahrenen Spieler nicht so gut funktionierten und ich Schwung reinbrachte, wenn ich eingewechselt wurde, verfestigte sich das immer mehr zu meinen Gunsten. Ich traf sehr schnell zweimal gegen Dortmund und auch zweimal gegen Maccabi Haifa – und Louis begann immer mehr, sich um mich zu kümmern. Wir sprachen oft miteinander im persönlichen Gespräch, er teilte seine Ideen mit mir, erklärte es mir immer wieder. Und ich hörte gern zu. Ich bin ein folgsamer Mensch. Vor dem Hintergrund meiner Persönlichkeit und meines deutschen Charakters empfand ich kein Problem dabei, ihm zu folgen und das zu tun, was er sagte."

Müller sieht sich nicht als Weichling. „Wir hatten viele Diskussionen und dann hörte er sich meine Argumente an. Letztendlich versuchte ich immer so gut wie möglich das zu erfüllen, was er vor Augen hatte. Einige ältere Spieler hatten damit mehr Schwierigkeiten; die hatten bereits so viel mitgemacht, dass sie eine Abwehrhaltung einnahmen: ‚Habe ich denn alles immer so schlecht gemacht?'

Louis van Gaal hatte natürlich eine klare Idee vom Spiel und nicht jeder stimmte darin gleich begeistert mit ein. Aber mir gefiel seine empathische Art und analytische Vorgehensweise mit all den Argumenten enorm. Ich bin genauso ein Typ wie er: jemand, der Strukturen und Abstimmung schätzt. Und als dann auch die Ergebnisse stimmten und der Betreuerstab und die Spieler sich an ihn gewöhnt hatten, wurde alles immer besser. Er bewies es: Das ist der richtige Weg."

Was machte van Gaal denn? Müller: „Bayern war immer eine Mannschaft voller Super-Fußballer. Immer spitze. Aber wenn man nach Barcelona schaut oder auf die niederländische Nationalmannschaft, sah man dort mehr die Holländische Schule, die Teams hatten etwas, was man in Deutschland das *Spielerische* nennt. Kreativität am Ball, diesen fantasiereichen Fußball. Es dauerte eine Zeitlang, ehe wir das umgesetzt bekamen, aber mit Lahm und Schweinsteiger als Bausteinen und Ribéry und Robben an der Außenlinie ist es Louis geglückt, einen bleibenden Eindruck mit seinen Bayern zu hinterlassen. Wir trainierten bei ihm immer mit dem Ball am Fuß, herrlich fand ich das. Das war ein Kulturwechsel, aber ich fand, dass er unendlich recht hatte. Man spielt doch nicht Fußball, um immer auf einem Laufband zu stehen oder immer Ausdauerläufe zu machen oder mit Medizinbällen zu schuften? Dabei vermittelte uns Louis glasklare Einsichten in die Nutzung der Räume. Wir spielten mit zwei Spielmachern im Mittelfeld und einer Nummer 10, die mit ihren diagonalen Laufwegen wichtig war. Wenn der Ball beim rechten Verteidiger war, musste die 10 in den Raum gehen. Das war eine meiner großen Stärken, mich im freien Raum zu bewegen. Ich war keine 10 mit viel Ballbesitz, kein Spielmacher, aber die Ideen von Louis passten wunderbar zu meinen Qualitäten. Er erzählte mir von Jari Litmanen, wie der immer bei Ajax spielte, welche Laufwege der ging. Sehr lehrreich. Oft war es so, dass ich – als Philipp den Ball hatte und Robben in Stellung brachte – diagonal kreuzte und damit die Lücke für ihn aufriss oder den

Doppelpass möglich machte. Zwischen Arjen und mir hat es immer sehr gut geklappt, wir haben uns gegenseitig sehr viele Torvorlagen gegeben, die zu Toren wurden. Ich orientierte mich von Natur aus immer schon zur rechten Seite, auf der er spielte. Ich wusste genau, wie ich laufen musste, wenn er wieder mal mit dem Ball am Fuß nach innen zog. Diese Abstimmung, dieses Zusammenspiel, das war super."

Und doch sahen wir ab und zu, wie Robben und Müller sich wütend anschrien. „Haha, jaja. Wir hatten auf dem Platz immer heftige Diskussionen. Mit solchen Persönlichkeiten wie Ribéry und Robben ist es nicht immer leicht, aber wir wussten voneinander verdammt gut, warum wir so waren: wir wollten gewinnen. Die beiden spielten nie für die Galerie, immer um Punkte und Tore."

Das rasend schnelle Kombinationsspiel fürs Auge – war das die Handschrift von van Gaal? „Das auch, aber es war mehr die ganze Geschichte, dass er wirklich Kultur und Philosophie veränderte. Bayern wurde mehr *spielerisch*. Nach dem Spiel bei Juventus hatten wir eine Superserie von zehn Siegen hintereinander. Und da begann jeder daran zu glauben. Trainer wie van Gaal und Pep Guardiola beherzigen eine sehr klare Taktik, sie trainieren sehr intensiv, aber es dauerte immer eine gewisse Zeit, bevor man auf dem Platz sieht, was sie leitet. Im gesamten Verein gab es anfangs sehr viel Kritik. Louis hat eine dezidierte Meinung, das ist seine Identität und seine Stärke, aber es gibt immer auch Menschen mit anderen Ideen. Ich merkte, dass sein Arbeitsstil uns half und schließlich hat er seine Handschrift bei Bayern hinterlassen."

Die erste Saison unter van Gaal hat viel Spaß gemacht. „Wenn gefeiert werden musste, kamen ganz besondere Seiten bei ihm zum Vorschein. Er ist dann sehr extrovertiert und stiehlt allen die Show. Als Trainer ist er sehr streng, aber außerhalb des Spielfeldes genießt er die Rolle des Chefs, dann ist er gern Mittelpunkt der Feier. Die Szenen auf dem Balkon am Marienplatz nach dem Gewinn des Meistertitels sind bekannt. Das kann man natürlich auch als arrogant auslegen, aber Arroganz mit einem bisschen Provokation. Er spielte damit, er weiß sehr wohl, dass er damit polarisierte. Louis will nie langweilig sein, einige stören sich dann an seinem Verhalten, aber ich erkenne das wieder, ich bin auch ein bisschen so gestrickt. Provozieren ist kein Fremdwort für mich, weil es etwas in Bewegung setzen kann, etwas anstoßen kann. Es ist nie die Absicht, jemanden zu verletzen. Louis ist sehr herzlich. Jeder wird bei ihm mit einbezogen und die Frauen sagen nur Gutes, wenn es um Louis geht. Er hat in seiner Bayern-Zeit immer gern die Küsschen der schönen, jungen Spielerfrauen abgeholt. Hahaha!"

In der zweiten Saison bei Bayern unter Louis wurden aus den vielen Pluspunkten auf einmal Minuszeichen. „Wir hatten alle eine sehr anstrengende WM in den Knochen, Robben und Ribéry verletzten sich, es lief alles etwas weniger reibungslos. Dazu kamen die Diskussionen zwischen van Gaal und Hoeneß, unter anderem über die Transfer-Politik, die Torhüter. Zwei Menschen mit einer deutlichen Meinung, Dickköpfe, überzeugt davon Recht zu haben, dann hat man auf einmal sowohl interne Streitigkeiten als auch schlechtere Ergebnisse – und das in München, das wiegt dreifach. Ich habe es bedauert und es machte mich traurig, dass Louis entlassen wurde, aber manchmal ist ein Trainerwechsel wohl nötig, um einen Umschwung einzuleiten. Für mich war Louis ein Trainer und Mensch, mit dem ich eine gute Beziehung hatte. Ich persönlich hätte gern mit ihm weiter gemacht. Er konnte uns wirklich besser machen. Aber im Fußball gibt es etwas Mysteriöses. Alles läuft großartig mit einem bestimmten Konzept, das Konzept bleibt dasselbe und auf einmal funktioniert nichts mehr. Das ist ein nicht zu kontrollierendes Phänomen. Unwirklich für einen, der es mitmacht. Denn Louis arbeitete immer noch so, wie er es im ersten Jahr gemacht hatte. Und doch . . ."

Ein Erklärungsversuch: „Das Mannschaftsaufgebot war in der Breite längst nicht so stark wie heutzutage. Wir hatten 12, 13 sehr gute Spieler, heute sind es wohl an die 20 oder 22. Verletzungen hatten damals deutlich mehr Konsequenzen als jetzt. Aber das war auch ein Ergebnis seiner Philosophie. Louis wollte Spielern immer eine Perspektive geben, deshalb arbeitete er lieber mit einem kleineren Aufgebot. Für Spieler ist das eine feine Sache. Man hat mehr Chancen auf einen Stammplatz und größere Chancen zu spielen. Nur wenn man so viele Verletzungen hat wie wir damals, hat man auch gleich mehr Probleme."

Um ein Haar wären Müller und van Gaal sich wieder im WM-Finale von 2014 begegnet: „Ja, das wäre schön gewesen. Doch wieder klasse, wie er mit einem Plan, einem Konzept, die niederländische Mannschaft im Prinzip eigentlich mit Anti-van-Gaal-Fußball so weit bringen konnte. Vor dem Hintergrund der Analyse seiner Spieler wagte er es, sich so zu entscheiden. Das habe ich immer an ihm bewundert, dieses logische Arbeiten. Während er doch sehr emotional war, beherrschte er das wie kein anderer: der Logik zu folgen."

Ist der Mann, der ihm als Youngster eine Chance gab, sein bester Trainer? Müller: „Wenn um Taktik und Analyse geht, habe ich das meiste von ihm und Pep gelernt, das ist klar. Aber ein Mann wie Jupp Heynckes versteht es wie kein Zweiter, wie man innerhalb einer Struktur einigen Spielern mehr Freiheit geben kann. Ich fand es immer toll, wie Jupp damit umging, während ich doch so einer bin, der klare Strukturen schätzt. Alles in allem glaube ich, dass Louis und Jupp dann doch meine besten Trainer waren."

Das Bayern von Louis van Gaal eroberte auch dessen Heimatland. Zuvor war es ganz sicher nicht der am meisten geliebte Klub in den Niederlanden, dank van Gaal, Robben und van Bommel wurde das abenteuerlich spielende Bayern ein bisschen Oranje. Es war in diesen Jahren sogar so, dass die nach dem Krieg nicht gut gelittene *Mannschaft* auf einmal fast umarmt wurde. Müller: „Louis in Deutschland hatte natürlich auch Einfluss auf die Nationalmannschaft. Joachim Löw stellte ein Team mit relativ jungen Spielern zusammen und die kamen hauptsächlich von Bayern und Borussia Dortmund. Dort arbeiteten Louis und Jürgen Klopp. Also die Holländische Schule, Fußball mit viel Ballbesitz, frechen Elementen – das drang bis zur *Mannschaft* durch. Das sah man bei der WM 2010, noch deutlicher bei der EM 2012. Logisch. Van Gaals Handschrift spürte man bei den Bayern-Spielern, deren Handschrift man wiederum bei der deutschen Mannschaft sah."

Dass in diesen Jahren sogar eine Art von Freundschaft zwischen den beiden Erzrivalen entstand, fiel auch Müller auf: „Ja, das ist doch komisch? Deutschland war immer euer Feind und dann veränderte sich das. Louis van Gaal Trainer von Bayern! Die Holländer merkten auf einmal: Hallo, unser Einfluss, schön! Man sah, wie wir spielten, das ist etwas mehr von eurer Kultur. Aber darüber hinaus: Alles ist etwas freier geworden, das ist auch ein Zeichen der Zeit. Zwischen den Niederlanden und Deutschland geht es längst nicht mehr so fanatisch zu. Das ist gut so, aber auch ein bisschen schade. Es geht nicht mehr um Leben und Tod, doch das war manchmal nicht so schlecht, um das Beste aus sich herauszuholen."

Über van Gaals Erbe: Was ließ er bei Bayern zurück? Müller gerät ins Philosophieren: „Ich glaube schon, dass er das Denken innerhalb des Vereins verändert hat. Man sehe sich nur einmal an, dass so ein Trainer wie Guardiola kommt. Den hätte man wahrscheinlich nie gefragt, wenn van Gaal nicht vorher dagewesen wäre. Man hatte unter Louis gesehen, dass dieser Fußball so viel Freude machen kann. Das wollte man noch mal und kam so bei Pep aus, der natürlich auf einer Linie mit Louis denkt und arbeitet. Und weil auch Pep die Freude, das Spielerische, mitbrachte, wurde es noch mehr zur DNA von Bayern."

Und was ist das Wichtigste, was Müller von van Gaal gelernt hat? „Bei Louis gab es vor und nach jedem Spiel eine Besprechung im Auditorium. Er war nicht mehr unser Trainer, wenn er förmlich auf uns losging, als er die Bilder von einem Gegentor zeigte. Er sagte nicht: ‚Ein Innenverteidiger macht da einen Fehler', er sprach uns direkt an: ‚Du hast einen Fehler gemacht!' Wir erschraken, das kannten wir nicht, so einen persönlichen Angriff. Danach fuhr Louis mit viel Leidenschaft for: ‚Aber! Ich kritisiere dich nicht, weil ich dich kritisieren will. Ich kritisiere dich mit einer einzigen Absicht: ich mache das, um das Team besser zu machen.' Das fand ich beeindruckend. Damit schuf er eine offene, ehrliche Kultur, man wusste, dass es bei ihm um die Fakten ging, nicht um die Person. Er wollte niemanden bestrafen, er wollte dass es bei uns besser lief, für uns als Mannschaft. Diese Lektion werde ich nie vergessen."

9

Eine nicht ganz so sanfte Revolution bei Ajax

War Louis damit am Ende? Der Mann hatte schon solange so hart gearbeitet. Es war wohl nun Zeit für Truus, den Sohn und das Meer. Man konnte in der Nähe seines Hauses in Portugal herrlich Golf spielen. Allerdings klopften im selben Jahr, in dem er von Bayern Abschied genommen hatte, Steven ten Have, Edgard Davids, Paul Römer und Marjen Olfers bei ihm an. Vier der fünf Mitglieder des Aufsichtsrats von Ajax, der fünfte saß zu Hause in Barcelona, das war Johan Cruyff.

Es drehte sich um die Funktion des Technischen Direktors von Ajax. Van Gaal sagte: „Ich kann erst kommen, wenn mein Vertrag mit Bayern ausgelaufen ist, diesmal lasse ich das Geld nicht so einfach laufen.“ Es war inzwischen November 2011, im Juli 2012 stand van Gaal zur Verfügung.

Die Geschichte von ten Have und Co. beeindruckte ihn. Sie hatten ihre Hausaufgaben gemacht und wollten Struktur in den Verein bringen, der in der sanften Revolution am Chaos unterzugehen drohte. Die Idee von Cruyff: Man setze auf alle Positionen Ex-Profi-Fußballer und es funktioniert, denn Ajax ist ein Fußballverein. Cruyff wollte für den Posten des Technischen Direktors auch einen ehemaligen Profi-Fußballer: Tsjeu La Ling. Die übrigen Aufsichtsratsmitglieder hatten dazu ihre Zweifel, dachten mehr an Marco van Basten. Der war doch auch der ideale Kandidat von Cruyff? Van Basten wollte, kam aber nicht, danach wollten die vier Aufsichtsratsmitglieder nur noch einen Mann: Louis van Gaal.

Die vier und van Gaal erörterten ein Szenario: Van Gaal sollte im Juli kommen, bis dahin sollte Martin Sturkenboom als Interimsdirektor die Funktion ausüben, zusammen mit Danny Blind. Danach sollten Sturkenboom und Blind, letztendlich der Nachfolger von van Gaal in spe, ihn unterstützen.

Van Gaal hatte wohl Lust darauf, aber er war dabei auch dickköpfig: „Regelt ihr das erst mal mit Cruyff, ihr glaubt doch nicht, dass er das einfach so durchwinkt!“ Die Aufsichtsratsmitglieder waren guten Mutes, Cruyff tauchte eigentlich selten auf, qua Geschäftsordnung waren sie doch wohl im Vorteil. Aber es lief schief, als sie die Ernennung von van Gaal publik machten. Cruyff kam unmittelbar aus

Barcelona eingeflogen, um dies zu verhindern, und bei Ajax brannte es lichterloh. Eine gerichtliche Auseinandersetzung war die Folge.

Im Dezember 2011 wurde die Einstellung von van Gaal, Blind und Sturkenboom für rechtskräftig erklärt, aber gleich ausgesetzt, damit die Versammlung der Ajax-Anteilseigner sich zu der Anstellung äußern konnte. Bemerkenswert, denn die Versammlung der Anteilseigner (der Verein Ajax war mit 73 Prozent der Stimmen vertreten) hatte nicht darüber zu befinden, das war eine Sache des Aufsichtsrates. In der nächsthöheren Instanz wurde dies auch wieder rückgängig gemacht. Aber bei dieser Berufungsverhandlung (am 7. Februar 2012) kam das Gericht mit einem anderen Argument, um die Einstellung auszusetzen: Obwohl der Richter die schwierigen Umstände, in denen die vier agierten, beachtete, berücksichtige er vor allem, dass Cruyff nicht die Gelegenheit gehabt hatte, sich mit dem Thema auseinanderzusetzen. Zwar gab das Gericht dem Aufsichtsrat den Ratschlag, die Beschlussfassung zu überarbeiten und dann die Benennung zu einem Abschluss zu bringen, aber inzwischen hatte der Verein Ajax eine Initiative gestartet und drohte damit, alle Aufsichtsratsmitglieder, inklusive Cruyff, zu entlassen, wenn sie nicht von sich aus zurücktraten. Schließlich traten alle fünf nacheinander zurück, womit auch die Anstellung von Louis van Gaal vom Tisch war. Cruyff blieb dem Verein als Ratgeber verbunden.

Es sah schon verrückt aus, all diese Männer, die sowohl das Cruyff- wie auch das Van-Gaal-DNA in sich trugen, da sitzen zu sehen. Sogar van Gaals Fußballsöhne Ronald de Boer und Marc Overmars waren dabei. Der Erste sagt dazu heute: „Ich hatte auch eine große Schwäche für Johan und es ging mir nicht um Louis, es ging um das Verfahren, Ajax ging es nicht gut. Dass die beiden sich nicht zusammen raufen konnten, habe ich sehr bedauert. Sagen beide: es geht nicht. Warum nicht? Johan war ein charismatischer Typ, so geerdet, empfindlich und normal geblieben. Dass ich mich damals im Gericht auf die Bank zu den *Fußballern* von Cruyff setzte, hat mir Louis nie nachgetragen."

Marc Overmars: „Ja, es gab diese beiden Lager. Ich arbeitete damals noch bei Go Ahead Deventer, aber war gleichzeitig auch Spezialtrainer bei Ajax, genau wie Jaap Stam. Dennis Bergkamp, Wim Jonk, Bryan Roy, die waren alle viel dichter dran. Steven ten Have kannte ich nicht, der hatte mich zwar einige Male angerufen, weil er mich sprechen wollte, aber es kam nicht wirklich zu einem Gesprächstermin. Mit Louis habe ich in dieser Zeit auch nicht gesprochen. Wer damals recht hatte oder wie und was . . . ich weiß das, ehrlich gesagt, nicht mehr. Gerichtsverfahren sind nie gut, da bin ich mir ganz sicher.

Louis distanzierte sich daraufhin. Er kam eine ganze Zeit nicht mehr. Ich habe nicht das Gefühl, dass dies zwischen uns steht. Ich wollte mich auch nie zwischen Louis und Johan entscheiden. Mit Johan habe ich später gesprochen. Der dachte immer drei Schritte voraus. Was um ihn herum passierte, interessierte ihn weniger. Ich glaube, dass da etwas falsch gelaufen ist. Man muss, wenn man eine Perspektive entwickelt, auch anwesend sein, da sein. Nicht einfach nur eine Gruppe zusammenstellen und das wird dann schon irgendwie. Wer waren wir denn? Ja, ehemalige Fußballer. Aber wir waren allesamt Anfänger bei diesem Vorhaben. Jeder war noch mit seiner eigenen Entwicklung beschäftigt, so etwa wie: Wer bin ich, was will ich, was kann ich?"

Bryan Roy war eines der bekanntesten Gesichter in der Zeit der Cruyff-Revolution. „Ich hatte als Jugendspieler erlebt, wie Johan die Struktur einführte. Jeder, angefangen von den Jüngsten bis zur Ersten, wusste: So werden wir spielen. Die Geburtsstätte des heutigen Fußballs. Davon hat auch Louis profitiert. Gleichzeit war er so eine wichtige Schnittstelle, die niemals hätte fehlen dürfen. Er entwickelte es weiter in seiner Zeit. Johan konnte das wegen seiner Herz-Probleme nicht mehr, der ist nur so kurz Trainer gewesen, ein Elend. Louis hat damals die Gedanken von Michels und Cruyff ausgebaut und geschützt, er spielte eine unglaublich wichtige Rolle in der Geschichte unseres Fußballs. Diese drei Männer haben den größten Einfluss auf den attraktiven Fußball der vergangenen 50, 60 Jahre gehabt. Ein Fußball, bei dem man gewinnt und die Menschen unterhält. Wenn Louis nicht gewesen wäre, hätte sich der Fußball niemals so weiterentwickelt. Das hätte kein anderer geschafft. Das Zauberhafte daran ist, es geschieht auf einer Linie. Ich bin dabei, das auszuarbeiten und schreibe nun ein Buch darüber."

Und doch stimmte auch Roy während der Cruyff-Revolution gegen die Verpflichtung von Louis van Gaal als Direktor. Wenn die beiden so sehr auf einer Linie sind, hatte er dann nicht das Bedürfnis sie zusammen zu bringen? „Es war alles kompliziert. Johan hatte sein Leben lang eine Art Hass-Liebe mit der Ajax-Jugendabteilung. Deswegen verließ er den Verein 1987. Und als er später Ajax so sehr kritisierte, war das nicht auf Trainer Martin Jol gemünzt, sondern auf die Struktur bei Ajax. Also meinten die Ajax-Mitglieder damals: Dann kannst du doch mal helfen? Er sollte Verantwortung übernehmen. Aber das ging daneben. Er empfand, dass der Aufsichtsrat ihn austrickste. Andererseits: Während der

Meetings war Johan eben Johan. Keine Krawatte, ein bisschen unpassend, kein Blatt vor dem Mund. Wenn er denn da war; er saß meistens in Barcelona, das war auch nicht gut.

Aber auf einmal saß Martin Sturkenboom auf dem Posten des Direktors, vorübergehend und das hatte viele Spekulationen zur Folge, man sagte: dahinter stecke van Gaal. Wir meinten, das Sturkenboom, uns, die *Fußballer*, ausbooten wollte. Deswegen saß der da. Und bei der Berufung von Louis als Direktor sind wir vollkommen außen vor gewesen. Deshalb mussten wir auf jeden Fall ein Gerichtsverfahren anstreben, um diesen Prozess zu stoppen. Ich habe darin mit Mirjam Blécourt, der Rechtsanwältin, eine große Rolle gespielt. Wim Jonk und Dennis Bergkamp standen als Ajax-Jugendtrainer meistens auf dem Fußballplatz, deshalb überließen sie mir das zum größten Teil. Ich weiß, ehrlich gesagt, immer noch nicht, welche Rolle Louis darin gespielt haben könnte, aber darum ging es mir nicht. Es ging darum, den Weg fortzufahren, den wir begonnen hatten und an den wir fest glaubten.

Wir gewannen den Prozess, aber die Gruppe ging auseinander. Wir stimmten nicht überein. Wir haben es selbst vermasselt. Dennis, Wim, Ruben Jongkind und ich. Und niemand anders. Als ich aufhörte, verloren sie den Johan-Vertrauten. Ich habe insbesondere das Verhalten von Wim und die Abneigung, meinen Gedanken zu folgen, als besonders enttäuschend empfunden. Und man muss auch mal ehrlich sein: Wo sind sie alle geblieben? Es gibt wenige Ex-Fußballprofis, die in anderen Funktionen Erfolg hatten. Sich mit Jungs wie Dennis und Wim u treffen, das bringt einfach nichts. Das weiß ich jetzt."

Die sanfte Revolution, aufgeschrieben: LvG

„Meine Jugend war Ajax. Meine Gedanken als Trainer und Coach: Ajax. Aber während der Cruyff-Revolution wurde ich im Stich gelassen. Und Steven ten Have noch mehr. Es endete in einem schäbigen Richterspruch.

Ich wusste von vornherein, dass Cruyff es nicht gut findet, wenn man mich anstellen würde. Ich sagte den übrigen Aufsichtsratsmitgliedern ten Have, Davids, Römer und Olfers: „Ihr könnt mich wohl favorisieren, aber wie werdet ihr das mit Cruyff machen? Geht erst mal zu Johan." Steven sagte: „Wir werden das innerhalb des Aufsichtsrats ausfechten." Und Marjan Olfers sagte: „Wir bleiben standfest, wir werden gewinnen." Ich sagte: „Wenn ihr das hinbekommt, bin ich euer Direktor." Im Nachhinein wurde ich als Falschspieler dargestellt, aber das war ich nicht und Steven ten Have ganz bestimmt auch nicht. Der Mann hat alles gemacht, um es hinzubekommen. Aber Cruyff läuft durch meine ganze Karriere. Als ich bei Ajax war, meldete er sich fortlaufend mit allem Möglichen aus Barcelona, als ich bei Barcelona arbeitete, schrieb er seine Kolumnen und als ich die niederländische Nationalmannschaft coachte, hatte er auch an allem etwas auszusetzen. Es war selten positiv. Er durfte das, ja. Aber dass er die Meinung der Fans so beeinflusste, fand ich nervig.

Dass man es jemandem nicht zutraut, das geht, aber mein Image ist bewusst durch die Medien geschädigt, ich wurde richtiggehend niedergemacht. Die Wahrheit ist für die Cruyff-Revolution nie ans Licht gekommen und aufgeschrieben worden. Dadurch wurde das Bild vom Falschspieler von den Fans übernommen. Ich hätte es aber genau als falsch und unehrlich gefunden, wenn ich nachgegeben hätte. Es berührte mich, was im Verein geschah. Wegen des Geldes machte ich es auf keinen Fall, ich hätte mich enorm verschlechtert.

Ajax war in Not. Und Cruyff blieb in Barcelona. Ließ sich einfach nicht sehen. Ich wollte die Verantwortung übernehmen für ein Zehntel von dem, was ich bei Bayern verdient hatte. Nur aus Vereinsliebe und weil ich ein Amsterdamer bin. Ich wollte da sein, jeden Tag, Einfluss nehmen, Menschen inspirieren, Entscheidungen treffen. Und Johan war nie da, also wäre es überhaupt kein Problem gewesen. Die anderen Aufsichtsratsmitglieder waren immer da. Cruyff saß 2500 Kilometer entfernt und hatte seine Informanten im Verein. Das geht doch nicht? Wer hat denn die Verantwortung, wer traf letztendlich die Entscheidung, wer führt die Beschlüsse im Alltag durch?

Ich fand es nicht normal, das Cruyff bei den meisten Meetings des Aufsichtsrates nicht dabei war, vieles per Telefon regelt und fast nie nach Amsterdam kam. Es widerspricht den Regeln, ein Aufsichtsratsmitglied muss anwesend sein, wenn es erforderlich ist. Das wollte der Richter einfach nicht sehen. Erkläre das mal jemandem. Das geht doch nicht? Als der Rest des Aufsichtsrats die Entscheidung veröffentlichte, mich zu verpflichten, kam Cruyff auf einmal in die Niederlande. Für mich wieder der Anfang einer düsteren Zeit, wieder wurde ich in einem ungünstigen Licht dargestellt, aber wegen Johan habe ich schließlich die Nationalmannschaft coachen können, weil ich ein freier Mann war. Jeder Nachteil hat seinen Vorteil.

Jetzt bin ich Ajax gegenüber immer noch gespalten. Noch immer sitzen da Jungs, die unter meiner Leitung Fußball gespielt haben. Aber die saßen auch im Gerichtssaal. Ein Stich in meinem Herzen. Die Zeit heilt alle Wunden, aber ich habe es nicht vergessen und werde es nicht vergessen. Daran erkennt man, dass Menschen sich immer für sich entscheiden. Nur Edgar Davids hatte Mut. Die anderen nicht. Ich bin deshalb immer noch enttäuscht und es schmerzt immer noch. Außer Davids haben sie alle einen Job gekriegt, die Jungs. Aber viele haben ihn auch verloren. Durch Johans Tod und ein weiteren Revolution, durch dieselben Jungs, bekamen sie auch untereinander Streit.

Aber: Dann sage ich mir auch immer: Dank Johan Cruyff kam ich noch zur Nationalmannschaft und zu Manchester United."

Steven ten Have

Ajax war auf der Suche nach einer Führungspersönlichkeit wie Louis van Gaal

Es war im November 2011. Das Land war in Aufregung. Das Land war zwiegespalten, ja, das auch. Bei Ajax lief die sanfte Revolution von Johan Cruyff, aber eine Konterrevolution schien im Anmarsch. Nicht nur Sportsendungen hatten kein anderes Thema mehr, auch das politische TV-Magazin *Nieuwsuur* hielt es für ein Top-Thema. Die Ernennung von Louis van Gaal zum Technischen Direktor. Jedoch wie geht das, van Gaal und Cruyff zusammen? Wie denn bloß? Wer hatte dieses Wunder bewirkt!

Schnell wurde klar, dass Cruyff damit nicht einverstanden war, seinen Willen durchsetzen wollte und den Konflikt suchte. Es wurde also unruhig. Der Konflikt, verursacht durch Cruyff, der als einziger der Aufsichtsratsmitglieder an Tsjeu La Ling als Technischen Direktor festhielt, verschärfte sich. Mit einem Gerichtsverfahren als Folge. Am 7. Februar 2012, nach einem äußerst kalten Winter im Verein, urteilte der Richter des Amsterdamer Gerichts, dass die Ernennung von Louis van Gaal gestoppt werden musste. Das Cruyff-Lager bekam in allen zur Sprache gebrachten Punkten recht. Es war nachvollziehbar; van Gaal durfte noch nicht benannt werden, Cruyff hätte bei der Beschlussfassung mit einbezogen werden müssen. Die übrigen Aufsichtsratsmitglieder entschieden sich dafür, ihre

Arbeit ganz normal fortzusetzen, den Streit aber nicht fortzusetzen. Noch mehr Unruhe und andauernder Streit wären nicht gut für Ajax.

Acht Jahre später blickt der damalige Aufsichtsratsvorsitzende, Steven ten Have, auf diese bewegten Tage zurück. Mit seinen Kollegen Marjan Olfers, Paul Römer und Edgard Davids war er damals einer Meinung: kein Ling, aber letztendlich irgendwann van Gaal. Aber Cruyff wollte nur Ling und wandte sich schon, nachdem er vorher van Basten abgelehnt hatte, gegen eine Kandidatur von van Gaal. Cruyff war der Meinung, dass sein Wille Gesetz sei. Sein „Lager“ musste an die Macht und dort bleiben, seine Vertrauten sollten, koste, was es wollte, das Sagen haben.

Ten Have erinnert sich, wie sich sein Bild von van Gaal geformt hatte. „Ich kannte ihn nicht persönlich, aber wie er seine Arbeit aufnahm, beeindruckte mich. Im Fußball ist es immer schön, große Namen herbeizureden, Wunsch-Fußballer oder auch Trainer. Geht Lerby? Oh, dann holen wir wahrscheinlich Strachan oder Brady, oh, schließlich wird es doch Gasselich. Als Leo Beenhakker zu Real Madrid wechselte, dachten Fans auch an eine Reihe von bekannten Namen, aber die Vereinsführung machte einen bemerkenswerten Schritt und entschied sich für Louis van Gaal. Selbstverständlich kannte ich ihn gut, vor allem als technisch begnadeten Mittelfeldspieler von Antwerpen und Sparta. Aber er zählte in dieser Situation nicht zu den Traum-Kandidaten der Anhänger. Nach einem schweren Start stellten sich Erfolge und Popularität schnell ein, so gewann Ajax mit unter anderen Bergkamp und Jonk gleich den UEFA-Cup. Danach gingen Bergkamp und Jonk, ein Aderlass für Ajax. Aber genau wie bei PSV der Weggang von Gullit wurde es nur noch schöner und besser. Nicht zuletzt wegen van Gaal. Ich sah es mit Vergnügen und Bewunderung und sah ihn van Gaal einen Strategen und eine besondere Persönlichkeit. Nach dem Sieg in der Champions League über Milan hätte Ajax diesen Pokal noch zweimal gewinnen können und müssen. Zweimal war Juventus der Bremsklotz. Bleibt die Frage, ob Juventus, damals ein skandalträchtiger Verein, da überhaupt hätte stehen dürfen. Wie auch immer, ich bin der Überzeugung, dass Ajax unter der Regie von van Gaal die Champions League dreimal hintereinander hätte gewinnen müssen. Das wäre für die spätere Perspektive noch interessanter gewesen.

Ten Have hoffte damals darauf, dass van Gaal der Alex Ferguson von Ajax würde. „Aber ich verstand damals schon, warum er zu Barcelona ging.“ Er hielt ihn auch aus der Ferne weiter im Auge, mit mehr als nur normalem Interesse. „Sehr beeindruckend fand ich, wie seine Bayern ins Finale der Champions League gegen Inter Mailand kamen. Bayern spielte in dieser Saison klasse. Louis erschien mir als ein Mann, der immer und überall kompromisslos und mit einer klaren Philosophie arbeitete. Ich kam einmal aus Südtirol zurück und sah an einer Tankstelle ein Fußballmagazin. Groß auf dem Titel: Louis van Gaal. Mit einem Spruch von Uli Hoeneß: *Wir brauchen einen Fußball-Lehrer.* – Typisch.'

Die Animosität zwischen Cruyff und van Gaal ist ten Have nicht entgangen. Da waren die Konfrontationen in und um Barcelona. Die sich widersprechenden Bilder und Auffassungen. Waren das nicht von vornherein Gründe, um von einer Kombination Cruyff und van Gaal Abstand zu nehmen? Ten Have sah mit seinen Kollegen vor allem die Chancen: was diese beiden, Ajax-Größen und Vereinsikonen für Ajax bedeuten könnten. Zudem war der eine Aufsichtsrat und der andere der Direktor in spe.

Als ten Have, ein Mann mit einwandfreiem Ruf, fachlich und seriös und ein Ajax-Mann durch und durch, als Vorsitzender des Aufsichtsrats begann, äußerten sich viele lobend und hatten große Erwartungen. Die bereits schon begonnene Cruyff-Revolution würde mit diesem Aufsichtsratsvorsitzenden große Schritte nach vorn machen können. Cruyff selbst forderte für sich die Rolle „des Fußballers" innerhalb des Aufsichtsrats. Ten Have: „Das sagte er wörtlich: ‚Ich bin hier der *Fußballer*.' Cruyff kam mit einer ganzen Reihe von Zusagen, die ihm vor meiner Zeit gemacht worden waren. Dass er alles entscheiden könne, dass er der Chef sei. Dass er ein nur ein Mitglied in einem kollegialen Verband war, bedeutete für ihn wenig. Uns wurde sehr schnell klar, dass niemand in den vielen Bereichen bereit war, die Konfrontation mit Cruyff zu suchen. Die Leute, die ihm Zusagen gemacht hatten, tauchten ab, weder bestätigten sie noch widersprachen sie Cruyffs Auffassung. Die Leute hatten Angst vor Cruyff. Aber wir sahen es bei diesem Spiel anders. Ajax ist nicht nur ein Fußballverein, sondern auch eine börsennotierte Gesellschaft, mit einem Aufsichtsrat. Das ist nicht nur mit einer Person verknüpft, der zudem Aufsichtsratsmitglied ist und davon überzeugt ist, dass sein Wille Gesetz ist."

Und weiter: „Cruyff wollte einen Ex-Fußballer, einen ehemaligen Ajax-Spieler, auf dem Posten des Technischen Direktors. Das war unserer Meinung nach eine akzeptable Ausgangsposition. Aber es sollte und musste Ling auf dieser Position sein. Ein Profil, ein Verfahren, die Wahl zwischen mehreren Kandidaten? Hielt er nicht für nötig. Aber zuerst sollte es natürlich ein Profil geben. Was musste ein Technischer Direktor leisten. Da begann Cruyff mit seiner Aufzählung. Rijkaard:

der hatte keine Lust. Koeman: der machte etwas anderes. Van Basten: der ideale Kandidaten, aber der wollte absolut nicht. ‚Nun', sagte Cruyff damals, dann wird es also Ling.' Wir sagten: ‚Okay, wenn du darauf bestehst, werden wir mit ihm sprechen.' Daraufhin sagte Cruyff: ‚Nein. Ling. Der muss es werden.'

Ten Have, Olfers, Davids und Römer hatten ihre Bedenken. Mit Ling wurde gesprochen und man sagte: Danke. Nach Hinweisen einiger ehemaliger Ajax-Größen, die Cruyff und van Basten verehrten, beschloss man, van Basten doch zu fragen. Ten Have: „Marco wollte mit uns sprechen. Er kannte die Reibereien zwischen Cruyff und den anderen Aufsichtsratsmitgliedern. Die Gespräche begannen vielversprechend. Auf mich machte van Basten einen sehr positiven Eindruck, als Mensch und als Fachmann – mit seiner Offenheit, Selbstreflexion, Ehrlichkeit und Intelligenz. Es schien zu passen, van Basten würde mit uns und Cruyff eine gute Leitung zusammenstellen.

Doch es lief aus dem Ruder. In diesen Zeiten erschienen ärgerliche Berichte über van Basten im Telegraaf. Van Basten lehnte dankend ab und Cruyff brachte wiederum Ling ins Gespräch. Die Aufsichtsratsmitglieder lehnten es wieder ab darüber zu sprechen. Daraufhin ergriff Edgard Davids, neben Cruyff der *Fußballer* im Aufsichtsrat, die Initiative.

Davids: ‚Es gibt nur einen Mann, der es kann. Der Mann.'

Ten Have: ‚Der Mann?'

Davids: ‚Der Mann'

Das konnte nur einer in den Augen des früheren Pitbulls der goldenen Ajax-Mannschaft von 1995 sein. Louis van Gaal.

Davids hatte dessen Telefonnummer und gab sie ten Have. „Und dann habe ich ihn angerufen. Er schien immer noch über Ajax im Bilde zu sein, ich brauchte ihm die Situation nicht zu erklären, er wusste es alles."

Die Situation war: Bei Ajax herrschte großes Chaos. Viele Kommissionen arbeiteten nebeneinander. Die *Fußballer*, so wie Cruyff sie nannte, schienen viel von Fußball zu verstehen, aber waren in der Führungsarbeit blutige Anfänger. Cruyff war oft nicht da, war zum größten Teil in Barcelona.

Trotzdem war die Frage: Hätten ten Have, Davids, Olfers und Römer nicht gleich Cruyff anrufen und fragen müssen: Wie siehst du das? Louis van Gaal? Ten Have:

„Cruyff hatte gesagt: Ich bin hier im Aufsichtsrat das Fußball-Herz. Nur kam dieser Vorschlag gerade von Edgar, auch ein *Fußballer* im Aufsichtsrat."

Mehrere Male trafen sie sich mit van Gaal in Noordwijk. „immer nett und diskret. Wir fragten ihn: Wie willst du es machen, mit welcher Philosophie, passte es zu dem, was wir geplant hatten? Louis empfand eine moralische Verpflichtung, er sagte immer dasselbe: ‚Ich mach' es für Ajax.'

Ten Have war begeistert. „Ich fand es auf eine angenehme Art beeindruckend. Wir hatten auf der Basis von gegenseitigem Respekt gute Gespräche. Ich wollte gern mit ihm arbeiten, es wäre glückliche Fügung gewesen. Ajax war auf der Suche nach einer Führungspersönlichkeit wie Louis van Gaal."

Es gab nur ein einziges Problem. Van Gaal stand noch nicht zur Verfügung. Sein Vertrag mit Bayern lief noch bis zum 1. Juli 2012. Diesmal wollte er prinzipiell handeln. Ten Have: „Van Gaal war der Meinung, dass er von Bayern nicht korrekt behandelt worden sei und dass der Klub die Absprachen einhalten sollte."

Was ten Have besonders fand: „Er tat nicht, als ob er allwissend sei. Er sagte: ‚Ich habe wohl Ahnung vom Fußball, aber ich muss mich mit jemandem verständigen können, der neben mir steht und mich bei dem ergänzt, von dem ich weniger Ahnung habe.' Das wurde dann Martin Sturkenboom, ein guter erfahrener Direktor, der sich bereits seine Sporen in der Fußballwelt verdient hatte. Louis wollte auch Danny Blind als rechte Hand, weil er in ihm seinen Nachfolger sah. Wir haben daraufhin beschlossen, Sturkenboom und Blind vorübergehend einzustellen. Van Gaal würde dann am 1. Juli anfangen. Im Nachhinein sagten einige: Louis hätte gleich kommen müssen. Hätten wir auch lieber gehabt, aber wir wollten ihn haben, notfalls ein paar Monate später. Ich hielt ihn für den besten Mann auf dieser Position und dann müsste man meines Erachtens auch nicht gleich zur Verfügung stehen. Wir planten langfristig. Also kam es so: Louis sollte es nett bei Bayern zu Ende bringen und dann loslegen. Schließlich ist es nicht soweit gekommen."

Die Bilder aus dem Gerichtssaal waren peinlich. Auf der Seite von Cruyff sammelten sich die *Fußballer*. Die Cruyff-Anhänger Roy, Bergkamp, und Jonk natürlich, aber auch Ronald de Boer, Marc Overmars, Michel Kreek, Jaap Stam. Ein paar Spieler wussten überhaupt nicht, um was es ging, so zumindest ist heute ihre Bewertung. Ten Have: „Sie saßen dort demonstrativ. Auf der anderen Seite saßen Blind und Davids. Wenn man ihre Länderspiele und Verdienste zusammenzählt, hätten wir genauso gut sagen können: da sitzen die *Fußballer*. Es war ziemlich peinlich für Louis. Dass sie sich so dort hinsetzten, hat er als sehr ärgerlich empfunden. Aber die Spieler sind auf vielerlei Weise benutzt worden. Dass einige heute sagen, sie wüssten nicht mehr genau, wie es war, ist blanker Hohn. Aber der Gedächtnisverlust hat natürlich auch damit zu tun, wie es in den ersten Jahren nach der sanften Revolution lief. Es gab keine Erfolge und das Ganze fiel auseinander.

Ten Have bewertet die Wahl für van Gaal vor dem Hintergrund was voranging und daraus entstand, positiv. „Was Ajax benötigte, war Ordnung, Struktur. Es passierten Dinge, die nicht sein durften. So viele fähige und gute Leute sind einfach hinausgeworfen worden, weil sie nicht an dieser Revolution mitwirken wollten oder darin nicht passten. Es sind auf grobe Weise alte Rechnungen beglichen worden. Mit der medizinischen Abteilung ging man schamlos um. Van Gaal und Sturkenboom hätten das nie zugelassen. Van Gaal wollte mit Autorität die Organisation aufbauen."

Ajax machte mit den *Fußballern* weiter, Cruyff selbst sollte 2015 aussteigen, seine Jungs irrten noch umher und Roy, Jonk und Bergkamp gehören nicht mehr dem Verein an. Louis will noch kurz anmerken, wie dankbar er Cruyff sei. „Andernfalls hätte ich niemals die Chance erhalten, noch einmal bei einer WM dabei zu sein und zu Manchester zu gehen." Das sieht ten Have auch so.

Kontakt zwischen ihm und van Gaal gibt es immer noch. „Wir sprechen uns regelmäßig. Wir haben daran doch etwas Gutes daraus gezogen. Ich schätze den Kontakt, weil ich ihn für einen besonderen Menschen halte. *Too large for life*, zu gut fürs richtige Leben – das geht mir manchmal durch den Kopf. Immer so aufmerksam, immer ein Auge und Ohr fürs Menschliche. Eine enorme Persönlichkeit, ein Mensch eben. Interessiert. Nie sozial kompatibel, aber einfühlsam. Er ist beständig in dem, wie er ist. Das Wort trifft es: *authentisch*. Es gibt Menschen, die glauben an ihre eigene Größe. Er nicht."

Und ten Have selbst, wie geht es ihm? Die Zeit als Aufsichtsratsvorsitzender musst unglaublich schwer gewesen sein, einschließlich der Bedrohungen, immer Spannungen, Druck von Medien und Fans. „Wie habe ich diese Zeit für mich abgerundet? Gute Frage. Mein Leben ist glücklich weiter gegangen. Der Betrieb läuft, geht gut. In den letzten Jahren war ich Mitglied im Bildungsrat. Zurzeit bin ich auch Rechtsbeistand in der Handelskammer in Amsterdam und Aufsichtsrat im Hl.-Antonius-Krankenhaus in Woerden. Wertvolle und inspirierende Aufgaben in komplexen Zusammenhängen, aber doch anders als bei Ajax. Wir sind glücklich und gesund. Es hätte alles auch anders ablaufen können."

10

WM 2014: Meisterstück

Schon wieder war es zwischen Ajax und van Gaal schief gelaufen. Es schien ein ziemliches mieses Ende zu nehmen mit seiner Karriere, aber nach der EM 2012 in Polen und in der Ukraine kam Bert van Oostveen mit einer Idee. Der Direktor des niederländischen Fußballverbandes KNVB wollte Louis van Gaal dazu überreden, noch einmal seinen großen Traum umzusetzen. Die Weltmeisterschaft in Brasilien 2014. Das war genau das, was van Gaal wollte: wiedergutmachen, was 2001 falsch gelaufen war.

Bert van Marwijck war ein Kunststück gelungen, als er 2010 mit Oranje ins Finale der WM kam. Die Qualifikationsspiele zur EM waren relativ locker verlaufen, aber im letzten Spiel, das war gegen Schweden, sah man, dass ein paar Helden früherer Zeiten alt geworden waren, Die entfesselt aufspielenden Schweden gewann 3:2, sie hatten innerhalb von drei Minuten das Spiel gedreht und zu ihren Gunsten entschieden. Es schien, als ob Oranje aus dieser Abbwärtsspirale nicht mehr heraus käme. Bei der EM 2012 verlor man gegen mäßige Dänen, und auch Portugal und Deutschland gewannen gegen ein mühevoll agierendes Oranje-Team.

Van Gaal erkannte während des ersten Testspiels sofort, wie verwundbar diese niederländische Nationalmannschaft war. In Belgien ging die Mannschaft mit 2:1 in Führung, eine Viertelstunde vor Schluss zerfiel sie: 4:2 für die Roten Teufel aus Belgien.

Aber van Gaal war konzentriert wie nie, nahm die Stars van Persie und Robben für sich ein, berief junge Abwehrspieler wie Daley Blind, Stefan de Vrij und Bruno Martins Indi und bastelte vom ersten Tag an einen beeindruckenden Betreuerstab. In den Qualifikationsspielen entwickelte sich Oranje zu einer Tormaschine. Ungarn ging mit einer 1:8-Niederlage vom Platz, van Persie wurde der erfolgreichste Torschütze aller Zeiten, es war tatsächliches ein großartiges Oranje-Fest. Das Spiel gegen Estland (2:2) gab ein erstes Warnsignal, und in Paris lehrte Frankreich Oranje, dass es in der absoluten Weltspitze andere Gesetzmäßigkeiten gab: ein chancenloses 0:2 war am 15. März 2014 eine Lehrstunde.

Das brachte van Gaal zum Nachdenken. Die WM-Auslosung hatte es in sich: Oranje musste in der Gruppe des Todes überleben. Spanien war der amtierende Weltmeister, das anstürmende Chile galt als Außenseiter für den WM-Titel und der Vierte, Australien, kämpfte immer um jeden Meter. In den Niederlanden sank die Stimmung auf düster bis niedergeschlagen, und, kurz bevor die WM begann, hatten die Erwartungen einen Tiefpunkt erreicht.

Aber der Bondscoach sah immer noch Chancen. Van Gaal war allerdings in einem Alter, in dem es keinen Platz mehr für idealistische Naivität gab. Der Mann wollte immer noch die Menschen unterhalten, aber er wollte vor allen Dingen auch gewinnen, dominieren, clever sein. Taktisch gesehen zauberte er ein 1-5-3-2 aus dem Hute, das sich bei Ballbesitz in ein 1-3-1-4-2 veränderte. Er nahm sich vor der WM alle Zeit der Welt, um an seinem Meisterstück zu arbeiten. Das Team Oranje bestand aus gut sechzig Leuten, inklusive Koch und Materialmann, jeder fühlte sich dazugehörig und wichtig im Hinblick auf die Mission WM. Das ziemlich große mittelständische Unternehmen mit dem Namen *Das Oranje von Louis van Gaal* ging gewissenhaft an die Arbeit und von Tag zu Tag wuchs das Vertrauen.

Noch vor der WM hielt Louis van Gaal einen Vortrag vor einer Gruppe von Unternehmern. Die Vorlesung wurde erst nach der WM ein großer Hit im Internet. Und das ging so:

„Hat Oranje eine Chance?“ (Van Gaal schweigt und schaut forschend in die Runde.)

„Es ist mit einem Mal still.“ (leichtes, nervöses Lachen)

Dann mit leiser Stimme: „Es geht um das Management von Erwartungen. Wir können nicht mehr allzu tief fallen, glaube ich, denn die Erwartungen sind nicht sehr hoch.“

Die Stimme wird lauter und das Gesicht hellt auf: „Aber der Bondscoach sieht immer noch Chancen. Vor allem deshalb, weil der Bondscoach an seine Philosophie und Struktur glaubt.“

Laut und mit einem breiten Lachen fährt van Gaal fort: „Und dann vor allem an *meine* Philosophie. Und *meine* Struktur.“

Er erklärt es: „Eine Struktur, die den Menschen, die in meiner Organisation arbeiten, Orientierung geben. Daran glaube ich. Chancen sehe ich auch deshalb, weil ich an Vorbereitung glaube. Vorbereitung ist die halbe Arbeit, das sagte schon meine Mutter."

Dann richtet er sich direkt an die Menschen im Saal: „Training, das ist im Fußball normal, aber ist dies in Ihrem Unternehmen normal? Dass Sie Menschen ausbilden? Oder dass Sie Ihr Produkt testen, jeden Tag aufs Neue? Machen Sie das? Ich mache das. Jeden Tag aufs Neue. Vorbereitung, Training, Analyse und Auswertung. Daran glaube ich.

Das schaffe ich nicht ohne Hilfe. Denn ich habe natürlich nicht die allumfassende Weisheit gepachtet. Jetzt müssen Sie lachen, denn ich habe das Image, dass dies wohl der Fall sei. Aber ich höre auf Spezialisten. Hören Sie auch auf Ihre Mitarbeitet? Denn die sind Spezialisten. Die kümmern sich um Ihr Produkt."

Auf ein Bild auf dem Overhead-Projektor weisend, auf dem der gesamte Betreuerstab von Oranje zu sehen ist: „Schauen Sie! 37 Mitarbeiter! Die tragen alle dazu bei. In der Vorbereitung, beim Training, in der Analyse und der Auswertung! Ich habe, als ich Bondscoach wurde, zu allererst daran gearbeitet, meine Mitarbeiter auszusuchen. Die halbe Welt dachte, ich würde zuerst die Spieler einberufen. Nein. Zuerst muss man sich mit einem guten Betreuerstab umgeben. Ich lasse mich von meine Spezialisten beraten und nahezu immer folge ich ihrem Rat. Aber ich entscheide. Ich habe also 37 Mitarbeiter und 23 Spieler, zusammen 60, also ist das wohl ein ziemlich großer mittelständischer Kleinbetrieb."

Der Saal ist schon längst ruhig und hört fast atemlos zu, als van Gaal erzählt, wie alles begann: „Ich zeigte meinen Spielern, wie Barcelona und Spanien spielte: ‚So will ich spielen.' Die Jungs wussten also ab Tag eins, was van Gaal plante. Klarheit. Transparenz. Sehr wichtig. Und: Das war meine erste Auswahl. Fünf Neulinge! Ich ging ein großes Risiko ein. Ich musste den Laden wach rütteln. Aber sieh es mal so: Das ist meine Auswahl, als wir uns qualifizierten. Und die ist ziemlich alt. Daraufhin habe ich gesagt. Wenn man mit nach Brasilien will, muss man in Form und fit sein. In Brasilien ist das Klima so, dass Fitness der *Schlüssel* ist. Das sind dann also die Auswahlkriterien: Talent, Form, Fitness. Denn auch Spanien muss mit dieser Luftfeuchtigkeit klar kommen. Es ist wissenschaftlich erwiesen, dass man unter diesen Umständen nur zu 80 Prozent physisch funktionieren kann. Wenn wir also top-fit sind? Dann haben wir eine Chance."

Und eine Chance hatte Oranje. Die fußballbegeisterten Niederlande wurden auf eine Weise überrascht, wie man das selten erlebt hatte. All die Leute, die van Gaal um sich gruppiert hatte, alle Spieler, Spezialisten und die hart arbeitende Menschen, sahen sich durch ein historisches Spiel unmittelbar belohnt. Spanien – Niederlande. Am 13. Juni 2014 saßen die ganzen Niederlande ehrfürchtig zitternd vor dem Fernseher, sahen beim 0:1-Rückstand das Unheil schon kommen (siehst du), aber dann gab es diesen genialen Pass von Daily Blind – und Robin van Persie flog förmlich durch die Luft. Der Rest ist Geschichte. Die zweite Halbzeit erschütterte die Fußballwelt in ihren Grundfesten. Arjen Robben flog übers Spielfeld, degradierte Piqué, Ramos und Casillas zu Statisten, und als sich der Sturm nach einer Dreiviertelstunde und zauberhaftem Umschaltspiel legte, stand es 5:1. Nicht zu Gunsten des amtierenden Weltmeisters, sondern für das entfesselt spielende Oranje von Louis van Gaal. Das übrigens kaum Chancen zuließ und sogar selbst noch eine Unmenge kreiert hatte . . .

Danach rang man mit viel Mühe die zähen Australier nieder (3:2nach einem 1:2-Rückstand), gewann souverän gegen das als unschlagbar geltende Chile (2:0) und die Skepsis schlug langsam um in eine Oranje-Polonaise: ungeschlagen ins Achtelfinale gegen Mexiko! Da regelten es die Routiniers für van Gaal. Sneijder schoss das 1:1, Robben holte raffiniert einen Elfmeter heraus und Klaas-Jan Huntelaar besorgte das 2:1. Danach sollte der Spezialtrick mit dem Torwartwechsel Tim Krul für Jasper Cillesen gegen Costa Rica noch kommen (0:0 nach Verlängerung – welcher Trainer macht so etwas?

Plötzlich gehörten die Niederlande zu den besten Vier. Die anderen drei waren: Brasilien, Deutschland und Argentinien. War das denn die Möglichkeit? Sollte das Märchen Wirklichkeit werden? Leider. Die Argentinier ließen sich nicht bluffen und ließen die Niederlande kommen. Und obwohl sich Weltstar Lionel Messi kaum in Szene setzen konnte, schafften es Robben und van Persie ebenfalls nicht, den Unterschied zu machen. Nach zwei langen Stunden ohne Tore schleppten sich zwei ermüdete Mannschaften abermals ins Elfmeter-Schießen. Ron Vlaar und Wesley Sneijder musste vom Elfmeterpunkt mit ansehen, wie der ehemalige AZ-Alkmaar-Torwart Sergio Romero mit zwei sensationellen Paraden seinem ehemaligen Trainer Louis van Gaal das Ausscheiden besorgte.

Die Argentinier ins Finale, die Niederlande ins Spiel um den dritten Platz gegen Gastgeber Brasilien. Noch einmal machte die Mannschaft deutlich, wie gut sie funktionierte, es hieß 3:0 dank der Treffer von Robin van Persie, Daley Blind und Georgino Wijnaldum. Oranje hatte im feuchtwarmen Klima von Brasilien eine stabile Fitness bewiesen, kein Spiel verloren, nach sieben Spielen gab es ein imposantes Torverhältnis von 15:4. Und doch hatten einige wenige das Gefühl: was für eine verpasste Chance. Die wenigen – das waren die Spieler und der Betreuerstab der Niederlande. Sie wussten, wie viele Chancen sie gegen Deutschland gehabt hätten. Die Mannschaft von Joachim Löw war in der Form ihres Lebens, griff leidenschaftlich an, bot aber auch viele Räume, in denen Robben und van Persie ihre gefährlichen Aktionen hätten machen können . . .

Die Menschen in den Niederlanden waren jedoch vor allem stolz. Nichts erwartet und so viel bekommen . . .

Oranje, Teil II: aufgeschrieben LvG

„Spanien - Niederlande, das schönste Spiel unter meiner Teamleitung? Natürlich nicht. Man muss es immer in Beziehung setzen.

Die Augenblicke, in denen ich als Fachmann wirklich glücklich war, gab es zahlreich. Wenn ich ein Spiel daraus nennen darf: das 2:0 gegen Real Madrid im Winter 1995. An diesem Abend spielte Ajax so beherrschend. Wir waren im Bernabeu-Stadion die angreifende Mannschaft. Das Gefühl, mit dem ich aus diesem Spiel ging und es behielt, war sehr gut, auch weil es die Menschen so schätzten, wir erhielten von den Madrilenen *standing ovations*. Mit Bayern hatte ich auch Spiele, bei denen ich dachte: Das ist es. September 2009 gewannen wir mit 5:1 in Dortmund gegen die Borussia von Jürgen Klopp, damals lagen wir zuerst 0:1 zurück, noch vor der Pause hieß es 1:1. Ich wechselte Müller und Ribéry ein. Genau diese beiden sorgten schließlich für den Unterschied. Und, das ist wieder der Mensch, dann kam Franck Ribéry, mit dem ich nicht so eine gute Beziehung hatte, nach seinem tollen Freistoß auf mich zugeflogen und sprang förmlich auf mich, aus reiner Freude. Da bin ich sehr stolz drauf. Ich hatte ihn doch so weit gebracht, dass er es spontan machte. Bruno Martins Indi machte das später bei der niederländischen Nationalmannschaft auch einmal, der sprang so auf mich, dass ich aufs Feld stürzte – aber dass Bruno das machte, war logisch. Mit ihm hatte ich einen fantastischen menschlichen Draht. Aber Ribéry . . . ja, das berührte mich damals schon.

1995 beim Spiel Madrid – Ajax hatte ich Spieler, mit denen ich sehr einfach Offensiv-Fußball spielen konnte, viel einfacher als mit den Spielern, die mir bei der WM zur Verfügung standen. Nur Wijnaldum und Blind spielen zurzeit auf höchstem Niveau, Depay lässt bei Oranje sehen, was er kann. Der Rest eher nicht. Und von dieser Gruppe spielten nur Robben und van Persie auf höchstem Niveau, Sneijder war schon bei Galatasaray. De Jong hatte seinen Zenit schon überschritten, Vlaar ebenfalls, de Vrij und Indi waren junge Talente.

Der Trainer muss sich dann das System einfallen lassen, mit denen man die Weltmeister bezwingen kann. Spanien hatte schon lange kein Spiel mehr verloren.

Natürlich spielten wir Konterfußball, um gegen Spanien zu bestehen. Aber mit diesem Fußball haben wir bei der WM viele Tore gemacht. Taktik ist ein Mittel und diese WM ist ein taktisches Wunder geworden. Die Spieler haben sich toll in diesem System wiedergefunden. Und die ganze Fußballwelt hat das Spiel dieser niederländischen Mannschaft genossen. Aber es blieb dabei: die Folge der Taktik.

Im Jahr 1995 war das Ajax noch viel dominanter und spielbeherrschender als das großartige Ajax, das 2019 Real Madrid mit 4:1 bezwang. Wir gewannen „nur" 2:0, aber mussten zusehen, wie zwei eindeutige Treffer aberkannt wurden und wir hatten während des gesamten Spiels die Oberhand. Wenn man über das schönste Spiel spricht im Hinblick auf Direktspiel und das Kreieren von Tormöglichkeiten – dann kommt dieses Spiel dem Ganzen schon sehr nahe.

Und warum dieses wohl und Spanien – Niederlande nicht? Weil auf meinem Fähnlein steht: offensiv, dominant und attraktiv. Nur, ein Trainer ist mehr als nur ein Fähnlein. Er muss dafür sorgen, dass seine Mannschaft so viel Erfolg wie möglich hat. Strategie, Taktik und Überzeugungskraft sind die Wege dorthin. In meinem ganzen Leben spielte ich überwiegend 1-4-3-3. Und dann komme ich auf einmal mit einem 1-3-1-4-2 daher.

Zuerst habe ich mit Robin van Persie darüber gesprochen. Van Persie war verletzt, erholte sich davon in Zeist. Ich habe ihn besucht und gebeten, mit mir das Spiel PSV – Feyenoord zu besuchen. Ich war mir sicher, dass Ronald Koeman mit fünf Abwehrspielern spielen würde, das machte er immer bei schwierigen Spielen. Also fragte ich Robin: ‚Warum glaubst du, dass ich mit dir dieses Spiel sehen will?' Er: ‚Ich bin Feyenoorder?' Ich sagte: ‚Nein, ich will spielen so wie Feyenoord.' Ich hatte Robin schnell überzeugt. Er sah: So bekomme ich den nötigen Raum. Ich gestaltete es für ihn sehr angenehm. Er war mein Spielführer, wenn er dabei mitmachte, hatte ich schon die Hälfte gewonnen. Danach habe ich Arjen Robben angerufen. Ich wollte Sicherheit, dass van Persie und Robben mit mir übereinstimmten. Arjen war auch begeistert. Daraufhin habe ich Spieler der Juniorennationalmannschaft Jong Oranje zum Training in Hoenderloo eingeladen. Blind, de Vrij, Martins Indi, alle so um die 20 Jahre alt. Promes gehörte auch dazu, Wijnaldum war schon dabei, viele Feyenoorder: Kongolo, Clasie, Boetius. Eine große Auswahl hatte ich nicht, letztendlich habe ich auch Verhaegh und Kuyt als Abwehrspieler eingesetzt."

„Ich hatte ein IT-Team gebeten, per Kamera festzuhalten, sodass die Spieler selbst sehen konnten, ob sie die 15 Meter zurücklegten, zwischen denen sich die Linien bewegen mussten. Gaben sie Rückendeckung? Machten sie es alle gut? Es alles so hinzukriegen, dass die fünf Verteidiger Druck auf den Ball machten. Nicht einfach, denn Verteidiger sind es nicht gewohnt, dies mit zwei oder drei Mann zugleich zu tun. Wenn man hinten mit fünf Verteidigern agiert, muss man unbedingt in der eigenen Hälfte Druck ausüben, denn man hat immer einen Spieler mehr. Dann hat jeder seine Aufgabe, der eine muss absichern, der nächste musste wieder bereit sein, Druck auszuüben, wenn der Ball in seine Richtung wandert. Man muss dann nicht in der Zone stehen bleiben, sondern den Gegner zu Fehlern zu zwingen. Daley Blind ist darin ein Meister. Stefan de Vrij kann das auch gut. Ich empfand es als eine sehr schöne Entwicklung, die da in Hoenderloo ablief.

Als dann auch die Stars wie Robben, Sneijder und van Persie im Trainingscamp in Portugal eintrafen, habe ich sie in meine Pläne eingeweiht. Dort haben wir ihnen gezeigt, wie man von einem 1-5-1-2-2 zu einem 1-3-1-4-2 wechselt. Das Letztgenannte ist viel besser, weil man mit einem breiten Mittelfeld anstelle einer Raute spielt, da eine Raute immer viel Raum anbietet. Man kann sogar auf ein 1-3-1-2-4 umschalten, und zwar mit Flügelverteidigern, mit denen man die Verteidiger des Gegners unter Druck setzen kann.

Der Start des Trainingscamps in Portugal war enorm wichtig. Damals mussten die Stars überzeugt werden. Wir zeigten ihnen Bilder von Feyenoord, italienischen Mannschaften, des portugiesischen Teams. Wir demonstrierten und forderten sie heraus: Seid ihr besser? Dann kam weiter verteidigen. Die jungen Leute ermutigte das. Es funktioniert, was dieser van Gaal erzählt! Und es passierte noch etwas Wichtiges. Nigel de Jong kam dazu.

Während der gesamten Qualifikation hatte ich ihn nicht ins Aufgebot berufen, ich hatte schließlich Kevin Strootman. Aber Kevin fiel wegen einer schweren Knieverletzung aus, hatte ich also Nigel doch wieder nötig. Wie er dann ins Trainingscamp kam: selbstbewusst, sehr positiv, sein Verhalten war mehr als nur vorbildlich. Ich habe den Ruf, dass ich aufgrund des Trainings die Aufstellung mache – und das ist auch so. In den Testspielen vor der Qualifikation war Nigel schwach, außerdem bin ich kein Freund dieses Spielertyps. Aber beim Training sah ich: den können wir sehr gut gebrauchen.

Die Geschichte von Nigel und Wesley Sneijder ist das Höchste in Sachen Teambuilding. Mein ursprünglicher Plan war, mit Roben und van Persie vorn zu spielen und Sneijder auf Position 10 dahinter. Aber weil Nigel so gut und so selbstbewusst jeden coachte, wusste ich: den kann ich gegen Spanien aufstellen.

Dann bin ich wieder der komplette Mensch-Trainer, ich fand es so schön, wie Nigel sich in Szene setzte.

Die Krux war nur: Nigel konnte nicht so wie Strootman sowohl auf der Sechs und auch auf der Acht spielen. Dadurch musste Wesley auf die Acht und das war nicht seine Lieblingsposition, ich hätte ihn lieber auf Zehn gesetzt, auf der Acht war er weniger dominant und musste er mehr laufen. Ich entschied mich jedoch für de Jong, weil Georgino Wijnaldum noch nicht fit genug war.

Letzten Endes kann man sagen, dass ich Sneijder geopfert hatte, indem ich ihn auf Acht setzte. Es zeigt die Klasse von Sneijder, dass er das mitmachte, alles im Sinne der Mannschaft. Dabei hatte er so viel Kritik von mir einstecken müssen, ich hatte ihn fast schon gefoltert, geärgert, irritiert, ihm das Spielführerband abgenommen, die Konfrontation gesucht. Sneijder war auch nicht vollständig top-fit. Und doch hatte er sich dem Mannschaftsinteresse gefügt, hat sich revanchiert und war gerade zur rechten Zeit fit genug. Er hatte die Rolle während der WM gut ausgefüllt. Das verdient meinen Respekt."

„Zwischenzeitlich sagten meine Freunde bei den Medien, dass wir keine einizige Chance bei der WM hätten. Und nach der ersten Halbzeit gegen Spanien riefen sie wieder, dass wir Glück gehabt hätten, weil es nur 1:1 stünde. So ein Unsinn. Wenn eine Mannschaft Glück hatte, dann war es die von Spanien, die einen Elfmeter zugesprochen bekam. Drei Chancen hatten sie und auch wir, einschließlich des Tores aus dem Spiel heraus. Darüber hinaus hatten wir kein Glück, denn Cillesen Rettungsaktion beim Stand von 0:1 war seine Klasse; er ist besonders gut in der Situation eins gegen eins. Und auch unser Tor basierte auf Können. Der Pass von Blind: absolute Qualität von Daley. Der Kopfball von van Persie: Qualität von Robin. Und die erste Chance im Spiel hatten wir, durch Sneijder. Aber bei diesem Spiel vor, gegen und nach Spanien, war es wie immer: van Gaal ärgern. ‚Oh, der spielt mal wieder anders als die Holländische Schule.' Das hat dem *Telegraaf* einige Abonnenten gekostet und dem TV-Magazin *Voetbal Inside* viele Zuschauer. Das sah sich ab einem bestimmten Moment niemand mehr an."

„In der Pause habe ich das getan, was ich immer mache. Ich wies darauf hin, was ich gesehen hatte und was besser werden könnte. Ich spreche nie über einen schlechten Pass, nur wenn es sechsmal hintereinander passiert. Ich rede immer nur vor dem Hintergrund des Mannschaftsinteresses: was bringt uns Nachteile, was Vorteile. Dann gehe ich noch auf einzelne Spieler zu und ergänze meine Ausführungen. Manchmal sage ich: ‚Wenn du dein Spiel nicht veränderst, schadest du der Mannschaft, dann wechsle ich dich aus.‘ Manchmal sage ich einem Spieler, der seinen Aufgaben nicht nachkommt: ‚Du erledigst deine Aufgaben fantastisch.‘ Drei oder vier Minuten dauert das insgesamt, dann lasse ich sie in Ruhe.

Das habe ich immer so gemacht. Trainer agieren heutzutage zum Teil sehr heftig an der Außenlinie. Die Kameras sind auf sie gerichtet, deshalb meinen sie wohl: ich muss wohl deutlich machen, wie sehr ich mit dem Coachen beschäftigt bin. Aber es geht während eines Spiels doch um die Spieler? Dann muss ich doch nicht zum Clown werden? In der Woche bin ich dran. Dann kann ich sie beeinflussen. Nachdem ich mich bei einem Spiel von Manchester gegen Arsenal auf den Boden gelegt hatte, fragten mich Journalisten – tatsächlich, das habe ich nicht erfunden: ‚Können Sie nicht öfter so etwas Außergewöhnliches an der Linie machen?‘ Nein, natürlich nicht. ‚Ja, aber der Klopp – das finden die Leute gut hier.‘ Ich halte das für Unsinn, es hat auch keine Folgen, wenn man jedes Spiel wie ein Verrückter coacht. Der Karate-Tritt von Wien im Endspiel Ajax gegen Milan – der hatte Folgen. Wenn man nie verrückt spielt und dann auf einmal schon, dann zeigt es Wirkung. Aber es ist doch wirklich Unsinn, dies jedes Spiel zu veranstalten, oder?“

„Zurück zum Spiel gegen Spanien. Man sagt oft: da ist er wieder. Arrogant. Aber es ist schlicht und einfach so, dass das Spiel so lief, wie ich es vorher eingeschätzt hatte: So wird es laufen. Die Spieler mussten es nur noch erledigen, und sie machten es großartig. Anerkennung und Lob für sie, es war ihr Verdienst. Sie schafften es gegen Spieler, die alles gewonnen hatten. Aber dass wir gegen sie Chancen erhalten würden, war logisch. Piqué und Ramos sind nicht so schnell, unsere Angreifer schon.

Ich habe meinen Leuten vorher erklärt, warum wir viele Möglichkeiten erhalten würden. Sie verteidigen im Mittelfeld, das machen sie eigentlich immer. Barcelona, Real damals, immer spielten sie in der Hälfte des Gegners und standen mit ihren Verteidigern auf der Mittellinie. Ich selbst ließ noch Bayern so dominant spielen und dadurch verloren wir das Champions-League-Finale gegen Inter. Ich dachte damals noch: Mit so viel Qualität in den eigenen Reihen kann man so spielen, es macht auch das Verteidigen leichter. Darum entwickele ich so viel Respekt für Guardiola und ten Hag – was die machen, ist viel schwieriger. Darum hoffe ich immer darauf, dass sie gewinnen; wenn ich es jemandem gönne, dann ist es Pep und Erik, weil sie den schwierigsten Fußball spielen.

Bei der WM hatte ich mir eine Pressing-Variante zurecht gelegt: das provozierende Pressing. Man lässt sie kommen und setzt sie dann unter Druck. Aber wir variierten das auch, sodass unsere Außenverteidiger oftmals 40 oder 50 Meter tiefer Druck auf den Gegner ausübten. Ich war mir sicher, dass wir das durchhalten konnten, weil wir in Hoenderloo unsere Ausdauer trainiert hatten. Darum stellte ich anfangs auch nicht einen älteren Spieler wie Paul Verhaegh auf, sondern Daryl Janmaat, als offensiven Verteidiger. Für Georgino Wijnaldum galt dasselbe. Der begann als mehr defensiver Spieler, wurde aber schließlich ein offensiver. Wir konnten immer umschalten. Mexiko: 0:1 hinten. Okay. Also Plan B. Einfach wieder Holländische Schule. Das hatten wir alles Im Training erprobt. Alle Spieler konnten, das Spiel in und mit verschiedenen Systemen, die auch noch innerhalb eines Spiels sich änderten. Jeder musste sich auf eine Funktion konzentrieren. So rief ich nach Mephis Depay für einen Wechsel. Der war bei PSV nur das bekannte 1-4-3-3 gewohnt. Depay fragte: ‚Was muss ich im 1-5-3-2 machen?' Ich sagte: ‚Du musst dich nur auf die Position von Robben oder van Persie konzentrieren.' Wenn er als linke Spitze ins Spiel beim 1-4-3-3 kam, machte er es klasse, weil er das auch bei PSV spielte. Aber wenn er als Sturmspitze kam, überraschte er mich positiv, das konnte er also auch gut. Deshalb habe ich ihn später sowohl als Sturmspitze wie auf Links vorn eingesetzt.

Anfangs sagte ich zu Dirk Kuyt: ‚Dirk, du wirst nicht zum Einsatz kommen. In unserem System sehe ich dich nicht als Angreifer. Du bist mein Anführer in der Kabine.' Aber danach sagte ich: ‚Ich habe aber für dich doch eine Position, auf der du klar kommst. Flügelverteidiger!' Dirk war nicht mehr der Jüngste, aber der hatte eine unglaubliche Kondition. Er hat eine großartige WM gespielt."

„Es war wichtig, in der Vorrundengruppe Erster zu werden. Der Weg in Richtung Finale wäre sonst schwieriger geworden. Dann hätten wir zuerst Brasilien als Gegner gehabt, das Gastgeberland; das wäre zu schaffen gewesen, aber ich schätzte Deutschland ganz hoch ein. Ich sah unsere Chancen, aber weniger als gegen Mexiko und Costa Rica. Das Ärgerliche war, das wir auf Argentinien trafen; diese Mannschaft spielte hauptsächlich in der eigenen Hälfte. Ich habe noch Offensiv-Spieler eingewechselt, die Argentinier hatten keine einzige Chance, genauso wenig wie sie gegen Deutschland eine Chance hatten. Gegen Deutschland hätten wir sicher Chancen gehabt, weil Joachim Löw sehr offensiv spielen ließ. Das wäre gegen uns schwierig geworden. Sie ließen dem Gegner viel Raum, und ihr Libero, Mats Hummels, war ebenso wie Piqué und Ramos, nicht der Schnellste. Robben wäre für ihn zu schnell gewesen, ebenso van Persie, denn der startet immer genau im richtigen Augenblick. Es hätte gut so sein können, dass dieses Spiel genauso wie gegen Spanien gelaufen wäre. Aber naja, im Halbfinale war Argentinien gerissener und wir verschossen zwei Elfmeter."

„Am Ende spielten wir im wärmsten Teil Brasiliens gegen den Gastgeber. Mit einer Enttäuschung im Kopf, denn es ist frustrierender gegen einen schwächeren als gegen einen stärkeren Gegner zu verlieren. Ich habe alle Jungs gebeten, zu mir in mein Zimmer zu kommen, und zwar um ihnen jeweils persönlich die Frage zu stellen: Willst du spielen und warum? Jeder wollte. Nur Nigel de Jong war verletzt, dafür kam Jordy Clasie.

Ich hätte mit der niederländischen Nationalmannschaft Weltmeister werden können. Da bin ich mir sehr sicher. Gegen Deutschland hätten wir es einfacher gehabt. Die Gegner hatten Angst vor uns, Argentinien wagte es nicht, uns unter Druck zu setzen, während unser Spielaufbau doch zu wünschen übrig ließ. Aber wir waren so fit! Das hatte auch mit Selbstvertrauen und dem Willen zu tun, den Gegner unter Druck zu setzen. Was wiederum bewies: Wenn man eine Auswahl sechs Wochen lang zusammen hatte, kann man viel erreichen. Ich habe da immer gesagt, auch als ich zum ersten Mal Bondscoach bei Oranje war: ‚Wenn wir zur WM kommen, dann wird etwas passieren.'"

„Der Betreuerstab war so gut. Max, mein Computer-Spezi, konnte jedem Spieler zeigen: schau, pass auf, hier stehen wir 16 oder 18 Meter auseinander. Es mussten 15 sein! Die 15-Meter-Regel gilt von einer taktischen Linie bis zur nächsten; wenn der vorderste Spieler anfängt, den Gegner unter Druck zu setzen, muss der Rest mitmachen, aber die 15-Meter-Regel gilt auch für den Raum zwischen den Spielern untereinander. Der Grund: 15 Meter kann man leicht überbrücken. Ist die Entfernung größer, wird es zusehends schwieriger. Meist ging es also um Fitness. Ich sage immer, dass Angreifen in physischer Hinsicht schwieriger ist als Verteidigen, weil man sich ziemlich viel bewegen muss, um sich frei zu laufen. Aber nun mussten die Verteidiger ebenfalls viele Wege gehen, weil sie in der Fünferkette im richtigen Augenblick den Gegner unter Druck setzen mussten."

„Robin van Persie wurde Mannschaftskapitän von Oranje, weil Wesley Sneijder einen Fehler machte. Mitten in einer Länderspiel-Periode verließ er die Mannschaft, um den Geburtstag seiner Frau zu feiern, und das, obwohl er nicht einmal fit war.

Robin war zusammen mit Arjen der beste Fußballer in meinem Aufgebot, auch derjenige, der am kreativsten war, ohne sich groß anzustrengen. Robin war Piet Keizer und Arjen war Johan Cruyff. Robin machte unglaubliche Bewegungen, genauso wie früher Keizer, während sie doch langsamer waren als die Bewegungen von Cruyff oder Robben. Sie erkannten ihre Möglichkeiten im Raum mit einem einzigen Blick. Johan und Arjen bewegten sich mehr, um die Räume zu finden, wobei Johan mehr Spielübersicht hatte als Arjen.

Sehr wenige Spieler haben eine so tolle Technik wie van Persie. Sehr wenige Spieler schafften es, bei Chancen so zu Toren zu kommen wie Robin. Das resultierte auch daraus, dass er kein intuitiver Spieler war. Robben war das. Robin war intelligent, sprach so clever über das Spiel an sich. Deshalb wurde er mein Mannschaftsführer. Und auch deshalb, um ihn weiter vorwärts zu bringen.

Mit Arjen Robben habe ich viel gestritten. Wenn er außen spielte, erhielt er auch viele defensive Aufgabe. Er musste bei Bayern so spielen und bei Oranje anfangs auch. Aber bei der WM durfte er zusammen mit Robin in die Sturmspitze, dort stand er meist zwei eher unbeweglichen Klötzen gegenüber. So hatte ich sowohl Robin wie auch Arjen erlöst, und wir profitierten von beiden. Daran kann man sehen, wie flexibel ich als Trainer sein kann, wenn es ums Mannschaftsinteresse geht."

Arjen Robben

Aneinander geraten, verflucht, aber ein Band fürs Leben

Viele haben es inzwischen wohl schon vergessen, aber schon 2001 spielte Arjen Robben eine WM unter Bondscoach van Gaal. Eine Junioren-WM in Argentinien mit Talenten wie Rafael van der Vaart, Theo Janssen, Klaas-Jan Huntelaar, Santi Kolk, Civard Spockel – und der schnelle Kerl aus Bedum bei Groningen, Arjen Robben. „So jung wie ich war, machte es auf mich einen großen Eindruck, dass so ein bedeutender Trainer mit uns zusammen arbeitete. Seine Persönlichkeit, seine Präsenz, das berührte mich. Nicht nur wir, nein, der gesamte Betreuerstab stand stramm. Alles wurde professionell, wir gingen ins Trainingscamp in Hoenderloo, das war ich nicht gewohnt. Ich lernte, was es bedeutet, wenn ein Trainer wirklich viel einfordert; dass es ein absolutes *muss* ist, diszipliniert für deinen Sport zu leben. Manche konnten damit kaum umgehen, ich fand es großartig. Ich war immer ein

Anhänger von Disziplin. Weil er in allem extremer war, in allen Details professioneller, bemerkte ich, dass ich mich der absoluten Spitze näherte. Ein schönes Gefühl."

Robben hat es noch vor Augen, wie es alles endete. „Wir mussten nach dem Turnier in zwei Gruppen zurückfliegen. Van Gaal flog mit der zweiten Gruppe, ich saß in der ersten Gruppe mit nur zwei Mitgliedern des Betreuerstabes, zwei Physiotherapeuten. Es war wie eine Klassenfahrt, von uns fiel eine enorme Belastung herab. Endlich mal kurz kein Trainer! Eben mal nicht: Krawatte schief, falsche Polo-Shirt-Farbe, Schnürsenkel offen? Pommes, Hamburger, Fete! Das sagt viel!"

Es war alles zu viel? Robben: „Es war anstrengend und intensiv, aber es war eine gute Schule. Weil er so sehr auf alle Einzelheiten achtete, waren wir komplett fokussiert. Wenn man von der übernächsten Qualitätsstufe spricht, dann spricht man über Louis."

Am 27. August 2009 machte Robben den Schritt von Real Madrid zu den Bayern von Louis van Gaal. „Die beste Entscheidung meiner Laufbahn. Bayern spielte damals schon lange keine Rolle mehr in Europa, für mich war es eigentlich ein Schritt zurück, ich kam von Real. Dann fing Louis damit an, wie er es sah, welche Rolle er für mich in seinen Gedanken vorgesehen hatte: dass er mich wirklich gern in seiner Mannschaft haben wollte und das er wirklich daran glaubte, wir könnten etwas Schönes schaffen. Schließlich war ich auch überzeugt und beschloss für mich, alles dafür zu geben. Im ersten Jahr fühlte ich mich so großartig, alles lief wie am Schnürchen.

Das erste Spiel bei Bayern fing gleich gut an. Ich wurde zur Pause gegen Wolfsburg eingewechselt und traf gleich zweimal. Das Jahr lief so weiter, das eine Top-Spiel nach dem anderen. Bei Chelsea und Real hatte ich auch einige gute Perioden und Titel gewonnen, aber hier sah ich mich auf dem Weg zur absoluten Spitze, weil ich nun wirklich ein spielbestimmender Spieler wurde. Dafür bin ich van Gaal sehr dankbar. Auch wenn man es letztendlich alles selbst tun muss, er gab mir Verantwortung. Bei Freistößen, Elfmetern, van Gaal sagte nur: ‚Robben.' Zum ersten Mal empfand ich echtes Vertrauen und das ist für einen Fußballer sehr gut."

Der große Unterschied zum Robben von früher: er schien viel fitter in dieser Zeit. „Ich hatte auch unter Louis meine Verletzungen, aber durch die Trainingsintensität und das großartige Team drumherum konnte ich physisch immer meine Balance finden. Wir arbeiteten hart unter ihm, aber immer fußballbezogen, viel mit dem Ball, viele Positionsspielchen. Das machte mich richtig fit. Ich war jemand, der immer hundert Prozent gab – und das war meine Stärke, dadurch kam es zu dieser Fußball-Laufbahn, die ich hatte; aber es kann auch zu einer Falle werden, wenn man alles mit Explosivität macht. Bei Louis fand das meiste mehr unter dem Aspekt Intensität statt. Alles musste gut sein. Zum Beispiel auch so etwas wie ein Warming-Up vor einem Spiel und vor dem Training. Ich habe Trainer erlebt, bei denen es viel lockerer zuging, ja, wir mussten uns aufwärmen, aber das fand viel entspannter statt. Bei Louis hatte alles einen Grund, lief alles mit voller Überzeugung und Leidenschaft. Dann möchte man es als Spieler auch gut machen."

Es war der Interimscoach Juande Ramos, der Robben bei Real Madrid als Linksfuß auf Rechtsaußen setzte. Eine Entdeckung. „Bei Real begann ich auf der linken Seite, als ich aber auf die rechte wechselte, funktionierte es auf einmal. Louis sah das, das war genau das, was er brauchte. Ribéry von links, ich von rechts, das war seine Idealvorstellung. Durch häufiges Üben und Spielen bekam ich ein Gefühl für diese Position, dieses nach innen ziehen und dann der Schuss. Van Gaal ließ oft elf gegen elf trainieren oder auch *trocken*: Spielsystem-Übungen. Auf diese Art entwickelte sich bei Bayern ein anderer Fußball. Die Leute wussten nicht, was sie sahen. Dieses Spiel hat er entwickelt, indem er fortwährend darauf bestand – bis es funktionierte. Louis hat den Klub zum Guten hin verändert. Obwohl er nur sehr kurz dagewesen ist, hat er dort wirklich etwas aufgebaut. Innerhalb des FC Bayern haben viele Leute es toll gewunden, mit ihm zu arbeiten. Jeder mochte die Klarheit, jeder wusste, woran er war."

Robben setzt die Lobeshymnen fort: „Das Schönste ist, dass Louis er selbst geblieben ist. Das ist in der Fußballwelt einzigartig. Er schauspielert nie, er ist wirklich Mensch. Das habe ich an ihm so geschätzt. Er sagte: ‚Es schmerzt mich, die Jungs zu enttäuschen.' Das glaube ich. Ich hatte auch Diskussionen mit ihm. Enorm viele. Aber das Schöne: Er sagt seine Meinung und steht auch voll dahinter. Keine Schauspielerei. Und wenn man anderer Meinung ist, muss man gute Argumente haben. Da hört er sehr aufmerksam zu. Man musste es aber überzeugend gestalten, um seine Meinung zu ändern."

Jahre später waren sie wieder zusammen. Van Gaal und Robben, jetzt bei Oranje. „Er fragte mich: ‚Wie siehst du das, Arjen, was meinst du? Mein Plan ist, im 1-5-3-2 zu spielen.‘ Ich sagte: ;Ein guter Plan.‘ Dann haben wir miteinander darüber diskutiert, wie das am besten auszufüllen war. Ihm bedeuteten die Führungsspieler, Robin, Kevin Strootman und ich, sehr viel, und als Kevin ausfiel, sollte Dirk Kuyt das unterstützten. Er teilte uns immer ein.“

Van Gaal würde später sagen, dass er es Robben und van Persie angenehm gemacht hätte. Der zuerst Genannte: „Die Leute sehen mich als Außenstürmer, aber in erster Linie war ich Angreifer. Ich habe oft in der Spitze gespielt; auch unter Pep Guardiola habe ich viel in der Mitte gespielt. Das habe ich immer sehr genossen, in der etwas freieren Rolle konnte ich mich mehr bewegen.“

Während der WM war Robben nicht zu stoppen. Unglaublich gut. „Ich fühlte mich wie ein Kind auf dem Spielplatz. Ich musste auch weniger verteidigen, wurde so meine ganze Kraft und Energie im Angriff los.“

Trotz der großartigen Ergebnisse hatte der Trainer einiges anzumerken. Robben: „Zurecht. Wir spielten sehr kompakt, standen sehr gut, das lief fantastisch. Aber im Ballbesitz hatten wir Probleme. Das sagte van Gaal nach den Spielen auch immer: Es tut mir Leid, aber es war schon wieder nicht gut. Mittelmäßig.“ Danach erzählte er auch gleich, wie wir spielten, wenn der Gegner im Ballbesitz war: ‚Unglaublich!‘ Das fand er einfach klasse.“

Das Land stand kopf, aber die Hauptdarsteller sahen es als verpasste Chance. Robben: „Absolut. Ich habe auch im Verein gegenüber den deutschen Nationalspielern gesagt: , Ich hätte uns im Finale gern gesehen.' Wir waren so dicht dran. Gegen Deutschland hätten wir eine gute Chance gehabt. Aber: Hätte, hätte, Fahrradkette – wir werden es nie wissen.“

Da van Gaal jetzt aufgehört hat: Wem gehört sein Erbe? „Pep und Louis haben viele Gemeinsamkeiten, besessen sind sie beide. In der Sicht aufs Spiel, Liebhaber des offensiven Fußballs, dem Ballbesitz-Fußball. Im Letztgenannten stecken die meisten Übereinstimmungen, das ist ihre DNA. Sie sind darin weiter und spezieller als andere Trainer. Sie legen viel Wert auf den Ballbesitz im Spiel, damit befassen sie sich zum größten Teil in ihren Besprechungen, darauf werden die Akzente gelegt. Welche Positionen muss man einnehmen? Es war nie dasselbe.

Ich nahm von jedem Trainer etwas mit. Jeder hatte seine eigene Vision, legte den Nachdruck auf etwas anderes. Aber wenn man wirklich über die Holländische Schule spricht: Pep und Louis. Dieses Dominieren. Louis ärgerte sich zu Tode, wenn der Gegner besser war. Damals gegen Frankreich, das schmerzte richtig. Es endete nur 0:2, aber es fühlte sich wie Riesenschlappe an. Es passte nicht zu seinem Wunsch, der Chef zu sein. Verlieren, wenn man die bessere Mannschaft ist, mehr Chancen kreiert hat? Dann kam er wieder mit seinen Statistiken: seht mal, Jungs, wir spielen wirklich besser. Dann konnte er seine Idee rüber bringen. Aber wenn man chancenlos verliert, was soll man dann noch sagen?“

Erkennt Robben die Handschrift von van Gaal noch irgendwo im heutigen Fußball? „Bei *seinen* Mannschaften wird noch immer sehr schön und präzise gespielt. Ein guter Aufbau und offensiv denken. Die Vereine, die er trainiert hat, machen es immer noch so. Seine Entscheidungen sind oft bestimmend gewesen, er hat immer Klubs übernommen, die offensiv spielen wollten; es muss klicken zwischen den Ideen des Trainers und des Vereins. Es kommt nicht von ungefähr, dass er nie in Italien gearbeitet hat. Der Grund wird wohl nicht nur allein die Sprachbarriere gewesen sein . . .“

War die Verbindung ‚Robben & van Gaal‘ nur auf Rosen gebettet und eitel Sonnenschein? „Ich hatte Trainingseinheiten, bei denen ich ihn verflucht habe. Alles, was er tut, ist so intensiv – und wenn man als Spieler etwas älter wird, bekommt man das nicht immer hin. Dann darf es ruhig zwischendurch ruhig etwas entspannter zugehen und nicht immer nur diszipliniert. Also habe ich geflucht, bin mit ihm auch zusammen gestoßen, wir hatten Streit – aber immer mit Respekt.“

Die Krönung ihrer guten Verbindung war die Ansprache von van Gaal während der Fußball-Gala 2019. Robben und van Persie wurden neun Minuten lang in den höchsten Tönen gelobt. „Ich kenne ihn gut. Einige Leute werden sagen: ‚Was für ein Verrückter.‘ Diese Menschen magst du immer. Nun, ja. Ich fand es schön und so typisch. Ich habe mit ihm schöne Dinge erlebt, er ist sehr wichtig für mich gewesen. Dafür werde ich alle Zeiten dankbar sein. Als Mensch schätze ich ihn ganz besonders. Er schaut tiefer hinein, so wie er das mal schön beschrieb, das Totale-Mensch-Prinzip. Immer heißt es: wie geht es dir, wie sieht es zu Hause aus, Familie, Freunde und Verwandte? Meine Frau kennt ihn gut, diese Verbindung ist einfach da.

Wenn eine Berufsbeziehung in eine freundschaftliche mündet, ist es doch das Wertvollste, was es gibt. Ich werde unsere Beziehung immer zu würdigen wissen.“

11

FA-Cup mit Manchester United:

Das letzte Meisterstück

Die Weltmeisterschaft war gerade vorbei, da packten Louis und Truus van Gaal schon wieder ihre Koffer. Es war eine Endstation gefunden worden. Der größte Verein in England, dort sollte die fast dreißig Jahre dauernde Reise durch den Weltfußball enden. Zuerst also noch drei Jahre etwas aufbauen und umsetzen, danach: Zeit für Truus. Für den Sommer 2017 war ein glückliches Ende geplant.

Manchester United war schon viele Jahre lang der größte Klub der Welt, mit den meisten Fans und sehr reichen Eigentümern: die amerikanische Familie Glazer.

Und während andere Vereine fast so etwas wie ein Friedhof für Trainer waren, war und blieb Sir Alex Ferguson von 1986 bis 2013 der immer Kaugummi kauende Architekt der *Reds*. Ferguson erlebte eine lange Periode voller Erfolge, aber nach dem Abschied von Sir Alex stand dort eine alte, zerbröckelnde Gruppe. David Moyes zerbrach sich seinen Kopf und der Ruf nach einem Trainer von Weltklasse war unüberhörbar. Und darum schnappte Manchester im letzten Moment Louis van Gaal Tottenham Hotspur als Trainer vor der Nase weg.

Van Gaal dachte, es begriffen zu haben, dass das Beste nicht gut genug für die Familie Glazer war, aber er bemerkte gleich, dass Manchester United viel weniger ein Fußballklub als Barcelona oder Bayern. Die kommerziellen Interessen drängten alles auf die Seite, und so befand er sich lange in den USA für Trainingsspiele. Wieder zurück in England wartete gleich das erste Spiel der Saison gegen Swansea auf die Mannschaft. Es wurde, wie die BBC das nett beschrieb, eine sowohl schockierende wie auch historische Heimniederlage und das, obwohl van Gaal mit stehendem Applaus beim Betreten des Spielfeldes empfangen worden war. Die Fans erwarteten Wunderdinge von ihm, aber sahen, wie United einen sehr müden Eindruck machte. Van Gaal beschrieb neunzig Minuten lang seinen Block, zum Erstaunen der britischen Medien, die gern etwas mehr an Emotionen gesehen hätten; aber der Trainer wusste, warum seine Mannschaft nicht glänzen konnte. Die Reise nach Amerika hatten ihren Tribut gefordert.

Van Gaal hatte sich entschieden, Wayne Rooney als Nachfolger des inzwischen weggegangenen Nemanja Vidic zu seinem Mannschaftskapitän zu machen. Später erklärte van Gaal seine Wahl auf der Basis des Totale-Mensch-Prinzips. Gegenüber dem *Guardian* sagte er: „Man konnte nichts gegen Rooneys Professionalität auf dem Platz sagen. Aber sein Verhalten außerhalb des Stadions war eine andere Geschichte. Ich machte Rooney zu meinem Spielführer, um genau dies zu kontrollieren. Aber es ist uns nicht vollständig gelungen."

Was auch nicht glückte – obwohl doch so viele Millionen ausgegeben waren: die Spieler zu holen, die an Nummer eins, zwei und drei auf van Gaals Wunschliste standen. Van Gaal im *Guardian*: „Ich glaubte, dass Manchester so finanzstark war, um jeden Spieler auf der Welt kaufen zu können. Aber es stellte sich schnell heraus, dass einige Spieler nicht zu kriegen waren. Ich fand das unbegreiflich, aber es war so. Ángel di Maria hatte ich schon sieben Jahre zuvor bei AZ Alkmaar holen wollen. Als er zu Manchester kam, war ich zufrieden, denn er war ein kreativer, guter

Spieler. Aber auf meiner Wunschliste standen andere ganz obenan. Doch habe ich schließlich di Maria und Memphis Depay holen lassen, weil man eben kreative Spieler nötig hat, wenn man offensiv gegen Mannschaften agieren will, die den Bus im Strafraum parken."

Liverpool, Manchester City, Tottenham, Arsenal und Chelsea hatten bessere Spieler. Moyes war in der enttäuschenden Saison zwischen Ferguson und van Gaal Siebter geworden, wieviel Fortschritt war eigentlich möglich? Zudem war das Spieleraufgebot alt, sodass van Gaal schnell junge Spieler zum Einsatz bringen wollte und mit Jungen wie Luke Shaw, Andreas Pereira, Paddy McNair, Tyler Blackett, Jesse Lingard und eine Saison später Antony Martial, Marcus Rashford, Memphis Depay, Timothy Fosu-Mensah, Cameron Borthwick-Jackson und Axel Tuanzebe loslegte.

Wayne Rooney war bereits über seinem Zenit, aber immer noch einer der Besten. David de Gea war ein großartiger Torwart, Luke Shaw und Ander Herrera spielten überdurchschnittlich, Daley Blind entwickelte sich zu einem der beständigsten Spieler, und Juan Mata brachte die notwendige Kreativität mit, aber in der extrem schweren Premier League mit all den Spielen und einer Kultur, in der Trainingseinheiten nicht allzu intensiv sein durften, schaffte van Gaal es nicht, ein siegreiches Team, das top-fit war und spektakulären Fußball zelebrierte, zusammen zu stellen. Der vierte Platz war dafür prima. Faktisch das Bestmögliche.

Es fehlte der Mannschaft die Klasse, Bollwerk-Abwehrreihen auseinander zu spielen. In den Spitzenspielen sah man schon oft den schönen Fußball. Van Gaal empfand es als logisch. Die Spitzenmannschaften mauerten sich nicht ein, dadurch hatte United mit den schnellen Leuten vorn mehr Chancen. Die Mitglieder der Familie Glazer, die nur zu Spitzenspielen aus New York eingeflogen kam und vor allem über den Vize-Präsidenten Ed Woodward mit van Gaal kommunizierten, rieben sich die Hände. Schließlich wurde mit schönem Fußball gegen Liverpool, Tottenham und den Stadtrivalen City gewonnen, die Zielstellung Champions League ging auf, nach der ersten Saison konnte man nicht von Panik sprechen. Van Gaal war ein energischer Manager, der mit seinem handverlesenen Betreuerstab in jeder Hinsicht etwas zuwege gebrachte hatte und mit seinen öffentlichen Auftritten die Herzen der Menschen gewinnen konnte. Das ‚Hello! Hello! Achten Sie auf den Manager!' bei der Manchester-United-Gala, Mai 2015, wurde weltweit publiziert. Man langweilte sich nie mit diesem Mann und in England mochte man ein bisschen Theater.

Manchester begann die neue Saison ordentlich, aber die Mannschaft hat eine anstrengende Sommer-Reise in die USA hinter sich. Ermüdungserscheinungen und Verletzungen machten dem Team zu schaffen. Im Winter kam es zu einer Explosion. In der Gruppenphase der Champions League waren Wolfsburg und PSV zu stark, am letzten Spieltag ging es komplett daneben. Ebenfalls in der 85. Spielminute erzielte Wolfsburg gegen das 3:2 gegen Manchester United – und machte Davy Pröpper (PSV) das 2:1 gegen ZSKA Moskau. Wolfsburg und PSV weiter, das große Manchester musste in die Europa League: was für eine Sensation!

Nach der Ernüchterung in Wolfsburg verlor United dreimal hintereinander: in der Englischen Woche vor Weihnachten holten sich Bournemouth, Norwich City und Stoke City alle Punkte gegen die am Boden zerstörten *Reds*, sodass Manchester nun im Titelkampf absolut chancenlos war und nur auf Platz sechs stand.

Van Gaal begriff es. Das war sein Ende. Viermal hintereinander verlieren, das geht einfach nicht im Top-Fußball. Er ging zum Vize-Vorsitzenden Ed Woodward, aber der sagte: ‚Keine Sorge, ich vertraue auf dich. Dich werde ich nie entlassen und was die Zeitungen betrifft: Lies die einfach nicht mehr.'

Danach hörte es nicht mehr auf. José Mourinho hatte in diesen Tag keinen Vertrag und wurde deshalb tagein tagaus als Nachfolger von Louis van Gaal genannt, jeder – bis auf Woodward – wusste zu erzählen, dass der holländische Trainer fliegen würde. In dieser Atmosphäre von Unruhe und Nackenschlägen bekam van Gaal es nicht mehr auf die Reihe, Manchester unter die ersten Drei zu lotsen. Im Achtelfinale der Euopa League verlor er gegen den Erzrivalen Liverpool, nur die Aussicht auf den FA-Cup blieb, die letzte Chance auf einen Titel. Wenn das gelänge, wäre van Gaal neben José Mourinho der einzige Trainer, der in vier verschiedenen Länder den nationalen Pokal gewonnen hätte.

Aber selbst das schien ihm durch die Finger zu rutschen. Im Finale gegen Chrystal Palace erhielt Chris Smalling die Rote Karte. Aber mit zehn gegen elf gelang es den Mancunians doch noch, van Gaal einmal glänzen zu sehen. Es wurde ein 2:1 und für van Gaal war es der schönste Titel, geholt allen Widerständen zum Trotz. Nur kam das ‚Zeit für Truus' ein Jahr zu früh. Während die Familie Glazer noch in der Kabine mit der Mannschaft feierte, fiel kurz danach für van Gaal der Vorhang. Van Gaal war entlassen. Sein Nachfolger wurde, nicht überraschend, José Mourinho.

Gegenüber dem *Guardian* erzählte van Gaal, wie schwierig es gewesen sein, dass die Mannschaft sich in beiden Jahren im Sommer in Amerika vorbereiten musste, wie abgeschlafft die Spieler von dieser Reise zurück kehrten, sodass dadurch der Blick aufs Scouting und die Ausbildung von jungen Spielern unzureichend war, dass es dadurch schwierig war, die Jugend ins Aufgebot aufzunehmen. Die Balance zwischen der Sorge für den Fußball und dem Kommerz war nie gut, so machte van Gaal das mit, was er noch nie mitgemacht hatte. Und tatsächlich hatte er es auch kommen sehen. Bei seiner Verpflichtung wurde weder über das System gesprochen, in dem Manchester spielte, noch über die Philosophie. Einen größeren Kontrast zu seinen früheren Engagements konnte es nicht geben. Nichtsdestotrotz sagte van Gaal, als der *Guardian* ihn fragte, ob er dieses Abenteuer bedauere: „Nein. Die Art und Weise, wie ich entlassen wurde, war schrecklich. Aber ich habe meine Zeit in England genossen, wegen der Kultur, der Menschen, wegen des Humors und der Art, wie man mich immer unterstützt habe."

Also wieder: die Menschen. Die im Chor sangen *„second time"*, als man ihn als TV-Kommentator im Stadion wahrnahm, etwa ein Jahr nach seiner Entlassung. Das berührt einen van Gaal. Die Zuneigung und Dankbarkeit der Menschen. „Mein schönster Augenblick im Fußball spielte sich nicht auf dem Platz ab. Es war auf den Grachten von Amsterdam. Nach dem Gewinn der Champions League. Das war fantastisch. Mehr als eine Million Menschen am Rand der Grachten, alte Leute im Fenster. Wirklich: fantastisch."

Manchester United, aufgeschrieben LvG

„Ich habe mit Tottenham Hotspur über die Zeit nach der WM in Brasilien gesprochen. Tottenham wartete mit der Konkretisierung des Vertrags, und in der Zwischenzeit kam Manchester United. Tottenham hatte ein besseres Aufgebot, einen besseren Trainingskomplex, bessere Trainingsmöglichkeiten. Trotzdem entschied ich mich für die Nummer eins. Ajax, Barcelona, Bayern, Manchester United. Ich entschied mich aus Ehrgeiz, nicht aufgrund des Verstandes.

In England habe ich mich gewundert. Bei Manchester hatte man es nicht gut aufeinander abgestimmt. Unser Geschäftsführer arbeitete in London. Natürlich kann man dann über die moderne Technik den Kontakt halten, aber bei meinen vorherigen Vereinen kam ich den Verantwortlichen ganz normal auf dem Flur entgegen, der Kontakt stellte sich ganz automatisch her. Nie geschlossene Türen.

Bei Manchester hatten sie auf den Trainingsplätzen kein Flutlicht. Und um vier Uhr war es dann doch sehr häufig schon dunkel. ‚Mister, was ist denn das Problem?' Nun ja, dass ich manchmal zweimal am Tag trainieren wollte. Also habe ich Flutlicht anlegen lassen. Die Spielfelder sahen nicht allzu gut aus. Ich habe dort Strukturen angelegt. Sie hatten dort auch kein GPS, ich konnte also nicht alles messen. Und messen ist wissen, man benötigt Daten, um alles interpretieren zu können. Die Räumlichkeiten von Manchester United waren unübertroffen, wir hatten eine Performance (Leistungs)abteilung von an die 30 Leuten, wir hatten dort schöne Gerätschaften, eine großartige Küche mit einem Koch, Mike, Mann, was konnte der gut kochen. Aber dieser fantastische Koch bereitete nicht wirklich Sportler-Mahlzeiten zu, weil dort der gesamte Verein zum Essen kam . . .

Ich habe dort damals sehr viel verändert. Meinen Sport-Physiologen Jos van Dijk habe ich an die Spitze des Betreuerstabes gesetzt, ich habe mit delegierten Verantwortlichkeiten gearbeitet. Jos und mein Doktor waren meine Augen. Die berichteten. Ich habe Mike, unserem großartigen Koch, gesagt, er müsse sein Mahlzeiten individualisieren. Ich habe GPS angelegt und habe mehr trainieren lassen. Das war man in England nicht gewohnt, zweimal Training am Tag."

„Anfangs gab es keine Probleme. Ich kam gerade von der WM, hatte großen Erfolg und erklärte, dass wir mit den Spielern, die dort waren, 1-3-4-3 spielen konnten; wir trainierten das erfolgreich, wir gewannen mit hohen Resultaten, und auch das erste Trainingsspiel in England ging gut: 1:0 gegen Valencia. Aber ich erkannte wohl, dass wir nicht so gut vorn verteidigten, und schließlich hatten wir auf einer einzigen Position Verletzungen. Von den drei ausgewiesenen Innenverteidigern, Jones, Evans und Smalling, fielen zwei aus, sodass ich Daley Blind mehrere Male zentral einsetzen musste; ich konnte also nicht mehr 1-3-4-3 spielen, und für ein 1-4-3-3 hatte ich eigentlich keine Außenstürmer.

Das Problem war, dass die Spieler die Trainingsintensität nicht gewohnt waren und sich dadurch verletzten. Das war ein großes Dilemma, weil man eine bestimmte Fitness benötigt, um in meinem System, mit viel Druck nach vorn, zu spielen. Meine Verteidiger laufen echt 90 Minuten in einem Spiel. Man kann im Nachhinein sagen, dass es meine Fehleinschätzung oder die des Physiologen war, sodass so viele Verletzungen vorkamen. Aber ähnlich wie in Barcelona traf ich auf eine Spielergruppe, von denen viele schon älter als dreißig und über ihrem Zenit waren. Darum musste ich junge Spieler ins Aufgebot holen. Ich bekam prompt die Schuld dafür, dass Spieler wie Évra, Vidic, Ferdinand und Giggs gingen oder aufhörten.

Ich sagte: ‚Ihr habt mich geholt, weil ihr meiner Philosophie zustimmt. Weil ich Erfolg mit dieser Vision hatte. Und man muss doch mal sehen, wie alt diese Mannschaft ist! Und noch etwas: Wir haben 35 Spieler! Wie kann man daraus eine Mannschaft formen. In Kürze sitzen 15 auf der Bank.‘ Ich habe ihnen erklärt, wie ich arbeite, dass ich beim taktischen Training jedes Mal vor einem Spiel mit elf gegen elf spielen will, dass ich mindestens drei Spieler aus der Jugend dabei haben will, dass ältere Spieler so agieren wie sie immer schon agiert haben . . .

Sie entschieden sich für mich. Aber nicht für die zwei Jahre, die ich machen wollte. Meine Mutter hatte mir gesagt: ‚Die 65 schaffst du in der Fußballwelt nicht.‘ Darum wollte ich für zwei Jahre zu Manchester und dann aufhören. Aber der Verein bestand darauf: ‚Nein, nein, es muss eine so große Veränderung geben, unterschreib‘ für drei Jahre, diese Zeit haben wir wirklich nötig.‘ Okay. Drei Jahre. Ich musste also zu Truus und mich erklären. Die dachte dann auch: ‚Er wollte doch aufhören, wenn er 65 ist? Und jetzt drei Jahre?‘

Anfangs ging es besser und schneller als ich gehofft und gedacht hatte. Und im November der zweiten Saison waren wir Zweiter in der Meisterschaft, waren in der Champions League und im FA-Cup noch dabei. Dann gab es wieder eine Verletzungswelle. Noch mal: Da könnte man mir die Schuld geben. Ich hätte es besser aufbauen müssen. Aber wir mussten auch so viele Spiele bestreiten, nicht normal. Das Ausscheiden im Europa-Pokal: ein Nackenschlag. Ich musste damals mit fünf jungen Spielern in der Startelf weitermachen. Die Medien schrieben bereits Mourinho herbei.

Ich ging zum Vize-Präsidenten Woodward und war ehrlich: ‚Ich kann mir vorstellen, dass du mich jetzt entlässt. Vier Spiele hintereinander bei Manchester United verlieren, das darf nicht sein.‘ Er sagte: ‚Nein, nein, keine Sorge.‘ Im Nachhinein kam heraus, dass Mourinho es ganz einfach noch nicht machen wollte.

Das ist nicht einfach, täglich mit denselben Nachrichten konfrontiert zu werden: er wird entlassen. Spieler lasen das auch. Dann muss man schon verrückt sein, um erfolgreich zu agieren. Und wenn man dann doch noch Fünfter wird und den FA-Cup gewinnt, glaube ich, dass es eine unglaubliche Leistung ist.“

„Ich spürte nach unserem Gespräch überhaupt nicht, dass sie den Plan hatten, mich zu entlassen. Woodward war so wie immer, wir hatten regelmäßig Kontakt, auch darüber welche Spieler wir verpflichten wollten, welche nicht. Alles gelogen. Es passte ihm überhaupt nicht, dass wir den FA-Cup gewannen, aber die Spieler sind allen Gerüchten und Geräuschen im Hintergrund zum Trotz bis zum Schluss mit mir gegangen. Ich lag so unendlich lange unter der Guillotine. Und wie sind Spieler im Allgemeinen? Die nutzen dich aus, weil sie wissen: der geht doch. Katastrophal für einen Coach wie mich, für die Disziplin und das Einhalten von Regeln.

Ich laufe nicht weg. Ich gehe erst dann, wenn ich das Gefüh lhabe, dass ich die Spieler nicht mehr erreiche. Solange ich glaube, dass Spieler mit mir an einem Strang ziehen, dass ich eine gute Beziehung zu ihnen habe, so lange bleibe ich. Bei Manchester gelang es mir immer noch, auch wenn die Widerstände sehr groß waren. Es war eine komische Situation; Spieler wurden duch die Medien und ihre Umgebung beeinflusst, aber die Spieler und meine Assistenten brachten mir eine große Akzeptanz entgegen. Auch wohl deshalb, weil ich mein Verhalten gegenüber ihnen verändert hatte. Das muss ein Coach auch können.

Woodward wurde immer ruhiger, ich machte weiter mit dem, was wir abgesprochen hatten: eine Veränderung. Von der Jugendausbildung her denken, Chancen geben, junge Leute einsetzen, vom Prinzip *Der Totale Mensch* her arbeiten. Ein System, das für die Spieler passt. Ich spielte mit Lingard und Rashford, nicht weil, wie Mourinho sagte, ich keine anderen Spieler hatte, sondern weil ich diese Notwendigkeit selbst geschaffen hatte, aufgrund einer Philosophie. Weil ich glaube, dass die Hierarchie innerhalb einer Mannschaft sich jedes Jahr verändern muss. Das ist ein unglaublich wichtiger Punkt in Sachen Teambuilding. Man muss immer ein neues Spannungsfeld in der Kabine schaffen, zwischen den Spielern untereinander und zwischen den Spielern und mir."

„Leute fragten mich oft: Und Ferguson, der war doch verrückt nach dir? Ferguson und David Gill saßen zwar in der Vorstandsetage, aber die Entscheidungen traf Woodward. Ich musste dem Vorstand jede Woche Bericht erstatten, aber ich bemerkte sehr schnell, dass diese Männer keinen Einfluss hatten. Woodward war ein ehemaliger Banker. Die Familie Glazer war dessen Kunde. Die haben ihn doch bei Manchester installiert und ganz ehrlich: Er hat daraus einen erfolgreichen kommerziellen Klub gemacht. Gescheit. Aber Bayern München ist da doch mehr ein Fußballverein. Bei Bayern ist alles besser ausbalanciert. Manchester United muss alle Nase lang zum ungünstigsten Zeitpunkt in die USA oder nach China. Das ist nicht gut für eine Mannschaft. Man erreicht die Fitness durch Trainieren und Spielen, nicht durch Reisen. Das ist die falsche Art, mit Spielern umzugehen.

In den sozialen Medien gab es viele Gerüchte über die Verletzungen. Ich würde das niemals machen. Alle Anmerkungen über unsere Fitness und über die Verletzungen haben geschadet, sie stammten aus dritter Hand. Auch hier muss man immer damit rechnen, dass Fußball eine Lügenwelt ist und dass es kulturelle Unterschiede gibt. In Spanien existiert ein Mix von Sport und Politik, täglich werden Infos an die Medien weitergegeben. In Deutschland kann man ganz vernünftig Führungsarbeit leisten. In England gibt es keine Privilegien, die Medien dort leben von Verrat, von ganzen und Halbwahrheiten. Sie dürfen nirgendwo dabei sei, wissen nichts richtig. Dann morsen sie den 17. Spieler einer Mannschaft an. Da sind eigentlich nicht die Medien schuld. Aber es ist ärgerlich, wenn man dann Dinge publiziert, die man aus entlegenen Quellen hat."

„Wenn man sich meine drei letzten Stationen ansieht, bemerkt man einen großen Unterschied zwischen Bayern auf der einen und Manchester und Oranje auf der anderen Seite. Bei Bayern hatte ich qualitativ gute Spieler. Dann kann man besseren, schönen Fußball zeigen. Bei Oranje und Manchester war mehr mein taktisches Vermögen gefragt, weil die Qualität weniger gut war. Dann muss man Lösungen finden.

Bei Manchester sagte man uns nach, dass wir *boaring*, langweiligen Fußball spielten. Aber wenn man konstant in der Hälfte des Gegners agiert und man besitzt weder die kreativen Fertigkeiten noch die taktisch-technischen Möglichkeiten, mit einem Pass in die Tiefe die Verteidigungslinien zu umspielen, wird es schwer Fußball zu spielen. Nach mir hieß die Devise, den Bus im Strafraum parken und kontern. Wenn man das dann für schönen Fußball hält . . . Das Mauern ist die neueste Entwicklung im Fußball. Schon eine ganze Zeit lang. Vor dem Hintergrund einer Philosophie fällt es mir schwer dies zu sagen, aber ich halte es für eine gute Entwicklung. Teams lassen sich nicht mehr so einfach vorführen, auch nicht in den Niederlanden. Das ist dann schon wieder zu loben."

„Bei Manchester musste ich einen Sanierungsprozess einleiten. Die Zeit war mir nicht vergönnt. Wie man sich von mir verabschiedete, das verdiente nicht den Schönheitspreis. Das hat mich lange Zeit krank gemacht. Das Schlimmste, was es gibt: Menschen reinlegen. Man arbeitet sehr hart und vertraut miteinander und dann kommt auf einmal heraus, dass deine Entlassung schon sechs Monate lang vorbereitet wurde. In der gesamten Zeit stand es in den Zeitungen, ich ging also zu meinem Geschäftsführer: ‚Was bedeutet das alles?' Niemals habe ich eine ehrliche Antwort erhalten. Ich habe sechs Monate lang mit meinem Kopf in der Schlinge am Galgen gearbeitet. Und doch: Champions League knapp verpasst, aufgrund der Tordifferenz Fünfter geworden, den FA-Cup gewonnen. Das hat viel Kraft gekostet, es ist einer meiner größten Leistungen."

„Wenn man sich meine Zeit in Manchester ansieht, bemerkt man, wie unterschiedlich Wayne Rooney und Ángel di Maria auf mich reagierten. Rooney ist ein Spieler, der rational denkt und handelt, di Maria mehr intuitiv. Mit Wayne kann man sehr gut über Fußball reden, bei di Maria sind zehn Minuten schon eine Herausforderung. Auch für di Maria galt: Es war sein erstes Jahr in England, er kam aus der spanischen Kultur mit herrlich warmem Wetter ins englische Regen- und Sturmwetter. Und dann bekam er auch noch einen Trainer, der ihm so viel abverlangte. Damals wurde dann auch seine Frau zu Hause noch beraubt, das spielte alles eine Rolle.

Als Trainer und Coach hat man immer Zweifel, wenn man so einen kreativen Spieler ins Aufgebot holt. Ich gab di Maria auf allen Positionen eine Chance. Auf der Acht, auf Elf oder Sieben. Egal wo ich ihn einsetzte, er brachte es nicht. Di Maria war ein Weltstar, er kostete 80 Millionen Pfund. Der teuerste Spieler aller Zeit bei Manchester. Und er kam von Real Madrid. Aber er hatte auch eine bestimmte Persönlichkeit, wodurch er das Ganze auch nicht so managen konnte. Er ist ein sehr kreativer Spieler, so einen darf man nicht allzu sehr belasten mit allerlei Ansagen und Aufgaben, das machte ich auch nicht, aber selbst das Bisschen empfand er als zu viel. Ja, dann geht es nicht.

Manche Spieler denken, dass ich ihre Fußball-Identität verändern will. Das ist Unsinn. Ich will nicht gegen di Maria oder Depay gewinnen, ich will ihnen gerade dabei helfen, dass sie mit ihrer eigenen Fußball-Identität fürs Team mehr aus sich herausholen. Aber es ist natürlich wahr, dass ich mit intuitiveren, kreativen Spielern die meisten Probleme hatte, weil sie dieses Versuch-und-Irrtum-Gehabe an den Tag legen. Aber so einer bekam bei mir immer einen Vertrauensbonus, da konnte ich sehr weit gehen.

Sieh dir mal Hakim Ziyech bei Ajax an. Der hatte so viel Ballverlust, deshalb war er noch nie bei einem Spitzenklub untergekommen. Aber wenn man das zu viel anspricht, kriegt man am Ende einen ängstlichen Spieler. Und das will man auch nicht. So bleibt das Ganze immer ein Drahtseilakt. Man will ihnen die Freiheit geben, die zu ihrer intuitiven Spielweise passt. Ziyech habe ich mal eine 10 gegeben, die Bestnote nach dem Spiel gegen Bayern in München (1:1, 2018). Der kritische van Gaal verteilt die Bestnote 10! Auch weil er so unermüdlich für die Mannschaft arbeitete. Ziyech hatte die Balance zwischen Kreativität und Ballverlust immer besser unter Kontrolle bekommen.

Bei Manchester wollte ich gern Sadio Mané, Riyad Mahrez und N'Golo Kanté holen. Ich bekam sie nicht. Auch wollte ich gern James Milner verpflichten. Den fand ich so gut wegen seiner Multifunktionalität. Ich wollte Mats Hummels holen, nachdem wir so viele Verletzte in der Abwehr hatten. Und für vorn drin wollte ich Robert Lewandowski, und als das nicht gelang Gonzalo Higuaín. Nichts klappte.

Wenn es mit der ersten Wahl nichts wurde, kommt man an dem Punkt: es kommt so, wie es kommt, das muss man dann akzeptieren. Dann geriet der noch junge Memphis ins Blickfeld. Ich habe Depay aus den Händen von Paris Saint-Germain geholt. Er war da schon, aber ich hatte bei Oranje zu ihm einen guten Kontakt geknüpft. Ich dachte: Der kann es für mich erledigen. Aber das schien nicht so zu sein. ‚Ich habe alles ausprobiert, ich habe ihm sogar eine freie Rolle auf der Position Zehn gegeben. Aber Memphis brachte noch nicht so viel ein. Logisch, er war noch jung, es war auch sein erstes Jahr, aber wenn man trotz aller Chancen nichts im Spitzenfußball bringt, findet man sich auf der Bank oder sogar auf der Tribüne wieder. Noch einmal ganz deutlich: Es ist und bleibt ein Drahtseilakt. Stellt man die Mannschaft über den Einzelnen oder umgekehrt? Für mich ist in den taktischen Besprechungen jeder gleich. Dann ist es egal, ob du di Maria oder Depay heißt oder Shaw of Carrick. Du darfst deine Mannschaft nicht im Stich lassen. Punkt. Was ich allerdings machte, ähnlich wie mit Martens und Schaars hinter El Hamdaoui, Spieler hinter di Maria end Depay aufstellen, die ihnen alle Möglichkeiten ließen, ihre Stärken auszuspielen. Aber das Pressing in England ist so groß, da muss man dann in der Lage sein, schnell zu denken und zu handeln. Zudem wird in England nicht ganz so schnell gepfiffen. Zurzeit sieht man manchmal, wie di Maria bei Paris Saint-Germain unglaubliche Tore erzielt, aber auch viele Ballverluste hat. Ob PSG jemals die Champions League gewinnt ist für mich eine große Frage. Und ob Manchester United wieder den Weg zur Spitze findet? Solange dort der Kommerz das Sagen hat, sage ich nur einen einzigen Satz: Sieh hin, wo sie jetzt stehen."

„Ich spielte am Anfang meiner Tätigkeit bei Manchester United mit dem Gedanken, dass ich – ganz in der britischen Tradition – wirklich ein Manager sein müsste. Ich wollte, dass mein Assistent Albert Stuivenberg das Training leitete, weil er mir so ähnlich war. Ich habe mich später öfter gefragt, ob das wirklich so eine gute Entscheidung war. Wenn ich jemals noch einen Trainerjob mache, nehme ich Danny Blind mit. Und das ist möglich, denn Danny hat eine entsprechende Klausel in seinem Vertrag bei Ajax. Danny ergänzt mich viel besser.

Nichtsdestotrotz halte ich Albert für einen sehr guten Trainer. Aber ich kann mir vorstellen, dass Spieler ihn als unangenehm sahen. Er wollte sie gern besser machen und nutzte dazu viele Auswertungen und Analysen. Ich finde, dass ein Profi das aushalten muss, es ist Teil seiner Arbeit. Als Trainer muss man da die richtige Balance finde, es kann man manchmal zu viel werden. Jos van Dijk und Max Reckers meinten irgendwann: ‚Solltest du nicht selbst wieder das Training übernehmen?' Fand ich nicht, ich fand Albert sehr gut. Aber er hatte einen Fehler, wollte jede Kleinigkeit gleich angehen. Ich sah mehr das Ganze. Auch wenn die Leute sagten, dass er ein Louis II wäre, ein Klon oder ein Doppelgänger: Nein. Jeder Mensch ist einzigartig, und Albert und ich unterscheiden uns im Detail.

Man kann nicht jedes Jahr einen anderen Trainer einstellen, so wie es jetzt Manchester macht. Dann bekommt man immer wieder Veränderungen, Probleme mit dem Vertrauen der Spieler. Man braucht eine Achse mit einigen Spielern, um die es sich dreht. Als ich es übernahm, gab es die Achse von Ferguson noch. Diese Achse musste erneuert werden. Das ist ein bedeutender Augenblick, denn dann muss die Kultur und der Umgang in der Kabine neu erfunden werden. Aber wenn die Kultur sich jedes Jahr ändert, kann man diesen Prozess wahrscheinlich vergessen . . ."

Daley Blind

Immer wieder die Frage, wie es einem geht

Auf dem Trainingsgelände von Ajax *De Toekomst* (Die Zukunft) ist es um die Mittagszeit wie *one big family*, wie eine große Familie. Die zahlreiche und lärmende Jugend stellt sich ordentlich in Reihen zu zweit fürs Mittagessen auf, mittendrin ein paar Journalisten, Michael Reiziger tauscht Erinnerungen mit Dick Sintenie von der Amsterdamer Lokalzeitung *Het Parool* aus, nimmt Marc Overmars ein Mittagessen to go für Zuhause mit und dahinten winkt Daley Blind. Willkommen beim Ajax im Jahr 2019/2020.

Wie anders und um wieviel ruhiger war das doch 1995, als Vater Danny Blind noch Mannschaftskapitän von Louis van Gaals Ajax war. In der Ferne hörte man eine Straßenbahn der Linie 9, am Rande des Trainingsplatzes einige ältere Männer, eine Handvoll Zeitungsjungs, man konnte buchstäblich die entscheidenden Worte und Dialoge der Spieler verstehen und im Kopf hämmerte sich das bei Ajax bekannte hop-hop-hop-tak-tak-tak von Konditionstrainer Bobby Harms ein. Louis van Gaal konnte man porträtieren, nachdenklich daneben Danny Blind, der auf die eine oder andere Weise immer auf einem Ball saß. Blind führte dann das Wort. Van Gaal hörte zu, atmete tief ein. Es ging fast immer um eine Sache: die Taktik.

Van Gaal und Blind kannten sich schon lange, sie spielten noch zusammen bei Sparta. Da gibt es noch schöne Fotos, weil auch noch Dick Advocaat in dieser Mannschaft spielte, und der stand beim Mannschaftsfoto in der hinteren Reihe immer auf seinen Zehenspitzen, das sah dann so aus, dass er nicht so klein war. Daran erinnert sich Sohn Daley heute nicht mehr. „Ich spielte immer draußen. 1995 war ich fünf. Ich hatte zu Hause ein Video der Champions-League-Spiele von damals, und das habe ich so lange gespielt, bis es ausgeleiert war, denn wer hat heute noch einen Video-Rekorder? Später, als ich in der Jugend spielte, sah ich ihn aus der Ferne, aber ich habe Louis erst als Trainer in der niederländischen Nationalmannschaft kennen gelernt."

Vor etwa sieben Jahren. Huis ter Duin, Noordwijk. Der jugendliche Spieler klopfte an die Tür, kam herein, der Coach sah auf und sagte: „Dann erzähl' mal."

Das war's dann. „Dann erzähl' mal." Die ersten Worte, die van Gaal gegenüber Daley Blind bei Oranje formulierte. Breites Lächeln beim Spieler. „Da hatte ich wohl einen Vorteil, gebe ich zu. Mein Vater hatte mir schon geraten, das erste Gespräch verlegen zu beginnen, dass ich in das Gespräch gut vorbereitet gehen sollte. Es ist natürlich besonders wichtig, mit einem guten Satz zu beginnen, denn was muss man sagen, was will er hören. Ich war verlegen, wollte aufpassen, was er sagte. Louis gegenüber muss man überlegen, was man sagt. Ich sagte *Sie* zu ihm, so wurde ich erzogen, ich sage immer noch *Sie* zu ihm. Und während des Gesprächs knüpfte ich an das an, was mir mein Vater erzählt hatte, dass Louis ein echter Familienmensch ist, eine mitfühlende Person, dass er gern wissen wollte, wie es zu Hause geht: Vater, Mutter, Freundin. Aber ich wusste auch, dass er sehr direkt sein konnte. Darauf war ich vorbereitet."

Das Bild stimmte vollständig. „Als Trainer ist er *sehr* offen, *sehr* ehrlich, *sehr* direkt und *sehr* deutlich. Allesamt Superlative. In seinem Plan, was er will, ist alles sehr detailliert vorbereitet."

Wenn es einen Spieler gibt, der dazu gehörte, dann war es Daley Blind. „Ja, ich war wohl ein Spieler für ihn. Ich kann schnell erkennen, was er auf dem Platz vorhat. Wenn er eine Taktik vorstellt, kann ich mich darin sehr gut einfühlen. Und ich bin ein Spieler, der es gern fußballerisch löst, der viel denkt, das mag er wohl."

„Sehr schlecht!" – Die Spieler schwiegen. Der Bondscoach polterte. Das Mittagessen stand schon auf dem Tisch, aber niemand wagte es zu beginnen. Daley Blind, erst seit Kurzem bei der niederländischen Nationalmannschaft, kam sich sehr klein vor. „Louis hatte mich als linken Verteidiger im Training gegen Arjen Robben gesetzt. Arjen war so gut, so schnell, der dribbelte an allen Seiten an mir vorbei. Und das konnte nicht sein, man musste bei jedem Training alles geben. Und obwohl es Robben war und der nicht zu stoppen war, unterstrich er mit großem Nachdruck während des Mittagessens, wie schlecht ich war. Sehr schlecht! Am nächsten Tag strengte ich mich unglaublich an. Nach dem Training kam er wieder zu mir. Louis. Er hielt mich fest, stellte sich gerade vor mich hin, beinahe Kopf an Kopf, und schrie dann förmlich: ‚Du! Warst! Fan-tas-tisch!' Wenn ich das so erzähle, könnte man vielleicht denken: Das ist alles sehr einfach, glaube mir: Ich konnte das wirklich würdigen."

Die Krux war aber, so Blind: „Das ist kein Spiel von ihm. Wenn er sagt, es sei schlecht, dann war es auch schlecht. Und wenn man es gut machte, reagierte er darauf so, dass man denken konnte: Jesus, das war wirklich sehr gut. Danach konnte man gut schlafen: Ich konnte diese Direktheit immer gut ab, ich kann mit Kritik gut umgehen, aber als Mensch wächst man durch Komplimente. Der eine legte schneller den Arm auf deine Schulter, der andere war gegenüber Spielern etwas zurückhaltender. Van Gaal und mein Vater konnten gut miteinander frotzeln, durften sich alles sagen. Ich kenne die Bilder von früher, wie sie als Trainer und Spielführer zusammen saßen und miteinander quatschten. Diese Bilder waren vielsagend."

Bemerkte er eine besondere Beziehung, weil er doch der Sohn war? „Nein, nie. Und zwar nein in dem Sinne, dass ich anders gesehen wurde. Nicht strenger, aber auf jeden Fall nicht milder. Ich glaube, dass ich, als ich mit ihm zusammen arbeitete – genauso gesehen wurde wie die anderen in meiner Generation. Wir hatten als kleine Jungs mit großer Bewunderung das Ajax von 1995 gesehen. Wenn Louis sagt, dass der Fußball von heute viel schneller und besser ist, lass ich es dabei bleiben. Physisch gesehen ist es ganz sicher besser geworden und die Intensität hat sich enorm erhöht, die Anzahl der Spiele ebenfalls. Aber die Mannschaft von 1995 bestand nach meinem Gefühl komplett aus Fußballern von Weltklasse."

Im Februar 2013 war Blind in das Oranje-Team von Louis van Gaal gekommen, er debütierte beim Länderspiel gegen Italien (1:1). „Aber meiner Meinung haben die Wochen vor der WM 2014 in Brasilien die größte Wirkung gehabt. Wie er damals mit seinem Stab alles organisierte. Die ganze Zeit die Bilder, die Erklärungen, dort wuchs der Glaube daran, dass es funktionieren konnte. Hiermit, mit diesem neuen System, können wir gewinnen. Das erzählte Louis uns so, dass wir alle anfingen es zu glauben. Es war eine andauernde Wiederholung, vor allem auf visuelle Art und Weise. Wenn man jedes Mal die Bilder sieht: Wenn das passiert, dann geschieht das, dann fühlt es sich logisch an.

In mir sah Louis anfangs den Mittelfeldspieler als Ersatz für den verletzten Kevin Strootman, aber bei der WM begann ich als linker Verteidiger. Dann zog sich Bruno Martins Indi während des Spiels gegen Australien eine Kopfverletzung zu. Daraufhin fragte Louis eher unverbindlich: ‚,Kannst du auch links hinten spielen, gegen Alexis Sánchez?' Das war der gefährlichste Spieler von Chile. Die Art, wie er mich fragte, war provozierend. Was sollte ich sagen? Wenn man sagt: ‚Ich will es probieren' oder ‚Ich glaube wohl' hört sich das doch zweifelnd an. ‚Ja, das schaffe ich', habe ich gesagt. Ich war sehr fit, legte sehr viele Meter zurück, war mir meiner Aufgabe bewusst. Die anderen zentralen Abwehrspieler konnten mir vertrauen und umgekehrt. Ich spielte sehr sicher gegen Sánchez und wir gewannen 2:0. Wir wussten von einander so gut, was wir tun mussten; wenn Ron nach vorn ging, mussten wir dahinter absichern und umgekehrt, das funktionierte unglaublich gut. Wie Louis das immer in seinen Besprechungen beschrieb – genauso geschah es in den Spielen. Dann wächst das Selbstvertrauen von Tag zu Tag. Wir kassierten kaum Gegentore."

Das Trainieren der Mechanismen, das Antizipieren, das Elf-gegen-Elf-Training mit den Reservespielern in der Rolle des Gegners – alles, was gegen einen bestimmten

Gegner passieren konnte, fand in optimaler Abstimmung statt. Alle Möglichkeiten waren optimal vorbereitet. Louis hatte überall eine Antwort parat. Bis in alle Einzelheiten. Niemals würde man bei ihm denken: Warum machen wir das jetzt eigentlich? Seine absolute Stärke: Es gibt immer einen Grund."

Am 1. September 2014 folgte Daley Blind seinem Trainer von Oranje zu Manchester United. „Van Gaal hat den Fußball dorthin zurück gebracht. Es gab eine Reihe echt guter Spiele, mit gutem Positionsspiel, guten Angriffen. Aber wir erzielten zu wenig Tore. Die Offensive war sehr jung. Louis machte das, was er immer tat: abgesichertes Offensiv-Spiel. In dieser Zeit hat Manchester den besten Fußball der letzten Jahre gespielt. Auch dort ließ er Bewegungsmuster einüben. Es war derselbe Louis wie bei der niederländischen Nationalmannschaft. Ich weiß nicht, ob die Vereinsspitze ihn dabei genug unterstützt hat. Auch wenn er einige namhafte Einkäufe tätigen konnte, es war nicht in dem Maße so, wie es später bei Mourinho ging."

Dazu kommt: Ein Nationalmannschaftstrainer ist kein Vereinstrainer: „Jeder Tag mit Louis verläuft konzentriert. Manchmal hatten Spieler genau damit Probleme. Und zwar mit dem Anspruch von ihm, jeden Tag das Maximale zu leisten. Er ist ein Mann der Disziplin, fordert das gemeinsame Essen, keine Mütze beim Mittag- oder Abendessen, keine Kopfhörer. In England gibt es dagegen eine andere Kultur: Käppies auf dem Kopf, Ohrstöpsel gehen auch und wenn man beim Essen dabei sein will – ja, prima, aber das ist deine eigene Entscheidung. Und dann hatten wir da auch noch die Südamerikaner, die an sich schon Disziplin als etwas Lästiges empfanden. Das passte nicht immer. Das Auffallendste für mich war, dass Louis in dieser Zeit flexibler geworden ist. Ich glaube, man hätte ihm viel mehr Zeit geben müssen. Der Fußball wurde unter seiner Regie wirklich besser, wir gewannen viele Spitzenspiele. Wir hatten nur Probleme mit Mannschaften, die sich nur hinten rein stellten. Eine Sünde . . ."

Welches Gefühl bleibt? „Dankbarkeit. Louis ist eine Legende. Ich bin unheimlich stolz darauf, dass ich mit ihm arbeiten durfte und dass er so sehr an mich glaubte, dass ich die Chance erhielt, zu so einem fantastischen Verein wie Manchester zu gehen. Er hat gesagt: ‚Daley war mein beständigster Spieler.' Ein riesiges Kompliment. Denn er ist ein Top-Trainer und ein Top-Mensch.

Und man täusche sich nicht, bei United mochte ihn jeder. Weil er so viel Interesse am anderen Menschen hatte. Ich bin dort noch zwei Jahre geblieben und viele Menschen fragten immer nach ihm: ‚Wie geht es Louis? Wir vermissen ihn!' Er hat natürlich auch für die Spielerkantine gesorgt: mit speziellen Abendessen, Festabenden, einem Weihnachtsfest; das haben die Menschen an ihm geschätzt. Die Spieler, der Betreuerstab, alle Leute in der Organisation. Louis hat jeden mit einbezogen. Er fragte jeden sofort: ‚Wie geht es dir? Läuft es zu Hause gut?‘ Vor allem das persönliche Interesse hat ihn sehr beliebt gemacht.“

„Wie geht es dir?“ Die am häufigsten gestellte Frage vom Trainer. Blind: „Er ist einer der einfühlsamsten Menschen, die ich kenne. Er sieht es gleich, wenn es einem nicht gut geht. Dann kommt er: Was ist los? Wie geht’s?‘ Ich war einmal mit Candy-Rae, meiner Frau, bei ihm und dann fragt er sie doch: ‚Hallo Candy! Wie war es in China? Du warst doch Tänzerin?‘ Und ich war auch einmal mit meinem besten Freund dort, der sich ordentlich vorstellte: ‚Ich bin Perry.‘ Sagt Louis: ‚Ja, das weiß ich.‘ Denn er weiß alles.“

„Er hat mich als Fußballer unglaublich besser gemacht; qua Position, auf der ich am besten einen Ball nach vorn bringen kann und wie ich unter Druck die besten Entscheidungen treffe. Er hat mich als Erster zentral in die Abwehr gestellt. Lief anfangs nicht so toll. Ich ließ mich zurück fallen. Auf Nummer sicher. Er sprang gleich auf: ‚Ich verstehe, dass du das tust, aber mach es nicht. Halte die Abwehrlinie hoch, schaffe eine starke Verbindung mit deiner Sturmspitze, mit den Außenstürmern, damit du sie alle anspielen kannst. Und auch die Pässe und Schüsse auf dieser Position wurden immer bei mir immer besser. Bei Ajax wäre ich auch immer besser geworden, aber bei Manchester United habe ich sehr viel Selbstvertrauen aufgebaut.“

Robin van Persie

Zwei, die sich gesucht und gefunden haben

Es ist im The Harbour Club von Rotterdam noch ruhig. Aus der Küche ziehen herrliche Düfte herüber, das Mittagessen wird vorbereitet, der Fisch ist gerade gefangen worden. Plötzlich steht er vor mir, elegant-locker gekleidet, breites Lächeln. In lautem Ton: „Ich bin ein Minimalist, würde Louis sagen.“ Die Uhr zeigt 11.59 Uhr, für 12.00 Uhr hatten wir uns verabredet.

Robin van Persie hat heute Lust drauf, das sieht man gleich. Er reibt sich die Hände und die Vorfreude spricht aus seinen Augen. Hat er sich vorbereitet, war er in Gedanken das Gespräch durchgegangen, über den Trainer, mit dem er Fußballglück und Fußballpech teilte? Van Persie lässt das offen, aber zündet einen beeindruckend energischen Monolog, wobei gleich auffällt, dass er den Namen ‚Louis' komplett anders ausspricht, als ich das vorher jemals gehört habe. In etwa so wie die Sängerin Dani Klein von *Vaya Con Dios* in den 1990er Jahren auf charakteristische Weise beim Lied ‚Don't cry for Louie'. Im New Yorker Slang, künstlerisch und elegant: Lóéwie. Es passt vortrefflich zu van Persie.

„Um es gleich von Anfang an zu sagen: Dass es zwischen Louis und mir so gut klickte, rührt daher, dass wir beide komische Vögel sind. Wir trauen uns etwas zu sagen. Das löste etwas aus, das machte es interessant. Ich bin ein Familienmensch, kann emotional sein, genau wie Louis. Und ich bin ein Fußballliebhaber, spreche gern über Fußball. Das findet er sehr schön. Wir konnten gut miteinander diskutieren, endlos, über das Spiel, aber auch über private Dinge. Dabei ging es auch über die Erziehung meines Sohnes, und ich fragte ihn, was er für sinnvoll hielt."

Van Persie begann zu lachen. „Aber man muss Louis erst einmal kennen lernen. Anfangs ist es gruselig."

Zurück in den August 2012. Louis war zum zweiten Mal Bondscoach geworden und brachte in einem Freundschaftsspiel in Brüssel gegen Belgien fünf Neulinge: Adam Maher, Nick Viergever, Stefan de Vrij, Ricardo van Rhijn und Bruno Martins Indi. Eine Viertelstunde vor Schluss stand es durch Tore von Luciano Narsingh und Klaas-Jan Huntelaar (damals Schalke 04 und erste Wahl in der Sturmspitze von Oranje) noch2:1, danach brach die Mannschaft zusammen und es wurde daraus noch eine 2:4-Niederlage.

Wo war van Persie an diesem Tag? Er lacht. Spielt den Dialog, der sich im Trainerzimmer in Huis ter Duin abspielte, bei dem van Gsal und van Persie sich gegenseitig bekannt machten:

„So, dann erzähl' mal ein bisschen über dich."

„Ich bin Robin."

„Ja, das weiß ich. Ich sage es gleich: Du bist meine dritte oder vierte Option für die Position in der Spitze. Was ist deine Antwort darauf?"

„Wer sind meine Konkurrenten?“

„Das ist Nummer eins, das Nummer zwei, und du bist dann die Nummer drei oder vier.“

„Oh, aber da werde ich gewinnen.“

„Oh, du bleibst also dabei?“

„Ja, natürlich. Das ist mein Land.“

Es war in jeder Hinsicht kurz und prägnant. Van Persie: „Ich war in diesen Tag im Abschluss meines Übergangs von Arsenal zu Manchester. Es lief alles sehr hektisch. Und dann saß ich gegen Belgien auf der Bank. Nach dem Spiel erhielt ich einen Anruf. Meine Frau. Und mein Berater: ‚Gratuliere!‘. riefen sie mir zu. Wozu in Gottes Namen, ich hatte keine Sekunde gespielt, und wir hatten 2:4 verloren. ‚Der Vertrag ist rund!‘ Wir gleich in den Zug nach London, und dann gleich weiter mit dem Auto nach Manchester.“

Am 7. September spielte die niederländische Nationalmannschaft erneut. Dieses Mal waren die Türken die Gegner, und die Situation war angespannt. Das erste Qualifikationsspiel für die WM in Brasilien, eine Niederlage wäre mehr als ärgerlich gewesen. Bei der EM 2012 hatte das Oranje-Nationalteam von Bert van Marwijk dreimal verloren, die Belgier hatten noch mal Salz in diese Wunde gestreut und die Türken boten mit Altintop, Bulut und vor allem Arda Turan von Atletico Madrid große Stars auf.

Davor kam van Persie wieder nach Noordwijk. „Ich hatte einen tollen Start bei Manchester gehabt, gerade einen Hattrick erzielt. Ich traf im Huis ter Duin ein und Louis erwartete mich schon. Er gab mir die Hand, schaute mich an und sagte: ‚So, Robin, du wirst spielen.‘

‚Oh? Aber ich dachte, ich sei dritte oder vierte Wahl?‘

‚Aber du spielst.‘

Es dauerte bis zur 16. Minute. Da erzielte Robin van Persie das 1:0, was schließlich in einem hart erkämpften 2:0-Sieg endete. „Das war der Beginn einer sehr guten Beziehung. Wir fanden uns sehr nett. Ich hatte danach zwei sehr schöne Jahre bei Oranje. Auch wegen eines sehr speziellen Augenblicks.“

Denn es fand im Sommer 2013 ein drittes Gespräch statt, am 7. Juni, in Indonesien bei der Asien-Tour von Orange.

„So, Robin, ich denke darüber nach, dich zum Spielführer zu bestimmen und Arjen zum Stellvertreter. Möchtest du darüber nachdenken?"

„Ist nicht nötig, Trainer. Die Antwort lautet ja. Ich meine damit: Welch eine Ehre. Für mein Land . . ."

„Oh, oh, oh? Musst du darüber nicht nachdenken?"

„Nein, ich bin darüber total stolz."

Oranje bekam in den Qualifikationsspielen den Spirit, das gewohnte Bild war: ein Tore schießender und herausragender van Persie, dann das Abklatschen mit Trainer-Assistent Patrick Kluivert, Top-Torjäger von Oranje, der Mann, der wusste, dass van Persie ihn überholen würde. Ehrliche Freude, als dies am 11. Oktober 2013 gelang. Van Persie traf gegen Ungarn dreimal, und Kluivert und van Gaal strahlten und umarmten sich. Ein Meilenstein. „Es lief alles so locker, ich hatte noch nie so oft getroffen. Wir haben letztendlich eine gute Qualifikation gespeilt und uns schnell qualifiziert."

Aber je näher die WM kam, desto mehr zogen sich die grauen Wolken zusammen. Qualitativ war Oranje doch nicht so gut, in einem Freundschaftsspiel mit den Franzosen wurde die niederländische Nationalmannschaft mit 2:0 übertrumpft. Es war März und die Alarmglocken läuteten.

Im Frühjahr wurde Mannschaftsführer van Persie zudem noch verletzt. „Ich war in Zeist in der Reha, und Louis hatte mich schon einmal besucht, um zu reden; er bezog mich damals in all seine Überlegungen ein, dass er etwas ausprobieren wollte. Das erklärte er mir in allen Einzelheiten. Und dann rief er mich an. ‚Robin, ich hol' dich in Prinsenland in Rotterdam ab, Bouchra und Truus kommen auch mit, wir fahren zu PSV – Feyenoord.' Nett, dachte ich noch, aber er wollte mir etwas zeigen. Feyenoord agierte in den Spitzenspielen mit drei zentralen Verteidigern und Graciano Pellè als einer Spitze, das war die Taktik von Ronald Koeman. Ich sah das und dachte: Mit diesem System ist es für die Verteidigung prima, und als

Angreifer hat man dann einen Spitzenjob. Das bereitete mir damals ein gutes Gefühl."

Kichernd: „Louis ist bei so einem Spiel dann wie ein Kommentator. Hat zu allem und jedem eine klare Meinung. Knallhart direkt. Oft positiv, aber manchmal auch negativ. Das geht dann die ganze Zeit hin und her mit ‚unglaublich' und ‚fantastisch' bis hin zu ‚überhaupt nichts'. Sodass ich manchmal dachte: Uff, das ist eine beinharte Sprache. Aber dann sieht er das so. Es ist klar und deutlich. Und man kann es bei ihm alles wiedergutmachen. Wenn man gut trainiert und gut spielt, sagt er: ‚Okay, siehst du, und deshalb finde ich es sehr gut.'"

In der Vorbereitung zur WM sah van Persie voller Bewunderung, wie van Gaal *Den Plan* bis ins Letzte den Spielern nahelegte und erklärte. „Damals herrschte wieder die Klarheit und Deutlichkeit. Er hatte 23 Spieler, 37 Leute im Stab, dann gab es noch die Medien drumherum, Hotel-Personal. Man ist Manager mit ungefähr 100 Leuten. Wenn man dann keine eineindeutige Führungspersönlichkeit ist . . .

Aber klar und deutlich – das war er. So werden wir spielen. Van Gaal hatte zu jeder Frage eine Antwort. Der Kernpunkt war, dass wir bei allen Linien die Räume klein, überschaubar halten mussten, uns innerhalb dieser fünfzehn Meter untereinander vorwärts und seitwärts bewegen und dann die Tiefe mit Arjen und mir suchen mussten. Überall auf dem Platz waren wir miteinander verbunden, kompakt wie ein Fels. Wie ein Haus. Wir haben kein Spiel bei dieser WM verloren, viele Tore gemacht, das Maximale herausgeholt. Alle Komplimente für Louis, aber auch für uns, die Spieler."

Wenn man die Augen schließt, seinen Namen nennt, die Stimme vom Fernsehreporter Frank Snoeks oder Radioreporter Jack van Gelder hört, einen Sprint sieht, einen Pass von Daley Blind, den Flug, einen Kopfball – alles wie ein Wunder, dieses Tor. Dann wieder ein Sprint, das Entzücken im Gesicht, die High Five mit dem Trainer, eine flatternde Krawatte, die mitmischt in diesem Orkan der Freude.

Van Persie: „Wir waren so gut vorbereitet. Nicht nur in der Frage des Spielsystems. Wir mussten gegen den amtierenden Welt- und Europameister antreten, eine Elf, voller Spieler, die noch das Champions-League-Finale Real Madrid – Atletico

Madrid gespielt hatten. Sie waren schon sechs Jahre lang unangefochten die Besten. Aber genau dieses Champions-League-Finale war unser Vorteil. Real gewann erst nach Verlängerung mit 4:1, alle hatten sich bis zum Letzten verausgabt.

Der Status von Spanien war tatsächlich so riesig, dass alle möglichen Leute vorher prophezeiten, wie chancenlos wir doch waren. Das hinterließ bei den Jungs Eindruck, die jungen Leute von uns waren nervös. Auch ich spürte die Anspannung, aber das war eine gesunde Anspannung. Die Jungen hatten zu viel davon. Ich begann mit ihnen zureden, und Louis und ich sprachen darüber. Dann machte er etwas, was ich wirklich brillant erfahren habe. Er sagte: ‚Weisst du, was ich mache; ich lade alle Familien ein und die dürfen dann bis zum nächsten Tag bleiben.' ‚Am Morgen des Spiels?' , Ja, Kinder dazu, Frauen dazu. Wir haben dafür fünf Wochen in Portugal hart gearbeitet und trainiert, jetzt auch hier, ich werde das machen.'

Und so geschah es. Ich war noch ein paar Stunden vor dem Spiel mit meinem Sohn im Swimming-Pool, andere Spieler saßen ganz entspannt dort und machten mit ihrer Frau Pause. Es entstand eine außergewöhnliche Atmosphäre, sehr entspannt. Ich fand es genial. Es funktionierte verdammt gut, für jeden, es nahm genau diesen besonderen Druck weg."

Wir sprechen über den 13. Juni 2014. Diesen unvergesslichen Tag. Spanien – Niederlande. „Es fing so an, wie wir es erwartet hatten. Wir hatten es schwer. Sie waren anfangs noch fit und waren wie immer sehr gut. Aber dann kamen wir mit einem Tor zurück, das wir trainiert hatten. Einen Angriff, der so lange schon automatisiert war. Der Pass, der Raum, der Lauf. Dass es zur Pause 1:1 stand, fühlte sich für die Spanier wie ein Nackenschlag an. Cesc Fàbregas hat mir das später erzählt. Ich sagte: ‚Cesc, das ist doch verrückt? Es stand noch unentschieden, die zweite Hälfte sollte noch kommen . . .' ‚Ja', sagte Cesc, , und trotzdem waren wir mental draußen. Bei euch lief es, bei uns nicht.'

Über diesen Kopfball ist viel geschrieben, viel erzählt worden. Der Bondscoach von früher, möchte es noch mal von seinem Starspieler wissen: War es bewusst? Wusste er, was er da machte? Van Gaal glaubt es. „Weil Robin kein intuitiver Spieler ist. Der sieht Dinge, denkt nach, bevor er was macht. Außergewöhnlich intelligent, außergewöhnlich entwickelt."

Van Persie nickt. „Der Kopfball war bewusst. Als der Ball schon fast bei mir war, ging es durch meinen Kopf: ich nehme ihn mit der Brust an. Aber ich merkte in einem Bruchteil von einer Sekunde, dass ich da so nicht dran käme. Also ging es nur mit meinem Kopf. Und erst im letzten Moment, dachte ich: Dann muss der Ball über den Keeper hinweg. Ich sprach immer sehr viel mit Torwarttrainer Frans Hoek, kurz eine kleine Kaffeepause. Er hatte eine große Rolle in der Entwicklung von David de Gea gespielt. Frans ist der Lehrmeister in Fragen des Herauslaufens. Ein genialer Mann. Aber er hatte mir auch auseinandergelegt, wie Casillas funktionierte. Ich wusste, der kommt schneller aus dem Tor als andere Torhüter. Unbewusst hatte ich das in meinem Gehirn gespeichert. Dass all das so zusammen kommt bei einem Kopfball – ja, das ist ein Traum, der Wirklichkeit wird."

Aber ganz sicher kein Zufall. Van Gaal sah es so: Roben war mehr der Typ Cruyff, van Persie mehr Keizer. Damit meinte er: Van Persie der Herr und Meister der Räume. „ Ja, das verstehe ich, dass er das so sagt. Ich war immer damit beschäftigt auszurechnen: wo finde ich meinen Platz und Raum? Wo kann ich den Gegner am meisten wehtun? Ich hatte meine Technik, die Ballannahme, und ich war nicht allzu langsam, aber eben auch nicht rasend schnell. Ich wusste also immer rechtzeitig starten. Und ich musste die Situation überblicken. So wie Bergkamp das zu seiner Zeit immer machte: man macht tausende Fotos in seinem Kopf – wer steht wo, wie groß sind die Abstände, wo muss ich hin?

Für mich passte es wunderbar. Ich habe bestimmt nicht überall eine Antwort parat, auch privat denke ich viel nach. Auf und außerhalb des Spielfeldes ist es die Suche danach, wo ich das Maximale raus holen kann. Das hat mir sehr geholfen. Ich habe mir vorher immer den Gegner angesehen: Wo kann ich ihn bezwingen? Dadurch bin ich viel besser im Freilaufen, in der Übersicht geworden – in Sekundenschnelle Verbindungen herzustellen. Darin hat Louis recht, ich bin wirklich jemand, der aufgrund des Sehens handelt."

Während der WM sah van Persie, wie sehr van Gaal glänzte wegen seiner Klarheit. „Als Trainer musst du Wort halten, und wenn nicht, dann musst du es erklären. Das ist ein sehr schmaler Grat. Viele Trainer beherrschen das nicht. Louis wohl. Bei ihm war es meist so: Auf der Grundlage des Trainings spielst du oder nicht. Das kann einen sehr hart treffen, aber Klarheit ist der Schlüssel. Sein Betreuerstab spielt eine wichtige Rolle, und als Trainer beurteilt er wiederum den Betreuerstab. Das schien mir oft nicht einfach zu sein, aber Louis konnte das. Es war wirklich ein 24-Stunden-Job für ihn."

Van Persie erinnert sich: „Vor dem Spiel um Platz drei um genau drei Uhr sollte ich bei ihm sein. ‚Willst du noch spielen?‘ Schon wieder so eine für ihn typische Frage. ‚Ja, natürlich.‘

‚Bist du dir da sicher?‘

‚Trainer, jetzt hör' mal zu, wir fliegen über die ganze Welt, bis nach China, warum sollte ich nicht spielen wollen? Wir müssen ganz einfach Dritter werden.‘

‚Okay, dann spielst du.‘“

Van Persie erzielte per Strafstoß das 1:0, Gastgeber Brasilien wurde mit 3:0 geschlagen. „Vor dem Spiel gegen Argentinien, das Halbfinale, fühlte ich mich nicht fit. Ich hatte Fieber gehabt. Aber vor dem Brasilien-Spiel ging es, und 3:0 gegen diese Nation zu gewinnen, das passiert nicht allzu oft.“

Entscheidend war: Wenn man bei van Gaal spielt, ist man fit, am besten top-fit. Und im Viertelfinale war schon etwas zwischen Bondscoach und Mannschaftskapitän vorgefallen. „Ich hatte nach 100 Minuten einen Krampf. Louis sagte: ‚Ich hol‘ dich herunter.‘ Worauf ich rief: ‚Nein, nein, es gibt noch ein Elfmeterschießen!‘ Die letzten 20 Minuten hatte ich physisch enorme Probleme. Das sah er natürlich. Sein Kopf rauchte. Das Spiel war zu Ende, wir kamen am Spielfeldrand zusammen, und auf einmal gab er mir einen Klaps. Patsch! So mit der flachen Hand. ‚Wenn du mich noch einmal so hereinlegst!‘, zischte er mich an. Ich sah ihn erstaunt an. Was sollte das nun heißen? ‚ Jetzt schieß‘ ihn auch rein‘, rief er. Ich musste als Erster, der Weg in Richtung Tor von Navas . . . alles tat weh. Glücklicherweise gelang es mir, den Ball rechts in die Ecke zu schieben, aber es war knapp. Im Nachhinein war dieser Klaps ein besonderer Augenblick. So war er auch. Manchmal jemanden hart anpacken und einen Tick mitgeben. Aber manchmal auch sehr einfühlsam, eine Umarmung. Dann befindet er sich in einem bestimmten Modus. Bei Louis weiß man nie.“

„Ich habe es mich gefragt. Ging es zu schnell nach der WM? Das neue Abenteuer bei Manchester United. In jedem Fall nicht mehr so einfach und locker wie bei Oranje.“

Nach der Euphorie des Sommers kam van Gaal als neuer Trainer zu dem Klub, in dem Robin van Persie unter Sir Alex Ferguson Erfolge gefeiert hatte. Von Louis van

Gaal wurden über Nacht Erfolge erwartet, aber daraus wurde nichts. „Es lief nicht. Als Mannschaft nicht. Es lief vieles falsch, es gab viel Kritik für uns und gegenüber Louis. Wir hatten keine schlechten Spieler und es gab auch gute Spiele, aber die Ergebnisse stimmten nicht."

Zwischen diesen beiden Persönlichkeiten lief es untereinander nicht, es wurde schwieriger. „In jeder Hinsicht. Das Ende zwischen uns war weniger schön. Er sagte geradeaus: ‚Du bist der Spieler, Robin, und ich der Trainer. Und ich gehe nicht, also musst du gehen.' So war das."

Es war beim Golfklub *The Mere*. „Louis sagte: ‚Es ist für dich zu Ende bei Manchester.' Aber ich war schon so viele Jahre in England, wir hatten uns eingelebt, ich hatte auch meine Familie. Also erwiderte ich: ‚Das kannst du ruhig denken, aber mein Vertrag läuft noch ein Jahr.'

Er: ‚Und doch musst du gehen.'

Ich: Wir werden sehen, wie es läuft. Aber kannst du erklären, warum es zwischen uns nicht klappt? Denn ich kann es nicht genau sagen. Erklär' es mir, denn ich weiß es nicht.'

Daraufhin sagte er: ‚Wenn du das nicht begreifst.'

Ich: ‚Nein.'

Er wiederum: ‚Es gibt einen Unterschied zwischen Louis van Gaal als Bondscoach und Louis van Gaal als Vereinstrainer.'

Ich: ‚Im Grunde genommen bist du Coach eines Teams, darum begreife ich es immer noch nicht, dass du das so einen großen Unterschied machst.'

Er: ‚Okay, das kann man auch sagen.'

Ich: ‚Dann stimmen wir hier nicht überein.'

Ich gab ihm die Hand und bin gegangen."

Van Persie stellt sich selbst die Frage: „Habe ich es ihm übel genommen? Nun, es hat wehgetan. Das hatte viele Folgen für meine Familie. Und ich hatte gedacht und gehofft, dass es so weitergehe wie bei Oranje. Und das war's dann."

Natürlich, die Fitness von van Persie war ein Thema. „Aber ich habe sogar mit Verletzungen weitergespielt, mit Schmerzen trainiert, manchmal bis es nicht mehr ging, manchmal darüber hinaus. Ich habe mich jeden Tag ins Zeug gelegt. Das eine oder andere Mal war es wirklich ein Kampf, ein *struggle*. Ich habe versucht, das Maximale aus mir herauszuholen, das ist nicht gelungen. Aber es ist und bleibt nervig, um so eine Mitteilung zu erhalten."

Es ist nicht so, dass van Persie Mitleid einfordert. „Ich begreife sehr gut, dass man bei einem Verein wie Manchester United harte Entscheidungen treffen muss. Das ist dann schade für mich. Ich habe es ihm nicht allzu lange übel genommen, Topsport ist hammerhart, das weiß ich. Und wenn ich geblieben wäre, hätte es für mich schlecht ausgesehen. Ich war an die 32 Jahre alt, es gab jüngere Stürmer, es kamen Neu-Einkäufe, man weiß, wie das geht. *That's life*. Dann meldete sich Fenerbahce. Neues Land, neue Herausforderungen. Ich habe meine Sachen gepackt und bin, ohne etwas zu sagen, gegangen. Aber ich habe mich zumindest von den Spielern verabschiedet. Louis van Gaal hatte ich nichts mehr zu sagen, so mein Gefühl."

Im Sommer 2015 trennten sich die Wege. Ein Jahr später war auch van Gaal weg. Van Persie: „Manchester ist eine Schlangengrube. Für jeden eine Herausforderung. Ich hatte bei Arsenal gespielt, dort war man schnell zufrieden, wenn man schönen Fußball spielte und gewann. Bei Manchester gab es nichts anderes als zu gewinnen, man musste schön spielen, man musste über die Flügel angreifen. Aber man musste vor allem – gewinnen.

Louis kam kurz nach Ferguson, nur Moyes war als Trainer vor ihm da. Louis musste also weitermachen mit Spielern und Einkäufen von Moyes und aus der Ferguson-Zeit. Aber Louis wollte bei Manchester seine eigene Handschrift sehen lassen. Wieder vier, fünf Neu-Einkäufe. Di María. Falcao. Schweinsteiger. Gleichzeitig hatte er für das Einbringen seiner Philosophie Zeit nötig. Und diese Zeit bekam er nicht. Bei Arsenal hätte er die bekommen. Bei Tottenham auch. Aber bei Chelsea, Real, Barcelona, United? Es gibt nie Zeit. Wenn es bei so einem Klub gut geht, ist dort der schönste Fleck der Erde, aber wenn es mal nicht gut läuft? Schade dann. Ich habe es selbst dort mitgemacht. Mein erstes Jahr war sehr gut. Das zweite weniger und dann stehst du da allein. Kompliziert und manchmal einsam. Es ist grässlich.

In dem Wissen, dass bereits lange über den Weggang von Louis im Verein gesprochen wurde, verstehe ich sehr gut, dass er sagt, der Gewinn des FA-Cups mit United sei vielleicht sein größter Gewinn gewesen. Aber ich verstehe es auch wieder nicht. Der schönste ist es ganz bestimmt nicht, glaube ich. Er hat die Champions League gewonnen, den Weltpokal, ist Meister von Spanien und Deutschland geworden . . . Nein, dann ist der FA-Cup nicht der schönste Preis, das glaube ich nicht."

Es dauerte bis zum Mai 2018, ehe sie sich wiedersahen. „Beim Abschied von Dirk Kuyt. Ein knappes Jahr danach habe ich ihn angerufen und auf seinen Anrufbeantworter gesprochen. Als er zurückrief, sagte ich: „Hallo Trainer, Robin am Apparat. Ich möchte dich gern zu meinem Abschiedsspiel einladen.' Ich habe ihm erklärt, wie ich ihn sehe, dass es durch das, was bei United geschehen ist, nicht verändert wurde. Und dass ich es als Ehre empfände, wenn er dabei sein könnte. Er reagierte: , Das ist sehr schön, wie das formuliert hast. Ich bin da.'"

Und so geschah es. „Louis war auch bei der Feier nach dem Spiel dabei. Ich glaube, dass er es gut fand, wie ich damals Verständnis für seine Entscheidung hatte, so fühlte es sich zumindest an. Ich war ein echter Fußballliebhaber. Nach dem Training ging ich noch auf den Plätzen kicken. Das war meine Rettung als kleiner Junge. Ich liebe den Fußball, das saß tief bei mir drin. Das muss er gesehen haben."

Van Persies Karriere zählte reichlich absolute Top-Trainer, mit denen er zusammen gearbeitet hatte. Wenn er denn nun aus der Ferne darauf sieht, wie bewertet er van Gaal dann? „Er ist taktisch genial. Daran kommt man nicht vorbei. Aber ich habe mehr fantastische Trainer gehabt, die alle ihre eigenen Stärken hatten. Ferguson war wirklich ein Super-Manager, klasse, wie er die ganze Truppe glücklich und fokussiert hielt. Wenger war eine Kombination von Ferguson und van Gaal, der betonte das Positive und schaute über den Tag hinaus, dachte darüber nach, was auch morgen funktionierte. Und Louis war immer gespannt auf das Neue: was kommt, wie würde es gehen. Er ist ein Meister des Einschätzens. Komisch, wenn man es mitmacht, diesenrozess. Die ganzen Voraussagen, die sich immer bewahrheiteten. Während der WM hatten wir das wirklich das Gefühl: Jungs, es wird alles gut. Sogar gegen Spanien. Ich sagte noch: Ramos müssen wir blocken, der spielt den Querpass.' Er erwiderte: ‚Ich glaube, dass du Ramos überschätzt.' Ich:‚Oh, ich finde ihn sehr gut.' Er wiederum: ‚Nein, du überschätzt ihn.' Er hatte recht. Während des Spiels kam der kaum dazu, den Querpass so zu spielen, wie man das kannte.'"

Am 2. September 2019 erklomm Louis van Gaal das Podium. Fußball-Gala. Zwei Helden bekamen die Ehre zugeteilt, die sie sich mehr als verdient hatten. Arjen Robben und Robin van Persie. So wie Spanier *si* sagen, so unterstreicht van Gaal das *sie* in van Persie. Seine Rede war ein gesamtes Ja. Sehr lobend. Sehr emotional.

Es tat van Persie gut. „Ich wusste nicht, dass er eine Rede halten würde. Man hatte mir zwar zuvor gesagt, es gäbe einen Redner. Aber wer? Wie würde es gehen? Als ich ihn sah, dachte ich schon: Oh, eben warten, dann wird es wohl Louis werden. Er hatte vier oder fünf Minuten, machte daraus aber neun Minuten. Haha, das ist Louis. Er kann das gut, dann hört er nicht mehr auf."

Der Kreis hatte sich geschlossen. Robben und van Persie waren doch so etwas wie seine Fußball-Söhne geworden. „Ja, wir hatten eine spezielle Beziehung. Sieh mal, während der WM hatten wir sehr viele junge Spieler dabei. 60 Prozent von ihnen hatten wohl ein wenig Angst vor ihm. Aber wir – Arjen, Wesley Sneijder, Nigel de Jong und ich, verhielten uns ihm gegenüber sehr direkt und normal. Das war keine große Gruppe. Aber das fand er schön.

Louis begann die Rede sehr amüsant – mit dem Satz, dass er eigentlich Bouchra und Bernadien (Anm.: die Ehefrauen von van Persie und Robben) viel Erfolg wünsche, weil Robin und Arjen aufgehört hätten. Er hatte Humor, manchmal aber auch peinlich. Ich erinnere mich an eine Versteigerung bei einer Charity-Gala, bei der Ryan Giggs und van Gaal mitboten. Giggs hob seine Hand und bekam mit der flachen Hand einen Schlag in den Nacken, denn *hey*, Louis war doch der Chefcoach. Für Giggs ziemlich ärgerlich, aber ich musste doch lachen.

Louis schätzt dich, wenn du wirklich du selbst bist. Er prüft dich auch, und das ist die Basis seiner Einschätzung. Damit holt er viel heraus. Menschen machen sich oft lustig über sein Prinzip vom ganzen Menschen, aber ich glaube daran. Wenn man sieht, wie er das umsetzt, wie er eine Atmosphäre und gute Ergebnisse Hand in Hand gehen lassen kann, während dessen jeder so unter Druck gesetzt wird, so dauerhaft 100 Prozent verlangt wird, das ist wirklich stark."

Schon wieder dieses breite Lachen, bevor er rasend schnell das Mittagessen bezahlt und alle Proteste wegwischt. Die Menschen vom The Harbour Club kennen diesen Trick: „Das macht er immer, du bist chancenlos, wenn du für ihn bezahlen willst."

Robin van Persie hat seine Jacke schon angezogen, ein nächster Termin ruft. „Wie fing unser Gespräch eigentlich an? Dass wir beide ziemlich komische Vögel sind? Ich glaube, dass dies unsere Geschichte ist. Er ist ein ganz außergewöhnlicher, dieser Louis, ein sehr besonderer Vogel."

Wayne Rooney

Im Grunde genommen der ideale Louis-van-Gaal-Spieler

Wenn man die Schatten der grauen Stadt hinter sich lässt, erscheinen alle Nuancen auf einmal grün. Je mehr man sich Presbury in Cheshire nähert, desto überschwänglicher glüht und glänzt die Landschaft. Hier wohnen die Stars von Manchester United gern, in den Landhäusern in den Wäldern, mit den beeindruckenden Einfahrten, der frischen Luft, wo man nur das Gezwitscher der Vögel hört.

Auch Wayne und Coleen Rooney wohnen hier märchenhaft mit ihren vier Jungen Kai, Klay, Kit und Cass Mac. Übrigens waren wir mit unserem Besuch dort kurz vor Weihnachten, und das verzaubert die Domäne von den Rooneys noch mehr in einen Disney-ähnlichen Palast. Überall Weihnachtsbäume, bunte Dekorationen, zahlreiche Päckchen, Fußbälle, Spielzeug, der gigantische Fernseher zeigt lärmende Zeichentrickfilme - und doch ist es sehr gemütlich und geschmackvoll im Hause Rooney.

„Sorry, Kumpel', hatte der von Washington in England zurückgekehrte Starspieler und Trainer-Assistent von Derby County beim Öffnen der Tür gesagt. Wir sehen einen etwas müden unrasierten Mann auf nackten Füßen, gekleidet ziemlich locker halb mit einem Pyjama, halb Jogging-Outfit. „Eins der Kinder ist krank und hat nicht geschlafen. Wir auch nicht. Wusstest du, dass Louis und Truus hier in der Nähe auch gewohnt haben? Kaffee? Cola? Tee?"

Wir laufen wie in einer bekannten niederländischen TV-Show entlang vieler Fotos durch den Flur. Wir sehen Coleen und Wayne bei ihrer Hochzeit, sehr jung noch, wir sehen das ganze Familienglück. Doch starrt er lange auf eine Foto und schluckt, als er darauf zeigt. Es handelt sich um ein Foto, auf dem Rosie McLoughlin lacht, die Schwester von Coleen. Sie starb vierzehnjährig an einer seltenen Krankheit. „Ist alles schon wieder sechs Jahre her. Auch das ist das Leben. Aber für mich ist es immer noch unwirklich, nicht zu begreifen. So jung. So darf es doch nicht sein."

Rooney ist ein Familienmensch. Liebevoll erzählt er von seinen Jungs. Dass einer davon jetzt eine Grippe hat, macht ihm sichtlich zu schaffen – ihm, der so lange der beste englische Fußballer war und 120 Länderspiele spielte, bei denen er 53 Tore erzielte. Als er hört, dass sein Besuch auch fußballverrückte Kinder hat, kramt er so lange in seinem Schrank, bis er ein nagelneues Trikot von Manchester United gefunden hat, um es unterschrieben als Weihnachtsgeschenk mitzugeben. „Sieh mal", sagt er, als er das Trikot dreht, „meine Rückennummer: exakt mein Alter." Es steht eine 32 drauf. Als ich meine Stirn runzle, muss er lachen. Tatsächlich ist er fast 35, der Mann, der vor langer Zeit als 17-jähriges Jungchen aus Croxteth, einem Außenbezirk von Liverpool, sein erstes Spiel für Everton bestritt.

Der freche Junge aus England, immer für irgendeinen Unfug gut, und Louis van Gaal – das muss ein ganz spezielles Paar gewesen sein. Trainer und Mannschaftskapitän, was verband diese beiden? War es die Ehrlichkeit, die Liebe zum Fußball, der Fanatismus der echten Siegertypen?

Rooney erinnert sich daran, wie sich die beiden zum ersten Mal trafen, im Sommer von 2014: „Wir mussten nach der WM schnell nach Amerika und dabei meinte Louis, dass er mit allen persönlich sprechen wollte. Ich war der erste. Als ich das Hotelzimmer betrat saß er da mit seinem Assistenten Ryan Giggs, den ich natürlich schon lange kannte. Van Gaal empfand ich als ziemlich einschüchternd. Er hat als Manager und Trainer einen enormen Ruf, körperlich ist er sehr groß und zudem setzte er sich noch ganz nah zu mir. Wirklich: sehr nah. Dann begann er Fragen zu stellen. Welche Schule hast du besucht, wer sind deine Eltern, ob ich gläubig sei. Aber dass er mir so nah rückte, fand ich wirklich unangenehm, das macht im Fußball keiner, auf diese Art.

Dann sprach er über Fußball und Taktik. Wenn wir mit einem bestimmten System spielten und der Gegner dies oder jenes unternähme – wie müssten wir reagieren? Ich merkte gleich, dass er mich testete; wieviel ich über das Spiel wusste, ob ich schlau war, ob ich über ausreichendes taktisches Wissen verfügte."

Rooney wurde ausgewählt. „Nach der Saisonvorbereitung, in der er einige Spieler als Spielführer ausprobiert hatte, bekam ich einen Anruf von ihm. Er hatte mich zum Spielführer bestimmt. Ich wollte das selbst auch, ich merkte: Ich bin schon so lange im Verein, wahrscheinlich wird es Darren Fletcher oder ich werde es. Das war großartig. Und wenn ein Trainer dir das zutraut und dir die Verantwortung übergibt, dann möchtest du es ihm auch beweisen. Mit deinen Leistungen und dadurch, ein guter Mannschaftskapitän zu sein. Für ihn und für die Mannschaft."

Van Gaal wählte Rooney auch deshalb, weil er darauf hoffte, dass der Spieler es außerhalb von Manchester United etwas ruhiger angehen ließ. „Ja, das sagte er mir, als ich die Spielführerbinde erhielt. Dass ich auf dem Spielfeld ein Musterbeispiel für Professionalität sein sollte, dies aber auch außerhalb des Spielfeldes sein müsste. Ich hatte mir natürlich in der Vergangenheit schon einiges geleistet. Im Verein mich entsprechend meiner Verantwortlichkeiten zu verhalten, war für mich nicht allzu schwer, darüber hinaus schon. Ich musste als Spielführer in verschiedenen Rollen viel mehr Aufgaben erfüllen und ich musste auch gegenüber meinen Mitspielern ein bestimmtes Bild abgeben. Das war eigentlich für meine Entwicklung nicht schlecht, weil ich selbst ja Trainer und Manager werden wollte. Die Zusammenarbeit mit Louis ist genau dann von unschätzbarem Wert, weil man so viel von ihm lernen kann. Ich hätte kein besseres Vorbild treffen können.

Er fordert jeden Tag unser Bestes. Das aufzubringen ist nicht immer einfach, weil jeder Spieler mal einen schlechten Tag hat. Und wenn man dann einen schlechten Tag hat, will er es gleich wissen: Warum bist du heute nicht so gut drauf? Seine größte Stärke ist seine Ehrlichkeit. Manchmal empfand ich ihn auch als zu ehrlich. Als sich beispielweise jemand vor einem Spiel verletzte, kommunizierte das van Gaal ganz normal gegenüber den Medien. Dachte ich bei mir: Damit hätte er auch ruhig bis nach dem Spiel warten können. Aber das kann man von ihm erwarten: absolute Ehrlichkeit. Und deswegen auch Gradlinigkeit. Und noch mal: Es war fantastisch, bei ihm in die Lehre zu gehen. Wie er eine Mannschaft aufstellte, ein Team aufbaute, wie er jedem Spieler eine Rolle zuteilte und auch die Verantwortlichkeit für diese Rolle übergab. Das war für mich komplettes Neuland."

Und auch das war neu für Rooney: Van Gaal setzte ihn auf die Neun. „Louis erzählte mir von einem Angreifer bei Bayern München, Mario Gomez; die Botschaft lautete, dass er nicht einen Mittelstürmer mit vielen Ballkontakten wollte. Nein, die

Sturmspitze musste hoch, weit vorn stehen, ein oder zweimal den Ball berühren und im 16-Meter-Raum stehen, um zu Toren zu kommen. Er sagte: ‚Meine Sturmspitze bei Bayern berührte den Ball zwölfmal, aber erzielte meist ein oder zwei Tore.' Ich dachte: Nun, das ist ja nicht so viel, zwölfmal in einem Spiel den Ball berühren. Ich bin jemand, der gern den Ball hat. Aber gut, ich bin immer sehr diszipliniert gewesen und habe meine Rolle ausgefüllt, egal wo ich aufgestellt wurde. Und ich muss sagen: Er gab der Mannschaft eine brillante Art und Weise von Disziplin mit, wir wussten genau um unsere Aufgaben, wie wir unsere Rolle ausfüllen mussten. Das war außergewöhnlich. Ganz besonders in defensiver Hinsicht waren wir großartig. Allein fehlte es uns in der Offensive an Qualität, meinte ich. In dieser Hinsicht hätten sich die Spieler mehr Freiheiten und Initiativen zutrauen müssen, anstatt nur zu denken: Der Trainer wird es uns schon verraten."

Dabei fügt Rooney unumwunden hinzu: „Wir hatten sowieso nicht das beste Team der Liga, zwölf Verletzte konnten wir uns eigentlich nicht erlauben. Die Stammelf war gut genug, um Vierter zu werden, vielleicht sogar Meister zu werden, aber als die Verletzungen dazu kamen, wurde es problematisch, weil wir nicht so ein gutes Spieleraufgebot hatten wie in den Vorjahren."

Van Gaal stieß mit seiner superpenibeln Vorgehensweise auf die englische Kultur des *Spielen – Ausruhen – Spielen*. Rooney: „Wir waren den Rhythmus gewohnt, indem wir am Samstag und am Dienstag oder Mittwoch Spiele hatten und es beim Training zwischendurch etwas ruhiger angehen ließen. Louis veränderte die drei Tage des Aufbaus in Richtung der Spiele. Dann ließ er elf gegen elf spielen: wie man von hinten aufbauen musste, wie man den zukünftigen Gegner bremsen konnte und einen Tag vor dem Spiel gab es die Partie Abwehr gegen Angriff. Alles wurde per Video festgehalten und uns gezeigt. Das war die größte Veränderung. Wir rannten von einer Besprechung in die andere. Wir waren es gewohnt, das Mittagessen einzunehmen so wie jeder es wollte., aber jetzt sollten wir als Mannschaft zum Mittagessen, um dann wieder in einer Besprechung über das Gesehene zusammen zu sitzen. Spieler kamen auf mich zu: ‚Käpt'n, das ist zu viel.' Ich also zu Louis und der gab genau die Antwort, die ich erwartet hatte: ‚Das ist meine Philosophie.' Und genau das ist seine Stärke, er weiß ganz genau, was er will. Wir hatten als Spieler ihm auch mehr zu vertrauen. Er war bei seinen vorherigen Klubs schließlich so erfolgreich gewesen, er wusste, was er tat."

Und doch ließ van Gaal für sein Gefühl die Zügel etwas lockerer, nachdem Rooney und Carrick ihn gebeten hatten, im Zusammenhang mit dem Mittagessen etwas großzügiger zu sein. Rooney: „Er änderte es auch ein bisschen, endlich. Und gegen Ende der Saison spielten wir eine großartige Serie mit dem Gewinn des FA-Cups als Höhepunkt. Ich merkte, dass es lief, dass die Spieler sich immer besser bei ihm zuhause fühlten. Und genau dann entschied sich die Klubleitung für einen anderen Weg."

Emotional: „Ich werde nie vergessen, was dann passierte, was mich am meisten beeindruckt hat. Nachdem wir den FA-Cup gewonnen hatten, sickerte durch, dass er entlassen werden sollte. Am Abend hatten wir eine Feier und am Tag darauf organisierte er es so, dass wir gemeinsam frühstückten. Dann gab er uns einen Plan für die Saisonvorbereitung, was wir im Sommer machen sollten, wann er uns zurück erwartete. Dass er das schaffte, wobei doch jeder – inklusive ihm – wusste, dass er entlassen werden sollte, war ein Zeichen von großer Professionalität. Das wird mich immer begleiten."

Am Abend zuvor hatten wir noch zusammen gefeiert, wir hatten alle etwas getrunken, es war für mich sehr schwer, ihn so zu sehen. ‚Vielleicht muss ich weg', sagte er. An diesem Abend sah ich, wie niedergeschlagen und verärgert er war. Das einzige, was ich hervorbrachte, war: ‚Versuche den heutigen Tag etwas zu genießen. Egal was passiert.' Er hatte genauso hart für diesen Titel gearbeitet, vielleicht sogar mehr als wir. Darum war es für mich so wichtig, dass er sich an diesem Abend wohl fühlte, aber er war nicht er selbst. Ich hatte ihn auch schon bei anderen Feiern, wie bei unserer Weihnachtsfeier, erlebt. Da war er der Louis van Gaal, der fröhlich war und *Pay attention to the manager!* rief. Er war traurig darüber, dass es so zu Ende ging. Fußball ist ein Sport, in dem solche Dinge passieren, aber wir als Spieler bekamen mit, dass Truus schon während des FA-Cup-Finales diese Dinge über seine Entlassung gehört hatte. So darf es nicht sein. Das ist wirklich nicht gut. Wenn man ihn entlässt, muss der Manager der erste sein, der es zu hören bekommt, bevor es jemand anders vernimmt."

Rooney wiederholt es: „Ich hatte exakt das Gefühl, dass wir ab Januar begriffen, was er wollte, wir spielten einen immer besseren Fußball, und ich hatte ganz stark die Idee, dass, wenn er noch ein Jahr geblieben wäre, wir Titelkandidat gewesen wären. Eine Todsünde war die Entscheidung, ihn zu entlassen."

Diese ewige Hetze, der alltägliche Wahnsinn. Geld und schneller Erfolg im Mittelpunkt statt Entwicklung und Topsport. Insbesondere der Fokus auf den Kommerz bei Manchester lag van Gaal schwer im Magen. Rooney: „Es gib viele Sponsoren und deshalb viele kommerzielle Aspekte, wenn man bei Manchester ist. Wir als Spieler hatten uns daran inzwischen gewöhnt, Louis deutlich weniger. Es war ganz normal, zwei Tage vor einem Spiel, kommerzielle Dinge zu erledigen. Wir haben versucht, es zusammen zu kanalisieren, er versuchte, dass wir einen Block von sechs Stunden für kommerzielle Verpflichtungen erhielten, aber die Spieler wollten lieber ein Stündchen dies tun und dann zwei Stündchen das machen. Fußballer sollen ganz einfach kicken. Ein Manager möchte nicht, dass Spieler immer mit anderen Dingen beschäftigt waren. Aber es war die Aufgabe des Vereins, dabei eine Balance herbeizuführen, den Fußball in den Mittelpunkt zu stellen.

Bei Vereinen wie Manchester United oder Real Madrid gibt es nun mal die kommerzielle Verpflichtung in Länder wie Amerika zu gehen. Wir blieben dort sehr lange. Drei Wochen. Ich glaube, dass zwei Wochen mehr als genug gewesen wären. Für die Spieler war es wirklich schwer, wir kamen ja 2014 auch noch von einer WM, Louis selbst auch, und dann mussten wir gleich wieder in die Staaten. Ich glaube nicht, dass jemanden gibt, der so eine Reise in der Vorsaison schön findet. Aber die Fußballwelt funktioniert nun einmal so, dann bleibt nur noch die Frage, wie man damit umgeht."

Darin hatten van Gaal und Rooney unterschiedliche Meinungen. „Wenn wir zweimal am Tag trainierten, schickte er uns zwischendurch ins Zimmer, um zu schlafen. Das brachte uns dann in einen Tagesrhythmus, der da lautete: trainieren, schlafen, trainieren, essen, schlafen. Ich würde aber lieber mal zwei Stunden relaxen, ein Tässchen Kaffee und ein bisschen die freie Zeit genießen. Manager sehen das wohl auch so, glaube ich, nur so funktioniert das Dasein als Fußball-Profi nicht. Die Leute denken oft: Oha, die Jungs sitzen jetzt in L. A. oder Miami. Aber wir sehen nicht viel mehr als unser Hotelzimmer, viermal am Tag den Speisesaal, dann eine kommerzielle Verpflichtung, dann wieder Fußball und hopp ins Flugzeug."

Wieder zurück in England tauchte die Frage der Reisen zu den Auswärtsspielen auf. Rooney: „Wir waren es gewohnt, jeweils zum nächsten Bahnhof zu fahren, dort in den Zug zum Beispiel nach London zu steigen. Ich selbst habe fünf Minuten bis zum nächsten Bahnhof. Aber Louis führte ein, dass wir erst mal zum Trainingskomplex von Manchester kommen mussten, dann ging es zusammen im Mannschaftsbus zum Bahnhof und dann nach London. Das ergab für den einen oder anderen eine Anfahrtszeit von eineinhalb Stunden zusätzlich. Ich habe damals auch mit Louis gesprochen, weil die Spieler mich darum baten, und letztendlich – er wohnte hier in der Nähe – ging er mit uns zum am nächsten gelegenen Bahnhof." Lacht: „Ich glaube, er ist selbst wohl auch dahinter gekommen, dass es dies einfacher machte."

Einmal in Schwung hatten sie ein ausgezeichnetes Verhältnis, van Gaal und Rooney. „Wir sprachen den ganzen Tag miteinander. Über die Mannschaft, wie es lief, wie wir es verbessern könnten. Er ist der beste Manager und Trainer, mit dem ich zusammen gearbeitet habe, der Mann, von dem man am meisten lernen konnte. Aus meiner Sicht war er perfekt. Ich habe versucht, das meiste von ihm abzugucken, und gut beobachtet, wie er arbeitete. Ich bin unter seiner Regie nie zweifelnd in ein Spiel gegangen, wir wussten genau, was uns erwartete und was wir tun mussten. Das ist eine große Stärke von ihm. Und es ist etwas, was für jüngere Spieler eine große Herausforderung ist, da sie längst nicht so viel Fußball im TV sehen, wie das meine Generation noch getan hat. Sie bewegen sich hauptsächlich in sozialen Medien. Ich bin noch ausschließlich mit Fußball aufgewachsen, ich habe also ein natürliches taktisches Bewusstsein. Die Jüngeren haben das weniger."

Womit jüngere und neue Spieler auch zu kämpfen haben sind die immer höheren Erwartungen. Robin van Persie nennt Manchester United nicht von ungefähr eine Schlangengrube. Rooney: „Und dann kam er auch noch von Arsenal, schon ein gigantischer Verein. Aber man merkt es doch: Manchester ist noch eine Stufe höher, der Erfolgsdruck noch größer. Nur bei United und Liverpool kennt man das. Ich glaube nicht, dass es bei Manchester City, Chelsea, Arsenal und Tottenham so eine große Erwartungshaltung der Fans gibt, erfolgreich zu sein. Bei Manchester muss man wirklich jedes Spiel gewinnen. Ich erinnere mich an Spiele, die wir 1:0 oder 2:0 gewannen – und trotzdem waren die Leute mit dem Spiel nicht zufrieden. Bei Everton konnte man schon froh sein, wenn es ein Unentschieden in einem Heimspiel gab."

Natürlich kann man auch mit Manchester verlieren, aber dann geht es darum, wie man darauf reagiert. Man muss dafür sorgen, dass der Druck keinen Einfluss hat und dass man sich erneut konzentriert. Im Dezember 2015 verloren wir einige

Spiele hintereinander, und dann gerät man in Panik, während man doch dann ganz besonders ruhig bleiben muss."

In taktischer Hinsicht blieb van Gaal unfehlbar, in guten wie in schlechten Zeiten, sagt Rooney. „Wir studierten unsere Gegner, wussten um unsere Aufgaben, waren immer vorbereitet. Ryan Giggs stellte im Spiel elf gegen elf immer so etwas wie den nächsten Gegner auf, das Training wurde gefilmt, angeschaut, dann sahen wir möglicherweise, wo die Schwachstellen des Gegners lagen. Kein Trainer steckte so viel Arbeit in die Vorbereitung wie van Gaal. Man kennt Spieler, die schon schnell klagen, dass sie so viel tun müssen: ‚Warum müssen wir uns drei Tage lang auf ein Spiel vorbereiten?' Aber ich mochte das. So muss man es machen. Anscheinend waren einige jüngere Spieler, die bei ihren vorherigen Klubs eine andere Vorbereitung gewohnt waren, der Meinung, dass dies nicht die richtige Art wäre, aber ich konnte darüber nur den Kopf schütteln. Ich finde auch, dass man immer offen sein muss für anderen Arten von Vorbereitung. Ich fand Louis' Vorbereitung genial."

Hätte Rooney van Gaal nicht früher in seiner Karriere als Manager und Trainer haben wollen? Wer weiß, was es ihm gebracht hätte. Lacht: „Ja, das denke ich mir auch manchmal, aber ich hatte vor Louis sehr lange Sir Alex Ferguson und der Mann ist auch ein ganz Großer. Ich hatte das Gefühl, dass Louis im richtigen Augenblick zu uns gekommen ist, wir hatten diesen Typ Manager nötig. Jemand mit seiner Art zu arbeiten, mit seiner Statur. Während er doch vielleicht dachte, dass er im falschen Augenblick gekommen sei, weil er nicht die Spieler hatte, die es umsetzen konnten. Deshalb glaube ich, dass er mehr Zeit hätte bekommen müssen. Mit anderen Spielern wäre es ganz anders gelaufen."

Wie erlebte Rooney die holländische Invasion? Mit van Gaal kamen auch Frans Hoek, Albert Stuivenberg, Jos van Dijk, Max Reckers, Daley Blind . . . „Oh, das war ich gewohnt. Wenn Manager kommen, solche Topleute wie Louis, kommen sie nie allein. Dann bringen sie ihren eigenen Stab gern mit. Einige Spieler fanden es etwas schwierig, mit Albert zu arbeiten, weil er die Instruktionen von Louis in den Besprechungen umsetzen musste. Mich belastete das nicht, ich hielt sie alle für nette Typen und ich konnte gut mit ihnen arbeiten. Man merkte ihnen an, dass sie das ernst nahmen, was nach Louis Auffassung passieren sollte.

Zum Beispiel Max Reckers: Viele Spieler haben keine Ahnung davon, wie Leute wie er arbeiten, wie sie ein Video zusammen schneiden. Und wie Giggsy dann diese Clips benutzt für seine Analysen des Gegners. Ich habe eine Menge Zeit mit Giggs verbracht, um mich darin zu vertiefen, und nun bin ich bei Derby County mit Philipp Cocu dabei es zu benutzen. Es ist wichtig, dass Spieler begreifen, was Jungs wie Reckers für sie tun. Dass all diese Leute nur ein einziges Ziel verfolgen: dir als Spieler zu helfen, deine beste Leistung auf dem Spielfeld abzuliefern."

Was van Gaal und Rooney gemeinsam auch hoch bewerteten: das Totale-Mensch-Prinzip. „In dieser Hinsicht bin ich wie er. Letztendlich ist man auch, mit dem, was man im Verein macht, ein Mensch. Wir haben alle Gefühle, wir haben alle Familie, es ist so wichtig, wenn Menschen sich realisieren: wir sind keine Roboter. Leute glauben: Ach, das ist Louis van Gaal, eine starke Persönlichkeit. Aber ich sah es, wenn er traurig, enttäuscht, getroffen war. Ich habe das ein paar Mal bei Louis mitgemacht. Dass er komplett niedergeschlagen war wegen der Situation im Verein. Wir sind alle ähnlich. Ich auch. Die anderen Spieler ebenfalls. Wir haben alle unsere Gefühle. Oft vergisst man, dass du auch nur ein Mensch bist, der probiert seinen Job so gut wie möglich zu machen. Allmählich wächst hier das Verständnis dafür, wird auch im Fernsehen mehr und öfter über mentale Gesundheit gesprochen."

Rooney kam dahinter, dass van Gaal in menschlicher Hinsicht flexibler war, als er das manchmal erwartete. Das traf besonders zu, als auf Youtube ein kurzer Film zu sehen war, in dem der Fußballer sich auf einmal als Boxer betätigte. Aber als das Filmchen ein Riesenerfolg wurde, dachte ich: Jesus, das sollte ich dem Manager vielleicht kurz erzählen. Sieh mal, manchmal möchte ich nichts vom Fußball hören und sehen; wenn wir dann ein paar Tage frei habe, besuche ich einen Freund, trinken etwas oder wir ziehen die Box-Handschuhe an und gehen zu Hause in den Sparringskampf. Dann bin nicht beim Fußball. Nun gut, ich ging zum Manager – und der begann gleich zu lachen. Es war überhaupt kein Problem für ihn. Naja, wie immer, vor allem bei mir: In den Medien wird alles immer größer aufgebauscht als es ist.

Louis war jemand, mit ich immer sprechen konnte. Über alles. Ein Mann, der mir zuhörte, der mir helfen wollte, wo er konnte. Deshalb war es so cool, mit ihm zu arbeiten, und darum war ich so niedergeschlagen, als man ihn entließ. Ich habe es genossen, mit ihm zusammen zu sein, sowohl auf dem Spielfeld wie auch darüber hinaus: es war fantastisch. Aber ich kann auch verstehen, wenn andere Spieler dabei andere Erinnerungen haben. Er ist ein Mann mit starkem Charakter, einschüchternd, das muss man aushalten. Man muss ihn wirklich kennen lernen wollen."

Es gab in zwei Jahren diesen einen Titel. Der FA-Cup. Van Gaal hält ihn wahrscheinlich für seinen schönsten, besten Preis, den er gewonnen hat. Viele sagen: Wie kann das sein? Wenn es jemanden gibt, der dies versteht, ist es Rooney. „Hast du eine Idee davon, wie schwierig ee ist, den FA-Cup zu gewinnen? Es war damals auch mein erstes Mal. Ich hatte es vorher fünfzehn Mal versucht, und es war mir nie geglückt. Darum war ich sehr emotional, als es endlich geschah. Der FA-Cup ist ein wahnsinnig bedeutender Titel in England. Ich erinnere mich wie an den Tag, als wäre es gestern: als ich als Neunjähriger nach Wembley fuhr, um das 1:0 von Everton gegen Manchester United zu sehen. Tor von Paul Rideout. Als Fan ist das meine liebste Erinnerung. Ich sehe sie noch vor mir: Neville Southall, Dave Watson, Graham Stuart, Duncan Ferguson, alles ältere Spieler. So wuchs ich auf, als Fan von Everton, einem Verein, von dem man weiß: eine Meisterschaft sitzt da wirklich nicht drin, der FA-Cup ist der höchste erreichbare Titel. Das gräbt sich dann tief bei dir ein. Die Idee, das Ziel: wenn man denn einen Titel gewinnen könnte . . . Der Cup ist in England hoch angesiedelt. Der Countdown an so einem Tag, das Fernsehen beginnt schon sechs Stunden vorher mit der Übertragung.

Dass ich selbst später zwei FA-Cup-Endspiele verlor, hat mir das Herz gebrochen. Und dann kriegt man tatsächlich eine dritte Chance, gegen Chrystal Palace, die letzte Chance, um ihn doch noch mal in den Händen zu halten. Wir waren als Mannschaft besser, aber sie trafen. Aber dann erzielte Mata sehr schnell das 1:1, und in der Verlängerung – in der wir wegen der Roten Karte für Smalling mit zehn Mann spielten – traf doch noch Lingard zum Siegtreffer. Das war ein emotionaler Augenblick. An einem emotionalen Tag. Für Michael Carrick war es auch das erste Mal, er hatte mit mir die beiden anderen Endspiele verloren, wir hatten beide so lange darauf gewartet. Also sagte ich ihm: ‚Wir halten den Pokal zusammen hoch.' Ich glaube, dass es für Louis großartig war, aber für mich hatte dieser Pokal denselben Wert wie eine Meisterschaft oder der Gewinn der Champions League.

Nach dem Spiel hatten wir zwei getrennte Feierlichkeiten: eine für die Spieler und ihre Familien und eine für die Sponsoren in einem anderen Raum. Jemand sagte: ‚Der Cup muss auch dorthin', aber ich hielt dagegen: , Nein, der Cup bleibt bei uns.' Ich fand: Wir hatten uns dafür verausgabt. Jeder darf immer mit dem Cup aufs Foto, aber an diesem Abend gehörte er uns, den Spielern und dem Betreuerstab. Ich habe ihn auf ein Stativ gesetzt, sodass alle Spieler mit ihren Familien Fotos machen lassen konnten – und am Ende dieser Nacht habe ich den Pokal mit ins Bett genommen. Meine Kinder schliefen schon, als sie dann wach wurden, konnten sie mit dem Pokal aufs Foto, großartig.

Eins der Privilegien, wenn man Spielführer ist! Es ist gut, zusammen Erinnerungen aufzubauen, ganz bestimmt mit seinen Kindern. Man weiß nie, was noch passiert, vielleicht ist so ein Augenblick einzigartig."

Emotional: „Wir gewannen später dann den UEFA-Cup mit Mourinho und den Liga-Cup. In diesen Endspielen habe ich zusammengezählt eine Minute gespielt, gegen Ajax. Im Finale dann gegen Southampton sollte ich eingewechselt werden, blieb aber doch draußen. Daraufhin sagte Mourinho: ‚Ich will, dass du den Cup hochhebst.' Ich habe es gemacht, aber es fühlte sich nicht gut an. Der FA-Cup war der letzte Titel, wo ich verspürte, dass ich es verdient hatte. Und dass ich dann auch noch als Spielführer den Pokal in Empfang nehmen konnte . . ."

Waren die zwei Jahre mit van Gaal ein Erfolg oder doch irgendwie eine Enttäuschung? Rooney: „Aus Mannschaftssicht gesehen war es ein Erfolg mit dem Gewinn des FA-Cups. Aus einer mehr historischen Sicht bleibe ich dabei, dass wir van Gaal für ein drittes Jahr hätten behalten sollen, dann wären wir so viel besser geworden. Mir hat er eine große Hilfe gegeben für meine Zukunft als Manager. Ich habe in den zwei Jahren mehr gelernt als unter irgendeinem anderen Trainer. Ich bin ihm sehr dankbar, auch dafür, dass er mich zum Spielführer machte, dass er das Vertrauen und den Glauben an mich hatte. Ich bin dankbar für die Beziehung, die wir hatten, das hat mir auf dem Spielfeld und außerhalb des Spielfeldes viel geholfen."

Die Frage, die Louis van Gaal noch hatte: Hat Rooney genug aus dem gemacht, aus seiner langen, reichhaltigen Laufbahn? Rooney: „Ich glaube schon, dass ich noch weiter hätte kommen können, wenn ich etwas egoistischer gewesen wäre. Dass ich ein echter Mannschaftsspieler gewesen bin, hat mir oft im Weg gestanden, um eine Stufe höher zu kommen. Aber wenn man sich meine Karriere ansieht, bedauere ich es nicht. Ich habe große Vereinstitel gewonnen. Und das gibt ein tolles Gefühl. Ich weiß, dass Cristiano Ronalde vielleicht lieber den *Goldenen Ball* gewinnt als welchen anderen Titel auch immer. Das ist nicht verkehrt, das ist seine Vorliebe, Aber für mich galt genau das Gegenteil. Die Beziehungen, die man dabei untereinander hat, machen alles so besonders."

So hört er sich also an, der ideale Louis-van-Gaal-Spieler? „Ja, klar. Alles fürs Team.

Jeder Spieler fühlt: Ich hätte Dinge besser machen können. Aber ich habe eine sehr schöne Laufbahn und ich bin glücklich damit. Und wer weiß was noch hinzu kommt . . ."

Hat Rooney alles dafür getan, um das Beste aus sich herauszuholen? „Ich glaube schon, dass ich alles, was ich hatte, für den Fußball gegeben habe. Ich liebe Fußball. Aber ich habe auch das Gefühl, dass das Leben kurz ist. Man muss auch Freude am Leben haben, mit deiner Familie, mit deinen Freunden. Bevor man es sich realisiert hat, ist es zu spät und man ist gestorben. Wenn ich nur für den Fußball gelebt hätte, hätte ich nie diese Familie gehabt. Jetzt habe ich so viel wie möglich für den Fußball gegeben und habe doch das Privileg, diese Kinder und diese Frau um mich herum zu haben. Ich habe das ganz starke Gefühl, dass dies genau das ist, was ich so gern wollte. Man kann manchmal die Orientierung verlieren und glauben, dass Fußball alles ist. Es *ist* auch ein riesiger Teil meines Lebens, aber es ist nicht alles."

12

Spezialisten & Entwicklung

Louis van Gaal arbeitete in seiner beeindruckenden Karriere mit vielen Spezialisten zusammen, beginnend mit einer kleinen Gruppe bei Ajax und bis zu 100 bei Manchester. Drei von ihnen blieben lange bei ihm und begleiteten ihn auf seiner Reise, gewannen an Statur, teilten Freude und Schmerz. Zudem ist dieses Trio wie kein anderes in der Lage, die einzigartige Arbeitsweise von van Gaal zu deuten. Drei Treffen über *virtual reality*, das Totale-Mensch-Prinzip, *deliberate practice*, Teambuilding, antizipieren. Der Computer-Freak, der Arzt und Physiotherapeut enthüllen in einem Triptychon im Detail: So arbeitet Louis van Gaal.

Max Reckers

Der Computer-Freak, der Louis' Sohn wurde

Louis van Gaal hatte ihm die Hand geschüttelt bei AZ. „Ich muss mich entscheiden. Zwischen Kees Verver und dir."

Der junge Max Reckers erwiderte: „Kees nimmt die Spiele auf und ich analysiere. Also solltest du uns beide nehmen."

Van Gaal, mit erhobener Stimme: „Beide? Das Geld wächst nicht auf Bäumen!"

Ein Tag später. Das Telefon. Max nahm ab, am anderen Ende hörte er die Stimme des Assistenten von Toon Gerbrands. „Wann könnt ihr kommen, um die Details zu besprechen?"

Es war in der Saison 2007/2008. AZ hatte nicht den Etat von Ajax, PSV oder Feyenoord. Also bedurfte es klugen Agierens, irgendwo einen Vorsprung herausholen. Van Gaal wusste wie: erneuern so wie immer. Sein zweites Ich. Max

Reckers, ein Typ, der vom Hockey kam und alles über Daten und Computer wusste, und Kees Verver, Video-Analyst, erhielten eine bevorzugte Rolle im Stab. Reckers: „Louis ahnte, dass er sich an die neue Generation anpassen musste. Eine Generation, die mit Internet, Computer, mit Technik aufwuchs. Den Prozess begannen wir damals gemeinsam. Wir suchten nach Hilfsmitteln, um es den Spielern besser deutlich machen zu können, was wie weiter entwickelt werden musste."

Es dauerte etwas, bis es Früchte abwarf, AZ wurde in dieser Saison nur Elfter, aber schon sehr schnell wurde van Gaal lyrisch, wenn er über seinen Computer-Experten sprach. „Louis konnte auf Basis der Bilder am besten analysieren, was schief lief. Und sich speziell dazu Übungen ausdenken, die dieses spezielle Problem trainierbar machten."

In der Anfangszeit bei AZ war der Technische Direktor Toon Gerbrands noch wahnsinnig stolz darauf gewesen, dass man im Verein zwei Computer dazu zur Verfügung hatte. Reckers: „Ja, er rief: wir haben es hier gut geplant! Nun ja, es kostete Stunden, um damit zu arbeiten. Ich brachte vom Hockey die Technik *SportsCode* mit, damit ging alles viel schneller. Von den vier Hauptaspekten von Louis mussten wir alles dokumentieren: wann beginnt ein entscheidender Augenblick, wie hat der Gegner in diesem Augenblick Druck aufgebaut, was ergab sich daraus?"

Nach dem ersten Spiel von AZ kam Reckers stolz ins Büro, alles stand, so sein Gefühl, nett und ordentlich da. „Der Auftrag bestand darin, ein Zwölf-Minuten-Video zu erstellen mit allen wichtigen Situationen, ein hartes Stück Arbeit, aber es war geglückt. Van Gaal rief: ‚Die 24. Minute! Genau die muss ich haben!' Tja, und die hatte ich genau nicht. Sein Assistent Martin Haar kam danach zu mir und meinte: ‚Du hast alles da, aber es fehlt dir noch ein einziger Knopf. Der Louis-van-Gaal-Knopf. Er macht das selten, aber wenn er von der Bank aufspringt, dann musst du die Bilder dieser Szene haben.' Ein goldener Tipp."

Das war damals, noch gar nicht so lange her, aber die Revolution hat ihren Weg in den eher konservativen Fußball schnell gefunden. „Wenn man diese Zeit mit heute vergleicht, muss man unwillkürlich lachen. Jetzt arbeiten wir mit 3-D-Brillen, virtuelle Wirklichkeit ist völlig normal. Wir messen 25mal pro Sekunde, wo die Spieler stehen in Bezug zu Gegenspielern, Mitspielern und dem Ball. Auch wissen wir inzwischen, dass für die Belastbarkeit von Spielern die Anzahl der gelaufenen Meter nicht wichtig ist, aber die eingesetzte *power* eine viel bessere Messeinheit ist. Arjen Robben konnte noch einmal in dem Augenblick beschleunigen, bei dem der Gegner seine eigene Höchstgeschwindigkeit erreicht hatte. Man kann es mit Autos vergleichen. Wenn ein dicker Audi oder Lada hinter einem Lkw herfahren und an ihm vorbei muss, dann gelingt das mit dem Audi viel besser, weil der mehr *power* hat. Es war großartig, als vor einiger Zeit Mess-Systeme entwickelt worden waren, mit denen man messen konnte, wieviel *power* ein Spieler bei einer bestimmten Aktion investierte. Dadurch konnten wir die Trainingsziele noch genauer definieren. Man muss dazu nämlich eine bestimmte Zahl von Aktionen in einem Training oder einer Übung machen. Bei der niederländischen Nationalmannschaft setzte sich diese Entwicklung erneut fort und so konnten wir den Spielern täglich einen Überblick über ihre Trainingsleistungen und –ziele geben."

Reckers ist nie mehr von der Seite von Louis van Gaal gewichen. Nach AZ Alkmaar ging er mit zu Bayern, zur WM mit Oranje, zu Manchester. Reckers zeigt anhand eines kurzen Films, wie in der Kabine von Manchester am 21. Mai 2016 nach dem Gewinn des FA-Cups ausgelassen gefeiert wurde, einen Pokal, den der Verein schon zehn Jahre lang nicht mehr gewonnen hatte. Glückliche Spieler, ein zufriedener Betreuer-Stab, ein glücklicher Louis van Gaal, zufriedene Vereinsführung und auch zufriedene Eigentümer von Manchester, denn die Familie Glazer strahlte freudig und prostete sich zu. Reckers: „Fünf Minuten später stand auf Teletext bei der BBC: Louis van Gaal entlassen. Die Dame vom Pressedienst bemerkte es als Erste, kam damit angelaufen, ziemlich aufgelöst. Am Abend hatten wir zwar noch eine große Feier, aber die Eigentümer und die Direktion waren nicht mehr umzustimmen."

Reckers wollte nur deutlich machen, in welch eigentümlicher Welt sich der Fußball befindet, in der er seinen Weg finden muss mit Fakten und Daten, die nicht zu widerlegen sind. Wir sehen Fotos aus der deutschen Zeit. Frank Ribéry posiert vor großen PS-Schlitten mit dem Kennzeichen RM und DM, Rekordmeister, Deutscher Meister. „Zwanzigmal angehalten wegen Geschwindigkeitsüberschreitung – ein Blick aufs Kennzeichen: Oh, Bayern! Dann fahr' mal weiter . . ." Die allzu wohlwollende Behandlung, die Bekanntheit, die Vorurteile, man muss damit rechnen. Als Reckers zu Manchester ging, las er auf Twitter über sich selbst: *Max Reckers – What a name, sounds like a porn star*. Die erste Reaktion darauf: *who'sthat?*

„In England haben wir lange darum gekämpft, für Spieler und Betreuerstab eine Umgebung zu schaffen, in der man sich täglich verbessern konnte." Was das bedeutet, sagt Reckers: „Dieser Prozess unter Louis van Gaal ist unwahrscheinlich intensiv. „Er ist der Trainer aller Trainer. Für ihn ist es essentiell, dass jeden Tag mit klaren Zielen gearbeitet wird. Dann ist es manchmal eine Frage des Provozierens und Irritierens, um etwas zu erreichen. Was wiederum gut fürs Team ist. Es ist nie nur für ihn, es ist immer dem großen Ziel verpflichtet: Die Mannschaft besser machen. Man fühlt es ganz genau: Das ist ausgesprochen fair. Das unterscheidet Louis von anderen.

Viele Trainer machen es sich zu einfach. Oft sagen sie: ‚Zeige ihnen noch ein paar Bilder, dann wissen sie, warum sie ausgewechselt wurden.' Bei Louis hört man diesen Spruch selten. Er arbeitet mit einer vollständigen Transparenz, lässt deutlich erkennen, was seine Botschaft ist, möchte darüber aber auch innerhalb der Mannschaft eine Diskussion. Sein Ziel ist: Wie bekommt man es hin, dass Individualisten an die Vision und Arbeitsweise des Trainers glauben, die das Beste fürs Team sind. Und: Wie wird es dann auch noch zu ihrer eigenen Entscheidung?"

„Zu allererst", sagt Reckers, „ist es wichtig, einen Prozess in Gang zu setzen, bei dem so viele Sinne wie möglich benutzt werden. Untersuchungen belegen: Menschen lernen am besten mit visuellem Feedback. Etwa 75 Prozent, von dem, was sie behalten, kommt von dem, was sie sehen. Auditiv, also mit ihren Ohren, kommen sie nur auf 13 Prozent und dann gibt es noch tun, versuchen, schmecken, macht zusammen zwölf Prozent. Wie kann man einen Spieler am besten coachen, sodass er besser wird? Indem sie viele visuelle Feedbacks erhalten."

Die Art, wie Louis van Gaal damit umgeht, ist wiederum sehr transparent und sehr direkt. Reckers: „Jeder Spieler bekommt ungefiltert einen Video-Clip von ‚seinem' Spiel. Darauf sind alle Momente zu sehen, in denen er am Ball war. So schafft man es, eine bessere Erinnerung von dem zu kreieren, wie sie wirklich gespielt haben. Nah einem Spiel denkt man oft: *Oh, ich war schlecht oder oh, ich war großartig.* Aber die Details? Stimmt es denn überhaupt? Bilder lügen nicht, betrügen dein Gefühl nicht. Vor dem Hintergrund der Bilder ist es viel einfacher, Zielstellungen zu formulieren. Was muss man machen, um besser zu werden? Sodass wir als Mannschaft besser werden . . ."

Vom Ausgangspunkt auswerten, Schlussfolgerungen daraus ziehen und Ziele für die Verbesserung formulieren trainiert van Gaal zwei Tage vor dem Spiel, um zu überprüfen, ob das Gelernte in die Praxis umgesetzt werden kann, im Spiel elf gegen elf, mit Blick auf den nächsten Gegner. Reckers: „Das hat Louis zu einer Kunst gemacht. Jeder wusste dann gleich: So werden wir spielen." Dem zugrunde lag die Idee, die Reckers HOOP nennt. Das steht im Niederländischen für *Herkennen, Ordenen, Oefenen, Presteren* – Erkennen, Sortieren, Üben, etwas leisten. „Das sind die vier Phasen. Dabei wählte ich Bilder aus, die ich den Spielern zeigte. Zuerst, beim H (*You don't know what you don't know*) zeigt man, dass sie bestimmte Dinge nicht wissen oder beherrschen, sie sollen das dann erkennen. Wenn diese Erkenntnis da ist, etwa so: Hallo, ich kann es nicht oder ich mache es nicht gut, können sie es sortieren und einordnen (*You know that you don't know*) und von da aus kann man den Fokus darauf richten, es zu verbessern (*Only if you focus you know*), das Verbessern durch Üben. Schließlich muss das Handeln und Agieren so automatisiert sein, dass man es ohne nachzudenken ausführen kann (*It's in your chip*). Wir nennen das P, von *Presteren,* etwas leisten, erfolgreich sein, und Physiotherapeut Jos van Dijk nennt es unbewusst. Kompetent."

Die Phasen, dieser Prozess, das klingt in sich logisch, aber es ist nicht so einfach ihn zu durchlaufen, weiß Reckers. „Man muss es spüren, zu welchem Zeitpunkt man im Coaching positiv und zu welchem Zeitpunkt negativ sein muss. In einem Spiel geht ja ziemlich viel schief. Aber wenn man nur betont, was alles nicht geklappt hat, rast es förmlich bis ins Bewusstsein des Spielersund sein Selbstvertrauen ist weg. Das muss man gut dosieren."

Van Gaal ist dort –abermals – ein Meister darin, diesen Prozess zu coachen, sagt Reckers: „Er kann hart sein, aber sich auch sehr lobend äußern. Das beeinflusst die Spieler beim Durchlaufen dieser Phase. Das Schöne daran ist, dass er es fast schon jubelnd begleitet, wenn man etwas Neues beherrschen lernt, aber wenn man es bewiesen hat, es zu können, dann erwartet er es auch. So denkt Louis. Dann ist das neue Niveau, das zuerst als das maximal Erreichbare schien, jetzt auf einmal zur untersten Grenze geworden ist. Dann musst du auch zu hundert Prozent gut sein, denn du kannst es ja. Das sagt er dann auch so den Spielern: ‚Oh, du warst doch so stolz darüber, dass du es nun kannst? Dann musst du es nun auch zeigen!'"

Der allumfassende Prozess erfordert einen Coach, der immer mehr zum Coach der Coaches wird. „Nicht ganz so einfach", sagt Reckers, „bei AZ begann wir mit einer elfköpfigen Mannschaft, inklusiv Louis. Es gab zwei Assistenten, einen Team-Manager, einen Materialmann, zwei Physiotherapeuten, einen Masseur, einen Torwarttrainer, einen Analysten und einen Video-Verantwortlichen. Bei der niederländischen Nationalmannschaft kamen wir schon auf einen Stab von 37 Leuten, die auf Louis hörten. Das muss alles passen und untereinander klicken. Und jeder muss Raum und Zeit bekommen, um das Optimale für die Mannschaft einzubringen. In Manchester waren die verschiedenen Charakter im Stab nicht in Balance. Wenn Ryan Giggs ein Meeting organisierte, zog Louis am Ende die Schlussfolgerungen daraus, aber dann nahm Albert es noch einmal auf. Louis und Albert lieben beide enorm die Details. Dadurch wurden Besprechungen immer länger. Danny Blind war in dieser Hinsicht der ideale Assistent für Louis, der ergänzte ihn viel besser, machte es meist etwas entspannter und kam noch mit einem Scherz. Danny begriff, dass man in bestimmten Augenblicken Besprechungen eher kurz halten musste."

Kichernd: „Einmal ließen wir die Spieler von Manchester beurteilen, wie sie ihr Energieniveau, ihre Schmerzen und ihren Schlaf bewerten. Anfangs gingen alle Informationen geradewegs vom iPad des Assistenten zum Laptop von Louis, der aber bestimmte, dass es günstiger wäre, wenn alle sechs Assistenten gleichzeitig auf die Auswertung sehen konnten, weil er noch vor dem Training zu sehr mit anderen Dingen beschäftigt war. Was passierte? Albert schaute auf den Computer und sah: Aber hallo, David de Gea gibt mit einer hohen Ziffer an, das er Schmerz fühlt. Albert also zu De Gea: „Geht es dir nicht gut? Hast du Schmerzen?" Torwarttrainer Frans Hoek tat genau dasselbe und Sporttherapeut ebenfalls. Und danach auch noch Ryan Giggs. Das war eine Lektion: Man gehe sorgfältig mit vertraulichen Daten um. David de Gea hatte gleich die Nase voll, gab nie mehr solche Werte an."

„Die Krux ist", sagt Reckers, „dass man die Daten richtig interpretiert. Das ist sehr wichtig. Spieler füllen immer aus: gut trainiert, hart trainiert. Oh ja? Dann macht man sich auf die Suche nach ihrer besten Leistung und misst, was sie davon im Training ein- und umgesetzt haben. Mittels der GPS-Leibchen messen Spieler ihren Herz-Rhythmus zusammen mit den Anstrengungswerten. Wenn man dies sichtbar macht, also messbar macht, weiß man auch, welche Ziele man setzen kann. Dann kann man Spielern vorweg sagen: ‚Was wirst du machen? Fünfzehn Aktion in einer Halbzeit?' Danach lautet die Frage: ‚Und – ist es gelungen?' Das macht den Spielern mehr Spaß und vor allem konkreter. Dann haben Sie ein Ziel vor Augen. Und am Ende zeigst du ihnen eine Grafik mit ihrem Herzschlag sehen: Siehst du, so hast du wirklich gearbeitet. Das macht mehr Sinn als einen Fußballer zu fragen: ‚Was glaubst, hast du dein Bestes gegeben?' Antworten sie meist: ja. Aber hast du wirklich die fünfzehn Aktion gehabt? Wie sieht es mit deinem Herzschlag aus? Da kann man sich nicht rausmogeln."

Es geht, doziert Reckers, um die KPI-Werte, die kritischen Leistungsindikatoren (*Kritieke Prestatie-Indicatoren*). Was ist wirklich nötig, um das ultimative Ziel zu erreichen (im Fußball heißt das recht einfach: alle Spiele gewinnen), wie gestaltet man die Umgebung, dass man mit Hilfe von Daten zu Erkenntnissen kommt? Er zeigt einen mächtigen, unglaublichen Sprint von Arjen Robben, in der 112. Minute des DFB-Pokal-Halbfinales zwischen Schalke und Bayern. Torwart Butt wirft den Ball nach rechts, dort startet Robben in der eigenen Hälfte einen Sprint mit zwei Beschleunigungen und mit einem wütenden Schuss als Höhepunkt entscheidet Robben das Spiel. Zur Erinnerung: in der 112. Spielminute! Reckers zeigt ein Papier von Robben mit allen möglichen Pfeilen auf seine Körperteile und die an diesen Stellen erlittenen Verletzungen. „Der Mann aus Glas. Ich habe hier aufgezeichnet, wie oft und wann er verletzt war. Das ist doch nicht zu glauben, wie oft, oder? Zusammen mit Edwin (Goedhart, dem Arzt) und Jos (van Dijk, dem Sporttherapeut haben wir uns die Frage gestellt: Wie können wir die Daten so benutzen, dass ein Spieler wie Arjen sich nicht verletzen (lässt) und doch in der 112. Minute eines Spiels noch in der Lage ist, so eine Aktion zu starten? Daraus wurde also ein KPI (siehe oben): Hilf Spielern sich zu verbessern, ohne dass sie sich verletzen. Das ist viel konkreter als: alle Spiele gewinnen. Bei Robben habe ich den Vergleich zu Autos gemacht: In ihm stecke ein V8-Motor in einer 2CV-Ente, dann muss man vor allen Dingen dafür sorgen, dass die Drehzahl unter Kontrolle bleibt."

Reckers entdeckte immer mehr, dass absolute Daten nicht immer die ganze Geschichte erzählten. Ein Spieler wie Arjen Robben bot dazu prächtiges Anschauungsmaterial. „Weil seine Schnelligkeit so hoch war, seine Explosivität so enorm groß, musste man seine Daten anders interpretieren als die eines Spielers, der vor allem viele Kilometer mit viel weniger Explosivität läuft. Es zeigten sich Daten, auf denen wir – mit der Kenntnis der Kapazitäten des Spielers – sehen konnten: Der Spieler arbeitet am besten auf Basis seiner gelaufenen Meter und seines Herzschlags, dieser Spieler hat bei dem gezeigten Einsatz einen zu hohen Herzschlag also Stress, jener Spieler hat einen normalen Herzschlag, hat sich aber zu wenig eingesetzt, da ist also noch was möglich . . .

Etwas anders stellte es sich dar, wenn wir die Passgenauigkeit maßen. In unserem ersten Jahr bei Bayern München fiel Martin Demichelis aus dem Raster. Der hatte normalerweise so gute Werte. Aber die Trainer waren überhaupt nicht zufrieden: Wo geht denn der Pass wieder hin? Zurück zum Keeper oder zum linken Verteidiger. Und wie kam es dazu, dass er trotz der Klarheit seiner Pässe seinen Mitspieler so oft Probleme machte? Das ärgerte uns so, dass wir irgendwann einmal auf eine andere Art hinsahen. Es wurde deutlich: Es ging nicht so sehr um das Ergebnis des Passes, sondern um die Entscheidung, die der Spieler trifft. Mit diesen Gedanken haben wir zusammen mit der Universität Groningen ein Modell entwickelt, in dem in Gelb der ballführende Spieler zu sehen ist und in Grün die Optionen, die er für einen Pass hat. Dazu erstellten wir eine Übersicht. Für welche Optionen entschieden sich die Spieler? Und weiter: Wie oft hatten sich Spieler angeboten, um einen Pass aufzunehmen? Bastian Schweinsteiger sagte: ;Ich spiele genauso oft nach rechts wie nach links, da bin ich mir sicher.' Louis sagte: ‚Nun, das Gefühl habe ich nicht, bring das mal ins Bild.' Bastian schaute es sich keine halbe Minute an und rannte weg: ‚Okay, okay! Es reicht! Ich sehe es schon!', rief er. Schweinsteiger spielte beinahe jeden Ball nach links, auf Ribéry. Demgegenüber steht dann so ein Spieler wie Daley Blind. Wir sahen es auf den Bildern bei Oranje und später bei Ajax: Der überspringt, wenn möglich, bei seinen Pässen zwei Stationen. Und dann passt er auch noch jeden Ball flach über den Boden, hart und sauber. Phänomenal. Das hatte eine ganz andere Qualität als die Pässe von Demichelis. Außerdem betrachteten wir auch noch: In welche Richtung läuft ein Spieler, mit Ball, ohne Ball? Das ergibt wieder neue Informationen.

Bei Bayern wurde daraus eine große Sache: Die Darstellung und Ansicht der Taktik, die Positionierung auf dem Spielfeld. Wie weit stehen wir auseinander? Weniger als 15 Meter? Die Bilder bewiesen es, die Fakten waren sichtbar: So kann man dann gegen uns nicht zu Toren kommen. Diesen Glauben daran in die Köpfe zu kriegen, es zu schaffen, dass die gesamte Mannschaft immer in diesen 15-Meter-Abständen bleibt, das alles ist ein bedeutender Faktor für den Erfolg geworden. Louis praktizierte das schon früh in seiner Laufbahn, und zwar mit einem Seil. Dabei ließ er das Seil um die Hüfte eines Spielers festbinden. Als sich dann jemand bewegte, hatte das natürlich große Konsequenzen für den Rest, denn wenn sie sich nicht mit bewegten, fielen sie um. Mit diesen Bildern, die wir zeigten, hatten wir ein Seil nicht mehr nötig, die Spieler lernten es visuell. Fünfzehn Meter – das wurde die Goldene Grenze. Frans Hoek kam dann noch mit einem weiteren Aspekt, der sagte nämlich: Man muss es aus der Torhüter-Position berechnen. Mussten wir also wieder einige Parameter anpassen und verändern, denn wie konnte man dann so den Gegner unter Druck setzen? Das hängt davon ab, wie weit der Torhüter vor seinem Tor steht. Der Raum hinter der Verteidigung wird beim hohen Pressing dann ziemlich groß. Der eine Keeper kann damit besser umgehen als der andere."

Dass van Gaal dies vor der Computer-Revolution alles schon sah und mit einem Seil arbeitete, das ist für Reckers der endgültige Beweis: „Louis hat eine unglaubliche Gabe, Dinge zu sehen. So oft sagte er mir: ‚Max, schau mal auf ihn. Zeig mir mal die Bilder.' Dann hatte er die Zeichnung oder das Modell, das zum Vorschein kam, nicht mal mehr nötig. Er wusste schon längst das Wie und Was. Er wollte es bestätigt sehen und, sehr wichtig, er wollte das Ergebnis als Hilfsmittel benutzen, sodass ein Spieler es selbst erkennen konnte. ‚Zeig ihm mal die Bilder', sagte er dann. Vorbeugend ging es dann ebenfalls weiter. Dann erhielten Spieler eine sogenannte Virtual-Reality-Brille und wurden so in diese Situation gebracht: Wohin spielst du den Ball – zu A, B, C oder . . . Entscheide dich! Alles unter Druck, in Höchstgeschwindigkeit. So verdammt wichtig. Auf dem Platz müssen die Spieler immer schneller Entscheidungen treffen. In Bruchteilen von Sekunde. Es geht so unglaublich schnell. Also heißt es immer wieder: situativ trainieren, Erkenntnisse darüber schaffen, welche Entscheidungen sie räumlich treffen müssen. Wenn man ihnen dies per VR-Brille anbietet, können sie daraus auf dem Platz sehr viel Nutzen ziehen. Sie trainieren das schnelle Reagieren, erkennen es schneller und entscheiden schneller."

Durch die Arbeit mit all diesen Daten, sieht Reckers immer wieder die Spieler und dadurch auch die Mannschaft fitter werden. „Weil es messbar ist, kann man sehr zielgerichtet arbeiten. Längst nicht alle Klubs sind so weit. Vor der WM fiel es mir auf, dass die Spieler von Feyenoord mehr tun mussten, um fit zu werden, als Spieler anderer Vereine. Sie arbeiteten genauso hart, waren aber weniger fit."

Wie war das bei Manchester United, wo ziemlich viele verletzt waren und die Erfolge ausblieben? „Ich glaube, dass wir da als Führungsspitze anfangs zu viel von dem ausprobiert haben, was bei der niederländischen Nationalmannschaft kurz vorher noch gut funktioniert hatte. Aber Kultur und Hintergrund in England sind ganz anders. Als wir bei Bayern begannen, war es genau das Gegenteil. Die

Deutschen wollten es so exakt machen, was wir sagten, dass ihre Kreativität verloren ging. Erst als wir ihnen gesagt hatten, dass es allein ihre Entscheidung sei, begann es zu funktionieren. Bei United war die Vereinskultur total anders. Dort bekamen wir die Einkäufe, die Louis haben wollte, eben nicht. Anfangs machte man uns neugierig auf Neymar, aber wir bekamen Nummer sieben und Nummer acht unserer Wunschliste. Das sind alles Gründe."

Heißt das, dass die Engländer weniger gern das machen wollten, was die niederländische Kolonie antrieb? Ist es das, was Reckers meint? „Die englische Liga ist doch härter, schwerer und weniger organisiert. Auch die Disziplin der Spieler ist nicht so groß. Warum denn keine Pizza nach dem Spiel? Das muss doch gehen? Hatten sie doch immer getan? Nun ja. Das passt nun überhaupt nicht zur Denke von Louis. Zusammen essen – davon hielten sie gar nichts. In Deutschland fand das dagegen ungeteilten Beifall."

Van Gaal sagt inzwischen: „Jeder Verein hat eine Computer-Spezialisten wie Max Reckers nötig. Durch so einen Mann kann jeder Trainer besser auswerten und analysieren. Der kann so gut verschlüsseln. Und was das Sammeln all dieser Daten betrifft: Das ist oft nicht mehr als eine Unterstützung eines Arguments, jemanden aufzustellen oder eben nicht aufzustellen. Es nicht seligmachend und der Weisheit letzter Schluss. Und dabei geht es auch darum, ob jemand dafür offen ist. Es geht nie ums Recht haben, sondern um Recht zu bekommen. Ein Spieler kann auch mit dem Kopf durch die Mauer rennen. Dann ist es für mich die Herausforderung, dem Spieler die Bilder und Daten begreiflich zu machen. Das ist eine schöne Aufgabe. Damit kann man Spieler inspirieren. Aber man kann damit auch komplett daneben liegen, Menschen damit verunsichern. Es ist nicht so, dass man den Spieler schneller erreicht, wenn man alles objektiviert."

Egal wo van Gaal und Reckers waren, sie bauten etwas auf, entwickelten es. Eine Erneuerung nach der anderen, immer Zeit genug, um eine Stufe höher und weiter zu kommen. Sie errichteten Struktur von der Philosophie aus. Nachdem der Trainer nun aufgehört hat, wird sein Erbe gewürdigt und fortgeführt? Erkennt Reckers im Fußball genügend Menschen, die das Erbe sorgfältig hüten? Reckers nickt: „Das ist ganz bestimmt gewährleistet. In den Niederlanden sehe ich sowieso sehr viel, von dem ich glaube: Das geschieht im Geiste von Louis. Der Verband KNVB hat Louis' Ideen im großen Stil in der Jugendfußballausbildung adaptiert. Die Van-Gaalianen sitzen noch überall. Steijn Spreij (Analyst bei der WM 2014) ist immer noch auf diesem Posten bei der niederländischen Nationalmannschaft, und Kees Verver ist noch immer Video-Analyst bei AZ. Die Jugendfußballausbildung bei AZ ist top organisiert, genauso wie van Gaal es sich vorstellt. Aber auch bei einem Verein wie Bayern München ist noch viel van Gaal spürbar. Auch bei Manchester. Das war eine nette Geschichte der Medien, nach der Mourinho alle von van Gaal geschaffenen Strukturen über Bord geworfen habe. Das kann man mir glauben, davon stimmt nichts."

Natürlich, argumentiert Reckers, so wie Louis es kann, können es nicht allzu viele Menschen. „Und man muss auch nicht versuchen, es eins zu eins zu kopieren, das ist nicht angemessen. Zum Beispiel Danny Blind. Als Assistent-Coach arbeitet er fantastisch, dadurch half er mit, dass Louis noch besser wurde. Aber Danny als Nachfolger von Louis, das geht nicht. Sie sind so unterschiedliche Typen. Gerard van der Lem: exakt die gleiche Geschichte. Louis hat immer besser erkannt, wer seine Assistenten sein müssten. Er wollte Danny auch mit zu Mannchester nehmen, aber der hatte Bert van Oostveen versprochen: Ich bleibe. Wir wollten das Erbe bei der niederländischen Nationalmannschaft nicht in Gefahr bringen und waren zuvor davon überzeugt, dass auch Albert ein guter Trainer sei."

Van Gaal zu klonen wird niemals möglich sein. Reckers: „Louis ist einzigartig. Was er selbst an Zeit und Einsatz investiert ist phänomenal. Der Mann ist immer eins voraus." Das heißt aber nicht, dass die Zusammenarbeit mit ihm immer nett läuft. „Er hat das Talent, jedes Gespräch unangenehm zu machen. Er weiß es dann so zu gestalten, dass man immer noch daran zweifelt, ob es richtig ist, was man sagt."

Reckers lacht: „Schöne Geschichte. Bei AZ hatte die Putzfrau nach sechs Wochen den Mut, gegenüber Louis zu sagen, dass die Schuhe der Spieler nicht im Schuhregal stünden, sowie Louis es mit den Spielern abgesprochen hatte. Das sorge für viel Arbeit für sie beim Saubermachen. Darauf sagte Louis: ‚Weißt du, was wir machen, stecke alle Schuhe, die nicht ordentlich im Regal stehen in einen Müllsack und stelle den in mein Büro.' Mussten die Spieler zu ihm, um ihre Schuhe zu holen. Es gab einen Spieler, der es versuchte: ‚Ach, Trainer, dafür haben wir doch die Putzfrau . . .' Nun ja, der bekam wirklich den Wind von vorn. Und zwar so deutlich, dass die anderen sich neue Schuhe gekauft haben, Er will es klar in seinem Stab für jeden regeln. Von der Putzfrau bis zum Direktor. Man kann sich bei ihm nicht rausmogeln. Er ist ganz klar der Chef. Und er ist immer sehr penibel und deshalb nicht immer gemütlich. Man muss bei ihm immer konzentriert sein."

Nichtsdestotrotz fühlte man sich als Teil seines Stabes immer wie in einer Familie. „Louis hat insbesondere bei Oranje und bei AZ so viele tolle Leute zu ihrer eigenen Stärke verholfen. Wenn man mal die 37 Leute nimmt: so ein Arzt wie Edwin Goedhart, der so weit über den Dingen stand. Piet Bon, der Patron. René Wormhoudt, der Kreativste, wenn es um Aufwärm- oder Krafttraining ging, immer wieder etwas Neues, immer wieder eine neue Herausforderung. Frans Hoek: was der schon alles mit den Torhütern geschafft hat. All diese Fachleute erhielten von Louis die Freiheit, um in ihrem Gebiet zu glänzen.

Einige Mitglieder des Betreuerstabes, die diese Freiheiten nicht hatten, merkten dadurch, dass sie sich verbessern mussten und so entstand eine Art natürliche Hierarchie.

Louis hatte dieses *Teile & Herrsche* unglaublich gut entwickelt. Seine Führungsriege wurde im Laufe der Jahre natürlich immer größer, er musste deshalb darauf setzen, dass sich die Mitglieder untereinander korrigierten. Und dann gibt es innerhalb eines solchen Stabes auch noch die unterschiedlichsten Persönlichkeiten. So war der Sporttherapeut Jos van Dijk in Fragen des Konzeptes sehr kreativ. Ich bin mehr ein Macher, er ist mehr der Typ von Versuchsballons und neuen Ideen und wie es dann alles zum großen Ganzen passt. Oft dachte ich bei mir: Was willst du jetzt eigentlich, was muss ich ganz konkret tun? Aber Louis brachte uns bewusst zusammen, weil die Kombination unserer Persönlichkeiten bessere Resultate erbrachte. Und zwar genau wegen unserer unterschiedlichen Stile. Das Schlaue von Louis war, dass viele Persönlichkeiten ihm nicht lagen, er aber immer Qualität obenan setzte. Und selbst wenn es sein größter Feind wäre – wenn er überzeugt davon war, dass es fürs Team besser sei, dann entschied er sich für so einen Mann. Louis hat die Fähigkeit, über den Tellerrand zu sehen und dann zu schauen, was übrig bleibt: Was motiviert jemanden, was kann er zur Mannschaft beisteuern?"

Der Computer-Guru wurde sein Spitzname. „Louis hat mal gesagt, dass er mein Ersatzvater sei. So hat sich das auch für mich angefühlt. Ich war 25, als ich zu seinem Team kam, und ich glaube, dass ich den Mut gehabt habe, die Freiheit in meinem Fachgebiet zu beanspruchen. Das hat Louis unglaublich geschätzt. Er widersetzte sich, wenn er dachte, ich gehe zu weit, andererseits gab er auch Freiheiten, wenn es galt in seinem Prozess Dinge zu verbessern. Manchmal sah ich eine Innovation und dann war ich zu hundert Prozent davon überzeugt: Louis sieht es noch nicht, aber es wird passieren. Man muss sich weiter entwickeln, immer voraus laufen zu wollen."

Wie füllte Louis van Gaal die Vaterrolle bei Reckers? „Wir saßen jeden Tag 16 Stunden oder länger zusammen. Dann lernt man sich kennen. Privates und Beruf gehen dann ineinander über. Die Familie und Freunde sieht man dann nur nach dem Spiel in der Mannschaftskantine. Louis hatte dort immer für den Stab mit ihren Familien einen großen Tisch reserviert. Jeder kannte sich also. Aber solche Momente können auch schwierig sein. Deine Gäste haben ein tolles Wochenende erlebt, während wir gerade ein Spiel verloren hatten."

„In Manchester kannte ich meine heutige Frau noch nicht, lebte allein. Louis hat wie kein anderer Verständnis dafür. Dann hieß es wieder: ‚Kommst du mit zum Essen, kommst du kurz bei Truus und mir vorbei?' Das geschah dann auch regelmäßig. Eine andere Facette: Ich bin ein Morgenmensch.. Ich stehe früh auf und lege gleich los. Aber bei der WM und auch bei Bayern hatten wir noch um halb zwölf ein Meeting. Gab es noch ein Getränk, und jeder hatte noch die Möglichkeit, etwas zu sagen. Ich war dann erschöpft. Niemals hat er dazu was gesagt, wenn ich mich abmeldete oder etwas zu spät kam. Ich war nach so einem langen Tag einfach durch. Den Raum ließ er mir, aber es gab für niemanden einen Freibrief, zu spät zu kommen.

Als Mensch bedeutete er sehr viel für mich. Ich empfand es als sehr viel schwieriger, meine letzte Freundin ihm vorzustellen als meinen Eltern. Weil Louis dazu immer eine Meinung hat. Und Truus erst! Großartig, wie die beiden auch zusammen uneins sein konnten. Louis begriff mich, aber Truus war komplett anderer Meinung. Haha."

Und wie war das Verhältnis in professioneller Hinsicht? „Nun ja, Louis ist der Chef, entscheidet und leitet den Betreuerstab. In guten und schlechten Zeiten. Dabei versuche ich, so viel wie möglich Arbeit wegzunehmen bei der Vorbereitung der Besprechungen und Analysen. Weil es viele Besprechungen auch während der Fahrt mit dem Bus oder der Reise mit dem Flugzeug gab, verbachten wir noch mehr Zeit miteinander. Dort redeten wir über alles. Ich forderte ihn auch regelmäßig heraus wegen seiner Entscheidungen oder Menschen, denen er vertraute. Man soll es nicht glauben, aber Louis vertraut manchmal mehr als dass er misstraut."

Egal wer dazu kam oder ging, die Wege von Reckers und van Gaal trennten sich nach ihrem ersten außergewöhnlichen Gespräch nicht mehr. „So bin ich. Nach seiner Entlassung bei Bayern fand ich es schlimm, dass Leute aus unserem Stab einfach da blieben. In Manchester passierte das gleiche. Ich glaube dann: Wenn man es gemeinsam beginnt, bringt man es auch gemeinsam zu Ende. Aber da ist Louis mit mir nicht einer Meinung. Er sagt: ‚Fantastisch, dass die Mitarbeiter bleiben können, die Leute sind auch abhängig von Beruf und Einkommen, haben auch Familie.‘ Ich sehe dann mehr die Loyalität, er gönnt den anderen das Beste.“

Piet Bon

Immer ein bisschen geschmeidig

Piet Bon ist Hausarzt und das merkt man gleich. Obwohl er mit seinen 73 Jahren bereits im Rentenalter ist, diese zu Mensch gewordene Freundlichkeit ist ein Mann, dem man blind vertraut und alles erzählt, was man auf dem Herzen hat. So war es Jahrzehnte lang – bei Ajax, bei der niederländischen Nationalmannschaft. Wenn jemand sich auch nur ein bisschen unwohl fühlte, konnte er sich an Piet Bon wenden.

Der frühere Olympia-Ruderer kann davon in seinem Haus am Wasser, wo ordentlich gebaut wird und Wind und Regen die Aussicht färben, ausführlich erzählen.

Seine Erzählungen fügen sich nahtlos in das Totale-Mensch-Prinzip von Louis van Gaal und auch das von Piet Bon ein. Darin fanden beide einander. „Ein Fußballer ist an erster Stelle Mensch.“ So wie es Bon immer schon postulierte: „Eine Verletzung ist mehr als nur ein schmerzhaftes Knie.“ Es war übrigens auch Piet Bonn, der van Gaal auf die Idee brachte, eine abgeschottete, sichere Binnenwelt zu schaffen, indem die Spielerkantine auch tatsächlich zu einer Spielerkantine wird. Anno 2020 völlig normal, 1992 ein Schock, denn selbst so eine Klub-Ikone wie Sjaak Swart musste seinen Kaffee nun irgendwo anders trinken. Das stimmte den Mann, der bei einem PR-Gag eines Toto-Unternehmens mitmachte, nicht fröhlich. Bon lächelt: „Ja, aber das ist verdammt wichtig: die sichere Innenwelt.“

„Fußballer haben es ähnlich wie Filmstars und Sängern mit dem, wie ich es immer nenne, Bekanntheitsparadox zu tun. Wenn sie Probleme haben, sitzen sie oft auf einem so hohen Ross, dass sie sich für dumme Fragen schämen. Sie gehen oft auch gleich zu einem Spezialisten, weil sie meinen: Oh, ich habe ein Problem, das muss gelöst werden. Das kann manchmal falsch sein. Man muss sich erst in der sicheren Umgebung schlau machen. Der Hausarzt hört zu. Das ist und bleibt die Basis eines guten Gesprächs. Oft bekommt man dadurch schon die Wurzel des Problems zu packen. Oft ist das einfach besser. Und was ein Vereinsarzt ebenfalls macht, ist der Aufbau eines guten Netzwerks."

Bon, ein ernster Mensch, erkannte es so oft im Fußball. Diese Unruhe. Diese Unsicherheit. Die merkwürdigsten Verhältnisse. „Wenn man mit Louis über die Straße geht, verhalten sich Leute Louis gegenüber anders als zu mir. Man fühlt sich verbunden, es baut aber auch eine Mauer auf. Wenn jeder von dir etwas will, eine Meinung von dir hat, dich anspricht? Ja, natürlich. Auch Ärzte behandeln einen manchmal ziemlich verquer. Es ist wahrscheinlich, dass der König anders behandelt wird als der Nachbar von nebenan. Oder glaubst du das nicht? Darum war es bei Ajax und später bei Oranje so wichtig, dass man zu mir ins Büro kommen konnte, die Türe hinter sich schließen und reden konnte mit jemandem, der alles von dir schon wusste. Erzähl mal. Unter uns."

Er lächelt: „Ich habe – Louis ausgenommen – viele verrückte Trainer bei Ajax gesehen. Die verstanden wenig davon, wie sich ihre Spieler verhielten. Kamen sie zu mir, um Dampf abzulassen: ‚Die Jungs sind unverschämt; der sieht mich noch nicht einmal richtig an.' Dann vermittelte ich. Ich war immer so etwas wie ein Mittelsmann. Ich muss aber sagen, dass Louis dabei eine Klasse für sich war, der hätte mir so etwas nie gesagt. Er konnte die Spieler lesen. Louis schaute sehr genau auf den Menschen hinter dem Fußballer. Dort trafen wir uns. Dies sollte einfach ganz normal sein, aber das ist es eben nicht."

Bon kam zu Ajax, als der Verein nahezu pleite war. Vieles befand sich noch in den Kinderschuhen. Medizinisch? „Es ging nichts, es war kein Geld da. Beim Hockey hatte ich Jos Geijsel getroffen, den Sporttherapeuten, der machte da schon eine ganze Menge, aber bei Ajax durfte er ein paar shuttle-runs einführen und ein bisschen über Ernährung und Schlafen erzählen, das war's dann aber auch. Wir konnten einen Sportpsychologen konsultieren, der war aber nicht fest bei Ajax angestellt. Es gab ein Krankenhaus, mit dem man bei Ajax zusammen arbeitete, ich habe damals die Verbindung zur Freien Universität von Amsterdam aufgebaut, dieses Krankenhaus hatte alle Spezialisten."

Aber es war nicht nur das fehlende Geld, was Bon behinderte. „Wenn man bei den Hockey-Leuten etwas wollte, überlegte man das kurz mit Bondscoach Hans Jorritsma oder Vorstandsmitglied Paul Litjens und die sagten dann: ‚Das ist gut, machen!' Wann? ‚Schon morgen!' Bei Ajax hieß es dann immer: nun ja, puh, sollten wir nicht einfach Fußball spielen? Man wurde auch schnell im wahrsten Sinne des Wortes an der Nase herumgeführt.

Dann kam Louis. Und Co Adriaanse übernahm die Jugend. Gerard van der Lem dazu als Assistent. Diese Männer haben zusammen mit Bobby Harms, der dort schon viele Jahre arbeitete, eine großartige Arbeit geleistet. So unglaublich hart wie sie arbeiteten . . . Die zweite Mannschaft übernahmen sie dann auch noch. Sie machten alles. Zu Hause blieb alles bei den Frauen hängen. Was Fernanda mit zwei Töchtern auf sich nehmen musste: Hut ab. Und daneben organisierten sie zusammen auch noch Feste und Treffen für den Teamgeist innerhalb der Mannschaft. Das hat mich kolossal beeindruckt. Louis wusste von jedem alles."

Die Revolution wurde gestartet. Auf allen Ebenen: volle Konzentration und Hingabe. In der medizinischen Abteilung ging es gleich voran. Bon: „Wie ich schon sagte: Louis und ich dachten ähnlich. Wir sahen den ganzen Menschen, das Totale-Mensch-Prinzip. Er besuchte zum Beispiel Marc Overmars in Epe, um den Menschen Marc Overmars kennen zu lernen, bevor er den Fußballer verpflichtete. Marc kam dann zu mir nach Hause, um sich untersuchen zu lassen. Und dann stellte ich ihm eine Reihe von Fragen. Hast du einen Bruder, eine Schwester, was machen deine Eltern, gibt es eine Krankheit in deiner Familie, seid ihr gläubig? Bei Jungs aus dem Ausland sehr wichtig. Ich weiß noch genau, wie Eyong Enoh hierher kam und alles über seinen Glauben erzählte. Das sind alles Mittel, die man als Klub benutzen muss, denn es geht darum zu ergründen, welchen Einfluss dies auf das Funktionieren von einem Jungen hat. Und wenn man so einen Jungen zu Hause besucht, ergibt sich eine Fülle von Informationen über ihn."

Bon sieht glücklich aus. „Aus medizinisch-technischer Sicht war Louis Gold wert. Leo Beenhakker war mehr der Typ: ‚Ach, mach einfach mal, Doc.' Louis war in dieser Hinsicht viel strenger. Wir saßen regelmäßig mit allen Mitarbeitern zusammen, um über jeden Spieler zu sprechen. Dabei stellte Louis meist gute Fragen. Müssen nicht Fotos gemacht werden, soll kein Scan erstellt werden, wann, warum nicht heute? Er war sehr scharfsinnig. Gut für uns. Nach jeder Diskussion kamen wir überein, und Louis sagte: ‚Ihr seid die Mediziner.' Das gab uns Vertrauen."

Wie notwendig es wurde, den Schritt zu mehr Professionalität zu machen und wie rückständig die Fußballwelt die medizinischen Aspekte beachtete, wurde Bon auf eine äußerste peinliche Manier im Jahr 1996 deutlich „Davon habe ich ein Trauma zurückbehalten. Nwankwo Kanu. Zur Erinnerung, als ich damals bei Ajax anfing, gab es nichts, man durfte nichts. Nur den Morgen-Puls durften wir messen. Es passierten Dinge, gegen die ich war. Wenn Spieler Schmerzen hatten, bekamen sie eine Art Ibuprofen. Wenn sie kaum Luft bekamen, bekamen sie ein Fläschchen mit einem starken Geruch aus einem kleinen Koffer. Bei Schmerzmitteln weiß man manchmal nicht genau, welche Nebenwirkungen sie haben. Und man darf es nicht nehmen, wenn man eine Magenblutung gehabt hat oder eine Herz-Insuffizienz. Wir wissen heute viel mehr als damals, das war noch die Zeit von ‚könnte sein'. Bei so vielen Mitteln gab es noch keine genauen Untersuchungen. Und trotzdem wurden diese Mittel verabreicht.

Naja, nur den Morgen-Puls messen also, den sogenannten Ruhepuls. Wir hatten nie bei ihm etwas gemerkt. Und dann ging Kanu in den Sommer von 1996 zu den glühend heißen Spielen der Olympischen Spiele in Atlanta. Er gewann Gold. Danach wurde er in Italien gecheckt durch Inter, und man kam dahinter, dass er nicht drei Taschen an der Aortaklappe hatte, was normal ist, sondern nur zwei. Wir wussten das nicht. Und das fand ich sehr schlimm. Wir hatten bei unserem medizinischen Programm keine Echografie, die Italiener wohl. Darüber hinaus ist eigentlich nichts Schlimmes passiert, aber diese Geschichte mit Kanu, ja, das fand ich schrecklich. Ich war betroffen, fühlte mich verantwortlich."

Langsam aber sicher – Ajax wurde durch die Erfolge immer reicher – gab es mehr Mittel und mehr Platz für die medizinische Abteilung. Aber die Umsetzung und Einführung des Sportpsychologen geschah nicht mit Trommelwirbel. „In der Hockey-Welt wurde schon lange so gearbeitet. Wie gehst du mit Stress-Situationen um? Ich kannte den heutigen Professor für Psychologie an der Universität von Groningen, Nico van Yperen, später hatten wir Kontakt mit Rico Schuijers und Wim Keizer. Wir stimmten darin überein: ‚Bleib im Hintergrund, wahre deine Berufsgeheimnisse.' Vor allem im Fußball ist es so wichtig, dass es für die Spieler alles sehr intern und sicher bleibt. Während der WM 2014 habe ich von Spielern einiger Klubs gehört, wie ihre Beschwerden auf einmal öffentlich geworden waren. Das geht nicht. Dann missbraucht man Sicherheit und Vertrauen."

Es war van Gaal, der Bon sagte: „Es passiert jetzt." Die Tür für den Psychologen ging auf. „Er war sehr klug in diesen Fragen. Er fragte mich immer: Ist es gut oder nicht? Aber er wusste wohl, wen er einschalten musste und wen nicht. Ein Psychiater kam zu uns. Mit ihm starteten wir deshalb nicht, weil er alles gleich aufschrieb oder im Fernsehen darüber sprach. Aber Rico Schuijers war gut, hielt Vorträge, gab Ratschläge, hatte schon viele Athleten begleitet . . ."

Mit dem Kopf war so viel zu gewinnen. Bon: „Wenn es den Anschein hat, dass man etwas gut kann, es aber doch nicht so gelingt, dann ist die Ursache davon ein Mangel an Konzentration."

Bon wusste als früherer Olympia-Teilnehmer, wovon er bei Ajax sprach: „Meine Vergangenheit half. Ich wusste schon lange, wie gut der Einsatz von Spezialisten wirkte. Es gab weder viel Wissen im Fußball auf der physischen Ebene noch in Ernährungsfragen. Louis war auf diesem Gebiet ein echter Wegbereiter. Noch bevor die Spezialisten ihm den Beweis dafür lieferten, dass es Nutzen brachte, sagte er schon immer: ‚Jungs, antizipieren.' Seht euch den Gegner an. Seht das Ganze. Bei Ajax gaben wir schon unser Bestes, um das hinzubekommen. So klein der Mitarbeiterstab anfangs auch war, jeder war zu hundert Prozent voll dabei. Unser gesamtes soziales Leben war auf den Verein abgestimmt, im Grunde 24 Stunden am Tag, sieben Tage in der Woche. Wir suchten nach neuen Wegen und dann prüften wir: Macht es Sinn, funktioniert es? Was ist erforderlich, um fortwährend zu erneuern?"

Aber es war nicht so, dass die Auswahl von all diesen speziellen Einflüssen leicht fiel. Bon lacht: „Ich nannte das immer das Ball-Phänomen. Hatte sich beispielsweise ein Spieler verletzt, sah man das abends in der Fernseh-Sendung *Studio Sport*. Wurde ich doch gleich von der Frau eines Spezialisten angerufen: ‚Sie sollten ihn zu meinem Mann schicken, er ist der Beste.' In Volendam hatte man eine Art Wunderwasser . . . und so ging das weiter. Es ereilte uns viel Unsinniges, es gab rund um Ajax viele Arten von Einflüssen. Man musste aufpassen dass man nicht ‚Nein' zu etwas sagte, was vielleicht doch helfen könnte, aber gleichzeitig sehr behutsam mit unseren Jungs umgehen. Sie waren keine Versuchskaninchen. Wir mussten auf anständige Weise den menschlichen Körper respektieren."

Eine andere Gefahr: neue Spieler. Bon: „Was wollen die bei Ajax? Sich selbst gleich beweisen. Ganz bestimmt gegenüber einem Trainer wie Louis. Vor dem Hintergrund meiner Rolle warf ich dann ein: „Mach einfach deine Arbeit. Teste nicht deine Grenzen aus! Willst du es mehr machen? Dann verletzt du dich." Aber nicht nur die neuen Spieler waren in dieser Hinsicht anfällig, auch die Jungs, die schon da waren, weil der eigene Lebensbereich so viel Einfluss hat. Alles spielt dabei eine Rolle. Wie schätzt man die nächtlichen Stunden ein? Schlecht schlafen: das ist es. Wenn man unruhig ist, Stress mit der Freundin, Sex nur auf dem Küchentisch? Dann hat man – im letzten Beispiel – Probleme mit dem Knie. Das Letztgenannte habe ich nicht erfunden, hallo, das passiert. Aber insbesondere der Schlaf ist wichtig. Als ich später bei der niederländischen Nationalmannschaft Louis assistierte, wurde das gut festgehalten und kontrolliert. So sollten erst einmal alle Spieler Fragen digital beantworten. Sie hatten alle Uhren an, mit denen man nachts den Herzrhythmus messen konnte. Wenn wir dann bemerkten: Oh, das fällt aus dem Rahmen, wussten wir: Der Spieler hat etwas."

Louis van Gaal nennt Piet Bon einen seiner Lieblingsassistenten. Bon sieht es als ein nettes Kompliment. „Aber wir hatten auch ernsthafte Diskussionen, das habe ich allerdings nie als schlecht empfunden. Wir hatten Respekt voreinander und konnten gut zuhören, wir dachten oft dasselbe. Ich weiß kaum etwas vom Fußball, und das war gut. Deshalb machte es mir auch wenig aus, wer vor mir stand, Dennis Bergkamp oder ein Schüler, jeder war genauso wichtig. Und Louis wusste viel vom Fußball, darin ergänzten wir uns. Wir interessieren uns für vieles und dabei besonders für Menschen. Er wusste: Das Team drumherum ist so wichtig. Das wurde entscheidend bei der WM 2014. Der Mitarbeiterstab von Oranje war damals unermesslich groß."

Bon sieht sie noch da sitzen, Abend für Abend, in Brasilien. All die Mitarbeiter, der Tag musste ausgewertet werden. „Dann hieß es warten auf die Physiotherapeuten, die waren als Letzte fertig mit der Behandlung der Spieler. *Bitterballen* auf den Tisch und dann musste jeder etwas sagen, von jeder Spezialabteilung war mindestens einer mit dabei, meistens war jeder aus der Abteilung dabei. Und dann gab es auch noch die Scouts, die Security, die Köche, die Leute aus der Wäscherei, Leute aus der Presse-Abteilung, Assistenten, Mediziner und so weiter. Und beinahe wäre am Ende ein Weltmeistertitel daraus geworden. Der Grund war wahrscheinlich, dass wir im Halbfinale mit Nigel de Jong spielten, der nicht vollständig fit war, anstatt mit Jordy Clasie. Naja, aber das denke ich."

Wie funktionierte die medizinische Abteilung? Bon: „Wir hatten Rien Heijboer als Orthopäden, Edwin Goedhart als Sportarzt und ich war die Verbindung. Rien und Edwin sind großartig. Wirklich klasse auf ihrem Gebiet. Edwin hat überlegt, dass wenn Louis widerspenstig oder ärgerlich würde, sie mich in der Hinterhand noch als Prellbock hätten. Das klingt irgendwie verrückt, aber man darf nicht unterschätzen, was der Zorn von Louis mit einem Menschen machen kann. Wie man auf so eine Wut reagiert. Das ist beinahe beängstigend. Wenn sie zurecht gewiesen werden, gehen sie in die Abwehrhaltung, etwa so wie ‚okay, ich mache es und werde es schon zeigen!', oder es berührt sie emotional. Es gab Menschen, die komplett die Orientierung verloren hatten. Wie du reagierst, hat natürlich mit deinem Charakter zu tun."

Andererseits beeilt sich Bon zu sagen: „Louis ist mehr als nur durchschnittlich interessiert am Menschen. Wenn man über Spieler spricht, die nicht zum Aufgebot gehörten oder nicht aufgestellt worden waren, bewertete das Louis doch sehr gut als Trauma, eine Art Trauer. So eine Junge fragt sich dann: Warum ich? Hätte ich anders handeln müssen. Habe ich nicht gut genug gespielt. Und bei einem unpassenden Selbstbild kommt oft Ärgernis, Frustration dazu, manchmal auch Akzeptanz. Wie manche Trainer damit umgehen, ist nicht gut. Die sagen dann am Abend: Los, wir haben gegessen und spielen jetzt Karten. Die verpassen es, mit den Jungs zu reden. Louis sagt schon während des Essens: „Du, du und du – ihr kommt gleich zu mir, einzeln, und seid rechtzeitig da, passt also gut auf, wenn der, der vor euch ist, fertig ist." Dann führte er das Gespräch, kam mit Argumenten, und es wurde für so einen Spieler erklärlich. Das machte Louis unglaublich gut, und ich habe viele Spieler sagen hören, wie wichtig dieser Mann für sie gewesen ist."

Aber auch da wieder: die unterschiedlichen Charaktere. „Daley Blind kommt aus einer wirklichen tollen Familie und ist selbst schon sehr gut in Balance. Bogey, Winston Bogarde, konnte ziemlich heftig reagieren. Dann war er sozusagen auf einmal krank. Ich musste dann zu ihm, zu seinem Haus. Eineinhalb Stunden reden. ‚Bogey, du bist überhaupt nicht krank, du ärgerst dich, bist einfach nur genervt.' Ja, ja. Fragte er mich dann, was er tun solle. Daraufhin sagte ich: ‚Ich kann dir nur sagen, mit dem Trainer zu sprechen. Möchtest du, dass ich ihm das schon sage?' Ja, dann war's gut. Die beiden waren faszinierend, eine Art Hass-Liebe. Bei Winston und Louis war es meist eine Frage von Abweichungen in der Interpretation."

Ah, der Aufschrei von Bon! Er lacht: „Ein nettes Wort für Streit. Aber es entwickelt sich hauptsächlich daraus, wie man mit einer objektiven Sache umgeht. Der eine kann etwas für in Ordnung halten, der andere rastet aus. Ich denke mir oft bei Menschen: Was ist da los? Warum macht jemand das so, wie er es macht? Warum ist der sauer? Oft entsteht es daraus, wie jemand etwas interpretiert."

Vielleicht nicht sauer, aber sehr beunruhigt war Bon während der sanften Revolution von Cruyff bei Ajax. Er trat zusammen unter anderen mit Goedhart zurück, als damals das Technische Herz unter Leitung von Wim Jonk, Dennis Bergkamp und Frank de Boer mit einer Übersicht von zugelassenen Chiropraktikern und Haptonomen auftraten und Jugendspielern Nahrungsergänzungsmittel verabreichen ließen ohne medizinischen Unterbau. Bon: „Johan Cruyff war ein ganz besonderer Mann und ein unglaublicher Fußballer, aber er war keine gute Führungskraft. Das Technische Herz bestimmte alles, auch auf medizinischem Gebiet. Das durfte nicht sein. Daraufhin sind wir mit einigen anderen zurückgetreten."

Der Kontrast mit dem, was danach passierte, die WM in Brasilien, konnte nicht größer sein? „Das stimmt. Louis war für uns wie eine sichere Bastion. Er vertraute uns und nach außen war er sehr gradlinig. Wir mussten auch nicht in die Öffentlichkeit, das wollte ich nicht, das war nicht meine Aufgabe. Auch nicht in Richtung Medien. Dafür hatten wir bei Ajax David Endt und bei Oranje Kees Jansma. Ich wurde vor längerer Zeit mal von Barend & Van Dorp angerufen. Die Redaktion der TV-Sendung war total verwirrt darüber, dass ich nicht in die Sendung kommen wollte, um dort irgendetwas zu erklären. Es schafft doch kein Vertrauen, wenn ich so etwas machen würde? Was soll ein Spieler denken, wenn ein Hausarzt darüber im Fernsehen kurz etwas erzählt? Das ist dann doch keine Sicherheit?"

Als Anhänger des Prinzips vom Totalen Menschen lernten sich Trainer und Arzt in all den Jahren der Zusammenarbeit gut kennen. „Louis hat sich als Fachmann und Mensch sehr gut eingeschätzt. Als er 1991 Nachfolger von Trainer Beenhakker wurde, war er strikt und streng. Straff ebenfalls. Dann fragte ich manchmal: ‚Louis, wie geht es dir?' Dann brauste er förmlich auf: ‚Warum fragst du mich das, ist irgendetwas?' Heute würde er sagen: ‚Setz dich, ich werde es erzählen.'"

Hat Louis, der selbst so sehr an die Macht des Willens und die Hilfe von Psychologen glaubt, selbst davon Gebrauch gemacht? Bon zögert kurz und sagt dann: „Dann muss ich doch auf das Paradox der Bekanntheit zurück kommen. Als Fernanda, seine erste Frau, so krank war, wollte ein Spezialist alles Mögliche versuchen, um sie zu retten. Das ging damals sehr weit. Das belastet Louis heute immer noch. Ich habe zwar mal gesagt: ‚Louis, du kannst immer noch mit dem Mann darüber sprechen, willst du das? Dann organisiere ich das.' Nein, das wollte Louis nun doch nicht."

Van Gaal konnte allerdings auf Bon zählen, in dieser Zeit. „Seine Töchter schliefen bei uns, als Fernanda gestorben war. Ich wusste es etwas eher als sie, aber Louis wollte es ihnen unbedingt selbst erzählen."

Bon und Gaal sind Freunde. „Ja, so empfinde ich das. Ich bin immer willkommen. Auch in Portugal. Dort darf ich dann auch logieren. Aber in einem anderen Haus, sagt er. Er möchte keine Menschen längere Zeit um sich herum haben, das hasst er."

Eine wertvolle Erinnerung zum Schluss: Ich war Vorsitzender des Verbands der Vereinsärzte und Berater, das CCC (*College van Clubartsen en Consulenten*). Bei einigen Festen überreichten wir vom Vorstand Zertifikate, das war in der *Snowworld* in Zoetermeer. Wer sollte das machen? Louis war zu dieser Zeit Trainer von AZ und ich sagte: Ich rufe ihn an. ‚Jesus Piet! Du weißt doch, dass ich solche Dinge nicht mache! Aber! Für dich mache ich es. Wo soll das sein?' Ich: ‚Äh, *Snowworld.*' Er: ‚Jesus Piet! Immer Staus in dieser Richtung. Wie spät ist es?' Was machte er? Er nahm seine ganze Arbeit mit ins Auto, und als ich ankam, dachte ich: Verdammt, das scheint der Wagen von Louis zu sein, der dort parkt, das wird was, er sitzt da auch noch drin. Stand er dort schon eine ganze Zeit und arbeitete seine Papiere durch. ‚So, zumindest war ich vor den Staus durch', sagte er noch. Ich schämte mich so. Während der Rede hieß es immer wieder nur ‚Piet hier' und ‚Piet da', der Lobgesang war etwas zu heftig. Sieh mal, er hat etwas Narzistisches an sich, aber Louis kann auch einen anderen enorm bewundern."

Wer mit Jos van Dijk ein Gespräch beginnt, muss mit allem rechnen. Der Sporttherapeut ist durch und durch ein echter Van-Gaalier. Ein Dialog mit ihm ist eine Frage von ausloten, kämpfen, dann auf einmal ausführliches Dozieren, dann wieder eine Menge Fragen. Es ist manchmal unangenehm, aber ständig lehrreich, es ist vor allem ungeheuer viel. Es ist in allem, in jedem Detail, in jeder Faser Topsport, und es erhellt besonders deutlich das Denken und Tun des Trainers aller Trainer, Louis van Gaal.

Im Schloss Oudaen, an der Oudegracht in Utrecht, bestreitet Jos van Dijk stundenlang ein Doktorandenseminar. Modelle, Zeichnungen, Begründungen, van Dijk bespricht es. Es ist nicht schwer sich vorzustellen, dass van Gaal diese Art von Spezialisten mag. Sie stehen fernab von Meinungen und Subjektivität, es ist alles bewiesen, eine hinreichend untersuchte Materie, mit der man weitermachen kann.

Und das vor allem dank van Gaals früherem Assistenten Andries Jonker. „Ja, der hat mich uneigennützig Louis empfohlen, als der zu AZ ging. Ich arbeitete im Verteidigungsministerium und hatte den UEFA-A-Lehrgang beim holländischen Fußballverband mitgemacht. Nach diesem Kursus fragte mich Andries regelmäßig, als er selbst noch Trainer bei MVV in Maastricht und bei Willem II in Tilburg war: ‚Kannst du für mich ein paar Sachen erledigen?' Als nun Andries davon hörte, dass Louis van Gaal bei AZ in Alkmaar anfangen sollte und einen Sporttherapeuten suchte, wusste er wen. Im Restaurant Borchland nahe der Johan-Cruyff-Arena haben Louis und ich darüber gesprochen, und er stellte mir eine Reihe von Fragen. Und ich ihm. Was war der Plan für die Vorbereitung, vor welchen Herausforderungen standen wir, was waren die grundlegenden Prinzipien, was die Denkweise? Mir schien es interessant mit Louis zu arbeiten, er sagte Dinge, die in meine Sichtweise passten. Er hatte Ehrgeiz, ist ein Sieger. Seine Absicht ist es nicht, einen Verein zu trainieren, nein, alles muss auf die höchste Stufe gebracht werden, es muss eine Richtung geben, ein Ziel. Das sprach mich an."

Der Sporttherapeut und der Trainer wurden unzertrennlich. Van Dijk zog mit nach München, nach Manchester, zwischendurch arbeiteten beide Männer am imposanten Projekt WM 2014. Van Dijk erhielt stets größere Freiheiten von van Gaal, seine Rolle wurde mit den Jahren immer wichtiger. „Jos Geijsel hatte van Gaal bei Ajax in die richtige Richtung gelenkt, Raymond Verheijen hat die Idee von Fußball-Kondition auf die Füße gestellt, er hat Expertenwissen entwickelt. Luis selbst hat die Sporthochschule besucht, ich hatte Bewegungswissenschaften studiert, dann weiß man, dass man Dinge in der Praxis entwickeln muss. Das ist so wichtig. Leute fragen oft: Was heißt das denn, Fußball-Kondition trainieren? Das bedeutet, dass alles im Zusammenhang trainiert wird. Man kann nicht an dem einen Tag Übersicht trainieren, am nächsten Tag die Physis, übermorgen Technik, dann den Kopf, man muss dies immer zusammen packen und Schwerpunkte setzen, wo es nötig ist. Immer wieder. Wenn man damit intensiv beschäftigt ist, wird man im Kopf immer besser, mit dem ganzen Körper, und auch das Fußball spielen können wird besser. Fußballer sind in hohem Tempo Athleten geworden. Vor dem Hintergrund der beschränkten Trainingszeiten in der Spitze muss man immer mit vollem Einsatz trainieren. Das ist eine Herausforderung, das gibt viele Möglichkeiten und fordert komplex zu trainieren."

Das Warming-Up für das Gespräch ist vorbei. Jos van Dijk machte mit Volldampf weiter. „Leistung ist machbar, sagt Louis immer, und ich glaube felsenfest daran. Etwas anderes ist es, ob Leistung ausreicht für Erfolg. Da ist viel mehr erforderlich. Wenn man dann den Trainingsprozess analysiert, kommt man zu, *deliberate practice,* beratender Praxis, da ist Louis ein Großmeister."

Hohoho, *delibearte practice*, was is das denn? Van Dijk zieht eine Grimasse. „Das bedeutet, etwas zielgerichtet und systematisch einzuüben, etwas was man gerade noch nicht kann. So wird man zum Experten auf hohem Niveau. Man sagt oft: ‚Zehntausend Stunden üben – dann wirst du zum Experten.' So einfach ist es allerdings nicht. Es erfordert ein planmäßiges Vorgehen. Man muss das Training spezifisch gestalten. Abhängig von der individuellen oder Mannschaftsentwicklung fußballerische Herausforderungen und Intensität suchen. In Schritten denken. Jetzt kannst du *das*? Aber gerade noch nicht *dies*? Dann müssen wir sehen, wie wir *dies* erreichen. Das ist Louis: En Detail alles messen und wissen, und dann versuchen zu wachsen, stärker zu werden, besser zu werden. Wobei man immer überprüft: Sind die Spieler so weit, physisch und mental konzentriert und können sie es schaffen?"

Jetzt einmal in Fahrt: „Fünf Merkmale von *deliberate practice*.

1. *Push beyond one's comfort zone*. Du weißt, was du kannst, musst aber Schritte machen, um besser zu werden. Wie? Indem man es ungemütlich macht, in Situationen zu geraten, die außerhalb deines Könnens liegen. Das kann man machen, indem im Spiel bestimmte Spieler Manndeckung erhalten, sie

müssen dann dafür sorgen, dass sie sich freilaufen, anspielbar sind oder eben Raum kreieren für einen anderen Spieler.

2. Arbeite im Hinblick auf genau definierte Ziele. Also keine nichtssagende Aussage wie *Ich will schneller werden*. Sondern: Ich will mich auf den ersten Metern mit/ohne Ball verbessern oder: ich will auf meiner Schwächeren Seite physisch, technisch, taktisch in defensiven Aktionen besser werden.
3. Konzentriere dich intensiv auf die Trainingsübungen. Pass-Übungen stellen die höchsten Anforderungen an gezielte Aufmerksamkeit. Im Positionsspiel wird gerade unter anderen das visuelle Wahrnehmungsvermögen beansprucht, und man muss qua Aufmerksamkeit schnell umschalten.
4. Nimm das Feedback auf und gehe damit an die Trainingsarbeit. Die Rückmeldung, das Feedback muss allerhöchsten Ansprüchen genügen. Auch für Top-Trainer ist die Herausforderung, speziell und doch individuell beim Feedback zu sein. Das ist essentiell!
5. Arbeite zielgerichtet daran, neue Fußballkenntnisse und Fußballerfahrung im Gehirn aufzubauen. Alles was du tust, hat das Ziel, ein Experte zu werden. Als Spieler, in deiner Rolle fürs Team. Dies geschieht über die Zusammenstellung deiner taktischen Bibliothek im Gehirn, die Grundlage für gute und schnelle Entscheidungen im Spiel. Dafür muss situativ trainieren und auf hohem Niveau spielen. Auch das Visualisieren von Fußball-Situationen trägt zum Aufbau dergleichen Kenntnis-Strukturen im Langzeitgedächtnis bei. Louis forderte Spieler nach taktischen Besprechungen dann immer auf, die besprochenen Fragestellungen zu visualisieren, die Fußballsituationen im Gehirn nachzuspielen.“

„Der Ansatz von *deliberate practice* erklärt, dass Talente unter Louis Chancen bekamen und dass sie es so gut nutzten. Sie sind begierig und sind lernbereit. Die Namen in einer langen Reihe: Ruud Vormer, Jeremain Lens, Thomas Müller, David Alaba, Marcus Rashford und Andreas Pereira. In der niederländischen Nationalmannschaft haben auch viele Talente ihr Debüt gemacht und bei der WM 2014 gespielt. Das ist Teil der Vision und Arbeitsweise von Louis“

Kann jeder Spieler diesen Lernprozess durchlaufen? „Es ist sehr komplex, man muss es nur wollen und dafür offen sein. Worüber wir jetzt sprechen, könnte man *deep learning* nennen, maschinelles Lernen. Das erfordert große Aufmerksamkeit bei der Entwicklung des eigenen Fußballkönnens. Es besteht nicht nur darin, fußballerische Aktionen zu machen, sondern auch daraus, bewusst zu trainieren und zu lernen. Dazu kommt noch das Management deiner Müdigkeit. Wenn ein Spieler müde wird, schaltet das Gehirn oft ab, ist die Informationsverarbeitung reduziert und ein Spieler kommt zu weniger guten Entscheidungen. Er kommt in den Durchhaltemodus. Dann geht er kein Risiko mehr ein. Was passiert auf dem Platz, was muss ich dann tun? Darum trainieren wir sehr intensiv und oftmals relativ kurz, 60 bis 70 Minuten; Spieler müssen kognitiv aufmerksam sein, um Fortschritte zu machen und sich zu verbessern."

Während der WM in Brasilien waren die Jungs von Oranje im Spiel um den dritten Platz noch bemerkenswert fit. Wie kam das? „Es war regelmäßig glühend heiß, es war ein schweres Turnier und wir mussten viel reisen. Die Spitzenspiele stellten die höchsten Anforderungen, auch physisch. In der Planung, wie bei den Reise-Plänen, der Wahl der Hotels, Erholungsphasen, Entspannung kann schon vieles bedeutsam sein. Team-Manager Hans Jorritsma und seine Mitarbeiter haben dabei eine großartige Arbeit abgeliefert. Darüber hinaus haben wir das Turnier top-fit begonnen und haben es mit dem Thermo-Physiologen Hein Daanen, Hochschullehrer an der Freien Universität von Amsterdam, ein Akklimatisierungsprotokoll ausgearbeitet. In den Spielen ging es weiter darum, das Tempo zu drosseln (*pacen*), dabei muss man lernen, seine Kräfte über 90 Minuten plus x zu verteilen. Fußball ist ein eher konservativer Sport. Bei Untersuchungen in Australien hat man festgestellt, dass die Intensität des Spiels enorm zunimmt, wenn man viel auswechselt. In vielen Sportarten passiert dies bereits: Handball, Volleyball, Basketball, Hockey. Fortwährend ein- und auswechseln hat also einen großen Einfluss auf die Intensität des Spiels. Aber weil es im Fußball immer noch eine Obergrenze für Spielerwechsel gibt, müssen Mannschaft und Spieler lernen mit dem Tempo zu variieren, es funktioniert nicht immer mit 100 Prozent Intensität. Das haben wir bei der WM gut gemacht."

Auch bei Oranje wendete van Gaal *deliberate practice* an. Da hatte er auch die richtige Gruppe? Van Dijk: „Alles Jungs, die wirklich wollten. Das ist die Krux. Die Veränderung im Spielsystem (1-5-3-2) sorgte dafür, dass es eine gemeinsame Entdeckungstour zum Besser werden wurde. Spieler fühlten sich maximal angesprochen auf dem Weg zur Beherrschung des neuen Systems. Es war wirklich Topsport-Kultur. Ich male immer bei *deliberate practice* ein Emoticon mit Smiley. Das ist ein ganz dickes Plus. Man muss es unbedingt mit einem Lächeln tun. Die Spieler müssen dabei das Gefühl haben: Ich werde gerade angegangen, aber mit einer Hand auf meiner Schulter, einem Lachen, einem Kompliment. Dann wird die viel fordernde Arbeitsweise viel einfacher akzeptiert und ist gewinnbringend. Diese Kombination beherrscht Louis van Gaal sehr gut. Sowohl anschieben und ziehen, das macht er perfekt."

Van Dijk gönnt sich einen Schluck, aber gleich geht es weiter: „Nach der WM überließ er das direkte Training immer mehr seinen Assistenten. Ryan Giggs machte das beim situativen Elf gegen Elf für die gegnerische Partei, Albert Stuivenberg coachte die eigene Mannschaft. Beide sind Spitzenleute in ihrem Fach. Es schränkte allerdings Louis in seinen Möglichkeiten zum Coaching ein, der direkten Beeinflussung von Mannschaft und Spieler. Es ist eine Gratwanderung. Immer wieder fordern und dann doch wieder die Leute bei sich behalten.

Louis spricht über den Menschen. Es geht um die Beziehung. Der Spieler muss verstehen: Der will mich besser machen. Dabei geht es auch um das, was der amerikanische Psychologie Abraham Maslow in einem Lehrmodel zusammenfasst, von unbewusst inkompetent zu unbewusst kompetent. Unbewusst inkompetent: Man kann etwas nicht, aber man weiß es nicht. Begreife: Oftmals wissen wir nicht, dass wir etwas nicht wissen oder können. Quasi Blindflächen in unserem Handeln. *Deliberate practice* macht das sichtbar, in dem man noch nicht gut ist. Dann ist bewusst inkompetent, das ist die zweite Phase und die signalisiert: Alarm! Das ist essentiell, jetzt wissen wir, woran wir arbeiten können und müssen. Fürs eigene Vertrauen und Selbstbild ist das die schwierigste Phase. Wenn es einem gelingt, darin besser zu werden, ist man bewusst kompetent, aber es ist noch nicht automatisch Teil deiner DNA. Erst wenn man ohne nachzudenken und bei höchster Anspannung etwas beherrscht, ist man in der Phase der Top-Leistung angekommen: unbewusst kompetent. Innerhalb dieses Modells passt dann auch die Diskussion, ob man Spieler in ihrer Stärke spielen lassen muss und daran schließt sich wiederum die Frage an: Kann der Spieler sich im Hinblick auf die Anforderungen anpassen und verändern, die für eine Position oder eine bestimmte Spielweise gelten?"

Das Ganze schreit jetzt nach einem Beispiel. Van Dijk: „Bei Manchester spielte Morgan Schneiderlein. Unser kontrollierender Mittelfeldspieler. Morgan holte sich oft den Ball bei unserem rechten Verteidiger Ashley Young. Morgan dachte: Ich biete mich an, komme an den Ball und kann am besten von dort den Spielaufbaue gestalten. Louis rief immer wieder: ‚Wegbleiben, gerade wenn du zentral in deiner Position bleibst, kommst du frei, wenn du dann den Ball bekommst, kann man das Spiel öffnen.' Morgan wurde mit einer Situation konfrontiert, in der er unbewusst inkompetent schien. Daraufhin sah man, dass es schon ein Riesenschritt war zu begreifen, es muss anders gehen, bewusst inkompetent. Auch das ist ein Talent-Faktor: sich schnell auf andere Herausforderungen einstellen können. Für Chris Smalling und Phil Jones, die im Spielaufbau eine Rolle spielen sollten, haben wir auch Trainingsformen entwickelt, um das Ausspielen und Zuspiel weiter zu verbessern. Manchmal glückt es, manchmal läuft es aus dem Ruder. Bei United steckte das Problem zum Teil in der Ausnutzung von Chancen, was schließlich essentiell ist, um Spiele zu gewinnen. Die Mannschaft schien eine niedrige Effizienz zu haben, also haben wir mit vielen Trainingsformen gearbeitet, die darauf zielten, bessere Entscheidungen zu treffen, wenn Chancen sich bieten. Das sind manchmal lange Wege."

Van Dijk legt dann den Finger in eine Wunde. Für so einen intensiven Lernprozess ist Zeit erforderlich. Bei Manchester war Zeit ein Begriff, der kaum vorkam. „Das ist im Fußball eine der größten Herausforderungen. Man muss in einer Atmosphäre mit viel Druck arbeiten. Niemand hat Geduld und es gibt kaum richtige Vorbereitungszeit. Also muss man hier im Schnelldurchgang durch. Spieler aus Ihrer Komfortzone abholen, ein kritisches Feedback geben, Schritte nach vorn machen sowohl als Mannschaft wie auch als Spieler. Entscheidend ist dann, dass Spieler dabei eine hohe intrinsische Motivation mitbringen, eine wachsende Denkweise, *growth mindset*: Ich will besser werden, offen sein für Rückmeldungen, Ziele klarer formulieren und Trainer, Mitarbeiter und Mitspieler fordern, um besser zu werden."

Louis van Gaal erzählte, dass er nicht einmal so viel Übungsstoff benutzte, ihn aber endlos wiederholen konnte. Van Dijk nickt. „Louis hat tatsächlich kein umfangreiches Programm, aber seine Passübungen, die Positionsspiele, kleine Spielchen, elf gegen elf, das Arsenal an Trainingsformen, das passt alles wunderbar zusammen. Konditionell, technisch und taktisch funktioniert das hervorragend. Es ist sehr stark vom Trainer gesteuert. Das erklärt, weshalb einige Spieler aufblühen und andere damit Probleme haben. Daneben gibt es immer die intuitiven Spieler, die Kreativen, die am liebsten ihr eigenes Spiel spielen. Frank Ribéry, Arjen Robben, die sagten wörtlich: ‚Lass mich mal, ich mache es auf meine Art.' Dann ist es die Aufgabe des Trainers, dass sie ihre Stärken behalten, dass sie aber gleichzeitig Teil der Mannschaft bleiben. Bei diesen beiden ist das geglückt. Das Team ist in der Philosophie von van Gaal immer wichtiger als der einzelne Spieler. Bei Real Madrid gibt es eine ganze andere Philosophie, dort geht man mehr von elf Individualisten aus. Geht auch."

„Das ganze *deliberate practice*", sagt van Dijk, „ist eine lange, faszinierende Reise. Die Herausforderung für Louis ist: Welche Zielstellungen verfolge ich? Wohin führt es? Was ist das Endziel? Und wie nehmen wie den Einzelnen dorthin mit? Als Coach und Trainer muss man sehr gut wissen, wie man spielen will, das muss super konkret sein. Dann kommt man zwangsläufig zu Positionsprofilen. Aufgabenprofilen. Dann beginnt der *deliberate practice* mit einem Lächeln und wir gehen gemeinsam auf die Reise. Wie bekommen wir das alles zusammen? Louis ist ein Meister darin, diesen Weg, klar und deutlich darzustellen. Wie müssen wir das Spiel machen, das hat er bis ins letzte Detail parat. Jede Position ist genau beschrieben. Das ist zu prüfen. Er stellt seine Umgebung vor große Herausforderungen. Die Mitarbeiter müssen dieselbe Sprache wie Louis sprechen. Extrem wichtig ist, dass er der Meister in Fußballfragen ist, das ist leitend, das ist durchdacht, trainierbar, messbar, sichtbar zu machen. Und auch zurück zu koppeln: das funktioniert, das funktioniert nicht. Seine grundlegenden Aspekte sind die aufeinanderfolgenden Phasen in vier Hauptaugenblicken: Ballbesitz, Ballbesitz des Gegners und die beiden Umschaltmomente. Die einfache Frage ist immer: Hast du deine Aufgabe in den vier Hauptaugenblicken gut gemacht, in der entsprechenden Qualität?"

Der nächste Schritt: „Geleitet von Idealismus oder von Realismus? Beim Idealismus geht es darum: Was willst du mit der Philosophie und Schönheit des Spiels? Bei Realität geht es mehr um: Ich will erfolgreich sein und was ist dafür zu tun? Bei AZ ging es für Louis mehr um die Realität. Die Serie lautete schließlich: zweiter Platz, Dritter, Elfter, Erster. Nach dem elften Platz meinte Louis: ‚Wir ziehen uns etwas zurück, stehen kompakt und schaffen den Raum für El Hamdaoui, der dann glänzeh kann.' Man ist als Trainer abhängig vom Material. Bei der niederländischen Nationalmannschaft die gleiche Geschichte. Was auch immer mitspielt, ist die

Frage: Wie gut ist unser Gegner? Immerhin mussten wir bei der WM gleich gegen Spanien und Chile.

Bei der WM hatte sich Louis für Realismus entschieden. Er übersetzte es in ein defensives 1-5-3-2, und das bedarf einer ganz anderen Art des Angreifens und Verteidigens, anderer Trainingsformen, eines anderen Konditionsaufbaus und anderer Aspekte der Fußball-Kondition. Wieviel Zeit würde das benötigen? Und sollten wir damit gleich anfangen oder warten, bis die Mannschaftsauswahl komplett war. Wir haben gleich begonnen, weil es sein musste. Das stellte ganz andere, viele höhere Anforderungen an die Spieler. Die Verteidiger mussten weiter vorn verteidigen, vorgehen, mit dem Raum in ihrem Rücken klar kommen, das erforderte konditionell und taktisch sehr viel. Die Verteidiger mussten die Seiten bespielen, wurde halbe Mittelfeldspieler, die Mittelfeldspieler mussten immer wieder nachrücken. Vorn sollten Robben und van Persie explosiv agieren."

Und dabei wurde der Sporttherapeut natürlich wichtig? „Ja. Ein Beispiel: Arjen Robben muss man gut kennen. Der hat eine enorme intrinsische Motivation. Beinahe schon Fanatismus. Er hat den absoluten Willen, gut zu werden und möglichst noch besser. Also lag für mich bei ihm die Aufgabe zu bremsen. Der neigte dazu, viel zu viel zu machen. Wenn jemand übertrainiert und ermüdet ist, wird er im Spiel nicht seine Bestleistung bringen. Wenn man wenig trainiert, ist das Risiko für Verletzungen gering, aber es entwickelt sich auch wenig. Auf die Dauer schränkt das dann die Leistung ein, also die Chance auf Erfolg. Es ist ein dauerndes Suchen nach der richtigen Intensität und Länge des Trainings."

Van Dijk zeichnet eine Grafik, die übersichtlich macht, dass sowohl die Leistungsentwicklung als auch Verletzungen eine Funktion der Trainingsbelastung ist. „Es gibt ein Optimum an Trainingsbelastung für jeden Spieler und jede Mannschaft. Man muss alles gut dosieren, um nicht zu unterfordern (kein Trainingsnutzen), aber auch nicht um zu überfordern (Verletzungen). Dazwischen liegt nur ein kleiner Spielraum. Abhängig vom Einzelnen. Das macht meine Arbeit so wichtig und herausfordernd. Ich muss für die Mannschaft einen gemeinsamen Nenner in Sachen Trainingsbelastung finden.

Arjen ließ bei Bayern Trainingseinheiten aus. Oder er bekam andere Aufgaben. Es gibt Trainingsformen, wie beispielsweise das Positionsspiel, in denen man es speziell für ihn dosieren kann. In England bei Manchester war es alles viel schwieriger. Wir hatten anfangs zu viele Verletzungen. Die Spieler waren unsere Trainingsformen nicht gewohnt, hatten vorher hauptsächlich in geringerer Intensität trainiert. *Im Spiel muss man sich zeigen.* Das ist ihre Kultur. Aber unsere Philosophie ist: Man trainiert in der Intensität, die aufs Spiel abgestellt ist. Und das wird schrittweise in speziellen Fußballformen aufgebaut, mit Beschleunigungen, mit einer höheren Intensität. Der Aufbau vollzog sich etwas ruhiger, als wir es bei Bayern und der niederländischen Nationalmannschaft gemacht hatten. Dazu kam, dass ein Teil der Vorbereitung in Amerika stattfand, wo wir neben dem Reisen viele Spiele absolvieren mussten. Zusammen genommen war die relative Belastung zu hoch. Hier müssen wir uns selbst den Spiegel vorhalten: Das hätte man besser machen können. So ehrlich muss man sein. Wir fuhren dann von der WM gleich nach Manchester. Ich hätte mehr bremsen müssen. Es ist eigentlich wie immer – das Gleichgewicht zwischen Fortschritt erreichen wollen und den Schritt auf der Stelle machen, konsolidieren. Wir haben in der ersten Saison mit der Mannschaft gute Fortschritte gemacht und wurden Vierter hinter Chelsea, ManCity und Arsenal."

Welch ein ernüchternder Kontrast muss das im Vergleich zur niederländischen Nationalmannschaft gewesen sein. „Anfangs waren wir auch auf der Suche. Wir glaubten, dass wir gleich Fortschritte in Sachen Fitness verbuchen konnten. Nach der EM 2012 war das ein echtes Anliegen. In der Auswertung der EM 2012 war festgehalten worden, dass die Mannschaft nicht fit war. Das hing auch, stellte ich fest, mit der Trainingsintensität bei den niederländischen Vereinen und der Meisterschaftsrunde zusammen. Hinzu kam, dass Brasilien wegen der vielen Reisen und des Klimas eine echte Herausforderung war. Wie konnten wir die Spieler in die Lage ersetzen, das Maximale zu leisten, diese Frage stand im Vordergrund."

Die Zeit arbeitete in all den Jahren der Zusammenarbeit zum Vorteil von van Dijk. „Bei AZ hatten wir kaum Daten zu den Positionen, mit denen man alles messen konnte. Dort testeten wir die Spieler in Sprungkraft, Springen und Ausdauer, zudem hatten wir RESTQ-Fragen (*recovery stress questions:* wie schläfst du, wie fühlst du dich, hast du Schmerzen oder Wehwehchen?), aber das Ganze kam mir nicht richtig vor, mit all den unbeantworteten Fragen. Das ergab kein exaktes Bild. Es ist viel besser, wenn man das während des Fußballs testen kann. Als wir dann aber durch neue Mess-Systeme unendlich viele Daten während des Fußballs sammeln konnten, war es fantastisch. Bei Bayern haben wir es schon eingesetzt, dort arbeiteten wir mit dem elektronischen Positionsmesssystem LPM (Local Position Measurement), damit konnten wir alles messen: zurückgelegte Meter, Schnelligkeit, Beschleunigungen, Verlangsamungen, über jede Millisekunde wussten wir von einem Spieler, was er in dieser Situation machte. Blieb noch die Frage: Was macht man damit?“

Van Dijk begann laut zu lachen. „Bei Bayern war das ein Kulturschock. Deutsche Vereine schworen Jahrzehnte lang auf Ausdauerläufe, Laktattests, das war der Kern des Ganzen. Milchsäure! Jeder Spieler kannte seine Laktatwerte, auch unser Assistent-Trainer Hermann Gerland. Unsere Nationalspieler wurden durch den DFB getestet. Die Spieler waren daran gewohnt, dass die konditionelle Vorbereitung unter Jürgen Klinsmann aus diversen Ausdauerläufen bestand. Und dann kommen da ein paar Niederländer, die sagen: Spitze, was ihr da macht, wir machen es anders. Wir trainieren konditionell-situativ im Fußball und überwachen es mit dem LPM-System. Diese Daten, die wir dadurch erhielten, übermittelten uns viele Informationen über Fußball-Fitness, Ermüdung, Überlastung (*overload*) und beantworteten die Frage: Wer hält es wie lange durch bei welcher Intensität?

Damit konnte man zielgerichtet das Training verändern und anpassen. Du machst heute acht Übungen, du zwölf. Bei jedem einzelnen Spieler konnte man so andere Akzente setzen und sie alle konditionell fitter machen und das Entstehen von Ermüdung im Hinblick auf die Spiele minimalisieren.“

Er zählt mit seinen Fingern: „So hatten wir also jetzt die RESTQ, den LPM und auch noch das Auge des Trainers. Damit kann man sehr gut Aktualisierungen durchführen. Bessere Entscheidungen treffen. Und dann ist man wieder bei Louis mit seinem ‚Leistung ist machbar, aber dafür muss man hart arbeiten‘. Ich zielte im weiteren Sinne davon als Sporttherapeut auf ‚Wie kann man besser, intensiver und länger Leistung abrufen‘. Dabei können sich widersprechende Interessen aufeinander prallen. Top-Fußballer haben immer eine Grund-Müdigkeit, immer kleine Wehwehchen. Wie schafft man es, sie ausgeruht und gleichzeitig taktisch top vorbereitet in ein Spiel zu schicken? Ein Coach kann sagen: Es ist noch nicht gut genug, wir müssen mehr trainieren, noch einmal üben. Louis sagt: ‚Der Geist ist stärker als der Körper.‘ Stimmt, aber dann komme ich mit den vielen ‚Ja, aber‘. Ist die Ermüdung nicht zu groß? Sind sie noch aufnahmebereit, um sich zu verbessern? So bastelten wir am Trainingsaufbau von Oranje: drei Tage trainieren, ein Tag frei, am Morgen frei, drei Tage trainieren. Tag eins: nur mittags Training. Tag zwei:

zweimal trainieren. Tag drei: zweimal trainieren. Und dann anderthalb Tage frei. Eine WM ist ein langer Weg, man strebt die höchste Qualität in Fragen der Konzentration (*focus*), im Lernprozess (*deep learning*) und in der beratenden Praxis (*deliberate practice*) an. Da muss man ausgeruht rangehen. Wir wussten auch: Jede Trainingseinheit machte die Belastung schwerer. Einige bewältigten das gut, andere nicht, es war ein bewusster Versuchsprozess."

In taktischer Hinsicht war das LPM-System von großer Bedeutung. „Ein goldenes Werkzeug, wenn es richtig benutzt wird. Interessant: Welche Räume nutzen Spieler vor allem? Wir sahen, dass van Persie immer wieder in Richtung der Zone von van der Vaart auswich. Das hat Konsequenzen für taktische Entscheidungen, Janmaat überbrückte große Räume, der bearbeitete immer dreißig bis vierzig Meter auf der rechten Seite. Blind aber gerade nicht, der macht alles mit seinem Passspiel. Sneijder wiederum kann sehr gut die linke Seite bespielen."

Diese ganzen Spezialisten, diese ganzen Daten, alles hat Wirkung. Und der eine Coach muss das alles verarbeiten und managen? Van Dijk: „Für die Mitarbeiter ist der Coach der Eingang zur Mannschaft. Das meinte Louis und damit bin ich vollkommen einverstanden. All diese Einflüsse müssen eine Richtung haben. Der Coach bestimmt. Aber wie will man den Daten die Bedeutung geben, das ist eine sehr komplizierte Frage für nur eine Person. Darum bin ich fest davon überzeugt, dass immer mehr Spezialisten etwas vom Fußball verstehen müssen. Wir müssen eigentlich dahin kommen, dass alle Fußballleute das Spezialistentum begreifen."

Der Fortschritt, für den van Gaal stets ein offenes Ohr hatte, wird nicht aufzuhalten sein? „Stimmt. Louis war immer an Neuerungen und wissenschaftlichen Grundlagen interessiert. Mit dem LPM-System waren wir einer der Wegbereiter in der Vorbereitung des Spiels Trainingseinheiten intensiv zu überwachen. Bei AZ haben wir mit Leo van der Burg zusammen gearbeitet, der neue Erkenntnisse beisteuerte in der Frage der Auswirkung der Persönlichkeit auf das Talent, die Entwicklung und der Leistung. Bei Bayern war der Sportpsychologe Philipp Laux unser Gesprächspartner, und mit Darcy Norman hat ein anderer Spitzenmann großen Anteil als Athletiktrainer. Bei Manchester hatten wir einen Experten für Erholungsprozesse, Robert Thorpe, der eine ausgezeichnete Analyse in physischer und medizinischer Hinsicht zur Einsetzbarkeit von Spielern lieferte. Gegenwärtig sind Sportdata-Systeme in der Lage, dem Scouting zu einem großen Schub zu verhelfen, indem mithilfe von Algorithmen Profile von Spielern und Mannschaften erstellt werden können. Man erhält deutlich mehr detaillierte Informationen: Das schafft ein Spieler fußballerisch-konditionell. Und darüber hinaus: Passt er ins Spielsystem, was sind seine speziellen Stärken, wie zum Beispiel Spiel-Intelligenz. Die Fußball-Intelligenz von Spielern ist überaus wichtig. Van Persie ist ein Spieler, der schon vor der Ballannahme weiß, wie es weiter geht. Auch wenn er nicht top-fit ist, kann er dann noch sehr wertvoll sein. Das ist bei allen Entscheidungen zu bedenken. Daran gekoppelt ist, dass Talente in der Spitze gegenwärtig im Hinblick auf Qualitäten getestet werden wie zum Beispiel: Arbeitsgedächtnis, kognitive Flexibilität, zielgerichtete Aufmerksamkeit, visuelles Wahrnehmungsvermögen. Dies wird alles einbezogen, wenn es um Talentbeurteilung und Entwicklungspotenzial geht.

Durch den unaufhaltsamen Aufstieg von VR, *virtual reality*, trainieren wir meiner Meinung mehr außerhalb des Spielfeldes. Wir sind nur maximal 70 Prozent der Trainingszeit auf dem Platz. In der übrigen Zeit werden Video-Bilder analysiert, Athletik im Fitness-Studio trainiert, gibt es Erholungsprozesse und verschiedene Besprechungen. Das verschiebt sich alles. Mit der VR kann man Spieler und Linien in spezielle Situationen bringen, aus verschiedenen Perspektiven Spielsituationen wahrnehmen und analysieren lassen. Das gehört wiederum zum Aufbau der taktischen Fußball-Bibliothek von Spielern. Wie kann ich Räume kreieren? Weil wir oft zwei oder drei Spiele pro Woche haben, müssen wir das Training dosieren. Fußball spielen bedeutet oft Handeln von Gesehenem aus, von Bildern, also muss man in seinem Gehirn eine Bibliothek aufgebaut werden, *müssen* Kenntnisstrukturen angelegt werden. Man will Automatismen, man will zum *unbewusst kompetent*. Mit einem vergrößerten VR erhalten wir auch die Möglichkeit zum direkten *feedforward*, zu einem Vorwärtssteuerung auf dem Trainingsplatz. Klar wird, dass dies neue Wege für Spieler und Mannschaftsentwicklung bedeutet."

Ein Mitarbeiterstab, ein Coach, Flexibiliät ist mehr als jemals zuvor der Schlüssel, *the key*. „Wir haben mal bei AZ die Vorbereitung zweigeteilt. Im ersten Block schienen die Spieler sehr schnell ihre Kondition auf das entsprechende Niveau bringen zu können, erstaunlich. Aber sie waren zum Schluss sehr müde. Bekamen sie eine Woche frei, waren sie zu Beginn des zweiten Blocks wie neugeboren, so frisch. So war mit einem Mal auch die Qualität sehr hoch. Bei Spielern, die nicht fit sind, sinkt das Niveau relativ schnell. Das ist genau das, was im zweiten Jahr bei

Bayern geschah. Die Jungs kamen allesamt von einer WM (Südafrika 2010) zurück. Sie hatten zuerst das Champions-League-Finale verloren und danach wurde Deutschland im Halbfinale bei der WM durch Spanien ausgeschaltet. Wir haben sie zuerst in den Urlaub geschickt, aber bei verschiedenen Schlüsselspielern waren Konzentration und Energie auf einem sehr niedrigen Level. Dafür konnten sie nichts, das enttäuschende Saisonfinale war noch präsent. Robben und van Bommel: Sie hatten um Haaresbreite den Weltmeistertitel verpasst . . . Enttäuschungen fressen Energie, kosten Kraft.

Ein Spieler wie Philipp Lahm erhielt immer Bestnoten: Zwei plus oder noch besser. Auch bei ihm ging es nach diesem Sommer weniger gut: eine Vier oder eine Drei minus. Das lag nicht nur an der Physis. Wir dosierten, bauten auf, aber sie waren nicht hungrig und ehrgeizig genug. Alles war schwächer. Das lässt erkennen: Man hat es nicht immer in der Hand. Man muss es einmal erleben, um es zu wissen. Wir waren im Modus *deliberate practice*, sehr konzentriert und zielgerichtet, aber es muss immer mit einem Lächeln passieren, es muss den Spielern Spaß machen. Ihr Erfolgserlebnis.

Vielleicht hätten wir es mehr laufen lassen sollen, einfach nur spielen, lachen, Späßchen haben. Aber Bayern ist ein Top-Vereins, der die Champions League gewinnen will. Meister werden muss. Wir mussten sie also aus diesem Tal herausholen. Das hat Zeit gekostet. Wir waren zu lange damit beschäftigt, um den *flow* und die Aufmerksamkeit wieder zurück zu bekommen."

Über das verlorene Champions-League-Finale erzählt van Dijk noch einen interessanten Aspekt: „Der Kern von Bestleistung besteht aus der Sicht von Louis in einer deutlichen Philosophie und Strategie. Für die Spieler geht es dabei darum: Welche Rolle spiele ich darin? Es werden deutliche Verabredungen getroffen. Wie gegen Inter: Angreifer sollen Torwart Júlio César nicht unter Druck setzen, die Idee dahinter: Lass sie kommen. Unsere zentralen Abwehrspieler mussten den Druck machen und nach vorn verteidigen. Wenn man sich daran hält, wird es kaum schief gehen, aber hast du das 1:0 von Inter genauer beobachtet? Ivica Olic setzt den Torhüter frech unter Druck, der deshalb den Ball lang spielt, Demichelis verliert sein Kopfballduell, Sneijder läuft sich zwischen Linien frei und van Buyten arbeitet in der Abwehr nicht mit, also kein Druck auf den Spieler mit Ball, Sneijder spielt steil auf den freilaufenden Milito und der kommt in eine 1:1-Situation mit Torwart Butt: Tor. Alle Absprachen innerhalb von knapp drei Sekunden vergessen. Tja. Und dann hat man Louis. Der Rationalist. Der Perfektionist. Der jeden Zufall ausschließen will. Und dann passiert es doch. Auch das ist Topsport."

Egal wie ernsthaft und detailliert man es macht, Topsport wird auch und vor allen Dingen von Menschen betrieben. „Es ist mehr als das: In der absoluten Spitze sind Mannschaften ungefähr gleich stark. Auch andere Teams bereiten sich maximal vor. Oft ist es genau der eine Spieler, der den Unterschied ausmachen kann. Man kann Mannschaften optimal vorbereiten, aber es ist immer Platz für den kreativen Individualisten, um ein Spiel zu entscheiden. Das ist das Faszinierende. Und das, während wir immer besseren Zugriff auf das Spielgeschehen bekommen haben.

Louis hat darin eine nicht zu unterschätzende Rolle gespielt. Er legt die Latte hoch. Er legt die Latte höher. Nein, er legt es über die Latte. Damit hat er den Fußball viel weiter gebracht. Ernsthaft, mit Kompetenz, Handwerkskunst, Intuition und menschlichem Gesicht."

13

Ein ziemlich bewegtes Rentner-Dasein

Endlich Zeit für Truus. Von 1987 bis 2016 hatte Louis van Gaal im Weltfußball als Trainer gearbeitet, Erfolge gefeiert, Enttäuschungen weggesteckt, aber darüber hinaus war er tagein tagaus mit einer Botschaft unterwegs: junge Leute besser machen, ein Team zu bilden, vor dem Hintergrund von Philosophie und Struktur. Drei Jahrzehnte ein die absolute Weltspitze prägendes Arbeiten, welcher Trainer kann so etwas von sich sagen?

Die Rente, attraktiv für alle, die sich dem 70.Lebensjahr nähern, ist für van Gaal bisher eine Sache mit zwei Seiten. Einerseits genießt er das Reisen, die Treffen. Er wohnt inzwischen - mit einem aufmerksamem Auge für Immobilien - in verschiedenen Ländern. Da wo das Klima am besten ist, da sind Louis und Truus zu Hause. Das Meer, die Berge, die Sonne, überall sind sie seine besten Freunde.

Aber auch sein Terminkalender füllt sich gnadenlos. Jeder will etwas von diesem Mann. Ganz besonders seine Ratschläge, seine Visionen, sein Beitrag. Van Gaal ist kein Typ, der einfach Nein sagt. Beim niederländischen Pay-TV-Sender Ziggo analysiert er die Spitzenspiele, sorgfältig bis in die Einzelheiten, denn er huldigt dem Prinzip: Wenn man das Spezielle von einer Materie nicht kennt, sollte man auch nichts darüber erzählen. Nichtsdestotrotz genießen die Zuschauer seine klaren, durchdachten Analysen. In allem ist er dann auch noch der Top-Trainer, fasziniert von den neuesten taktischen Entwicklungen, die Ideen der Trainer, die ihr Team formen, manche übermütig, andere ausschließlich damit beschäftigt, den Bus im Strafraum zu parken, wiederum andere, die sich stets weiterentwickeln. Endlos kann van Gaal über Männer wie Jürgen Klopp, Pep Guardiola und Erik ten Hag philosophieren, offenkundig das Trainer-Trio, das ihn am meisten interessiert und fesselt. Und inzwischen sind „seine" Klubs - Ajax, FC Barcelona und Bayern - dabei, um weiteren Erfolge nachzujagen. Ob das gelingt, liegt an den Leuten, die jetzt am Ruder sind, so wie sein alter Schüler Marc Overmars und dessen Kollege Erik ten Hag . . .

Marc Overmars

Das Tor, das eine Mannschaft weltberühmt machte, trägt die Handschrift des Trainers

Er arbeitet in einem kleinen Museum, der Fußball-Direktor von Ajax. In seinem Arbeitszimmer werden die Erinnerungen durch prächtige Fotos lebendig, dort steht eine Kopie des Champions-League-Pokals aus dem Jahr 1995, kleine Figuren, Trikots mit Unterschriften vervollständigen das Bild. Wenn jemand den Wert von Nostalgie schätzt, dann ist es ganz sicher der Mann aus Epe. Marc Overmars stammt aus einer Familie, in der man Oldtimer, Plunder, Antikes, Email-Reklametafeln aus früheren Zeiten liebt. In diesem kleinen Zimmer hoch in der Johan Cruyff Arena fällt vor allem das zweiteilige Foto auf, auf dem Frank Rijkaard und Matthijs de Ligt so abgebildet sind, dass es den Anschein hat, als ob sie aufeinander zulaufen; starke Symbole für zwei goldene Zeiten. In der Zeit von Rijkaard war Overmars ein Tore schießender Flügelspieler, in der Zeit von de Ligt rutschte er vor Freude bäuchlings in Anzug und zugebundener Krawatte über den Turiner Rasen nach dem 2:1-Sieg über Juventus. Overmars ist zusammen mit Edwin van der Sar der Führungskopf hinter dem neuen glorreichen Ajax, das unter Trainer Peter Bosz das Europa-League-Finale erreichte und unter Trainer Erik ten Hag das Champions-League-Halbfinale.

Muss man ihm übrigens nicht sagen, Overmars neigt nicht zu Eitelkeiten. Er freut sich in aller Stille darüber, seine Augen glänzen.

Seine Lehre hätte nicht besser sein können. „Ich glaube, dass viele Jungs unserer Generation viel Inspiration und Informationen von Louis van Gaal mitnehmen können. Wir eifern ihm nach." Er lächelt: „Louis ist wahrscheinlich sechs Mal in einem Buch auseinander genommen und förmlich seziert worden, aber wir haben mit ihm in der wichtigsten Phase unseres Fußball-Lebens zu tun gehabt. Die Phase, in der wir geformt wurden. In dieser Phase hat man einen Coach nötig, der einen zum Denken bringt. Der Handgriffe vermittelt. Für uns waren das Gerard van der Lem, Bobby Harms und vor allem Louis. Wir lebten als Fußballer in einer anderen Zeit. Heutzutage sieht ein Spieler jeden Tag wahrscheinlich an die dreißig Meinungen über sich in den sozialen Medien. Wir hatten einen Trainer, der etwas über uns sagte. Das war's. Dadurch hat ein Trainer sehr viel Einfluss auf dich. Rechne mal, als ich dreißig war, hatte ich an die zehn Jahre mit Louis zu tun, ein Drittel meines Lebens. Bei Ajax, bei Oranje und noch kurz bei Barcelona. Eigentlich nicht so ganz verrückt, dass ich in meiner heutigen Funktion Dinge mache, die ich bei ihm gelernt hatte. Dann erinnere ich mich wieder an etwas und denke dann: Aber hallo, das passt aber gut. Ein kleines Beispiel: Als ich als Spieler bei Ajax weg wollte, besuchte er mich zu Hause. Das war schon was. Der große Louis van Gaal in Epe. Und zwar um mit mir zu reden. Ich wollte den Schritt ins Ausland machen, aber er fuhr hundert Kilometer zu mir. Diese persönliche Aufmerksamkeit, das ist so wichtig. In meiner Arbeit werde ich nie etwas per Telefon erledigen, in dem Fall besuche ich auch den Spieler."

Natürlich hilft das. Overmars beginnt zu lachen. „Aber dann wieder nicht immer. Ich habe den Verein doch verlassen, ging zu Arsenal. Er wollte einfach versuchen, ob er mich überzeugen kann, aber ich sagte: ‚Ja, aber Trainer, dann muss ich nächstes Jahr wieder nach Dordrecht, wo Joop Hiele im Tor steht, das kenne ich inzwischen.' ‚Oh', sagte er. ‚Du bist also nicht zu überzeugen?' Nein. Aber er hat es trotzdem probiert und das schätze ich immer noch."

Sie begegnen sich noch regelmäßig. So wie in der Saison 2018/2019 in München. Ajax musste gegen Bayern antreten, Gruppenphase Champions League. Van Gaal sagte vor dem Duell gegen Overmars: „Ihr könnt das Finale erreichen." Overmars: „Du spinnst, niemals!" Overmars heute: „Es ist beinahe ja auch geschehen. Er war damals schon überzeugt davon. Ich sagte dann noch: ‚Trainer, ich bin ein positiver Mensch, aber auch realistisch.' ‚Du wirst es schon sehen!', rief er. Er war tatsächlich doch der Erste, der es wieder richtig gesehen hatte."

Etwas anderes, das Overmars von van Gaal übernahm: „Die Beteiligung der Familien, der Frauen. Nach der Fußball-Gala kam ich nach Hause und sagte zu Chantal, meiner Frau: „Dieser Louis hat doch wieder so eine Rede gehalten. Wie er Bouchra van Persie und Bernadien Robben dabei mit einbezog, das machte er früher mit unseren Frauen ebenso. Wir haben 2019, als wir nach der Meisterschaft geehrt wurden, auch dafür gesorgt, dass alle Frauen dabei waren und alle auch einen guten Platz hatten. Das ist das Gute. Wir begegnen Louis immer wieder. Und wenn es auch nicht Auge in Auge geschieht, dann doch in Gedanken. Wie würde er es machen?"

Es ist aber nicht so, dass Overmars ohne zu zögern alle Ratschläge befolgt. „Zuletzt hatte ich es mit ihm noch über einen Spieler. ‚Den musst du verkaufen', meinte er, darauf eine Diskussion. Ich dachte nicht so. Aber es bringt dich zumindest zum Nachdenken, weil er immer mit Argumenten kommt. Dennoch treffe ich dann selbst meine Entscheidung. Aber das ist schon lustig: Ich glaube – und das ist auch seinem Alter geschuldet - , dass Louis als Mensch nachsichtiger geworden ist, aber er ist unverändert, wenn man mit ihm über Fußball spricht, dann ist er ausgesprochen hart."

Ein paar Mal im Jahr zieht es die Familie Overmars ans Meer. Noordwijk aan Zee, da wo Louis van Gaal wohnt. „Dann schicke ich eine WhatsApp, bist du da? Ich sehe ihn als Analyst bei Ziggo. Zuletzt sprach er noch bei einem Jugendtrainer und Jugend-Coach-Tag in Epe, zusammen mit Ton Boot. Den halte ich auch für einen ganz besonderen Mann. Ich glaube, dass er Louis hoch zwei ist. Im Hinblick auf das Perfektionistische. Das sind Menschen, von denen wir noch so viel lernen können und müssen."

Mit großer Aufmerksamkeit beobachtete Overmars die niederländische Nationalmannschaft unter van Gaal, die bei der WM Dritter wurde. „Ich sehe wirklich, dass er als Coach im Laufe der Zeit eine Entwicklung mitgemacht hat. So wie er früher mit uns bei Ajax, Oranje und Barcelona spielte, das war immer sehr offensiv. Aber dass er dann beim zweiten Mal bei Oranje so eine große Veränderung in Sachen System und Spielweise umsetzt, das war schon beeindruckend. Wie er Sneijder wieder in die Spur brachte: brillant. Von einem großen Feuerwerk hin zu einer fantastischen WM. Mit Finidi und mir als junge, schnelle Außenstürmer bei Ajax war es natürlich eine andere Geschichte als mit Robben und van Persie, die förmlich angeschnallt werden mussten. Dann muss man qua System und Plan flexibel sein. So sieht man, wie wichtig ein Coach ist. Manchmal denke ich auch: Hauptsache es steht ein gutes Team auf dem Platz. Aber das stimmt natürlich nicht. Er spielte mit de Vrij, Vlaar, Martins Indi und die sind alle über sich hinaus gewachsen."

Wenn es jemand gut beurteilen kann, welche Rolle Louis van Gaal in der Geschichte des Fußballs gespielt hat, dann ist es die Generation von Marc Overmars. Sie haben als Kleinkind noch etwas von den glorreichen 1970er-Jahren erlebt, kennen den

Begriff Totaalvoetbal, wissen um die Rolle von Rinus Michels und Johan Cruyff, haben auch den Niedergang in den Jahren 1980 bis 1986 mitgemacht und die Wiederauferstehung mit dem Gewinn des Europacups der Pokalsieger von Ajax in Leipzig 1987 erlebt, die dann folgende EM 1988 und den Aufstieg des Ajax von van Gaal. Wenn man das in die Perspektive der Entwicklung des Weltfußballs sieht, wie bewertet Overmars dann die Rolle seines Trainers?

Lange muss er darüber nicht nachdenken: „Wir haben den Umschwung zum heutigen Fußball mitgemacht, seit den 1980er-Jahren bis heute. Und Louis hat dabei eine große Rolle gespielt, weil er von seiner Intuition schon sehr viel sah. Aber auch er ist mitgewachsen. Unter ihm gab es schon viel Disziplin, aber man darf nicht hingucken, was wir bei Ajax damals aßen und zu essen bekamen: Apfelkuchen, Pasta, Aprikosentorte, eine Bouillonsuppe. Das war die Ernährung, nun, dann musst du dir das aber jetzt ansehen. Pim van Dord, unser Physio, kam damals mit einem Aspirindose aus dem Supermarkt, so ein blechernes Ding: Soll es Orange oder Zitrone sein? Es gab einen kompletten Wandel. Bei Arsenal kam ich im echten englischen Fußball mit all den Traditionen an. Wir gingen zuerst essen und trinken, dann in ein warmes Bad und dann auf den Platz. Jetzt muss man sich das mal ansehen, was für ein Laboratorium da existiert. Es hat sich so viel verändert, es gibt viel größere Aufmerksamkeit für die Spezialisten. Und das ist auch so: Die Spezialisten beweisen eigentlich, wie sehr Louis van Gaal recht hat. Denn die beweisen, dass er es alles schon vorher gesehen hatte."

Ist es wirklich so, dass van Gaal mit seinem Der-Totale-Mensch-Prinzip, von vielen bewundert, von vielen auch ins Lächerliche gezogen, *Die Fußball-Revolution* los getreten hat? Wo früher viele Trainer und Coaches als *people manager* beschrieben wurden, weil sie Spieler berühren und motivieren konnten, ging van Gaal das ein ganzes Stück akademischer an und führte das Prinzip in seinem gesamten Handeln und Tun ein. Overmars: „Ach, das finde ich immer schwierig. Ich habe, bevor ich zu Ajax kam, fünf bis sechs Jahre bei Go Ahead Eagles Deventer gearbeitet und dort viele Lehrgänge besucht. So landete ich auch bei Leo van den Burg; der war spezialisiert in menschlicher Betriebswirtschaftslehre, das war jemand, der auf *Doen Waar Je Goed Bent* schwor. Das machen, bei dem du gut bist. Er unterteilte die Menschen in Farben, die eine Gruppe war blau, die andere rot und damit waren Eigenschaften verbunden. Es interessierte ihn dann, wie sich Menschen mischen und agieren. Bei Go Ahead funktionierte das zu unser aller Vorteil. Durch mich ist

Leo zu Louis gekommen, und hat später bei AZ auch mit ihm gearbeitet. Die Hintergrundinformation, wie Spieler ticken, ist immer gern gesehen. Aber es sind Hilfsmittel, nicht mehr. Ich hatte bei diesen Lehrgängen auch immer das Gefühl: Das weiß ich, glaube ich, besser als der Lehrgangsleiter. Das ist ein bisschen meine Art. Das Gleiche denke ich bei Ärzten. Wenn die mit einer Diagnose kommen, denke ich oft: Das weiß ich besser.

Ich glaube, dass Louis ein wenig auch so arbeitete. Sich überall Dinge herausholen, das Beste mitnehmen, aber immer sich selbst bleiben und von dort aus arbeiten. Dieses Totale-Mensch-Prinzip gilt vor allem für ihn, ist sein Ding. Ich weiß noch genau, wie ich als Spieler mein erstes Gespräch mit ihm führte. Ich bekam eine kleine Tafel mit Magneten und dachte: Hoffentlich mache ich das Richtige. Taktisch bin ich nicht so fit. Aber meiner Meinung nach sah er vor allem darauf, wie man darauf reagierte."

Nun haben sie alle ihren Weg gefunden, die Van-Gaal-Kids von früher. Nach einigem Suchen fand jeder seinen Platz. „Ich kann nur für mich selbst sprechen: Bei Go Ahead hatte ich gemerkt, dass der Trainer-Beruf für mich nicht in Frage kam. Scout? Auch nicht. Jugendtrainer? Auch nicht. Go Ahead war für mich eine gute Lehre im Hinblick auf Zukünftiges. Weil man bei jedem Verein auf die gleichen Herausforderungen und Probleme stößt. Bei Go Ahead spürte ich, dass ich Aufgaben im Fußball-Management sehr schön finde. Trainer entlassen, Konflikte lösen, ehemalige Kollegen, über die man entscheiden muss und mit denen es Zusammenstöße gibt: Das habe ich alles mitgemacht."

Ist die Entscheidung für Erik ten Hag irgendwo auch eine Rückkehr zu van Gaal? Overmars sagt nach reiflicher Überlegung: „Erik ist der ‚Sohn' von Louis. Der kümmert sich um alles. Das machte er bei Go Ahead auch schon so. Und das ist das, was ich enorm schätze. Manchmal muss ich ihn zwar bremsen, aber ich werde ihn immer unterstützen.

Großartig, was im Frühjahr 2019 unter seiner Regie geschah. Die Menschen redeten auf der Straße zu den Zeiten der Spiele gegen Real, Juventus und Tottenham wieder über Ajax, so wie ich das aus den 1990er-Jahren kannte. Damals gab es die Spiele im Olympia-Stadion von Amsterdam, und dann wollte jeder Karten kaufen, da musste man einfach dabei sein. Dieses Gefühl war jetzt wieder da. Ich kam zufällig bei Metzger van Dam vorbei, und dort stand ein älterer Herr neben mir. Der Mann, vielleicht 78 Jahre alt, sagte: ‚Dass wir diese Spieler noch genießen können!' Er hielt fast eine ganze Rede, deren Schluss war, dass diese Spieler sich so ergänzten. So etwas baut man nicht jedes Jahr auf, das gibt es nicht. Ich habe es immer über den Kreis: Es dauert zwanzig Jahre und dann gibt es wieder Erfolge im europäischen Fußball. Wir haben es nun geschafft und die Leute machen es mit.

Das genießt man richtig. Wir hatten vor kurzem ein Fest, und Johan Fretz, ein Gitarrist und Sänger, erzählte von den 90er-Jahren. Dass er damals mit seinem Vater zu Ajax ging und nun mit seiner Frau in der Arena sitzt. Er erzählte so schön von dieser Zeit, dass ich mich gefühlsmäßig darin befand. Er imitierte den Kommentar des Finales von Wien. Das Tor, das uns weltberühmt machte, trug die Handschrift von Louis. Den Ball nach links, locker, locken, locken, Edgar frei, anspielen, freilaufen, Tor. Das hatten wir jahrelang geübt, zweimal pro Woche. Wir wurden verrückt davon. So langweilig. Aber diese Trainingsform von Louis, die zum Schluss mit der Pieke zum Tor von Kluivert führte, machte uns weltberühmt."

Overmars sucht einen Ball, er will das Tor noch einmal nachspielen, um seine Worte zu unterstreichen. Wenn er über Fußball spricht, sieht sein Gesicht jünger aus. Kurz zuvor hatte er einen Eckentrick zeigen wollen. Seine Augen strahlten wie bei einem kleinen Kind. Er ist verrückt auf Entdeckungen. „Fußball ist ein Spiel voller Details. Entscheidungen treffen und darauf setzen, dass es gut wird. Van Gaal konnte das sehr gut, der setzte jeden auf eine andere Position, das machte er einfach. Cruyff ließ auch schon mal jemanden rechter Verteidiger spielen, obwohl der doch immer Rechtsaußen war. Diese Männer trauen sich etwas zu entscheiden und es endet meist verdammt gut."

Die Lehre daraus: „Was ich gelernt habe: Jeder hat eine Meinung. Aber man muss seinen eigenen Stil verfolgen. Entscheidungen treffen. Vielleicht andere Entscheidungen als die, die von anderen getroffen würden, das Wagnis muss man eingehen."

Noch einmal zurück zu Cruyff und van Gaal und das Bedauerliche, dass die Männer es nie geschafft haben, zusammen ihre Kräfte zu bündeln. „Es ist sehr schwierig. Es gab ein Cruyff-Zeitalter und danach ein Van-Gaal-Zeitalter. Sie haben nie zusammengearbeitet. Eine Sünde, Jetzt ist es zu spät. Ich mag dieses Lagerdenken nicht. Es ist so schrecklich Schwarz-Weiß und so ist die Wirklichkeit nicht. Ich bin Cruyff dankbar und ich bin Louis dankbar."

Grübelnd: „In den letzten Jahren gab es bei Ajax sehr viel Leid, es sind viele Menschen gestorben."

Bedauert er es? „Alles geschah in der Absicht: Was ist das Beste für den Verein?"

Kann man sagen, dass die neue Generation mit ten Hag, Overmars und van der Sar die drei Größen Michels, Cruyff und van Gaal tatsächlich zusammen gebracht hat, und zwar im Denken und Tun von heutigen Ajax? Schau ins Büro von Erik ten Hag. Dort hängen die Porträts der drei Großen, in zeitlicher Reihenfolge. Overmars lächelt. „Ja, schön. Dieses Bild Die drei haben den meisten Einfluss auf diesen Verein gehabt."

Der einzige dieser drei, der noch lebt, kehrt der nicht mehr und mehr zurück in die DNA des Vereins, der nach dem Chaos organisierter daher kommt, mit Struktur und Philosophie, alles Dinge, für die van Gaal steht? Overmars weicht der Frage aus, dann fällt ihm auf einmal was ein und er lächelt: „Manchmal sende ich an Louis nach einem sehr guten Spiel eine Nachricht: ‚Ein bisschen genossen?' Manchmal muss das sein, ehe einmal ein kleines Kompliment von ihm kommt."

Seine Schlussfolgerung: „Wir müssen dieses Kulturgut würdigen. Ton Boot, Louis van Gaal, das sind alles Männer, denen man immer zuhören wollen muss. Ihr Wissen darf nicht verloren gehen. Man darf sie nicht kopieren, aber es ist sehr wichtig, dass sie Gesprächspartner der Trainer von heute bleiben. Und dann muss man nicht unbedingt alles von ihnen übernehmen, sondern das Beste herausholen, das, was zu einem passt. Die eigene Persönlichkeit muss damit etwas anfangen können."

Erik ten Hag

Ein Coach hört vieles, aber trifft seine eigenen Entscheidungen

In seinem bescheidenen Büro auf dem Jugendgelände von Ajax, *De Toekomst*, hängen sie also alle. Die großen weisen Männer, Michels, Cruyff und van Gaal. Sie sehen zu, wenn Erik ten Hag seine Strategien ausheckt. In seinem Kopf laufen die Erkenntnisse kreuz und quer zusammen, der Total-Fußball, die Lust auf große und fesselnde Siege, das Dominieren, das Angreifen, das Mannschaftsdenken mit viel Kreativität und Frechheit. Er hat sich dem verschworen. Und leistete in der Saison 2018/2019 Unglaubliches. Erik ten Hag formte ein Ajax, das sich erfolgreich mit den Schwergewichten aus München, Madrid und Turin maß.

Mit den alten Werten der Großen Drei, die ihn anstarren, aber auch mit einer eigenen supermodernen Sichtweise war er so erfolgreich, dass jeder fast verliebt von seiner Mannschaft erzählte. Im Frühling 2019 sprachen alle Fußball-Liebhaber nur noch über Ajax, Kinder wollten so sein wie Donny und Daley, Hakim und Frenkie, Dusan und Nico, André und David. Es gibt einen Mann, der immer sagte, dass dies mit dem heutigen Ajax kann geschehen. Louis van Gaal.

Ten Hag zupft an seinem Bart. Und zaubert ein bittersüßes Lächeln auf sein Gesicht, als der Name van Gaal fällt. Er geht zurück in seine Kindheit, Erik ten Haag war einer der 660 Menschen, die am 17. April 1985 zum Diekman-Stadion in Enschede zogen. FC Twente – Sparta, der junge Erik wollte es unbedingt sehen. 90 Minuten später hatte die Sturmspitze von Twente, Billy Ashcroft getroffen. Aber sein Tor fiel erst nach den sechs Toren von Sparta. Ten Hag: „Ich war ein echter Twente-Fan, aber wir wurden geschlagen von einer Mannschaft, in der Louis van Gaal der große Macher war. Nummer sieben. Sparta hatte eine sehr gute Mannschaft, mit John de Wolf, Danny Blind, Bas van Noortwijk, Wout Holverda, Roelf-Jan Tiktak. Aber Louis war der große Stratege. Das tat mir an diesem Tag weh. Er schoss auch noch zwei Tore. Eine erste Erinnerung."

In der Saison 1992/1993 fügte Louis van Gaal dem inzwischen vom Fan zum FC-Twente-Spieler gewordenen Erik ten Hag wieder Schmerz zu. „Leo Beenhakker ging zu Real Madrid, Louis wurde sein Nachfolger als Trainer bei Ajax, und das Erste, was er tat, war Ronald de Boer zurückzuholen. So ziemlich unser bester Spieler. Ich war sauer. Nahm es auch damals unserem Vorsitzenden übel. Wie konnte er nur unseren Star gehen lassen, wo wir doch zu dieser Zeit vor Ajax standen? Feyenoord war Erster, wir Zweiter, vor Ajax. Wir hatten eine tolle Mannschaft mit Youri Mulder und Ronald wie siamesische Zwillinge vorn im Sturm. Das einzige, was wir taten, war: gut verteidigen und dann den Ball schnell nach vorn zu den beiden. Am Nikolaus-Abend 1992 spielten wir gegen Ajax im Olympischen Stadion. Das Wetter war schrecklich und das Spielfeld in einem erbärmlichen Zustand, aber wir gewannen. Der Ghanaer Prince Polley erzielte das Tor des Tages und wer gab die Vorlage? Richtig, ich."

Drei Tage später passierte wieder etwas, das ten Hag nie vergessen sollte. „Akax musste im UEFA-Cup nach Kaiserslautern. Zu der Zeit gewann eigentlich niemand auf dem Betzenberg,aber Ajax spielte Kaiserslautern wirklich schwindelig. Deshalb mussten wir kurz nach der Winterpause das Pokal-Viertelfinale gegen Ajax spielen. Ronald de Boer war inzwischen bei Ajax, nicht mehr bei uns. Nach 90 Minuten stand es 2:2, nachdem wir lange Zeit mit 2:0 geführt hatten, in der Verlängerung lief Ronald zu großer Form auf und es wurde schließlich ein 4:2 für Ajax. An diesem Abend erhielt jeder Ajax-Fan einen Mars-Riegel von Ronald, das hatte Rob Cohen, sein damaliger Schwiegervater, initiiert."

All diese Highlights zeichnen eine Entwicklung. „Zwischendurch als Trainer einsteigen ist nicht einfach, der Anfang von Louis verlief gepaart mit Mühe und wenigen Siegen, aber gegen Kaiserslautern und auch in den beiden Spielen gegen uns, sah man, wie schnell es Louis hinbekommen hatte. In Kaiserslautern war es ein Katz-und-Maus-Spiel. Mit Ronald holte Louis einen sehr wichtigen Libero, den ultimativen multifunktionellen Spieler. Ronald konnte man buchstäblich überall aufstellen, er war bei uns in jeder Hinsicht der Beste. Auf jeder Position. Es fehlte ihm nur eins: er war kein so guter Vollstrecker."

Danach war es für ten Hag vollkommen klar: „Die Mannschaften von Louis konnte man so aufzeichnen. Das war die Arbeit eines Trainers, der in Räumen und Positionen dachte, der mit einer großen Spieldisziplin arbeitete. Fußball in Räumen, darauf bestand er enorm. Diese Räume durfte man als Spieler nicht verlassen. Er dachte am Anfang seiner Laufbahn offensiver als später, er begann mit einem 1-3-4-3 mit einer aufrückenden Nummer Vier, später schaltete er um auf ein 1-4-3-3. Unheimlich wichtig dabei war die Rückkehr von Frank Rijkaard auf die Vierer-Position, ein meisterlicher Schachzug mit Blick auf den Gewinn der Champions League. Rijkaard war immer der Beste hinten, schön, dass Louis schließlich darauf kam, dass dies der Schlüssel zum Erfolg auf europäischer Ebene bedeutete. Ein Coach hört viel zu, aber trifft seine eigenen Entscheidungen. Das ist großer Führungsstil: Gemeinsam ein Ziel anstreben, bei dem alle ein gutes Gefühl haben. Ich glaube, dass ich auch meinen Spielern zuhöre. Ich nehme sie ernst, sie sind intelligent. Wenn sie das Bewusstsein haben: die Mannschaft ist die absolute Nummer eins. Ich hörte Louis kürzlich sagen: ‚Messi sollte mal darüber nachdenken, warum er schon fünf oder sechs Jahre keine Champions League mehr gewonnen hat. Er läuft gerade mal acht Kilometer pro Spiel, das geht nicht.' Niemand ist wichtiger als die Mannschaft.

Louis bestimmte immer selbst, wie gespielt wurde, aber für die Balance ist es wichtig, die Spieler zu hören, die Mitarbeiter, Menschen, mit denen man sich austauschen kann. Das sorgt immer für die letzten Prozent, die nötig sind, um Erfolg zu haben. Dabei sehe ich sicher Parallelen zwischen ihm und mir. Weiter aber nicht, denn ich habe jetzt einen einzigen Titel geholt und er? Wie viele?"

Sieht er denn Parallelen mit seinen ersten Jahren als Coach mit denen von van Gaal? „Ich glaube schon. Er war anfangs auch der extrem offensive Trainer. Man hörte ihn im Laufe seiner Karriere immer öfter über die Wichtigkeit des Gewinnens sprechen. Nichtsdestotrotz blieb er ein Anhänger des abenteuerlichen Spektakel-Fußballs, er war mehr auf der Suche nach dem Gleichgewicht zwischen Verteidigen und Angreifen. Letztendlich blieb er der Trainer, der mit Weiß spielte, den ersten Zug machte. Das ist auch das, was ich will. Mit Weiß spielen. Gleich die Initiative ergreifen."

Ten Hag geht zu den Fotos an der Wand. Michels, Cruyff, van Gaal. „Ich habe sie hier nicht umsonst aufgehängt. Diese drei Trainer haben den meisten Einfluss auf Ajax gehabt. Das sind die wichtigsten Männer.Louis van Gaal respektierte Michels enorm. Der rote Draht bei den dreien: Fußball-Philosophie. Wobei Cruyff seinen Spielern mehr Freiheiten zugestand als van Gaal. Aber in der Philosophie gibt es viele Übereinstimmungen."

Der kleine van Gaal, der Sohn von van Gaal, der Klon von van Gaal, das wird alles über ten Hag gesagt. Es wird ihm nicht gerecht, er hat schon längst vehement und mit Gefühl für Fantasie seine eigene Vision sichtbar gemacht. Und doch gibt es keinen Trainer in dieser Zeit, der so viel Van-Gaal-DNA in sich trägt wie ten Hag. Er nickt: „Wir sind beide gut darin, einen Spieler komplett auszupressen. Das hört sich negativ an, meint es aber nicht. Louis und ich sind Typen, die nicht eher ruhen, bis aus dem Spieler alles herausgeholt wird, was drin ist."

Philosophierend und nicht mehr mit seinen kurzen stakkatoartigen Sätzen zu stoppen: „Es ist immer Pflicht, dass ein Trainer immer sich selbst bleibt. Aber es gibt Inspirationsquellen. Ganz sicher trifft das auf Louis van Gaal zu; es ist sehr inspirierend und fesselnd ihm zuzuhören, wenn er über Topsport-Kultur spricht, Innovation, Organisation. Alles muss spitze sein. Und das Wichtigste: die Art Fußball zu spielen. Ich fühle mich geschmeichelt, wenn er sagt, dass er viel von sich selbst bei mir entdeckt. Ich hielt ihn damals für einen guten Fußballer, einen Strategen. Und später spielte Ajax unter seiner Regie solche fantastischen, attraktiven Spiele. Das Team war wie eine Maschine. Gegen das Ajax von 1995 hatte man nicht den Hauch einer Chance Man hoffte nur darauf, dass die Abstrafung nicht zu hoch wurde, man musste schon einen sehr guten Tag haben, um das Ergebnis nicht höher als 0:3 ausfallen zu lassen. Ich spielte inzwischen beim FC Utrecht und ich weiß noch, dass es bei unserem Heimspiel sehr winterlich war, man musste mit Schneeschuhen spielen, so glatt war das Spielfeld. Aber wir wollten auf jeden Fall spielen, denn vielleicht hatten wir so eine Chance gegen Ajax. Nun ja. Wir bekamen keinen Fuß auf den Boden. Chancenlos. Diese Mannschaft: Jeder wusste so gut, was er tun musste. Die Jungs konnten das Spiel so gut lesen. Das kam von ihm. Und dann schaffte er es auch noch, mit ein oder zwei Anweisungen, seine Mannschaft komplett anders aufzustellen. Er war ein verbindlicher Coach, aber er hatte auch seine Ansprechpartner auf dem Platz: Rijkaard, die de Boers, Blind, Litmanen. Es wurde ganz normal ein 0:3 gegen uns."

In 2017 war es wieder der FC Utrecht, der gegen Ajax spielte, dieses Mal in der Johan-Cruyff-Arena, und dieses Mal war Erik ten Hag der Trainer der Utrechter Domstädter. Auf der anderen Seite versuchte Marcel Keizer, das Team in die Spur zu bringen, nicht einfach nach der Tragödie um Appie Nouri, es hing ein Trauerschleier um den Verein. Utrecht gewann mit 2:1 und beeindruckte. Für Marc Overmars der letzte Beweis, dass ten Hag der Trainer war, den er haben musste. Keizer blieb nicht mehr bis Weihnachten und daraufhin musste es passieren. Ten Hag hatte sich vorher schon mal bei van Gaal erkundigt: „Ich hatte als Trainer von Utrecht einmal mit van Gaal gesprochen. Das war so wertvoll. Er gehört zur Spitze, wie viele leben davon noch?" Ten Hag zeigte auf die drei Fotos: „Nur noch einer. Ich habe damals versucht, mit ihm ins Gespräch zu kommen, und er war offen dafür. In meiner zweiten Saison bei Ajax hatte ich ein zweites Gespräch mit ihm. Wie sieht er Ajax? Wie kam man in diesen Spannungsfeldern überleben? Wie war seine Sicht auf die Mannschaft? Es war alles in Erwägung ziehen. Und es hat ganz sicher dazu beigetragen, dass wir so erfolgreich wurden. Er gab mir Dinge mit, die wir eingebaut haben. Und später – während der letzten Saison – sagte er einiges, was mich zum Nachdenken gebracht hat. In der vergangenen Saison verloren wir mit 0:3 gegen PSV (23.09.2018). Das war der Augenblick, in dem ich auf Donny van de Beek kam. Louis sagte mir damals: ‚Donny van de Beek ist das dir fehlende Bindeglied.' Das sorgte für den letzten Anstoß. Außergewöhnlich faszinierend, mit ihm darüber zu sprechen und zu streiten."

Haben sie noch viel Kontakt? „Ab und an sehen wir uns kurz, und ich werde es nie aufgeben, um noch mal länger mit Louis zu sprechen, wenn er dazu bereit ist. Ich spreche zuerst mit meinen Assistenten, um mich auszutauschen, aber ich halte es für eine Führungsqualität, auf Menschen zu hören und auf sie zuzugehen, die so viel Ahnung von der Sache haben. Ich halte es für wichtig zuzuhören, darüber nachzudenken und schließlich *meine* Entscheidungen zu treffen."

Sich Rat holen bei der Erfahrung, die *footprints*, die Fußspuren nutzen. Schon früher hatte ten Hag die Erfahrung gemacht, wie wertvoll so etwas sein kann. Es war im Jahr 2013, als der mit Go Ahead Eagles aufgestiegene Trainer ten Hag de Chance erhielt, bei Bayern München mit der zweiten Mannschaft zu arbeiten, in einem Betreuerstab mit Cheftrainer Pep Guardiola. „Sie waren da alle voll des Lobes über Louis. Während bei Bayern nie Jugendspieler den Durchbruch schafften, hatte er Badstuber, Müller, Contento und Alaba in die erste Mannschaft geführt. Kannst du dir vorstellen, was das für die Jugendfußball-Ausbildung dort bedeutete, welche eine neue Perspektive es dort gab? Sein Nachfolger Heynckes ist auch ein Top-Trainer, der hat so viele Titel gewonnen, das ist beispiellos. Und Guardiola hat fantastisch auf der Arbeit von Louis aufgebaut. Aber das Fundament des Fußballs, der dort gespielt wird, stammt von Louis.

Es war für mich sehr schön aus der Nähe herauszufinden und zu sehen, wie es funktionierte. Louis legt Strukturen an, sorgt für eine Basis. Überall da, wo er hinkommt, lässt er etwas zurück. Ajax, AZ, Barcelona, Bayern: Ein Verein profitiert jahrelang davon, auch wenn er da nicht mehr Coach ist."

Ten Hag zählt auf: „Seine Kernpunkte: Struktur schaffen, Initiative, das Totale-Mensch-Prinzip, zusammen arbeiten und gewinnen. Louis ist ein unglaublicher Gewinner."

Van Gaal seinerseits schaut mit Bewunderung darauf, wie ten Hag so gut das Chaos seiner kreativen Spieler bei Ballverlust strukturiert hatte. Er sah Spieler diszipliniert und leidenschaftlich verteidigen, von denen er es nicht schnell erwartet hatte. „Ich würde von Erik gern wissen wollen, wie er das genau gemacht hat."

Ten Hag: „Erstens: das Gleichgewicht. Die Spieler. Die richtigen zusammen holen. Van de Beek ins Mittelfeld, Tadic in die Spitze. Zweitens: die Bewusstseinsbildung. Da habe ich mit den Spielern dran getüftelt. Was genau ist nun die Definition von Mannschaftsfunktion? Die Basis für den Erfolg ist, dass man als Team gut verteidigen muss, um offensiv spielen zu können. Das erfordert Disziplin von den

Spielern. Es ist keine Frage, so zu spielen. Es ist eine Forderung. Und dann drittens: die Taktik. Was muss man tun? Wie ist die Feldbesetzung bei Ballbesitz und wie muss man antizipieren bei Ballverlust? Und das Ganze in verschiedenen Phasen des Spiels. Das trainieren wir, Video-Bilder helfen da unheimlich. Wenn die Spieler die Bilder sehen, begreifen sie es viel schneller. Und dann heißt es wiederholen, wiederholen, wiederholen. Bis sie die Situation im Voraus erkennen und darauf antizipieren."

Klinkt alles sehr logisch. Ten Hag: „Jaja, man muss aber auch zu der Erkenntnis kommen, dass es unbedingt sein muss. Umschalten, umschalten, umschalten. Darum geht es bei uns immer. Jeden Tag. Bei Ballbesitz verlasen wir unsere Räume. Aber wie stehen wir dann? Und was machen wir, wenn wir Ballverlust erleiden. Das ist ein wunderschöner Prozess, wenn es Wirkung zeigt, erfüllt es einen. Die Typen müssen allerdings mit viel Hingabe rangehen, nur dann funktioniert es. Jedes Scharnier muss stimmen. Die Intensität, mit der man daran arbeiten muss, ist beispiellos. Louis hat dies immer gefordert, immer die Leidenschaft gehabt, um genau das rüberzubringen.. Darin war er streng und deshalb hatten Spieler vielleicht manchmal ein bisschen Angst vor ihm. Der Zorn des Meisters! Ich kann auch verbindlich sein, aber nicht in dem Maße. Vielleicht muss ich diesen Schritt noch machen. Aber das kommt genau dann, wenn man erfolgreicher ist, dann wächst die Autorität von selbst. Dann nimmt man Leute noch leichter mit, das kommt mit den Jahren."

Der Romantiker ten Hag hält vielleicht Schritt mit dem jungen van Gaal. Nicht schmutzig gewinnen wollen, sondern großartig, überzeugend, unvergesslich. Geschichte schreiben. „Letztendlich will man als Trainer Erfolg haben. Aber auch: Man will es auf eine bestimmte Art erreichen. Bei Louis musste das immer Hand in Hand gehen. Das ist unsere Identität. Das war bei Michels und Cruyff nicht anders. Und das gilt besonders in Amsterdam: Neben dem Resultat geht es um die Art und Weise, wie man Fußball spielt. Es erfordert eine hohe Kunst des Coachens, die man beherrschen muss, das ist etwas, das mehr Genugtuung gibt. Aber es erfordert auch harte Arbeit, um dies gelingen zu lassen, es muss innerhalb einer Saison wachsen. Und damit kommt man zum Managen der Erwartungen. Fans, beeinflusst durch die Medien, übersehen, was alles dabei eine Rolle spielt, übersehen, dass das Wachsen Zeit benötigt. Die Fans wollen gleich Siege und schönen Fußball. Punkt. Das ist auch logisch. Nur wenn die Medien es nicht in dir sehen und Druck entwickeln, wird es schwieriger. Louis hatte keine Freunde bei der größten niederländischen Tageszeitung *De Telegraaf* und auch nicht bei der Zeitschrift

Nieuwe Revue; wie die über ihn in der Anfangszeit schrieben, ist im Blick zurück skandalös gewesen.

Und dabei hatte es van Gaal noch sehr ruhig im Vergleich zur täglichen Hektik im heutigen Fußball. Ten Hag bestätigt das: „Die Einflüsse sind größer geworden. In der Zeit von Louis hatte man nur zwei seröse Spielerberater, Rob Jansen und Sigi Lens, die fast alle Spieler von Ajax betreuten. Das muss man sich heute mal ansehen. Von den elf, die ich aufstelle, haben elf einen anderen Agenten. Diese elf haben nur ein Interesse: den großen Coup, den Mega-Transfer. Sie hängen es alle an die große Glocke: „Es geht um die Entwicklung des Spielers! Nein, wirklich nicht. Es gibt immer Unruhe. Für einen Trainer ist das unglaublich ärgerlich."

Glücklicherweise gibt es auf der anderen Seite auch viel Anerkennung. Und nicht von den geringsten . . . Van Gaal sagte während des Europa-Abenteuer von 2018/2019 einige Male, dass ten Hag eine Erleuchtung sei und auch, dass dessen Ajax noch attraktiver spiele als sein altes Ajax. „Nun, das betrachte ich als große Ehre. Weil ich weiß, wie es war, gegen sein Ajax zu spielen. Man war eine Figur, stand inmitten eines großen Kreisspiels. Wenn er also so etwas sagt, nehme ich das als großes Kompliment mit."

14

Begegnungen mit Louis van Gaal

Im sportmedizinischen Zentrum Fysiomed – *credo: all about synergy, body, mind & energy* – ist es ein Kommen und Gehen von Topsportlern. Da spaziert Khalid Boulahrouz uns entgegen, um van Gaal kurz zu umarmen.

Bouhlarouz: „Sie sehen aber noch gut aus. Die meisten Trainer sehen nach zehn Jahren viel älter aus, aber Sie bleiben jung."

Van Gaal lächelt: „Nun ja, vielen Dank fürs nette Kompliment. Ich habe auch wieder abgenommen, das sieht man natürlich."

Kurze Zeit danach winkt der frühere Athletik-Trainer Henk Kraayenhof aus der Ferne, mit seinem Schützling Nelli Cooman an der Seite. Als sie sich unserem Tisch nähern, wird klar, dass es überhaupt nicht Nelli ist. „Das ist Ronéll', stellt Kraayenhof sie vor, „die Tochter von . . ."

„. . . Nelli Cooman“, ergänzt van Gaal. „Unglaublich.“

Nachdem jeder den ewigen Bondscoach begrüßt und mit ihm geplaudert hat, erzählt van Gaal sehr emotional über die 39-jährige Tochter seines ehemaligen Assistenten Gerad van der Lem. Sie starb an Leberkrebs und Bauchspeicheldrüsenkrebs. „Schrecklich. Gerard hält sich gut, muss ich sagen, aber das gehört sich nicht. 39 Jahre . . . Da taucht bei mir wieder alles vor meinem geistigen Auge auf, Fernanda war auch 39, als sie an Bauchspeicheldrüsenkrebs starb.“

Es ist der Tag von Ajax – Juventus. „Ich rasiere mich noch, dusche mich und werde mich sehr gut vorbereiten.“ Van Gaal ist Analyst beim Sender Ziggo. Eifrig verarbeitet er die Information: Wenn Giorgio Chiellini bei Juventus nicht spielt, ist ein Sieg der Mannschaft weniger selbstverständlich als mit Chiellini. Die Statistiken lügen nie: Der Innenverteidiger der *bianconeri*, der Schwarz-Weißen, ist unglaublich wichtig. „Ich bin sehr froh, dass du mir das erzählst, denn das ist eine interessante Information, die kann ich gleich verwenden.“

Van Gaal sagt voraus, dass es extrem spannend würde. „Wenn Juventus mit Druck gegen Frenkie de Jong und Daley Blind spielt, wird es sehr schwer für Ajax. Max Allegri, ihr Trainer, ist taktisch sehr stark. Aber dass Ronaldo nach drei Wochen Verletzungspause gleich wieder spielt, geht eigentlich nicht.“ An diesem Abend erzielt Ronaldo zwar das 1:0, aber dank David Neres wird es schließlich 1:1. Darüber hinaus läuft alles so, wie van Gaal es vorausgesehen hat, und Ronaldo spielt, außer bei seinem Tor, äußerst mäßig.

Van Gaal vertieft sich heute in die Kulturdimensionen, die in jedem Land eine Rolle spielen. Die Arbeit in Spanien, Deutschland, England hat ihm viele Erkenntnisse gebracht.

War die Arbeit bei Ajax, in Alkmaar und bei Oranje am einfachsten?

„Nein, nein. Es ist wirklich nicht so, dass die niederländische Kultur am besten zu mir passt. Das Wichtigste ist, dass die zwischenmenschlichen Beziehungen gut sind. Dass es Vertrauen untereinander gibt. Das Allerwichtigste ist, dass die Spieler sich so verhalten, dass sie füreinander durchs Feuer gehen. Noch immer ist das die

Hauptaufgabe für einen Coach: Dieses Verhalten muss man bewerkstelligen. Es gibt *people manager*, die vielleicht weniger Ahnung vom Fußball haben und trotzdem eine Gruppe gut führen können. Die Spieler müssen das Ganze von sich selbst aus tun wollen. Für den Coach, für die Mitspieler und auch noch für sich selbst. Wenn man als Coach es so hinkriegt, dass die Spieler es verstehen können, ist man schon ziemlich weit.

Und dann kommen die Kulturunterschiede um die Ecke: die *Manier*, mit der man das alles bewerkstelligt. Wenn das durch viele Individuen beeinflusst wird, erfordert das vom Coach einen immensen Einsatz. Jeden Tag verhandelt er mit Spielern mit einem Ego, Menschen, die über einem stehen, und Menschen im Verein. Man muss sich fragen: Führt diese Art von Einmischung zum Erfolg? Viel mehr Sinn macht es, sich auf den internen Gruppenprozess zu konzentrieren. Es ist schließlich ein Mannschaftssport. Das Verrückte und außerdem auch ein Problem in der Fußballwelt ist, dass man sich nicht als Topsportler verhalten muss, um doch weit zu kommen. Theo Janssen, den ich bei der Junioren-WM in Argentinien erlebt habe, war in keiner Weise ein Topsportler. Trotzdem kam er ziemlich weit. Aber die absolute Spitze hat er nicht erreicht."

Du hast mir mal erzählt, dass es in dieser Gesellschaft immer schwieriger wird für einen Coach, einen Spieler wirklich zu erreichen, weil es – bedingt durch die Spielerberater im Besonderen und die Außenwelt im Allgemeinen – so schrecklich viele Einflüsse gibt.

„Begleitung und Beratung der Spieler stellt sich im Laufe der Zeit anders dar. Diese Kultur hat sich verändert, sie entwickelt sich weiter. Schon in den 1990er-Jahren meinte ich, dass es eine *permissev society* gebe, eine Gesellschaft ohne feste Normen. Daraus entwickelte sich eine Zapp-Kultur, eine Spiele-Kultur. Menschen werden immer individualistischer. Im Laufe meiner Karriere kostete mich der Job immer mehr Energie und Kraft. Ich musste mich immer tiefer in die Gedanken des Individuums hineinversetzen, um es mannschaftsdienlich zu machen. Das ist schade. Die gesellschaftliche Entwicklung läuft dem Mannschaftssport zuwider; das ist das Schwierige."

Wo findet man das im heutigen Fußball?

„Man nehme Manchester City von Pep Guardiola, die Mannschaft, deren Spiel ich am meisten genieße. Ich glaube, dass sie mehr auf das Individuum fixierte Spieler haben als dass es wirklich eine Mannschaft ist. Liverpool verfügt schon seit Jahren über weniger individuelle Qualitäten, aber steht immer als Mannschaft da.

Langfristig kommt Liverpool damit weiter als City. Barcelona hat auch eine lange Zeit schon keine Mannschaft mehr, es ist abhängig von dem einen Mann geworden. Wenn Messi etwas Verrücktes unternimmt, ist alles möglich, aber wird Barcelona noch viele Titel gewinnen? Dasselbe gilt für Juventus. Juventus war jahrelang ein starkes Team. Und dann kam auf einmal Ronaldo, diametral zur Kultur des Vereins. Wird spannend zu sehen, wohin das führt."

Ein Coach will Philosophie und Struktur einbringen, das hast du gegenüber Unternehmern kurz vor der WM erklärt?

„Ja, der Vortrag damals, das war im Nachhinein sehr apart. Philosophie und Struktur. Die Meinung in den Niederlanden über Oranje war damals: Wir stellten nichts vor. Die Spieler waren nicht so gut wie früher. Und ich sagte: ‚Aber der Bondscoach sieht Chancen.' Da bin ich stolz drauf, weil alles, was ich damals sagte, genauso gekommen ist.

Ich erzählte dort vor allem darüber, wie ich mit den Spielern umgehe. Weil Unternehmer es auch mit ihren Angestellten zu tun haben. Wie nimmt man diese Menschen nun mit? Wie kriegt man es hin, dass die Spieler in diesem Prozess so integriert sind, dass sie für die Mannschaft spielen. Ich frage die Spieler alles Mögliche. Was ist deine Lieblingsposition, wo spielst du am liebsten. Dann schaue ich auf ihr Spielbein, ‚ihre' Seite. Und frage: Was denkst du selbst darüber? Danach: Und was glaube ich? Auch wichtig: Ist er ein roter (kreativer) Mensch, ein blauer (intellektuell, nachdenklicher) oder ein grüner (emotionaler)? So arbeitete ich schon 1991 bei Ajax, darüber dachte ich nach. Ich wusste noch überhaupt nichts über rote, blaue und grüne Persönlichkeiten, erst später haben Peter Murphy und Leo van den Burg dies in wunderbaren Büchern beschrieben. Ich tat es intuitiv.

Und es hört auch nicht mit dem auf, wie man mit Menschen umgeht, es geht auch um Taktik und Technik. Dort kann man sich als Spieler endlos weiter entwickeln. Das endet auch nicht im 25. Lebensjahr. Wäre Blödsinn. Als Coach kann man da immer Abhilfe schaffen. Und letztendlich muss jeder daran glauben.

Damit kommt man dann zur Struktur. Ich weiß, wie man Fußball dort hinein bekommt. Zuerst muss man die Strukturen schaffen, dann müssen sie von jedem akzeptiert werden, und innerhalb der Strukturen ist jeder viel freier und eigenständiger als bei Trainern, die keine Strukturen haben, denn bei dem Letztgenannten ist man abhängig vom Humor des Trainers und seiner Spieler. Der

Glaube an die Mannschaft, die Ziele, die man sich setzt, das gehört alles zu den Strukturen."

Lustig, das hörte ich dich und deine Spieler auch in den Neunziger Jahren schon sagen. Aber funktioniert dass im Jahr 2020 auch noch?

„Es ist nicht mehr ganz so einfach, diesen Prozess so wie früher im Auge zu behalten. Für den Coach sind die Kommunikationsaugenblicke die Mittel, um Struktur und Philosophie zu gewährleisten. Aber die Zeiten haben sich dermaßen verändert. Weil wir immer mehr zu Individuen, Einzelpersonen geworden sind. Vor zwanzig Jahren konnte ich als Trainer von oben etwas ansagen und dann taten auch 50 Prozent der Spieler ganz normal das, was ich sagte. Das würden sie heute nicht mehr so einfach akzeptieren. Nun ist die Beeinflussung von unten nach oben nötig, um dasselbe Engagement zu erhalten. Das kann man auch fantastisch machen, aber weil man es individueller angehen muss, kostet es den Trainer viel mehr Energie.

Das alles nahm seinen Anfang mit dem *laissez-faire*, das der niederländische Ministerpräsident Joop den Uyl in den siebziger Jahren in der niederländischen Gesellschaft handhabte. Auf einmal gab es keine Regeln mehr. Man schaue sich nur mal an, wie Erziehung heute funktioniert; alles geht, nichts muss. Einerseits ist das so, wie die Gesellschaft heute funktioniert, andererseits muss der Trainer es hinbekommen, dass seine Mannschaft in eine Richtung geht. Der Coach muss in dem Sinne der Antikörper der Gesellschaft sein. Man muss viel korrigieren. Das mag ich nicht, denn dabei muss man all den Individuen hinterher laufen, während ich der Meinung bin, dass dies von den Spielern selbst kommen muss, dass sie bestimmte Dinge schon tun wollen. Darüber sprach ich schon in den neunziger Jahren: die große Bedeutung der intrinsischen Motivation. Aber so tickt die Gesellschaft heute nicht mehr, es muss gegenwärtig alles genau zu deiner Persönlichkeit passen. Niemand entwickelt mehr die Außenschale, es gibt wenig Widerspiegelung durch die Umgebung, vom Mitmenschen. Auf der Straße wird jemand niedergeschlagen und keiner geht mehr dazwischen. Wir lassen es einfach nur laufen, es gibt nur noch wenige Eltern, die das korrigieren.

Jeder geht vom Individuum aus. Es gibt in meinen Augen noch keine Umkehr. Es läuft aus meiner Sicht nach noch immer in die falsche Richtung. Allerdings sah ich zuletzt in den Fernsehsendungen *M* von Margriet van der Linden und bei *Jinek*, dass viele gute Leute jetzt einen Schritt machen und in die Bildung gehen. Da habe ich Respekt vor, das finde ich schön."

Man sagt dir nach und wirft dir auch vor, dass du vor allem großen Einfluss auf junge Leute hast.

„Das hat etwas mit Teambuilding zu tun. Wenn sie sich aufdrängen, die jungen Leute, ist es das Schönste, was möglich ist. Das war mit Michel Kreek so, mit Bryan Roy, mit Edgar Davids, mit Seedorf, Kluivert, Kanu, Tuhuteru, Oulida, Musampa, Wooter, Melchiot und dabei habe ich leider noch eine ganze Reihe vergessen; junge Leute geben Inspiration. Auch für Ältere. Die denken in althergebrachten Kategorien und werden auf einmal jeden Tag mit dem Ehrgeiz der jungen Spieler konfrontiert. Deshalb habe ich immer meine Spieleraufgebote gewissermaßen aufgefrischt. Es muss eine Art Spannung sein, ein Drahtseilakt: Falle ich raus oder bin ich dabei? Es muss eine Topsport-Atmosphäre da sein. Wenn die Basis deiner Mannschaft steht und man frischt es immer wieder auf, kann man lange weitermachen.

Michel Kreek war Mannschaftskapitän bei mir in der A1-Jugend von Ajax. Ich brachte ihn in die erste Mannschaft, er machte es gut, aber ich ersetzte ihn auch wieder, denn Davids sorgte in defensiver Hinsicht für eine bessere Balance im Team. Ich sagte zu Kreek: „Ich helfe dir, ich rate dir, es irgendwo anders zu versuchen." Spieler sehen es nicht oder wollen es nicht sehen, dass man damit das Beste für sie will. Nur: *Ich* sehe es schon. Ich kann nicht behaupten, dass ich Unrecht hatte, Davids war besser fürs Team. Für Kreek war es besser, weiter spielen zu können, er konnte in die Serie A nach Italien wechseln, damals die absolute Spitzenliga in Europa. Es gibt reichlich Spieler, die von mir weggeschickt wurden und irgendwo anders ihre Top-Leistung gebracht haben. Ihre eigene Spitze. Das ist wichtig. Sie haben nur den Erfolg von Ajax nicht mitmachen können, diese drei Jahre in der Champions League.

Ich bin immer davon ausgegangen, dass die beste Mannschaft gewinnt. Zuletzt habe ich mich über Messi ausgelassen. Messi ist der beste Fußballer der Welt, aber er holt nicht das Maximale aus sich heraus. Nicht aus seinem Talent und nicht aus dem Talent seiner Mitspieler. Und im Sport geht es darum, alles aus seiner Karriere herauszuholen. Brasilien gewinnt auch ohne Neymar. Das hat was zu bedeuten. Neymar holt auch nicht alles aus seinen Möglichkeiten. Messi gewinnt schon einige Jahr nicht mehr die Champions League. Das hat Ronaldo besser gemacht. Wer bist du als Mannschaftsspieler? Darum geht es. Ich sage nicht: Ronaldo ist der größte Spitzenspieler. Gewinnen ist nur ein einziger Aspekt. Aber ich sehe schon, was er für die Mannschaft macht – auch wenn es in den letzten Jahren etwas weniger geworden ist – und ich sehe, was Messi für die Mannschaft macht.

Ich war immer ein Fan von Lluís Figo. Luis Enrique. Stefan Pettersson. Aaron Winter. Sebastian Schweinsteiger. Das sind nun wiederum Jungs, die wirklich alles aus ihrer Karriere herausgeholt haben. Nicht die allerbesten Spieler, aber: Mannschaftsspieler. So einfach ist das. Das wiegt bei mir viel schwerer. Obwohl ich natürlich gern die besten Spieler in meiner Mannschaft haben wollte. Ganz sicher so jemanden wie Messi, der so viele Tore macht und so viele Vorlagen gibt. So wie El Hamdaoui bei AZ in Alkmaar: so viel Ertrag. Aber dann müssen sie es auch machen, fürs Team. Und der Rest der Mannschaft muss es akzeptieren. Ich habe bei AZ mein ganzes System auf El Hamdaoui abgestellt. Er musste nur vorn verteidigen, die anderen mussten auch mit zurück. Aber dieses Verteidigen vorn machte er gut. Es half der Mannschaft. Er hatte eine tolle Saison gespielt und konnte dann zu Ajax. Dort ist er gescheitert. Andere Kultur, andere Philosophie. Und dann fällt der Einzelne hinten raus. Es bleibt alles ein Mannschaftssport, es ist kein Individualsport.

Dabei wolltest du für den Unterschied sorgen, um dies ins Gleichgewicht bekommen?

„Ich werde oft mit einem Lehrer, einem Oberlehrer, verglichen. In der Schule muss man auch eine Atmosphäre schaffen, in der jeder glücklich ist. Hier schon wieder: das Totale-Mensch-Prinzip. Vor dem Hintergrund von Philosophie, aber auch von meinem persönlich Dasein als Mensch. Ich habe eine Philosophie nicht aus Büchern, sondern aus der Praxis entwickelt. Ich habe durch Analyse und Beobachtung alles angepasst. Wie man sich dem Menschen nähern muss, wobei jeder Mensch anders ist. Das Totale-Mensch-Prinzip hatte den Zweck, meine taktisch-technischen Entscheidungen etwas menschlicher zu machen, und mehr auf die individuellen Qualitäten abzustimmen.

In Mannschaftsbesprechungen muss die Regel gelten, dass ‚Fußball ein Beruf ist', das muss für jeden gelten. Man muss auseinanderlegen, was gut für die Mannschaft ist und was nicht, an jeden die gleiche Anforderung stellen. Aber in individuellen Gesprächen kann ich mich mit jedem Menschen so beschäftigen, wie es erforderlich ist, um ihn mit all seinen Besonderheiten zu sehen. In diesen Gesprächen konnte ich auch sagen, ob sie für die Mannschaft so wichtig waren, wie sie meinten, oder eben nicht. Das Selbstbild von Spielern war nie ihre größte Tugend.

Indem man nach dem Spiel dafür sorgt, dass man als Coach als erstes seine Bewertung gibt, stellt man sicher, dass jeder dieselbe Geschichte erzählt. Bei den Oranje-Frauen fand ich das fantastisch. Man sah bei der WM, dass Sarina Wiegman die Trainerin, gleich nach jedem Spiel eine kurze Einschätzung gab, wie sie über das Spiel dachte. Dabei standen die Spielerinnen in einem Kreis auf dem Platz. Auch weil sie wusste: Kurz nach dem Spiel gibt es wieder diese Interviews. Das machte ich auch immer so. In der Hoffnung, dass die Spieler dasselbe sagen würden, wenn die Medien bei speziellen Dingen nachbohrten. Das hat mit Vertrauen für den Coach zu tun. Und vor allem, dass es eine Richtung hat. Großartig, wie die Spielerinnen von Oranje alle dieselbe Sprache sprachen. Ein bewegender Augenblick. Und es funktioniert! Sie hatten bei der WM nicht die absolute Top-Form, aber sie kamen bis ins Finale. Als Mannschaft. Was für einen Teamgeist hatten die Mädels. Fantastisch. Und jeder erzählte das auch, ohne dass danach gefragt wurde: ‚Wir sind wirklich eine Mannschaft!' Das war das Schöne dabei."

Warum berührt dich das?

„Weil es im Mannschaftssport genau darum geht. Dass es mich so berührt, ist irgendwo apart, denn ich halte den Mannschaftsgeist für logisch. Menschen lieben Fußball, weil es ein sozialer Sport ist. Und zwar so, dass sie das Miteinander-Lernen mögen. Nur dann werden sie gut und schaffen den Sprung aufs Podium. Bei Ajax gibt es in der Jugend viel Disziplin und viele Regeln. Aber man sieht auch schon Unterschiede, wer ist das größte Talent? Dann hängt alles davon ab, ob die Mitarbeiter und die Abteilung das unter Kontrolle halten können. All die Geräusche drumherum? Die ganzen Manager? Die ganzen Eltern? Darauf hat man manchmal keinen Einfluss, das ist ärgerlich. Die ganzen Außenstehenden. Wenn die kleinen Talente noch jung sind, sind die Eltern noch nah dran und gibt es noch keine Berater. Dann hören die kleinen Kicker noch auf ihre Eltern, aber auch das geht nicht immer gut."

*

Später im Jahr 2019, am 24. Mai, exakt 24 Jahre nach dem Gewinn der Champions League in Wien, ist Louis van Gaal wieder vollständig in seinem Element. An diesem Tag ist es selten ruhig um unseren Tisch herum. Der Curry-Wrap mit Hühnchen und Avocado hat keine Chance, in Ruhe verspeist zu werden, zuerst kommt Carel Eiting vorbei, um zu erzählen, dass er eine Kulturreise unternehmen wolle, dann ist es Calvin Stengs und kurze Zeit später Myron Boadu. Der zuletzt Genannte kuriert gerade eine schwere Verletzung aus.

„Was hast du nur gemacht?", fragt van Gaal. „Eigene Schuld, oder?"

Als Bouado verlegen nickt, erwidert van Gaal mit erhobener Stimme: „Aber! Ich halte dich für einen großartigen Spieler. Ich hoffe, dass du wieder richtig fit wirst."

Van Gaals Augen glänzen beim Besuch der jungen Leute. Das findet er richtig schön. „Dieser Eiting, Gymnasium, hallo. Wie der Kerl sich auszudrücken vermag. Das find' ich so klasse. Wirklich: großartig."

Ist dies hier eine bessere Generation Fußballer als die vorherige? Ein bisschen von Zurück zum Normalen?

„Nun ja, wir hatten großartige Jungs bei der WM. Die Vorboten der heutigen Generation. Ich komme gern hierhin, zu *Fysiomed*, weil jeder mit mir spricht: Ziyech, Stengs, Bouadu, Eiting, de Ligt, de Jong . . . Das sind doch fantastische Jungs. So herrlich normal alle noch, so freundlich. Eiting fragt schon mal, ob ich ein Stündchen Zeit für ihn hätte. Ein besonderer Junge, sehr intelligent."

Wenn ich mir das hier ansehe und höre, mit all den Jungen, die immer an unseren Tisch kommen, um dich etwas zu fragen, kommt mir der Gedanke: Ist das deine Zukunft?

„Ich sehe mich selbst nicht als andauernden Gesprächspartner, aber ich bleibe natürlich schon einer für junge Spieler. Da kann ich nichts dran ändern, das sitzt in mir. Truus sagt auch immer: Ich kann besser einen Laden aufmachen, so erteilst du nur gratis Ratschläge. Aber wenn ich bei zu *Fysiomed* sitze, dann kommen die Jungs wie Eiting, de Ligt und Frenkie zu mir, um mit mir zu reden, die Typen sind alle untereinander befreundet und das finde ich schön. Dann wollen sie alles wissen, und ich kann nicht Nein sagen. Wenn es eine Rolle im Leben für mich gibt, dann ist es die des Coaches. Das möchte ich lieber sein als jemand, der immer Einfluss haben will, aber unabhängig ist. Ich will lieber eine dauerhafte Beziehung zu Spielern aufbauen und zusammen eine Topsport-Atmosphäre kreieren. Das ist mir schon oft geglückt und das finde ich schön. Zumindest dann, wenn ich nicht zu viele von den Spielern in meiner Mannschaft hatte, die nicht alles, aus dem was sie eigentlich können, herausgeholt haben. Dann müsste ich dort viel mehr Energie reinstecken und hätte weniger davon. Dann hat man es mit mir sehr schwer, aber ich habe es auch schwer."

Du willst einfach Bestätigung, verantwortlich sein, tagein, tagaus ...

„Natürlich. Ich bin ein Coach, der Intensität und Verantwortlichkeit einen hohen Stellenwert beimisst. Das hört auf dem Platz nicht auf; ich will auch das Leben der Spieler kennen. Ihre Frauen, Kinder. Du glaubst gar nicht, wie oft ich Ehen zusammen gehalten habe. Aber ich habe auch drastische Entscheidungen im Interesse der Mannschaft treffen müssen Wenn man so viele Menschen im Auge behalten muss und weiß, dass das Team zuerst kommt, ist das schon eine gewaltige Aufgabe."

Wenn ich mit Spielern spreche: Natürlich haben sie auch ihre Kritikpunkte, aber viele sehen dich auch als ihren Fußballvater. Ist das der Kern?

„Nun ja ... Ich bin nicht von jedem der Vater. Ich bin kein Gott, der jeden genauso lieb hat. Ich bin ein Mensch mit Präferenzen. Manchmal bin ich nicht so entzückt von jemandem. Oder besser von jemandem als Mensch, und dann weniger von ihm als Fußballer. Nigel de Jong war so einer. Und dann merkt man auf einmal, dass ich auch ein Mensch mit Vorurteilen bin. Aber ich versuche schon, auf jeden ohne vorgefasste Einstellungen und Vorurteile zuzugehen, um auf diese Manier dem Spieler zu helfen. Das sitzt in meinen Genen."

Aber du bist also nicht der Vater von zahlreichen Fußballsöhnen?

„Wenn ich mit jemandem nicht klar komme, wird es auch für mich schwierig, nicht wahr. Und es gibt mehr Spieler, mit denen ich eine professionelle Zusammenarbeit pflege, weniger als eine Zusammenarbeit mit Vater-Sohn-Beziehung. Wenn du nicht entsprechend unserer Absprachen und unserer Philosophie spieltest und lebtest, dann müsste ich, um den Teambuilding-Prozess zu schützen, dich wegschicken. So wie bei Luca Toni (Bayern) und Stoichkov (Barcelona). Wenn man sich nicht an die Mannschaftsabsprachen hält, ist es schade. Das ist kein Hobby. Jeder wird auch bezahlt. Und wenn man dann trotz wiederholter Bitten doch nicht das machen will, was Coach und Trainingsgruppe einfordern, kann ich ganz einfach sagen: Hier hört es dann auf. Ganz anders stellt es sich wiederum dar, wenn Spieler alles dafür getan haben und es doch nicht glückte. Dann musste ich sie enttäuschen und damit hatte ich entsetzlich viel Mühe."

Wie hat es dich geschmerzt, ausgerechnet Robin van Persie, einem Spieler, für den du so einen Faible hast, zu sagen, dass er gehen muss?

„Natürlich. Aber dass Robin van Persie Manchester verlassen musste, war logisch. Eine Addition von Faktoren. Er war oft verletzt, musst immer wieder Trainingseinheiten nachholen, Trainingsrückstand aufholen, und er schaffte es auch einfach nicht mehr, bei diesem unglaublichen Tempo der englischen Liga und der Champions League mitzuhalten. Er schaffte es nicht, genoss aber gleichzeitig alle Privilegien, die ein Starspieler hat. Bei mir hat keiner Privilegien. Das brachte Irritationen zwischen uns. Auch wenn ich ihn für einen großartigen Spieler halte, ein unglaublich schnellen Denker, es war für mich trotzdem klar, dass er aufhören musste.

Es war für mich deutlich, dass Robin nicht mehr die Rahmenbedingungen erfüllte, die ein Profi-Fußballer nun einmal erfüllen muss. Man muss mit den Medien sprechen, hat kommerzielle Verpflichtungen und davon gab es bei Manchester eine ganze Menge. Aber Robin hatte immer allerlei Ausreden, der versuchte dem zu entfliehen. Als ich ihn später bei Feyenoord sah, erkannte ich wieder den Robin der niederländischen Nationalmannschaft, da war er wieder überall.

Für mich bestand ein Unterschied darin Bondscoach von Robin van Persie zu sein und Vereinstrainer von Robin van Persie zu sein. Als Vereinstrainer hatte ich jeden Tag mit ihm zu tun. Er war x-mal verletzt und er war meine wichtigste Spitze. Daraufhin habe ich Wayne Rooney zur Spitze gemacht. Faktisch erhielt er die Rolle zugesprochen, die ich für Robin vorgesehen hatte, aber ich bekam den Eindruck, dass Robin nicht mehr alles dafür geben wollte, dass er nicht mehr dafür aufbringen konnte. Ich kontrollierte, wie er seinen Verpflichtungen nachkam, und das fand er nur irre. Ich sagte: ‚Ja, aber ich bin Manager des Vereins, wenn du nicht mit den Medien sprichst oder nicht zu den Sponsoren gehst, ist es meine Aufgabe, dir das zu sagen.‘ Und wenn ich das jemandem zehnmal sagen musste, wird man doch verrückt? Und ich bekam alles Mögliche zu hören, vom Doktor, wo er in der Reha war, von den Mitarbeitern. Als Vereinstrainer sammelt man den ganzen Tag über Pluspunkte und Minuspunkte. Und wenn es dann zu viele Minuspunkte sind, muss man als Coach eine Entscheidung treffen. Und ein Spieler, der eine Verletzung hat, der kann nichts dafür, dann gibt es wirklich kein Minus. Aber ich finde schon, dass ein Spieler, der nie verletzt ist, sich auch ein Plus verdient hat. Denn ich finde, dass jeder Spieler fit sein muss.“

Robin verstand nicht, dass du so einen großen Unterschied zwischen Vereinstrainer und Bondscoach gemacht hast?

„Als Bondscoach erlebt man sich nur sechs Wochen. Und vor der WM fand ich van Persie so wichtig; ich wollte so gern, dass er mitkam, fit genug sein würde. Der Unterschied in kreativer, offensiver Hinsicht wäre ohne Robin und Arjen sehr groß gewesen. Und ich hatte die ganze Taktik auf die beiden abgestimmt. Der Rest spielte eigentlich für sie.

Ich werde den Unterschied zwischen Bondscoach und Vereinstrainer genauer erklären. Der Prozess zwischen Trainer und Spieler dauert länger als ein flüchtiger Tag. Es ist keine Frage von: jemanden aufstellen oder jemanden nicht aufstellen. Eine Beziehung ist abhängig von vielen Aspekten. Wenn man von 20 bis 30 Aspekten spricht, mit denen ein Trainer einen Spieler beeinflussen kann, ist man häufig damit monatelang beschäftigt. Dann ist es die Aufgabe, Aspekt elf und zwölf herbeizuholen, und das kostet viel Zeit; Zeit, die man als Coach häufig nicht hat. Für einen Spieler kann das in seiner Gedankenwelt eine ganz andere Bedeutung haben, der kann sagen: Aber ich erfülle die zehn Dinge doch schon? Dann geht es um Krafttraining, Effektivität, Aufgaben, Funktionspaket, alles Mögliche. Erfüllst du das als Spieler alles? Wie geht der Spieler mit den vier Hauptmomenten von mir um. Was tust du als Mittelstürmer? Hältst du den Ball? Bist du eine Anspielstation? Gehst du gemäß Absprache an den ersten Pfosten? Wie bewegst du dich im Strafraum. Und darüber hinaus? Es gibt so viel. Und jeder Spieler weiß genau, was ich von ihm auf seiner Position verlange. Immer wieder dasselbe: Machst du es gut fürs Team? Manchmal muss man als Mittelstürmer auch andere Dinge machen als Tore schießen. Wenn man im Mittelfeld so jemanden wie Litmanen hat oder Rooney, die selbst so einfach zu Torerfolgen kommen, muss man als Mittelstürmer auch andere Dinge erledigen. So wie beispielsweise Dusan Tadic oft aus der Spitze geht, um Raum für Donny van de Beek zu schaffen, so wie Neres oft nach innen zieh, um Dest oder Mazraoui aufrücken zu lassen. Das ist ein ganzes Aufgabenfunktionspaket. Und dann gibt es wieder Umschalt-Momente, bei dem man ein ganz anderes Paket aufmachen muss. Echte Mannschaftsspieler können das, aber der Kreative denkt dann oft noch über seinen missglückten Pass nach, dieser Augenblick des sich Ärgerns. Und damit komme ich wieder auf meine Bestnote Zehn für Ziyech. Der trauert dem nicht mehr hinterher, sondern verteidigt sofort mit.

Du hältst so viel von Ziyech genauso wie du einen Faible hattest für so einen kreativen Spieler wie Maarten Martens bei AZ. Und doch erzählte Toon Gerbrands, wie du genau ihn als Beispiel im Team nanntest, als der in den Medien gerade etwas Unpassendes gesagt hatte. Dann scheust du dich also nicht, um das Mannschaftsinteresse in den Vordergrund zu stellen, wobei das dann sehr hart für den Einzelnen sein kann?

„Regel Nummer eins meiner Philosophie: Die Mannschaft ist wichtiger als der Einzelne. Aber ich glaube nicht, dass Maarten nicht wusste, was ich sagen würde. Ich informiere erst meinen Spieler darüber, was ich davon halte, was ich denke, was ich zukünftig machen würde. Aber wenn Spieler eine bestimmte Linie überschritten, stellte ich mich oft vor die Mannschaft, um auf eine lustige Art und Weise die Bedeutung des Teams zu verteidigen.

Ich spreche immer zuerst mit dem Spieler selbst. Ich setzte ihn aber in der Mannschaftsbesprechung auch unter Druck, Maarten hatte da wohl einen Fehler gemacht, Gespräche mit den Medien gehörten nicht zu seinen herausragenden Eigenschaften. Aber nichts Schlechtes über den Jungen. Er war nicht nur ein Spieler mit großen Qualitäten, er war auch ein toller Mensch. Wirklich ein großartiger Junge und ein echter Mannschaftsspieler.

Deshalb verstand er es auch sehr gut. Die Kabine muss sicher sein. Von dort darf nichts nach draußen. Heutzutage ist das nicht machbar. Twitter, Instagram, Facebook; Spieler wollen alle aus dem Nähkästchen erzählen. Es ist gang und gäbe. In meinen Augen ist das nicht gut.

Darum: Ich bin das Gegengift für die Gesellschaft. Aber das habe ich auch 1993 schon gesagt. Bei meinen Präsentationen habe ich immer verkündet: Die Jugend muss man so lange wie möglich führen. Nicht mit *laissez-faire*. Das bedeutet, dass es immer zwei Seiten gibt. Nun, damit bin ich nicht einverstanden. Diese Zapp-Kultur, diese Computer-Kultur, der individuelle Mensch – all das behindert die Konzentration aufs Wesentliche. Sich zu fokussieren ist enorm wichtig.

Die Welt funktioniert momentan so egozentrisch. Die ganzen Kinder sitzen da und daddeln. Gegen künstliche Gegner. Die spielen nie richtig miteinander. Sind nur mit sich selbst beschäftigt. Da muss ein Gegenmittel kommen. Und das ist nicht immer einfach, das wird auch immer schwerer. Mannschaftssport ist exakt dieses Gegengift. Vor gar nicht allzu langer Zeit schickten Eltern ihre Kinder zu einer Mannschaftssportart, das war wichtiger als ein Individualsport. Das war gut.

Die Leute bewegen sich alle in den sozialen Medien, aber ich nenne sie antisoziale Medien. Es ist alles anonym und niemand muss Verantwortung übernehmen. Als Coach einer Mannschaft will man paradoxerweise jedem Verantwortlichkeit geben – um das dann wiederum im Teamprozess einzubringen."

Wie hast du dich als Coach dabei entwickelt, denn deine Absicht ist doch, durch die harte Schale, die jeden Einzeln umgibt, hindurch zu kommen . . .

„Man sich in so einer komplizierten Gesellschaft immer selbst begutachten. Als Coach balanciert man immer auf einem schmalen Pfad, um Spieler zusammen zu halten. Dann wird man schnell mit einem Diktator oder Oberlehrer verglichen. Mir ist oft unterstellt worden, genau das zu sein, aber ich habe es nie sein wollen. Spieler wollten immer wieder mehr Privilegien haben. Dann wollten sie zum Beispiel ihre eigene Musik vor einem Spiel hören. Zuerst fand ich das nicht gut, dann sitzt jeder in seiner eigenen Welt. Aber später habe ich gesagt: ‚Im Bus könnt ihr den Kopfhörer auf haben, aber sobald wir aussteigen, heißt es: absetzen.' Denn man muss sich als Einheit präsentieren. Das geht doch nicht, dass die Typen mit den Stöpseln in die Kabine laufen, ist das eine Mannschaft?"

Bist du optimistisch oder pessimistisch im Hinblick auf die Zukunft, denn einerseits zeichnest du ein bestimmtes Bild der Gesellschaft, andererseits sehen wir haufenweise Jungs, die sehr ernsthaft rüberkommen . . .

„Es gibt eine Umkehr, nicht wahr. In jeder Jugendfußballausbildung heißt es, dass Fußball ein Geschäft, ein Beruf ist. Ich darf immer noch bei Ajax und ganz besonders bei AZ hinter die Kulissen sehen, und ich glaube, dass man dort sehr gut arbeitet, einschließlich der Begleitung mit Schule und Studium. Die Ausbildung ist nahezu perfektioniert und man legt den Fokus auf die Arbeitsmoral. In England ist das weniger der Fall. Die Berufsethik ist dort nicht ganz so hoch angesiedelt. Dort gibt es die Krafttrainingskultur, das Bild ist der leidende Fußballer. Aber nicht so, wie es sein muss. Zu viel Krafttraining ist schlecht, das geht auf Kosten der Koordination. Sie wollen dort für ihre Frau schön sein, einen starken Körper haben, während doch die Entwicklung der Koordination so wichtig im Fußball ist. Man trainiert dort den Körper aus falschen Gründen. In Deutschland gibt es dagegen eine gute Fußballkultur."

Später im Jahr. Es ist der Tag nach dem 68. Geburtstag von Louis van Gaal, der Tag, an dem er vor elf Jahren heiratete. Diese Hochzeit fand am 08.08.2008 statt. Auf seinem Mobiltelefon zeigt er, wie viele Menschen ihm gratuliert haben, es berührt ihn ehrlich: „Unglaublich. So viele Reaktionen gab es noch nie. Ich schaffe das alles nicht, denn ich beantworte alles. Sieh: Frank de Boer! Aus Atlanta. Kommt gerade herein. Hahaha, ich beantworte die App mit: ‚Vielen Dank, dass du noch an deinen alten Trainer denkst.' Antwort Frank: ‚Ich nicht, es war Helen.' Fantastisch."

Van Gaal erzählt, wie er gestern, am 8. August 2019 in einem kleinen Kreis gesessen hatte: „Zum ersten Mal seit zehn Jahren habe ich wieder in Noordwijk, ganz normal zu Hause, gefeiert. Es war ein toller Tag. Meine Enkel im Alter von 17, 15 und 6 waren gestern da. Den ältesten Enkel habe ich früher noch das Schwimmen beigebracht. Wir haben auch noch Stiefenkel, 19 und 17 Jahre alt. Die werden von allen voll und ganz akzeptiert. Ich finde das etwas Besonderes."

Er sieht glücklich aus. „Nein, was war das für ein Top-Tag. Dazu auch noch schönes Wetter, obwohl es am 8. August eigentlich nie schönes Wetter gab. Wir haben nur draußen gesessen. Und Truus hat sich um alles fantastisch gekümmert. Oh ja, auch so schön: Sie hatten im Internet eine Art Register erstellt. Was glaubst du? Innerhalb kürzester Zeit 5000 Glückwünsche. Das lief dann über soziale Medien, ich habe keine Ahnung, wie so etwas funktioniert, aber das ist doch unglaublich."

Es sind so oder so schöne Zeiten. „Bei der Tour de France war ich echt begeistert. Ich finde Moderatorin Dione de Graaf klasse, eine echte Expertin. Sie hatte mich bereits dreimal eingeladen, aber ich konnte immer nicht, jetzt klappte es endlich einmal. Ich hatte schon immer einen Draht zu Fachleuten im Fernsehen. Humberto Tan find ich auch klasse, ihm habe ich viel zu verdanken, er setzt sich enorm ein für die Stiftung *Spieren voor Spieren* (Muskeln für Muskeln), eine Stiftung für Kinder mit Muskelkrankheiten, wo ich Ehrenvorsitzender bin. Und in Kees Jansma habe ich immer einen guten TV-Mann gefunden, er war auch ein hervorragender Pressechef."

Wir philosophieren über Größen und das Vermächtnis. Wir sprechen über den besten Koch der Welt, René Redzepi (Restaurant *Noma* in Kopenhagen), der vor einigen Jahren seinen beiden Sterne abgab, weil er an Innovation und Erneuerung glaubte und deshalb – mit viel Mut und glücklicherweise auch mit Erfolg – zur Basis seines handwerklichen Könnens zurückkehrte „Reich sein ist für mich wach werden und wissen, dass ich etwas tue, was die Welt verändert." Über den Schuh-Designer Jan Jansen, der antwortete, als er gefragt wurde, was er davon hielt, dass seine Arbeit immer wieder schamlos kopiert würde: „Ach, aber *ich* habe morgen wieder eine gute Idee."

Toon Gerbrands und van Gaal haben darüber oft philosophiert. Der erste: „Wenn man Rembrandt ist und *Die Nachtwache* im Rijksmuseum hängt, lebst du Hunderte von Jahren weiter. Aber was ist das Erbe eines Trainers? Ein Ereignis hat mich zum Nachdenken gebracht. Ein Maler machte ein Straßengemälde, es begann zu regnen. Ich kam vorbei und sagte: ‚Mein lieber Herr, soll ich eine Decke holen, sodass wir das Bild zudecken können?' Er sagte darauf: ‚Nein, muss nicht sein, morgen male ich ein anderes Bild.' Ich: ‚Aber . . . es ist sehr schön und nun regnet es weg!' Er: ‚Aber mein Talent nicht.'

Ist der Coach näher an Rembrandt oder am Straßenkünstler? Was habe ich zurück gelassen? Ich selbst sehe mich näher am Straßenkünstler. Ich habe Titel gewonnen, meinen Spaß gehabt, aber das Vermächtnis ist nichts. Naja, nichts . . . Millionen Menschen froh machen ist nicht nichts, wenn man stirbt, wird man auf Seite 101 im Teletext erwähnt. Aber schon bald wirst du herunter gescrollt. Louis lässt Erinnerungen zurück, Anekdoten und Inspiration. Vielleicht sagt Carel Eiting später mal: Diese eine Anekdote von Louis hat mich so zum Nachdenken gebracht, mir so geholfen, sodass mein Fußballleben sich geändert hat. Und vielleicht wird Louis immer der Letzte sein, der mit Ajax die Champions League gewonnen hat. Ich glaube, dass Louis für so etwas sehr empfänglich ist. Ich glaube, dass er näher an Rembrandt steht. Denn *Die Nachtwache* hängt da noch."

Ich konfrontierte Pep Guardiola in Manchester mit dieser Geschichte. Der lächelte: „Ich glaube, wenn der Straßenkünstler einen guten Agenten hätte, würde er auch ein Rembrandt, Goya oder Velàsques werden können. Besser, ich glaube, dass Goya und Velásques auch auf der Straße angefangen haben. Schließlich möchte man sein Talent, seine Kreativität, seine Ausdrucksstärke so vielen Menschen wie möglich zeigen. Letztendlich will man, egal ob man nun schreibt, malt, Artist oder Fußballer ist, seine Gefühle äußern, um zu inspirieren, sich selbst sehen lassen und etwas weitergeben wollen. Im Fußball darf man nie vergessen, dass man alles fürs Publikum macht: Nie vergessen, dass sich alles darum dreht, ein Gefühl von Spaß und Bewunderung weiterzugeben, so etwa: Oh, was machen die das gut. Das versuchen wir Woche für Woche.

Wir tun es nicht, damit man sich an uns erinnert. So will ich mein Leben nicht leben, mit diesem Gedanken, dass wir immer weiterleben müssen. Ich habe auch niemals gedacht: Ich muss dafür sorgen, dass die Spieler Titel holen. Ich kann ihnen nur helfen, ein besserer Spieler zu werden, sie das Spiel besser spielen zu lassen. Das ist der schönste Preis, den man gewinnen kann. Dass man sich später daran erinnern kann, dass wir zusammen so ein gutes Gefühl dabei hatten, wir eine Beziehung hatten, der Spaß, das Besserwerden, kurz alles, was wir zusammen geschafft haben. So will ich als Trainer und Manager sein. Sodass Spieler verstehen: Das ist der Mann, der mir helfen will, besser zu werden. Das ist das Schönste, das Wichtigste. Ich denke nie daran, wie sich Menschen an mich erinnern sollen. Geschichte schreiben ist nichts. Alles von dir selbst geben, um Menschen zu helfen: Das ist alles."

Was ist der Wunsch von Louis van Gaal, wenn es um die Ewigkeit geht? Möchtest du ein Straßenkünstler sein oder Rembrandt?

„Das ist Rembrandt. Ich denke, dass ich als Trainer und Coach einen bestimmten Einfluss gehabt habe. Ein Künstler kreiert. Das verstehe ich so. Für mich selbst zählt es weniger, an was man sich erinnert oder was bleibt, aber für meine Kinder, meine Frau und meine Enkelkinder ist es sehr wichtig. Deshalb sitze ich auch in solchen TV-Sendungen wie *Zomergasten*. Ich hoffe, dass Menschen mich dann besser kennen lernen.

Ich finde es schön, dass Rembrandt so weiterlebt. Der beste Maler. Wie er mit dem Licht arbeitete. Und ich sehe bei ihm, was er macht. Ich kann das sehr lange betrachten. Bei van Gogh wiederum eher nicht. Das ist nicht wirklich, mit anderen Farben, die meiner Meinung nach nicht zur Wirklichkeit gehören. Bei Rembrandt stimmt alles. Jeder Mensch ist einzigartig. Wenn man dann so weiterlebt wie Rembrandt, mit so einem Gemälde wie *Die Nachtwache*, hunderte Jahre lang, dann ist das doch großartig."

Hast du die Acht Berge von Paolo Cognetti gelesen?

„Nein, aber offensichtlich denkst du, dass ich es gelesen haben müsste, sonst würdest du die Frage nicht stellen."

Nun, ein Kapitel geht darum, was Zukunft ist und was Vergangenheit. Du sagst immer: Ich lebe nicht in der Vergangenheit, deshalb musste ich daran denken. Im Buch fragt der Vater seinen Sohn: „Stell dir vor, das Wasser ist die Zeit, die vergeht. Wenn wir hier stehen, dann ist es das Heute, wo, glaubst du, ist dann die Zukunft?" „Dort, wo das Wasser hinläuft", sagt der Sohn. Aber erst später begriff ich, warum der Vater die Antwort für falsch hielt. Er hätte sagen müssen: „Die Vergangenheit ist flussabwärts, die Zukunft flussaufwärts."

„Das liegt auf der Linie, von der ich immer spreche: Der Weg ist schöner als das Ziel. In meinem Beruf habe ich immer mit der Idee gearbeitet: Irgendwo hin gehen ist wichtiger als dort zu sein. Man ist dort nie. Der Prozess, der Weg dahin, darum geht es. Viele vergessen das. Fußball ist die Bühne, auf der sich Spieler und Trainer präsentieren müssen. Die Leute denken, dass geht irgendwie von allein so. Aber so einfach ist das nicht.

Man feiert es, wenn die Spitze erreicht ist. Das Leben ist zu kurz, um nicht zu feiern. Ich halte auch den Wert von Belohnung für sehr wichtig. Kritisieren muss sein, aber mit Belohnen unterstützt man die Trainer-Spieler-Beziehung viel mehr. Ich habe auch viele Feste organisiert, weil sie das Mannschaftsgefühl festigen. Feste, bei denen Spieler und ihre Frauen, Mitarbeiter und die Vereinsführung eingeladen waren; das gab jedem das Gefühl, an ein und demselben Ziel mitzuwirken. Wenn man Erfolg hat, einen Titel gewinnt, hat man es auch wirklich verdient zu feiern. Aber überschwängliches Feiern geschieht nicht, um etwas abzuschließen. Man muss immer weiter, noch höher. Wenn man die Spitze des Berges erreicht hat, ist das nicht Vergangenheit, sondern der Anfang der Zukunft. Ein nächstes Ziel wartet."

Wenn du mit allem durch bist, die Reise beendet ist und du zurück blickst, wie siehst du dabei deine Rolle? Warst du einer, der Fußball und sein Erbe bewahrt hat?

„Da stellt sich für mich die Frage: Habe ich tatsächlich dazu beigetragen, Stil und Inhalt der Holländischen Schule zu verbreiten? Natürlich, wenn man mit Ajax die Champions League und den Weltpokal mit einer bestimmten Art Fußball zu spielen gewinnt, ist das geglückt. Aber mit Oranje habe ich es beim ersten Mal nicht geschafft, bei der WM mitzumachen, und beim zweiten Mal haben wir nicht gemäß der Holländischen Schule gespielt.

Aber ich finde diese Art von Begriffsbeschreibungen als Hüter eines Erbes weniger wichtig. Ich bin ein Menschenmensch. Ich finde es wichtiger, dass ich mit Menschen eine Beziehung aufgebaut habe, als dass sie mich als Hüter des Fußballerbes sehen. Das wäre auch nicht richtig, denn ich tat es mit vielen anderen zusammen, so etwas ist viel mehr als allein nur Louis van Gaal. Auch der Masterplan für den KNVB: An die 20 Leute haben daran mitgeschrieben. Dieser Plan ist aus dem Jahr 2000, und danach hat niemand mehr so etwas gemacht.

Aber es berührt aus der Sicht des Menschseins. Ich hatte irgendwann einmal ein Ehepaar als Hausmeister bei Ajax eingestellt. Zuletzt erhielt ich eine Einladung von den beiden, sie feierten 25-jähriges Dienstjubiläum. Das ist doch schön, ich bin hingegangen. Ich habe noch viel Kontakt mit vielen Menschen.

Bist du ein stolzer Mann?

„Bin ich stolz? Naja, ich bin stolz in den Momenten, in denen es alles passiert. Nun sind es allesamt Erinnerungen, es ist alles Vergangenheit, und ich habe immer gesagt, dass ich nicht in der Vergangenheit lebe. Stolz fühlte ich, wenn wir einen Titel gewannen. Unglaublich froh war ich, für die Spieler, für den Verein, für den Vorsitzenden, für die Menschen. Ich sehe das immer umfassender. Aber ich habe nie auf meine Laufbahn zurück geblickt. An die 500 Videos liegen bei mir zu Hause, aber ich sehe sie mir noch nicht an. Das Gefühl von Stolz stellt sich nie danach ein, sondern immer im selben Moment.

Wie ich als Trainer bewertet werde, halte ich für eine interessante Frage. In meiner ersten Biografie sagte ich, dass schöner und dominanter Fußball noch wichtiger ist als Titel zu gewinnen. Ich habe auch als naiver, durch die Ajax-Kultur und Ajax-Jugendfußballausbildung geformter offensiver Coach begonnen, der immer mit attraktivem Fußball gewinnen wollte. Aber im Verlauf der Jahre habe ich doch gelernt: Man muss doch vor allem Erfolg haben.

Dass das Ziel die Mittel heiligt, habe ich also immer öfter so gesehen. Das ist logisch, der Fußball hat sich entwickelt. Das bedeutet nicht, dass man all die herrlichen Prinzipien über Bord wirft und anfängt, nur noch den Bus im Strafraum zu parken, Mauerfußball zu spielen. Überhaupt nicht. Auch bei der WM in Brasilien habe ich meine Mannschaft attraktiven Fußball spielen lassen, man sehe sich nur mal an, wie viele Tore wir gemacht haben. Aber: Ziemlich wenige Gegentore. Ich habe meine Spieler davon überzeugen können, dass man mit einer anderen Denkweise, gegen die beste Mannschaft der Welt gewinnen kann; mit einer Taktik, die von den eigenen Qualitäten ausgeht, aber ganz sicher auch von denen des Gegners. Das Wichtige dabei ist: Wie kann man in einem Spiel seine kreativen Spieler am besten zum Zuge kommen lassen?“

Wenn ich sage: Louis ist wahrscheinlich am meisten stolz über den Gewinn des FA-Cups, versteht es nur Wayne Rooney, glaube ich zumindest . . . Ist das wirklich schöner gewesen als der Gewinn des Double mit Bayern?

„Bayern hat sich von einem orthodoxen deutschen Verein mit fünf Verteidigern zu einem modernen 1-4-3-3 entwickelt. Das spielt man dort heute immer noch. Wir spielten da sehr schönen Fußball: Kreativität gepaart mit vielen Toren. Wir hatten Ribéry und Robben, kreative Spieler, die Klose, Olic, Müller und Gomez in Position bringen konnten. Schweinsteiger und van Bommel sorgten inzwischen fürs Gleichgewicht in der Mannschaft. Das war keine schlechte Mannschaft, und dann kann man auch großartig spielen. Bei Manchester fand ich das nicht vor. Und doch agierten wir in neun von zehn Spielen hauptsächlich in der Hälfte des Gegners. Nur gegen Spitzenmannschaften spielten wir anders und dann gewannen wir auch meistens, weil wir dabei mehr aufs Umschalten setzten ähnlich wie vorher bei AZ in Alkmaar, das ist einfacher als nur in der Hälfte des Gegners anzugreifen. Deshalb bleibe ich dabei, dass wir vor dem Hintergrund der Qualität des Mannschaftsaufgebots sehr viel geleistet haben. Und das obwohl in der Zeit unglaublich viel investiert worden ist, viele Einkäufe aber kommerzielle Entscheidungen waren. Das wird bei Manchester niemand unterschreiben, aber es war so."

Floris, mein zwölfjähriger Sohn, fragte: Was fand Louis schöner – coachen oder trainieren?

„Ich bin mehr ein Coach als ein Trainer. Meine große Stärke ist es, eine Mannschaft zu formen, den Teambuilding-Prozess zu leiten und in eine Richtung zu lenken. Training ist nur ein kleiner Teil dieses Prozesses. Ich lass das meine Mitarbeiter machen, und ich habe auch Mängel, wie ich es nenne, wenn ich etwas weniger gut kann. Diese ‚Defizite' füllen dann andere für mich aus. Ich glaube: Wenn ich kein Fußball-Coach geworden wäre, säße ich als Manager in einem Betrieb oder als Direktor in einem Unternehmen; auf jeden Fall säße ich in einer Position, in der ich Menschen anleiten kann. Ich habe Angst davor zu sagen, dass ich auch in der Politik meinen Platz gefunden hätte. Weil ich eine Philosophie habe und sie konsequent verfolge. Und das ist in der Politik selbst mit einem Vergrößerungsglas nicht zu entdecken. Ich erinnere mich daran, was Leute über mich sagen: vertrauensvoll, ehrlich, gradlinig. Dazu bin ich jemand, der für Belohnen statt für Strafen ist. Ich versuche es immer durch Gespräche zu lösen, in denen ich überzeuge. Und wenn das nicht gelingt, gibt es nur einen Ausweg. Dann muss jemand weg. Andernfalls gibt es eine Art Entzündung, ein Geschwür in der Gruppe, und das schadet dem Team-Prozess.

Philosophie und Struktur, das taucht immer wieder auf. Ist das dein Vermächtnis, das du überall zurück lässt?

„Ich habe die Erfahrung gemacht, dass Philosophie und Struktur in Fußballvereinen meist fehlen. Eigentlich gab es nur bei Bayern eine, aber nicht ausgearbeitet und beschrieben. Darum habe ich mich bemüht, bei allen Klubs, für die ich arbeitete, meine Philosophie zu implementieren.

Eine Philosophie und eine Fußball-Struktur muss erst benannt werden, dann beschrieben, dann implementiert und muss dann einige Jahre lang umgesetzt und durchgeführt werden. Der einzige Verein, der wirklich in meinem Sine gearbeitet hat, ist AZ Alkmaar. Die Jugendfußball-Ausbildung ist komplett von Louis van Gaal. Aber ich habe sie nicht selbst erstellt, sondern sie ist von Leuten gemacht worden, die an meiner Philosophie glauben oder in meinem Sinne arbeiten.

AZ ist auch deshalb mein Lieblingsverein, stelle ich fest. Man hat dort tatsächlich die Rahmenbedingungen für eine Topsport-Atmosphäre geschaffen: eine Umgebung zu kreieren, in der die notwendigen Anreize für die Gedankenwelt der Spieler versandt werden, sodass sie bestmöglichen Fußballgeist entwickeln können. Bei Ajax musste ich darum mit dem Verein, mit der Leitung, mit Spielern, den Medien und Fans kämpfen. Bei AZ nicht. Das war zum größten Teil das Verdienst der Managements von Toon Gerbrands und Marcel Brands. Es hat übrigens nicht immer mit einem großen Etat zu tun. Wir haben dort so gut zusammen gearbeitet, in diesem Management. Ich schätze die Zusammenkünfte, die ich immer noch mit ihnen habe.

Es geht also darum, dass der Verein genau deine Philosophie und Führungsstruktur benennt, beschreibt und übernimmt. Das hat Bayern getan, und ich glaube, dass Ajax das vor der Cruyff-Revolution auch getan hat. Danach wurde es Cruyff und jetzt ist wieder ein kleiner Schuss Louis van Gaal dabei. Das technische Herz von Johan funktionierte nicht. Das ging auch gar nicht: Drei, vier Leute mit einer eigenen Vorstellung, die es mal eben zusammen machen sollten. Es funktioniert nur, wenn man mit einer Philosophie arbeitet.

Welchen Anteil „van Gaal“ siehst du dort?

„Was ich bei Ajax wahrnehme ist, dass man ein Auge für den Gegner hat und auch Respekt vor ihm. Das ist wieder in Gang gesetzt worden. Davor hieß es immer nur angreifen, was das Zeug hält. Das war bei Peter Bosz so und anfangs auch bei Erik ten Hag.

Und das ist der Unterschied zu mir: Ich sehe die Qualitäten der eigenen Mannschaften, aber auch die des Gegners. Ich will also auch hoch pressen, aber nicht immer. Es muss funktional auf meine Spieler abgestimmt sein und zwar in Relation zu den Qualitäten unseres Gegners. Und es muss daraus ein Vorteil entstehen, der die Chance zu gewinnen vergrößert.

Als junger Trainer bei Ajax und auch in der Anfangsperiode bei Barcelona war ich auch noch sehr idealistisch. Aber insbesondere bei Barcelona hatte ich meine lehrreichen Augenblicke. Spiele gegen das Valencia von Claudio Ranieri, bei denen wir 3:0 in Führung gingen und 3:4 verloren. Wir griffen immer weiter an, ohne ein Auge für diesen Floh zu haben, für Claudio López. Das darf nicht passieren. Das war in etwa mit dem zu vergleichen, was Ajax passierte gegen Tottenham Hotspur. Bei Ajax lief es, man gewann gegen alles und jeden, wunderschön anzusehen. Und wird man angreifbar, natürlich, wie dieser Ball noch in der 97. Minute reinging, das war Pech, indirekt verursacht durch Onana, aber das darf nicht passieren. Das war also auch für ten Hag ein lehrreicher Augenblick.

Was hast du genau mit deinen Lehrstunden gemacht?

Wie schon gesagt: Als Teil des Masterplans beim KNVB habe ich die drei Hauptmomente von Michels (Ballbesitz, umschalten, Ballbesitz des Gegners) in vier Hauptmomente verändert, indem ich die Umschaltmomente getrennt voneinander benannt habe. Dank der Erfahrung mit López habe ich versucht, das zu machen. Indem ich die beiden Umschaltmomente von Ballbesitz zum Ballbesitz Gegner (wir gleich unorganisiert) und von Ballbesitz Gegner zum Ballbesitz (Gegner unorganisiert) versuchte ich meinen Spielern zu erklären und deutlich zu machen, wann sie kompakt pressen oder in die Tiefe spielen mussten, um von der fehlenden Organisation des Gegners zu profitieren.

Und weil ich es benannte, konnte ich auch durch Übungsformen genau diese Umschaltmomente trainierbar machen. Bei AZ habe ich also das provozierende Pressing – eigentlich sind das zwei Umschaltmomente in einem einzigen, hat Michels dann doch recht? – verändert, um Räume für meine Spitzenstürmer zu schaffen. Die konnten dann wiederum viel besser ihre Stärken ausspielen, so wie El Hamdaoui, der in dem Jahr Torjäger der Ehrendivision wurde. Eigentlich ist das auch das, was Jürgen Klopp bei Liverpool verändert hat, um Salah, Firminio und Mané mehr glänzen zu lassen."

Du sagtest bei einer Pressekonferenz in der Saison 2018/2019: „Dieses Ajax spielt attraktiver als mein Ajax. Aber du hieltest sie auch noch für naiver?“

„Hoch zu pressen, wo die Innenverteidiger, die von ihrer Übersicht leben, dann bis zur Mittellinie nachrücken, ist nicht immer funktional. Die Verteidiger spielen also mit viel Raum hinter sich. Und wenn die Mittelfeldspieler tief stehen, kommen die vor den Ball. Das Gleichgewicht beim Umschalten zum Ballbesitz des Gegners wird dann brüchig. Aber das Spielen mit hohem Pressing ist sehr attraktiv. Ich komme wieder auf das zurück, was ich gerade über Liverpool sagte. Als sie so spielten, war das schön anzusehen, aber das reichte damals nicht, Meister zu werden oder die Champions League zu gewinnen.

Erik ten Hag spielt bei Ajax totales Pressing. Das habe ich selten getan, nur in meiner Anfangszeit. Sein Ajax ist absolut nicht zu vergleichen mit meinem Ajax. Ich hatte keinen Ziyech und Tadic, ich hatte Overmars und Finidi, wundersam gradlinig. Litmanen war fantastisch, aber auch voraussehbar. Bei Ziyech, Neres und Tadic weiß man nie, was sie nun wieder tun werden. Ich hatte in dieser Zeit auch keinen Frenkie de Jong, ich hatte Wim Jonk und später Frank Rijkaard. Im Ajax dieser Tage steckt viel mehr Kreativität. Das ist auch das Gute: Trotz all dieser kreativen Spieler können sie in Balance Fußball spielen. Oft sind kreative Spieler beim Umschalten etwas schwächer, aber diese Jungs machen es. Dass ten Hag totales Pressing spielt mit kreativen Spielern ist sehr schlau. Das ist das große Kunststück von Ajax. Selbst als sie mit neun Leuten gegen elf spielten, haben sie es gemacht.

Das provozierende Pressing habe ich bei Ajax nie benutzt und erst am Ende meiner zweiten Periode bei Barcelona. Damals hatten wir eine Mannschaft, die nicht mehr durchkam, die Mühe hatte mit all den im Strafraum geparkten Bussen. Bei AZ habe ich mich zum ersten Mal richtig dafür entschieden. Dort hatten die Spieler nicht die Qualitäten, um sich immer durchzuspielen.

Dann muss man den Gegner dazu bringen aufzubauen. Sie können in Ruhe den Ball vom Keeper zum Innenverteidiger spielen, wir ziehen uns zurück. Mein Mittelstürmer stand dann im Mittelkreis. Dahinter standen wir sehr kompakt, die Räume wurden dann sehr klein.“

Wie beginnt so ein Pressing dann? Wer entscheidet darüber, wann es startet?

„Der Mittelstürmer gibt das Signal, der setzt den Innenverteidiger des Gegners unter Druck. Der Rest geht dann mit, setzt unmittelbar die Seite unter Druck, die unser Mittelstürmer offen lässt. Es war immer eine Frage des Wartens, bis hinter des Gegners Verteidigung genug Raum war. Und wenn man dann den Ball eroberte, gab es die Chance, diese freien Räume zu nutzen. Bei ten Hag sieht man oft, dass sie schon darauf fliegen, wenn sich der Ball noch im 16-Meter-Raum des Gegners befindet, wirklich: Peng. Es sieht sehr schön aus, weißt du."

Du sagst oft, dass Jürgen Klopp das Licht gesehen hat. Woraus besteht denn dieses Licht?

„Klopp zählte lange für mich in eine Reihe mit Guardiola, Bosz, ten Hag. Immer hohen Druck aufmachen. Aber mit den Spielern vorn, die so schnell sind, aber nicht so gut im engen Raum spielen können, hat er es erkannt und ließ sein Team provozierendes Zirkelpressing praktizieren. Firminio, Salah spielten ihre Stärken aus, sie können so gut den freien Raum bespielen. Für mich klar: ‚Jetzt hat er die Chance, auch Titel zu gewinnen.'"

Wenn also ten Hag das auch macht, dann . . .

Nun ja, Ajax hat beweisen, dass es genügend Qualitäten besitzt, um ein mauerndes Team auseinander zu spielen, aber die Kehrseite besteht häufig darin, dass es manchmal in der Defensive alles sehr offen ist."

Im Sommer ließ van Gaal mich einen Rundgang bei den Spezialisten machen, die ihm jahrelang treu dienten. Piet Bon, Max Reckers, Jos van Dijk. Der Beruf Fußball bedeutet so viel mehr als nur tagelang passen, schießen, laufen, das Einschleifen von Mustern und Systemen, Automatismen.

Wenn wir über Spezialisten reden, wer waren deine Inspirationsquellen?

„Beinahe von jedem kann man lernen. In Sachen Computern war ich garantiert nicht die Nummer eins. Also hatte ich Max Reckers nötig. Wenn es um Sportphysiologie geht, habe ich Jos Geijsel, Raymond Verheijen und Jos van Dijk viel zu verdanken. Dieses Spezialistentum ist so unglaublich wichtig, ganz bestimmt in den Ländern, in denen nicht übermäßig trainiert wird. Ich hatte davon weniger Ahnung, sie haben mir geholfen. Aber wenn ich Namen nenne, werde ich vielen nicht gerecht. Denn ich kann nicht alles allein. Wo ich selbst gut war: Spieler einschätzen – aber auch dafür hatte ich Scouts nötig, um es zu untermauern. Die stellt man ein, vertraut ihnen, das geht nicht anders. Ich habe mit 80 Leuten in meinem Mitarbeiterstab aufgehört. Und die wollte ich alle kennen. Fußball ist in physischer Hinsicht so viel besser geworden und in Sachen Ernährung so viel gesünder; der Spieler von heute ist weitaus professioneller unterwegs als der Spieler von damals. Aber um im Teamprozess in dieser egozentrischen Fußballwelt erfolgreich zu sein, muss man einfach etwas drauf haben, denn dieser Prozess ist sehr viel komplizierter geworden. Und ehemalige Fußballer glauben manchmal, dass die Zeit stehen geblieben ist. Aber das ist nicht so Die Spieler von früher haben nie auf diesem Niveau Fußball gespielt. Das zu leisten erfordert unheimlich viel. Oder man hat absurd viel Talent, aber im Allgemeinen ist das nicht so und man muss dafür extrem schwer schuften."

Hast du innerhalb des Betreuerstabes auch andere Entscheidungen treffen müssen, sodass du dachtest: Ich habe doch einen anderen Typ von Spezialisten nötig?

Auch bei meinen Mitarbeitern treffe ich die Entscheidungen. Warum Jos van Dijk als Sportphysiologe? Ich habe in meinem Studium auch Sportphysiologie studiert, aber bin dort kein Spezialist. Jos dagegen schon. Ich bin Fußball-Spezialist, auf technischer und taktischer Ebene, und als Lehrer/Coach fühle ich mich didaktisch sehr stark. Vom Fußball habe ich die meiste Ahnung, aber ich höre mir immer die Argumente meiner Spezialisten an. Auch als Spezialist muss man ausreichend viel von der Fußballwelt wissen, um dicht am Spieler zu sein, sodass man nicht allzu autoritär als Spezialist agiert. Jos hat dieses Fußballwissen.

Ich war einer der ersten, der mit den GPS-Leibchen beim Training ankam, mit denen man alles messen konnte. Aber man muss jemanden haben, der die Spieler davon überzeugen kann, warum sie das tragen müssen. Dass es nötig ist, jedes Mal die Daten festzuhalten und von dort aus Argumente für mich herauszufiltern, was wir denn damit anfangen müssten."

Du hast gerade über Ex-Fußballer gesprochen, die glauben, die Zeit hätte still gestanden. Hättest du mit dem Auge für den freien Raum in dieser Zeit noch Fußball spielen können?

„Ich glaube wohl. Daley Blind ist die bessere Umsetzung des Spielers Louis van Gaal, und er spielt auf dem höchsten Niveau. Daley sieht alles viel eher und kann durch sein gewaltiges Orientierungsvermögen taktisch viele Situationen auflösen. Aber auch aufbauend-angreifend kann er, wegen seiner Übersicht, zu den kreativen Spielern gezählt werden. Ich glaube, dass unsere Spezies Spieler nur noch in der Achse spielen kann und dann nur von hinten heraus, denn wir haben nicht die Schnelligkeit."

Die Anwendung der Wissenschaft, warum machtest du das?

„Um bestätigt zu werden. Bei Ajax hörten wir schon auf das, was man uns von der Universität erzählte. Ich lernte dadurch den Prozess kennen. Auch bei Barcelona und der niederländischen Nationalmannschaft habe ich die Wissenschaften wie beispielsweise Psychologie und insbesondere die Sportphysiologie benutzt, um Menschen zu überzeugen. Ich war derjenige, der die Wissenschaft in Praxis umsetzte. Nichtsdestotrotz wollte ich mich sehr gern durch die Wissenschaft bestätigt sehen, die Welt ist größer als Louis van Gaal.

Viele meiner Fragen sind beantwortet, alle Mitarbeiter von mir können das bestätigen. In technischer Hinsicht, Thema IT-Welt, hatte ich Max Reckers als Spezialisten, der Beste in der Welt auf diesem Gebiet. Bis hin zu dreidimensionalen Modellen hatte er mir geholfen. Die Räume sind im Fußball so wichtig. 1995 hatten wir noch die Video-Rekorder von Philips mit einer Scheibe. Ich musste nächtelang Bilder ansehen, dann wieder anhalten, zurückspielen, Zahlen dazu notieren. Was war das für eine Arbeit.

Erst bei Barcelona kam eine Art Video-Spezialist auf meinen Weg: Lluis Lainz. Er half mir enorm. Und beim KNVB gab es Roberto Tolentino, der machte es sehr gut. In der Hockey-Welt hatte ich Freunde, die alle sagten: „Alles läuft gegenwärtig über den Computer, du hast das echt nötig." Als ich also bei AZ anfing, habe ich gleich eine Bewerbungsrunde in Gang gesetzt, und einer der Bewerber war Max. Er hat mein Leben leichter gemacht. Hat mich in die Welt der Computer eingeführt. Dank ihm kam ich schnell dahinter, dass es ein himmelweiter Unterschied ist, Computer zu gebrauchen und Computer wirklich zu nutzen."

Was meinst du damit?

„Mit Max als Computer-Guru konnte ich Dinge veranlassen, die tiefer gingen, weiter gingen, dank ihm konnte ich Aufträge an Spieler einfacher durchgeben, weil es so einsichtig wurde. Als wir mit fünf Verteidigern bei der WM spielten, konnte ich es ihnen sehr schön zeigen, wie sie stehen mussten. Durften die Verteidiger nach vorn oder sollten sie stehen bleiben, konnte ein Innenverteidiger aufrücken oder nicht? Max machte das großartig. Mit den Linien, die er zeigte, wurde alles so klar, das hätte man verbal alles nicht so darstellen können. Und erst unsere 15-Meter-Regel! Wenn man so etwas sagt, riefen die Spieler gleich: ‚Ja, aber Trainer!' Nun konnten wir es mit Hilfe von Computermodellen demonstrieren: Wenn aus 15 Metern Raum dann 17 werden: Tor gegen uns, man muss also *jedes Mal* von der Seite nach innen kommen, und das kostet Kraft, also muss man fit sein. Dann werden es Tatsachen. Keine Diskussion mehr möglich."

Ist es eine Tatsache, dass alle Spieler hierbei besser werden?

„Nicht alle Spieler machen dabei mit. Als Coach wünscht man sich das, man will unbedingt, dass alle Bilder von jedem seriös betrachtet werden. Aber es gibt auch Menschen, die Schwierigkeiten haben, auf diese Art mit Fußball beschäftigt zu sein. Die es lästig finden, sich selbst so zu analysieren und zu verbessern. Memphis Depay, Ángel di Maria, Arjen Robben, denen gefällt das überhaupt nicht. Dann habe ich es als Coach mit den Charaktereigenschaften der Spieler zu tun. Was man als Coach dann tun kann, ist die Balance suchen zwischen dem, was man sehen lässt und was man nicht sehen lässt, und dabei muss man immer positiv bleiben. Wenn du immer sagst: ‚Du hast dir die Bilder nicht angesehen', dann hast du verloren, ärgern sie sich über dich und du wirst der Oberlehrer. So entsteht eine Distanz, während du doch als Coach eine Beziehung mit dem Spieler willst. Es gibt auch Kabinen, die voller Spieler sind, die sich sehr gern die Bilder ansehen, weil sie sehr gern lernen wollen, aber ich musste Spieler auch mal für Bilder von Max vorbereiten. Dabei ging es darum, die Persönlichkeit so eines Spielers einzubeziehen. Wie tickt der? Man kann dem einen Spieler sagen: Rumms, hier sind die Bilder, siehst du es jetzt? Bei einem anderen muss man auch Bilder zeigen, auf denen er es gut macht, muss es dosieren, es vorsichtiger einleiten. Es geht einfach darum: Wann kommt es verstandesmäßig an? Du kannst natürlich die feste Absicht haben, jemandem alles bewusst zu machen, aber so funktioniert das nicht. Es muss nach *unbewusst kompetent* und dann wird es erst intuitiv.

Warst du in dieser Frage, dem Anwenden von wissenschaftlichen Erkenntnissen der einzige?

„Welcher Trainer läuft zur Universität, um zu beweisen, dass er in der Praxis schon so weit voraus ist? Das Verrückte ist, dass ich in 99,99 Prozent der Fälle Recht bekam. Wenn es um Charaktereigenschaften und Teambuilding-Prozesse geht: Ich las, was ich schon seit Jahren machte, weil ich daran glaubte. Ich bin überzeugt davon, dass ich so viel Erfolg hatte, indem ich so überzeugt von bestimmten Entwicklungen war und so Kollegen voraus war. Ich habe Spieler immer auf andere Positionen gesetzt, weil es wegen ihres Spielbeines besser war.

Ein anderes Beispiel: meine Entscheidung, Jan Wouters von der Vier nach links in die Mitte zu holen und Wim Jonk für ihn auf die Vier zu stellen. Für mich schien das sehr einfach. Jan war ein fantastischer Mittelfeldspieler, ein Abräumer und Ballverteiler in einem. Aber Jan war nur der Meister der Acht-Meter-Pässe. Wim Jonk dagegen der Experte für 40-Meter-Pässe in die Tiefe, manchmal sogar 50-

Meter-Pässe auf Bergkamp. Dennis schließlich war ein Spieler, der mit seiner Schnelligkeit und seinem Gefühl für den Raum oft steil ging. Er war immer der Erste, der steil lief ohne Ball. Wen stellst du dann auf die Vier? Jan Wouters, der die Kurzpässe kann? Oder Wim Jonk, der mit einem langen Pass Bergkamp erreichen kann?"

Etwas anderes, was du immer gesagt hast, war: Der Geist ist stärker als der Körper. Später erzählte Raymond Verheijen mir: ‚Geist und Körper sind eins, wenn man den Kopf vom Rumpf trennt, bist du tot . . .'.

„Das stimmt, inzwischen wissen wir natürlich sehr gut, dass Geist und Körper eins sind, der Geist ist Teil des Körpers. Bei meinem *Der-Totale-Mensch-Prinzip* bin ich immer damit beschäftigt gewesen, den Geist in diesem Körper mehr zu betonen. Der Geist ist mehr als nur der Verstand, er umfasst auch Willenskraft und Leidenschaft. Wenn du nicht an dich selbst glaubst, kannst du mit dem Rest des Körpers wenig anfangen. Und wenn sich der Rest des Körpers nicht wohl fühlt, hat auch das wiederum Einfluss auf den Geist und Verstand.

Der Coach ist daran interessiert, wie er das meiste aus dem Spieler herausholen kann. Dann muss der Verstand das stärkste Teil des Körpers sein. Weil der Verstand alles in Gang setzt; wie man Beine, Lunge, Arme benutzt, wird im Kopf entschieden."

Khalid Boulahrouz fand, dass du noch jung aussiehst, während die meisten Trainer in deinem Alter verlebt und alt sind . . . Liegt es daran, dass der Geist so jung bleibt?

Ein lautes Lachen: „Du siehst es doch vor dir? Hallo! Wie jung ich aussehe? Nun? Sieh dir meinen Lebenslauf an. Ich drehe mich schon seit 1971 in dieser kleinen Welt. Bis 37 habe ich auf höchstem Niveau Fußball gespielt. Und jetzt habe ich 30 Jahre als Trainer gearbeitet. Ich sehe fünf Jahre jünger aus als ich bin, das ist immer so gewesen. Wenn ich mir die anderen Trainer ansehe, scheinen sie zehn Jahre älter zu sein."

Aber das hat seine Ursachen im dauernden Stress. Wo ist der bei dir geblieben?

„Ich finde nicht, dass ich unter Stress gelitten habe. Mich berühren all die Meinungen nicht, ich analysiere auch diejenigen, die es äußern. Ich würde es schlimm finden, wenn Spieler über mich negativ reden würden, das trifft mich schon, weil sie sich dazu äußern dürfen, sie haben das Recht dazu, weil sie mit mir gearbeitet haben. Viele Menschen haben ihre eigene Wahrheit, aber im

Allgemeinen haben sie kein Recht mitzureden, weil sie nicht Teil des Teambuilding-Prozesses sind. Ich bin jemand, der analysiert und bewertet und deshalb sehr präzise sagen kann, warum etwas so ist oder eben nicht so ist. Ich habe schon von klein an sehr viel Selbstvertrauen gehabt, auch wegen meiner dynamischen Jugend.

Ich habe viel Erfolg mitgemacht, viel gewonnen. Wenn man regelmäßig in seiner Sicht bestätigt wird, sorgt das für weniger Stress. Dann ist das Vertrauen in deine eigene Philosophie, in deine Spieler größer, und dann bekommt man mehr Möglichkeiten, sein eigenes Team zusammen zu stellen.

Ja, das stimmt, aber auch bei dir gab es weniger gute Jahre.

Klar, auch ich habe schon mal dagesessen und gegrübelt. Aber deswegen hatte ich auch meine Mitarbeiter. Welcher Trainer trifft sich jeden Tag mit seinen Mitarbeitern? Als Bondscoach hatte ich jeden Abend so eine Versammlung. Anfangs haben sie sich darüber geärgert. Alles, was Disziplin erfordert, kostet die Menschen Mühe. Der Mensch ist nicht gemacht für Disziplin. Später sahen man, wie gut es funktioniert. Auch wenn es mal spät wurde, mussten wir morgens wieder früh aufstehen. Ich gestaltete es auch spät gesellig: Chips, einen Absacker. Dann wurde es oft noch später, hahaha! Aber es war ein absolutes Muss, sich zusammen zu setzen, ich brauchte von jedem den Input. Alle Mitarbeiter hatten eine Meinung zu jedem, und so konnte ich mir über jeden Spieler ein vollständiges Bild machen. So lernte ich sie noch besser kennen und konnte noch besser auf sie eingehen. Auch vom Materialmann wollte ich alles wissen. Es gibt Spieler, die eine sehr enge Beziehung zu so einem Mann haben, gefühlsmäßig. Sjakie Wolfs bei Ajax! Der war so wichtig. Sjakie kannte jeden. Und diese Sjakies hat man überall. Es gibt Spieler, die solchen Männern von sich aus ein Extra-Trinkgeld geben. Finde ich großartig."

Im selben Jahr, im Spätherbst. Louis van Gaal muss bei *Fysiomed* nichts mehr sagen. Sie wissen es schon. Ein Espresso Macchiato und der Curry-Wrap mit Hühnchen und Avocado. Und wenn das nicht mehr da ist: ein Bananenbrot, ach herrlich.

Er hatte eine Rede gehalten bei der Fußball-Gala. Das hatten sich Robin van Persie und Arjen Robben nach all den Jahren des Glänzens und Strahlens bei Oranje redlich verdient. Dabei hatte er natürlich die Geschichte des *Der-Totale-Mensch-Prinzips* dabei, indem er auf die bedeutende Rolle der Frauen abstellte. Bouchra und

Bernadien. Er macht gern Komplimente: „Die Frauen haben sich an der Seite ihrer Männer wirklich entwickelt.“

Wenn er über van Persie und Robben spricht, hat van Gaal einen liebevollen Blick. Es verdrückt eine Träne voll Wehmut in seinem Auge. Die Könige von früher, unter sich, es wurde viel gefeiert, oft gestritten, manchmal geweint, was am Ende bleibt, ist das unverwüstliche Band der Erinnerung.

Van Gaal kann dann wohl sagen, er sei kein Gott und nicht von jedem der Fußballvater, trotzdem gibt es eine Reihe von „Fußballsöhnen“. „Das hat natürlich damit zu tun, mit dem Prinzip *Der Totale Mensch*. Das ist eins der Dinge, in denen ich ein Vorreiter war. Ich hatte es nicht immer einfach mit all den Spielern. Das dachte man wohl. Aber das ist nicht so. Das Problem ist, dass jeder diese Spieler fantastisch findet. Aber genau deswegen sind sie weniger offen für Argumente. Ihre eigene Sichtweise wird getrübt von der Bewunderung allerorten.

Manchmal gibt es auch endlosen Streit. Winston Bogarde. Ich sagte es ihm schon, als er zu Ajax kam: „Aus dir mache ich einen Linksverteidiger.“ Für mich stellte es überhaupt keine Überraschung dar, dass er von einem Sparta-Spieler zu einem Topspieler auf dieser Position wurde. Er blieb allerdings disziplinarisch ein Problem. Weniger auf dem Platz als neben dem Platz. Wie oft bin ich bei ihm zu Hause gewesen, um das wieder gerade zu biegen, was schief gelaufen war. Ich habe ihm unglaublich geholfen, bin aber auch regelmäßig mit ihm zusammen gestoßen. Die ganze Geschichte darüber, dass Winston in der Kabine mir gegenüber die Box-Haltung eingenommen hat, ist wahr. Wirklich passiert. Aber andererseits ist es auch passiert, dass ich Luca Toni bei Bayern zusammen gefaltet habe, ihm die Haare lang gezogen habe, um ihn aufrecht hinzusetzen. Bei Bayern habe ich schon mal meine Hose fallen gelassen. Aus Ärger, um Irritationen auszulösen, aber vor allem auch: im Interesse der Mannschaft. Und dann gab es auch den Karate-Sprung im Finale in Wien: pure Irritation. Nicht zu glauben, dass es dafür keine gelbe Karte gab. Aber es war auch nicht zu fassen, wie hoch Desailly sprang und wie er beinahe Litmanen enthauptete.“

Bedauerst du eigentlich auch etwas? Weil du denkst, das hätte man auch besser machen können?

„Ich bedauere nichts. Ich habe immer gut durchdachte Entscheidungen getroffen. Und hinterher . . ., naja, wenn man vom Rathaus kommt . . . Ich kann sehr gut denken: So war die Entscheidung, in diesem Augenblick getroffen, aus dem Grund, an dem ich damals glaubte.

Ich bedauere es nur dann, wenn es ins Menschliche geht. Wenn ich Menschen unnötig verletzt habe. Als Trainer und Coach verletzt man manchmal Spieler, weil man sie in Sachen Mannschaftsgeist korrigiert, aber Spieler sehen das aus *ihrem* Blickwinkel, und das hatte ich dann kurzzeitig vergessen. Manchmal habe ich emotional Menschen verletzt und das bedauere ich. Dann habe ich es schnell wiedergutgemacht. Ich bin eben ein emotionaler Mensch. Ich weiß, wie sich das beim Gegenüber anfühlt. Wesley Sneijder ist das Beispiel. Darüber ist ein ganzes Buch geschrieben worden."

Du meinst De hand van Van Gaal, Prometheus 2018, von Hugo Logtenberg?

„Ja, das halte ich für ein gutes Buch, aber es ging mir ein bisschen zu viel nur über einen Spieler."

Es ist immer deine Rolle gewesen, dass Beste aus einem Spieler herauszubohren. Sneijder war davon natürliches ein tolles Beispiel.

Nach einer kurzen Pause. „Sneijder nahm es großartig an. Aber es gibt genügend Spieler, bei denen es nicht so einfach war, sie die Spitze erreichen zu lassen. Wenn man als Bondscoach oder als Trainer bei einem Spitzenverein arbeitet, hat man es oft mit Menschen tun, die in den Fußball-Himmel gepriesen werden. Viele können es nicht ab, so sehr aufs Podium gestellt zu werden."

Und auf einmal ehrlich begeistert: „Ich finde es fantastisch zu sehen, dass es gegenwärtig einige Jungs gibt, die das schaffen. Bislang machen das Matthijs de Ligt und Frenkie de Jong sehr gut. Die kommen damit gut klar, bringen gute Leistungen, spielen im Dienst der Mannschaft.

Was mit de Ligt geschah, als er zu Juventus wechselte, ist nicht mehr nachzuvollziehen? Jeden Tag war er gut für eine Top-Meldung in den Zeitungen. Das kommt natürlich durch eine schöne Sache, da jeder das Spiel von Ajax genossen hat, diese Art von Fußball. Aber es war sogar eine Meldung wert, als er in den Urlaub fuhr. Und auch, dass er danach wieder bei Ajax trainierte, war eine große Nachricht. Das macht es alles nicht einfacher. Nicht für Matthijs, nicht für den Trainer und Coach. Ich finde es wirklich fantastisch, wie de Ligt das hinbekommt. Diese neue Generation: Da schaue ich mit sehr viel Freude zu, wie die sich behaupten. In meiner Zeit bei Ajax hatten die noch nicht so viel mit sozialen

Medien zu tun. War alles etwas einfacher. Und wenn man dann sieht, wie normal Matthijs, Frenkie, Donny und wie sie alle heißen, damit umgehen, kann ich nur den Hut ziehen. Meine Mutter würde sagen: Die möchte ich alle als Schwiegersohn haben.

Sie müssen sich nun in Italien und Spanien an eine andere Kultur gewöhnen, dann zählt auf einmal nicht mehr nur das eigene Können. Manchmal setzen ausländische Trainer dich dann auf eine andere Position als deine gewohnte, und dann kann es schwierig werden. Ich habe es selbst gemerkt, als ich Jari Litmanen nach Barcelona geholt hatte. Er sollte 15 Meter neben seiner alten Ajax-Position spielen. Fünfzehn Meter, was sind nun wieder 15 Meter? Aber er konnte es nicht Ich versuchte Jari beim Training zu coachen, mit viel Kommunikation ihm zu helfen.

Wie funktioniert so etwas dann?

„Der Unterschied zu seiner Ajax-Rolle bestand darin, dass er nicht mehr in jede Richtung agieren konnte. Er wusste so gut, wo die freien Räume waren, aber mit diesen fünfzehn Metern mehr nach links oder rechts kam er nicht klar. Ich hätte ihn zwar ganz normal auf seine angestammte Position setzen können, aber es geht auch um die Spieler um ihn herum, das waren andere als bei Ajax. Mit anderen Fähigkeiten. Und die waren Stammspieler. Dann verändert man nicht so einfach alles wegen eines einzigen Spielers, wenn dies das Mannschaftsgefüge durcheinander bringt.

Frenkie de Jong hat nun dasselbe Problem bei Barcelona, der steht jetzt auch gerade etwas anders als bei Ajax. Wie kommt man aus dieser Zwickmühle? Durch Versuch und Irrtum sollte man es selbst heraus kriegen. Frenkie kann diese Position gedanklich wieder neu erfinden, in einer anderen Kultur, gegen mehr Widerstand, wobei er nachts in einem anderen Bett liegt als in Amsterdam, in einem anderen Haus, in einem anderen Land. Das ist nicht so einfach. Es gibt wenige Menschen, die das gleich im ersten Anlauf hinbekommen. Meistens haben sie dafür ein Jahr nötig.

Unterschätzen wir diese Entwicklungen?

„Natürlich! Man vertue sich da nicht. Der Fußball entwickelt sich ständig weiter und das in einem sehr hohen Tempo. Im Fußball war es lange Zeit so, dass der Spieler mit der Nummer 10 der Spielmacher war, später wurde es dann die Drei, die Vier oder die Sechs, und das hängt natürlich von den Qualitäten der Spieler auf dieser Position ab. In unserem Spielstil bei Ajax: Danny Blind, Wim Jonk, später

Frank Rijkaard oder Ronald de Boer. Der Torwart spielte bei uns auch schon eine herausgehobene Rolle. Van der Sar und Menzo waren beidfüßig. Bei AZ haben wir Romero auch so trainiert und bei United hat Frans Hoek De Gea in einen mitspielenden Torhüter verwandelt. Das war schon die Philosophie von Johan Cruyff. Und ich stimmte darin überein, dass der Torwart der erste Spieler beim Spielaufbau ist. Je größer man das Feld macht, desto mehr Räume entstehen, desto schwieriger wird es für den Gegner, Pressing zu spielen.

Als Trainer hast du oft vom Mauern, vom Parken des Busses im Strafraum gesprochen, dass viele Klubs dies oft machten. Wie gingst du damit als offensiv denkender Trainer um?

„In der Offensive habe ich meinen Spielern nie Beschränkungen auferlegt. Warum sollte ich in der Offensive an der Kreativität rütteln? Ich sagte ihnen immer: Mach was. Aber manchmal muss du dich fragen: Wann und warum komme ich jetzt mit einem Dribbling? Gibt es genug Raum, um diese Aktion zu machen? Man muss es schon begründet tun.

In meiner Anfangsperiode bei Ajax und Barcelona sollten unsere Links- und Rechtsaußen das Spielfeld breit halten, sodass wir mehr Platz bekommen, um im Mittelfeld oder im 16-Meter-Raum Aktionen zu starten. Später habe ich das als Manager verändert, ganz besonders bei AZ, Oranje und Manchester United. Dabei hatte ich drei Spieleraufgebote, die nicht gut genug waren, um die Meisterschaft zu gewinnen. In der Offensive habe ich wenig gecoacht, hier sollen die kreativen Geister ihr Ding machen. Robben und Ribéry hatten bei Bayern alle Freiheiten.

Durch die Entwicklung zum kompakten Verteidigen, was heute fast alle Mannschaften machen, gibt es wieder eine Gegenreaktion der Straßenfußballer so wie Ziyech, die mit ihrer Kreativität die Defensiv-Organisation aufmischen können.“

*

Der Winter 2019/2020 ist im Anmarsch, als im katalanischen Fernsehen ein aufrüttelndes Interview mit Louis van Gaal gesendet wurde, sichtlich mit viel Liebe vom Barcelona-Beobachter Lluís Canut gemacht. Bilder aus den Jahren 1998 und 2003 flimmern über den Bildschirm. Louis und Truus auf dem Fahrrad, flanierend auf dem Boulevard in ihrem Wohnort Sitges bei Barcelona. Wir sehen den Fußball von damals wieder. Tolle Angriffszüge, glückselige Gesichter, dann aber auch Wutausbrüche bei Pressekonferenzen. *Siempre negativo, nunca positivo.*

Canut erzählt die Geschichte der Zeit, in der es Johan Cruyff Louis van Gaal nicht so einfach machte. Van Gaal gab zu, dass er anfangs nicht einmal vom Bestehen des *Blauen Elefanten* wusste, der Gruppe, die unter Führung von Joan Laporta gegen Josep LLuis Nunez, der wiederum van Gaal geholt hatte und schätze, opponierte. Cruyff unterstütze Laporta. Van Gaal im Gespräch mit Canut: „Das machte Johan, um sich bei Nunez senior zu revanchieren. Damit wird es politisch. Er schrieb in dieser Zeit Kolumnen für Zeitungen und er schrieb negativ über mich. Durch Michels war ich schon vorgewarnt, ich glaubte nicht, dass ein Landsmann so etwas tun würde. Aber ich war nun mal Coach auf seinem Gebiet."

Wir sehen die Bilder von einem großen Volksfest nach dem Gewinn der Meisterschaft. Eine vor Freude weinende Truus, Rivaldo, der in die Arme von Gerard van der Lem springt, einen lachenden Gaspart auf der Tribüne, Anderson jubelt, Figo spritzt mit Champagner, Luis Enrique und Givanni stürzen sich in die Arme von van Gaal, Mourinho, strahlt, es ist eine große *happy* Familie.

Danach sieht man, wie es schief geht. Ein eindringlich coachender van Gaal beim Training, der Óscar zeigt, wo es lang geht. Ein wirbelnder Claudio López, der der kompletten Barcelona-Abwehr wegläuft. Van Gaal zu Canut: „Das war eine große Lehrstunde für mich. Und dies wurde ein bedeutender Wendepunkt in meiner Sichtweise vom Idealisten zum Realisten.

Und was die Bilder vom Training betrifft: Ich habe jeden Vorsitzenden um geschlossene Trainingseinheiten gebeten. Gerade deswegen. Es ist nicht gut für die betreffenden Spieler und auch nicht gut für den Trainer, wenn diese Bilder nach draußen gehen, denn die Fans kennen den Zusammenhang nicht. Aber erst bei Manchester ist das geglückt, weil Alex Ferguson das schon geregelt hatte."

Canut nimmt van Gaal mit in diese Zeit, dem Abschied nach der ersten Barcelona-Periode. „Nunez sagte: ‚Ich gehe. Gehst du auch?' Meiner Meinung nach war er ein guter Präsident, ein guter Mensch, ein zweiter Vater und ein guter Nachbar. Also lautete eine Antwort: ‚Wenn du das willst, gehe ich auch.' Ich habe damals auf viel Geld verzichtet, aber wichtiger als Geld war mir meine Beziehung zu Nunez."

Das Ende des Dokumentarfilms ist wunderschön. Mit einer GoPro-Kamera fahren Louis und Lluís vom Hilton Hotel an der Apollolaan in Amsterdam zur Cornelis Schuytstraat und wieder zurück. Der Katalane scheint noch nie auf einem Fahrrad gesessen zu haben und Louis hat wahnsinnigen Spaß, rast wie Tom Dumoulin durch die Straßen und jagt – winkend und die Umstehenden mit einem ‚He!' grüßend – den armen Lluís durch Amsterdam. Die Filmemacher der Dokumentation haben passend ‚Help' von den Beatles eingespielt, der Lieblings-Popgruppe von van Gaal.

Diese Ausgelassenheit, die er im Film verbreitet, scheint immer mehr zu ihm zu gehören. So war er immer schon, aber jetzt ist es ungebremst der Fall. So wie bei Filmen, die sich wie ein Lauffeuer verbreiteten, man denke nur an seine Botschaft für Marokko, kurz vor der WM 2018. In einem grünen Poloshirt und einem finalen Schrei ‚Jaah!' So wie Bilder aus Rwanda auftauchten, wo er für den guten Zweck in traditionellen Kleidern einem Baby-Gorilla den Namen Indongozi (Führer) gab. So wie er beim Abschiedsspiel von Rafael van der Vaart in Hamburg strahlte. Auch der hatte ihn gebeten, als Trainer für sein All-Star-Team, das gegen den HSV spielte, zu fungieren.

„Ich bin immer schon eine Stimmungskanone gewesen. Im Fernsehen war ich öfter weniger amüsiert zu sehen, weil Journalisten mich provozierten. Das Bild prägt sich ein. Aber ich sagte nicht umsonst, dass ich in Deutschland ein *Feierbiest* bin."

Die katalonische Dokumentation ist so schön, weil sie ein Gesamtbild wiedergibt. Manchmal lobend über van Gaal, manchmal kritisch. „Sie fragten besonders nach Cruyff. Damals musste ich darauf antworten und habe mich auch nicht davor gedrückt zu sagen, dass er es mir mit seinen Kolumnen und seinem Kommentar schwer gemacht hat. Ich fand es ärgerlich, dies tun zu müssen, weil Cruyff tot ist. Deshalb macht es keinen Sinn, dies immer wieder zu thematisieren."

Bei *Fysiomed* in Amsterdam setzt sich exakt in diesem Moment eine spanische Mutter mit zwei Kindern an den Nachbartisch. Sie essen einen Apfel und geben Louis van Gaal die Hand. „Das ist doch schön? Ich finde das ehrenvoll, dass die Menschen noch wissen, wer ich bin."

Und wieder über die Doku: „Als Lluís mich bat mitzuwirken, dachte ich bei mir: Bin ich noch interessant? Kommen Sie alle in die Niederlande? Aber Lluís sagte: ‚Wir möchten den echten Louis van Gaal zeigen, ich kenne dich besser als das Publikum.' Ich sagte: ‚Lluís! Das ist 20 Jahre her! Und meine zweite Periode dort war dramatisch schlecht.' Aber er meinte: ‚Man kann dich auch anders sehen, das will ich zeigen.' Nun ja, gut."

Die ganze Aufmerksamkeit, die eher zu- als abnimmt, es erstaunt ihn wirklich. „Während des UEFA-Cup-Finales Ajax – Manchester United musste ich durch Stewards begleitet werden, so viele Menschen wollten mir die Hände schütteln. Ich möchte nie eine Sonderbehandlung. Aber in Manchester und Madrid kann ich nicht so einfach zum Stadion gehen. Das tat ich einmal, als Analyst für Ziggo. Eskortiert von zwei Polizisten zu Pferd. Das war ein Chaos, das hatte ich überhaupt nicht erwartet. Im Stadion von Manchester sang der gesamte Manu-Anhang *second time*, als sie mich sahen. Das hat mich schon beeindruckt."

Er ist natürlich Manager auf Lebenszeit. So wie Pep Guardiola es ausdrückte: bis zu seinem Tod mit Taktik beschäftigt. Der Trainer von Manchester City meint, dass van Gaal zurückkommen müsse. Ein Sabbatical, das ist okay, aber dann weitermachen. Van Gaal: „Das kann Pep ruhig sagen, aber ich habe mit meiner Truus Verabredungen getroffen. Und solche Absprachen macht man nicht einfach. Ich habe meine Karriere schon verlängert. Und es ist auch nicht so, dass es immer Grund zum Jubeln gab, darunter hat Truus am meisten gelitten. Ich hatte schwere Zeiten bei Barcelona und in der ersten Oranje-Periode, die Zeit als Technischer Direktor bei Ajax war nicht schön, später das Gleiche bei der Cruyff-Revolution. Es ist doch auch viel missglückt.

Hast du dir auch mal Hilfe geholt?

„Nein, aber was meinst du damit?"

Nun ja, beispielsweise wenn es ganz und gar nicht schön ist. Oder nach dem Tod von Fernanda, fühltest du Trauer oder Wut? Bei einem Spieler hättest du ihm wahrscheinlich dringend geraten, psychologische Hilfe anzunehmen.

„Es ist nicht erstaunlich, dass ich mich selbst nie von einem Psychologen habe beraten lassen, während ich das andererseits Anfang der 1990er-Jahre in meinem Mitarbeiterstab eingeführt habe. Es hängt von der Person ab, ob man einen Psychologen hinzuzieht oder nicht. Ich habe nie zu einem Spieler gesagt: ‚Du solltest mal zum Psychologen.' Ich habe es immer als eine Option benannt, als eine Möglichkeit, und dann liegt es am Spieler, ob er diesen Ratschlag annimmt. Ich will Menschen darauf hinweisen, dass es helfen kann, mit jemandem zu sprechen. Aber ich werde andere nie dazu nötigen. Durch die wissenschaftliche Entwicklung weiß man allerdings inzwischen immer mehr, was sich im Gehirn und in der Psyche abspielt, es ist davon auch immer mehr bekannt.

Selbst bin ich überhaupt nicht einer, der das Gefühl hat, psychische Hilfe zu benötigen. Auch nicht nach dem Tod von Fernanda. Ich konnte es für mich selbst lösen, indem ich einen Platz für meine Trauer fand. Wahrscheinlich auch deshalb, weil ich in der Lehrer-Ausbildung gelernt hatte, Situationen zu analysieren und die auch zu bewerten. Das habe ich mit meinen Töchtern getan. Wir haben nach dem Tod von Fernanda zu Hause eine Atmosphäre geschaffen, mit der wir leben konnten, meine Töchter haben mich in die Lage versetzt, dass ich normal weiter arbeiten konnte. Ich finde, dass man so etwas selbst lösen muss. Ein anderer kann es nicht für dich tun. Die Trauer beim Tod von Fernanda war groß, aber ich habe psychisch nicht darunter gelitten."

*

Das Ende des Jahres 2019 rückt näher, leichte Bestürzung bei *Fysiomed* in Amsterdam. Neue Küche. Andere Leute, andere Speisekarte. Wo ist der Curry-Wrap mit Hühnchen und Avocado abgeblieben? Glücklicherweise hat Louis van Gaal auch hier wieder einen umwerfenden Humor, ist sich schnell eins mit der jungen Schönen, die jetzt das Catering organisiert. Ein Carpaccio-Sandwich schlägt das Mädchen vor. Van Gaal stimmt zu. „Wenn du sagst, dass es lecker sei, dann glaube ich das. Dann vertraue ich dir." Kurz danach nickt er vergnügt. „Auch lecker." Das Mädchen strahlt.

Anschließend erzählt er, dass er eigentlich immer ein paar Monate nötig hatte, um zu Erfolgen zu kommen. „Das war bei Ajax so, bei Barcelona, bei AZ und bei Bayern. Ich hatte immer einige Zeit nötig, um meine Fußballvision zu implementieren und um zu sehen, wie ich junge Leute einbauen konnte. Es gab immer einen kurzen Draht mit den Trainern der zweiten Mannschaft, egal ob nun mit Gerard van der Lem, Ronald Koeman oder Marcel Bout. Ich wollte der Jugend eine Chance geben. Die Mourinhos dieser Zeiten sagen dann meist: „Van Gaal musste das machen, weil er so viele Verletzte hatte." Das behauptete er, nachdem er mein Nachfolger bei Manchester United wurde. Das stimmt nicht. Ich hatte immer im Kopf, jungen Spielern eine Chance zu geben. Das hatte ich immer so gemacht. Das ist Teil meiner Philosophie. Ich glaube fest an das Erneuern der Mannschaftshierarchie. Wenn man im Aufgebot Platz für minimal drei

Jugendspieler reserviert, funktionieren Verjüngung und Erneuerung fast wie von selbst. Dadurch wird der Schritt vom Talent zum Stammspieler auch kleiner. Zumeist gehörten zu diesen drei ein Torwart und zwei Feldspieler. So bekam Victor Valdés die Chance bei Barcelona, obwohl ich auch Reina und Hesp zur Verfügung hatte.

Viele Trainer haben Probleme damit, junge Spieler in die Vorauswahl zu nehmen und einzubauen. Man entwickelt eine Beziehung mit Spielern. Man hat gesehen, dass Alex Ferguson es nicht geschafft hat, sich von seiner alten Garde, die er selbst ins Aufgebot geholt hatte, zu trennen und sie zu ersetzen. Er bekam es nicht übers Herz. Seine Nachfolger hatten dann damit zu tun. Bei Barcelona dasselbe, dort traf ich auf eine Gruppe, die mit Bobby Robson und davor mit Cruyff gearbeitet hatte. Ich hatte selbst nie Probleme damit, junge Leute in den Kader zu holen, weil ich immer einen Mix wollte von jungen Leuten, die den Ehrgeiz hatten, und Routiniers, die ihren Job aber nicht routinemäßig erledigen wollten. Sie wurden durch die ansteckende Begeisterung der Jugend wachgerüttelt."

So ein Junger wie Max Reckers rüttelt dich also auch wieder wach? Der sagt dann: Luis, du musst die Bilder zeigen!

„Das wusste ich natürlich schon längst! Dass Spieler zu 75 Prozent durch Zuschauen lernen, das ist bewiesen. Die Wissenschaft geht unaufhörlich weiter. Schon während meiner Zeit in der Lehrerausbildung galt das Trio Bild-Gespräch-Tat (Anmerkung: was sich im Niederländischen netter anhört und sich reimt: *plaatje – praatje – daadje*). Dann drehten wir es um und kamen zum Evaluieren, zur Auswertung. Man kann es besser zuerst ausführen, danach spricht man darüber: Was siehst du, was hast du getan, wo sind die Fallen? Man muss zuerst ansehen können. Ich erkläre es erst, nachdem das Bild da war. Wohl formuliere ich anfangs die Zielsetzungen: Was werden wir machen, was wollen wir erreichen? Bei der niederländischen Nationalmannschaft arbeitete ich genau so, auch deshalb, weil dort so viele Spieler aus verschiedenen internationalen Vereinskulturen kommen.

Ich habe zu Beginn meiner zweiten Periode bei Oranje Bilder von Oranje unter Bert van Marwijk und von Barcelona gezeigt. Ich habe gesagt: „Seht! So war es. Und seht: So werden wir Fußball spielen. Also wir kommen von hier und gehen dorthin." Danach erklärte ich, welche Schritte wir unternehmen mussten. Am zweiten Tag haben wir die Disziplin und die Regeln besprochen.

Früher sah man mich immer, wie ich während des Spiels schrieb. Mit diesen Notizblöcken. Inzwischen ist das kaum noch nötig, weil der Computer-Guru Einzug gehalten hatte. Von jeder Kleinigkeit gibt es jetzt Bilder. Man kann alles abrufen. Aber ich notiere auch noch etwas in meinem Büchlein, weil ich dadurch strukturiert und chronologisch die verschiedenen Aspekte in der Pause oder nach dem Spiel benennen kann. Aber nicht so, dass ich von Minute zu Minute erzähle, was gut war oder schief gelaufen ist, nein, nur das, was ich für wichtig genug halte, um es noch einmal anzusprechen. Das geschah nie auf individueller Basis, der Bezug war immer die taktische Team-Zusammenarbeit. Da gehörte dann mal eine individuelle Aktion dazu, wie beispielsweise die Bewegung als Verteidiger von der Außenseite nach innen,, um die Räume so eng wie möglich zu machen, das Pressing zum Ball, alles Dinge, mit denen man bei einer guten Ausführung der Mannschaft weiterhilft, bei einer schlechten schadet.

Seitdem es diese Bilder gibt, wollte ich noch viel lieber gleich am Tag nach dem Spiel wieder trainieren. Es macht keinen Sinn, diese Bilder zwei Tage später anzusehen, dann gibt es erst einen freien Tag und danach hat keiner mehr das Spiel im Kopf. Am Tag danach kann man am besten auslaufen und auswerten. Das gilt ganz bestimmt für England, wo man nach einem Spiel gern ein Bier trank oder Pommes aß, so viel zur professionellen Einstellung. Da hielten einige Spieler die Kultur für wichtiger als die Professionalisierung.

Bevor wir den Spielern die Bilder zeigten, hatten wir sie bereits im Mitarbeiterkreis diskutiert. Bei Manchester United leitete Albert Stuivenberg die Nachbesprechung, dann durfte es nicht so sein, dass ich mit ihm nicht übereinstimmte. Wenn die Spieler ihm nicht zustimmten, konnte ich es dann noch einmal verdeutlichen. Oder ich ließ es Albert allein machen, das konnte er sehr gut, nur manchmal war es nötig, dass ich eingriff. Für mich war das ein bis dahin unbekannter Luxus, denn bis 2014 habe ich immer alles alleine gemacht. Erst in meiner zweiten Periode bei Oranje habe ich Teile der Vorbereitung aus der Hand gegeben. Frans Hoek erklärte den Spielauftakt nach ruhendem Ball, Danny Blind analysierte den Gegner und ich leitete die taktischen Besprechungen, wie wir das Ganze angehen sollten. Ich habe erst damals gelernt zu delegieren."

Die Weiterentwicklung der Spieler haben Wissenschaftler in viele Formen beschrieben. Welche ist die beste?

„H-O-O-P (Anmerkung: Das steht im Niederländischen für *Herkennen, Ordenen, Oefenen, Presteren* – Erkennen, Sortieren, Üben, Erfolgreich sein). Eine großartige

Erfindung von Max. Besser als dieses *Von unbewusst inkompetent hin zu unbewusst kompetent*. Ich finde es verständlicher durch dieses Wort HOOP, Hoffnung, das ist ein Teil von mir."

Dass Spezialisten diese Dinge in ein Schema bringen hat dir auch wieder geholfen oder dich bestätigt?

„Mit den ganzen Schemata ist es so: Die Theoretiker ziehen eine dicke schwarze Linie zwischen den unterschiedlichen Phasen, ich setze aber immer eine gestrichelte Linie dazwischen. Wir sind alle Menschen. Wir können Fehler machen. Zurück gehen. Ich denke nicht so schwarz-weiß. So komme ich manchmal rüber, genau weil ich die Herausforderung so hoch ansetze. Das heißt also, wenn man nach einer Übung etwas kann und ich das dann auch als Standard erwarte, ist es nicht so, dass ich es nicht verstehe, wenn man es nicht zu allen Zeiten hinbekommt. Aber: Die Spieler sollen immer daran denken: *Ähm, wenn ich es nicht bringe, könnte ich draußen sein.*

Es geht zuerst um einen einzigen Spieler in deinem Aufgebot von anfangs 16 bei Ajax, bei Oranje waren es schon 23 und bei Manchester schon 35. Genau das ist das Spannungsfeld. Und die Spieler müssen damit in ihrem Kopf klar kommen. Das ist Topsport. Diese Herausforderung müssen sie annehmen."

Ist es das größte Missverständnis, was wir von dir glauben, dass du immer so streng bist?

„Das *Totale-Mensch-Prinzip* ist das genaue Gegenteil vom autoritären van Gaal. Professor Dr. Rijsman von der KNVB-Akademie hat mich gelehrt, wie das Belohnen und Strafen funktioniert. Ich habe dadurch begonnen, alles in einem größeren Zusammenhang zu sehen. In einem Team funktioniert das noch besser als beim Individuum. Das stärkt das Vertrauen in die Mannschaft und das ist so wichtig. Aber auch da muss man als Coach das Gleichgewicht finden, denn wenn etwas schlecht umgesetzt wird, musst du es auch benennen und danach kommunizieren."

Ja, und ich habe dich schon sehr oft verärgert gesehen.

„Nur wenn ich meine Geduld verlor. Aber das ist im Laufe meiner Karriere immer weniger geworden. Nur die Medien stellen es halt immer wieder in den Vordergrund. Als Coach muss man sehr fordernd sein dürfen, muss man nicht immer nur nett sein, man muss offen alles sagen können. Aber die Medien picken sich diese Dinge immer wieder heraus und legen sie unter ein Vergrößerungsglas. Die Medien verstehen es auch anders als die Spieler.‘

Aber doch haben die Bilder auf Óscar Einfluss gehabt, die Leute werden ihn gefragt haben: Was hat dich dieser van Gaal dort aber angemacht!

„Ja, natürlich. Die Bilder stammen aus der Anfangszeit als Trainer im Ausland, als die Resultate nicht stimmten. Dieses Detail pflückte man heraus, und dann wird wochenlang darüber diskutiert. So wird es eine Riesensache und hat großen Einfluss auf den Teambuilding-Prozess. Wobei ich es für die normalste Sache der Welt halte, wenn ich so auf Óscar einrede. Warum sollte ein Spieler mehrere Male denselben Fehler machen und warum darf ein Trainer darüber nichts sagen? Das ist doch Unsinn? AZ bat mich um Rat, als der Verband die Jugendfußballausbildung evaluierte. Ich sagte: ‚Ihr habt eine Jugendfußballausbildung, die zu pädagogisch strukturiert ist, wobei ich glaube, dass es hier nicht um eine Grundschule geht, es handelt sich um Sport; Topsport-Ausbildung sollte herausfordernd sein, anspruchsvoll. Sport, und ganz sicher Topsport, entscheidet sich mit dem kleinsten Detail. Und um genau dieses eine kleine Detail zu beherrschen, muss man herausfordernd sein.‘

Ich bin ein offener Mensch und immer positiv. Mehr der belohnende als der strafende Trainer. Ich habe noch nie gelogen und spiele nicht irgendeine Rolle; wenn ich jemanden Fehler machen sehe, kann ich aus meiner Haut fahren. Das passiert gelegentlich. Der Van-Gaal-Modus lautet: ‚Das geht so gut, aber ich warne.‘ Ich will Menschen nie verletzen. Es dreht sich immer um den Prozess, über den ich nachdenke.“

Manchmal haben Spieler genug Willenskraft, aber der Rest des Körpers bereitet Probleme, wie gehst du damit um?

„Wie komplex das alles ist, zeigt sich bei einem Spieler wie Arjen Robben. Er hat bei Bayern fantastische Spiele gezeigt, aber letztendlich spielen die Gene eine größere Rolle als der Willen. Wenn Max die Bilder vom Solo gegen Schalke in der Verlängerung zeigt, denke ich mir: Hier wird eine Ausnahme als normal beschrieben. Arjen war auch bei Bayern oft verletzt. So ehrlich müssen wir sein. Ich glaube, dass der Geist und der Wille in dieser 112. Spielminute gegen Schalke sehr stark war und der Körper es gerade noch umsetzen konnte. Aber so oft schaffte der Körper das nicht. Arjen hat explosive Muskeln und sah sich oft Fouls ausgesetzt.

Für Explosivität muss man fit sein. Also hart und gut trainieren. Aber für Arjen wäre auslaufen und weniger hart trainieren vielleicht vernünftiger. Doch schien mir das noch gefährlicher. Wenn man dann explosive Aktionen startet, steigt die Chance auf Verletzungen deutlich. Auf einen Nenner gebracht: Seine Gene machten ihm ordentlich zu schaffen.

Trotzdem hat unser Computer-Guru recht, dass wir Daten benutzt haben und KPI, die kritischen Leistungsindikatoren (*Kritieke Prestatie-Indicatoren*). aufgestellt haben. Ich halte das für nützlich, um Bestätigungen zu erhalten. Anfangs war ich noch sehr skeptisch, weil ich dachte: Wenn Spieler selbst irgendwelche Formulare ausfüllen, bekommt man ein sehr subjektives Bild. Aber am Ende kam heraus, dass es doch klappte, wenn man viele Daten sammelte. Wenn sie selbst entsprechende Aspekte notierten, verletzten sie sich tatsächlich eher. Die Spieler kannten sich sehr gut."

Max ist auch ein großer Fan von Virtual Reality (VR). Ist das die Zukunft?

„VR ist ein probates Mittel. Es hilft Spielern dabei, schneller Entscheidungen zu treffen. Und selbst wenn man verletzt ist, kann man mit Hilfe dieser Bilder doch noch situativ trainieren. Man fühlt sich durch die VR wie auf dem Spielfeld, mit Widerstand, und man trainiert dann sein Gehirn, unter Druck und mit Schnelligkeit zu entscheiden. Dann besteht die Aufgabe darin, die spezielle Aktion zu starten, die im Interesse der Mannschaft ist. Meistens geht es darum darauf zu achten, wo die Räume liegen, in welchem Raum sich der Spieler bewegt und wohin der Ball geht. Dann geht es wieder um *von bewusst kompetent zu unbewusst kompetent* zu trainieren. Zu meiner Zeit steckten die Drei-Dimensionalität und VR noch in den Kinderschuhen, heute gibt es Menschen, die auf der Basis von Bildern Häuser kaufen. Lustig. Fußballer haben von Natur aus das räumliche Denken. Dennis Bergkamp war so ein Phänomen. Keine Neun, keine Zehn, tatsächlich ein Spieler auf der Position Neuneinhalb, so wie er zwischen den Linien stand, wusste er exakt, wie er die Räume nutzen konnte."

Wird der Trainer der Zukunft an der Hand der Wissenschaft arbeiten?

„Die Zeit rennt, Max ist sehr wichtig als Computer-Guru bei Bestätigungen, aber ich habe immer noch den Satz von Bobby Harms im Hinterkopf, der mir mal sagte: ‚Du musst deinem ersten Gedanken folgen.' Dann saßen Gerard van der Lem und ich da und diskutierten, während Bobby seinen Kopf schüttelte. ‚Deine Idee umsetzen!', polterte es aus ihm heraus. Und auch Max sagte so oft, nachdem er alles schon sehr genau untersucht hatte: ‚Verdammt noch mal, du sagtest es schon!' Nur, dank Max hatte ich immer Belege dafür. Meine Gedanken waren nicht auf losem Sand gebaut. Das ist in meiner Laufbahn sehr wichtig gewesen. Ganz bestimmt im Hinblick auf die Spieler. Ich halte nicht viel von Subjektivität. Einige können leider damit nicht umgehen, sodass Daten und Fakten auch nachteilig wirken können. ‚Lass es ihn am besten nicht sehen', sagte ich dann. Max fand das problematisch und sagte: ‚Es ist doch aber eine Tatsache?' Ich: ‚Ja, aber was glaubst du, macht es mit einem?'

Alle hören zu wenig richtig zu. Früher sprach man über fit und Wettkampf-Fitness. Heutzutage hat man objektive Maßstäbe, und doch bleibt die Frage: Was ist denn Wettkampf-Fitness? Es wird immer noch so sein können, dass ein Spieler mit großer Willensstärke es hinbekommt. Es kann sein, dass ein Spieler wegen Kritik aufgewühlt sein kann, es kann sein, dass Spieler sich durch negative Statistiken so erschrecken lassen, dass sie verwirrt sind.

Es geht immer wieder um das Balancieren auf einem schmalen Pfad. Darum ist der Trainer-Beruf so schwierig. Man muss sich immer wieder in jedes Individuum hinein versetzen. Sie immer wieder in die Pflicht nehmen, sie fit halten, sodass jeder in die Lage versetzt wird, Leistung zu bringen, denn das ist dann wieder das Beste für die Mannschaft.

Ich bin in diesem Zusammenhang kein Leser, kein Schriftsteller. Ich war wie Rinus Michels. Bert van Lingen hielt für ihn alles fest, das war die Basis für Entscheidungen. Aber es ist der Coach, der die Verantwortung übernimmt. Der die Entscheidungen trifft. Es ist nicht Alfred Schreuder oder Louis van Gaal, es ist Erik ten Hag, der entscheidet: Donny van de Beek in die Startelf. Es geht darum, seinen Mitstreitern zuzuhören, die Menschen, mit denen man diskutieren kann, sind wichtig. Ich habe meinen Mitarbeitern immer zugehört. Aber ich habe immer meine eigenen Entscheidungen getroffen."

Darf ich noch auf das Diskutieren und „Alles-in-Erwägung-ziehen" zurückkommen. Das heißt doch ganz einfach: Was muss man tun? Marc Overmars sagte es ebenfalls: Es ist so wichtig, Menschen wie Ton Boot und Louis van Gaal immer wieder zuzuhören.

„Jeder sagt es mir: ‚Du musst dein Know-how weitergeben.' Aber das habe ich nun drei Jahre gemacht, mehr als mir lieb ist. Das geht auf Kosten meiner neuen Freiheit. Es ist auch Unsinn. Denn die Entwicklung im Fußball geht heute so rasend schnell, bei der ich nicht mehr mithalte, weil ich nicht mehr Teil dieser Fußballwelt bin. Drei Jahre ist im Fußball eine lange Zeit."

Glaubst du das heute?

„Ich weiß, was ich getan habe, ich weiß, was ich für den Fußball bedeutet habe. Aber zweifellos sind in diesem Zeitraum von drei Jahren, in denen ich nun raus bin, viele Menschen aufgestanden, die viel für den Fußball bedeuten."

Kurze Stille: „Aber nun ja. Du hast recht: 29 Jahre lang Coachen auf höchstem Niveau, das können nicht viele Menschen von sich sagen."

Du wirst doch einfach verrückt davon, dass jeder etwas von dir will?

„Weißt du, was verrückt ist? Dass die Leute denken, es geht bei mir etwas ruhiger zu, da ich jetzt ja keinen Verein mehr trainiere. Das stimmt überhaupt nicht. Wenn ich in den Niederlanden bin, wird es zu einem echten Problem. Drei Gesprächstermine an einem Tag, das ist noch viel intensiver als einen Verein zu trainieren. Ich muss von einem zum anderen, und überall muss ich pünktlich sein. In den Niederlanden. Bei diesem Verkehr. Das bereitet mir mehr Stress als ich vorher gehabt habe. Denn ich möchte schon pünktlich sein."

Mit wem führst du die Gespräche?

„Viele Vereine, Spieler, Trainer, Menschen aus dem Sport, sie fragen mich alle um Rat. Die Wirtschaft. Die Politik. Man kann es sich nicht vorstellen. Ich denke nur, dass ich diese Ratschläge gar nicht geben kann, weil ich in der Praxis nur im Fußball tätig war. Also muss über Wasserball jemand etwas erzählen, der dort gearbeitet hat, finde ich. Aber in Sachen Know-how-Weitergabe mache ich einiges. Das werde ich aber zurück fahren, von dreimal am Tag zu einmal am Tag. Das gefällt mir, eigentlich will auch ich dort auf Null. Herrlich.

Wie funktioniert das? Dann gibt es einige Anfragen für Präsentationen, wähle ich eine aus, mache das und hoppla, eine Woche später liegen wieder 30 Anfragen vor. Man wird verrückt davon. Aber ja, dann waren da viele Unternehmer in dem Saal, als ich mal für einen Betrieb einen Vortrag hielt, und dann wollen sie alle, dass ich das auch bei ihnen mache, denn: oh, was macht er das nett. Der kleine Film auf YouTube, wo ich in einem Saal vor Unternehmern vor der WM diesen Vortrag hielt, das ist auch so ein Beispiel. Das finden die Leute anscheinend fantastisch."

Du hast also noch keine Vorstellung davon, was es heißt, in Rente zu sein?

„Ich musste mich zumindest noch nicht an einem einzigen Tag langweilen. Seit ich 2016 bei Manchester United entlassen wurde, habe ich mehr zu tun als jemals zuvor. Aber ich mache auch sehr viele schöne Dinge, ich will mich nicht beklagen. Ich wusste schon, dass ich das Leben genießen werde, vorher hatte ich bereits zwei Sabbaticals gehabt und das fand ich sehr schön. Truus ist eine Frau, die mir Raum gibt und ich gebe auch Truus den Raum."

Ja, ist das nötig?

„Auf einmal ist der Mann immer zu Hause, hallo. Wenn dann Partner immer aufeinander hocken, funktioniert es nicht so gut. Aber, und das ist so nett, ich sitze nicht still. Ich beschäftige mich nicht mit den Geranien. Tatsächlich würde ich gern nichts machen. Verstehst du das? Truus findet das komisch. Wir waren einmal in Cannes, dort habe ich zum ersten Mal in meinem Leben eine Netflix-Serie im TV gesehen. Das habe ich mir angeschaut. Truus kam einmal nach Hause und ich sagte ihr: ‚Truusje, es ist etwas passiert!' Sie fragt: ‚Was denn?' ‚Ich habe eine Netflix-Serie gesehen!' Zu Hause! In meiner Ecke. Denn normal sehe ich nur im Flugzeug Netflix. Aber jetzt, als ob es das Normalste der Welt sei: eine Serie von vor zehn Jahren, *The good wife*. Es geht um Politik und juristische Dinge, ich fand es schön, interessant. Aber es war wirklich zum ersten Mal so."

Du bist also lieber im Ausland, verstehe ich . . .

„In den Niederlanden habe ich einen Termin nach dem anderen, und in Portugal kann ich immer das machen, was ich selbst will. Das geht auch in der Schweiz. Dort kann ich im Sommer baden und Golf spielen, ich habe dort einen Fitness-Raum, und im Winter fahre ich Ski, es gibt Restaurants in der Nähe, ein Zug bringt uns von dort aus innerhalb von eineinhalb Stunden nach Mailand, wir haben dort alles. Ich habe das Penthouse in der Schweiz gekauft, weil ich nun zwischen drei Klima-Zonen wählen kann. Wenn es im Sommer in den Niederlanden eine Hitzewelle gibt, sage ich: ‚Truus wir fahren nach Andermatt. Herrlich.' Dann sitzen wir dort auf unserem Balkon, 25 Grad – und wir haben doch das Gefühl zu Hause zu sein."

Für den Lebensgenießer gibt es allerdings häufig auch eine Kehrseite. „Ich habe in den letzten Jahren viele Menschen verloren. In meiner Familie gab es diese Trauer öfter. Mein Vater, meine Brüder und Schwestern sind schon jung gestorben. Wir haben auch schon einen Schwiegersohn verloren, viel zu jung, schrecklich. Auch darum habe ich eine Strategie entwickelt, wie ich zusammen mit Truus älter werden will. Wir haben die Orte gesucht, die jetzt und später besser zu uns passen, die uns beim Älter-Werden helfen, mit allerlei Annehmlichkeiten.

Auch habe ich mir Gedanken über Euthanasie gemacht. Wie nehmen wir voneinander Abschied. Darüber habe ich mit Truus und den Kindern lange und viel gesprochen. Ich habe nun die Zeit, um das alles zu ordnen. Das ist eine Entscheidung. Viele Menschen schieben das vor sich her, aber ich will das nicht. Das hat mit dem Tod von Fernanda zu tun, der Mutter meiner Kinder. Wir haben uns damals nicht gut voneinander verabschieden können. Das ist das Schlimmste, was es gibt. Meinen Kinder hat das damals sehr wehgetan, da haben wir sehr viel Lehrgeld bezahlt. Das hätte nicht sein dürfen. Ich möchte verhindern, dass so etwas auch bei mir passiert. Ich habe eine Idee vom Sterben, ich will es im Beisein von meinen Liebsten tun. Der Abschied von Fernanda hat mir die Augen geöffnet. Deshalb hoffe ich, dass ich über meinem eigenen Abschied bestimmen kann. Dafür habe ich alle Vorbereitungen getroffen, das hat viel Zeit gekostet, denn in den Niederlanden ist das alles nicht so einfach. Aber ob es alles auch so passiert, hat man leider nicht selbst in der Hand."

Denkst du oft an den Tod?

„Nein, aber ich werde in meiner Umgebung oft damit konfrontiert, das gehört zum Älterwerden. Der Tod ist Teil des Lebens. Ich akzeptiere alles, was zum Leben gehört. Gegenwärtig haben die Leute große Probleme damit, sie akzeptieren nichts mehr. Man kann gegenwärtig plastische Chirurgie anwenden. Leute sagten mir: ‚Louis, warum machst du nichts mit deiner Nase?' Die ist dreimal gebrochen, aber ich sagte: ‚Warum?' Jeder kennt mich mit dieser Nase. Meine Truus bezeichnet das als markantes Gesicht. So erkennt man mich. Ich werde dieses Gesicht doch nicht mehr verändern?"

Kollektive Wirksamkeit: Was Schule mit Fußball zu tun hat und umgekehrt.

Fußball ist der Mikro-Kosmos der Welt; elf Leute wollen gewinnen, ärgerlicherweise stehen auf der anderen Seite auch elf Leute, die genau das verhindern wollen, weil auch sie gewinnen wollen. Der Trainer leitet die elf Jungs oder Mädchen an, die wollen wiederum vom Trainer wissen, was sie tun müssen, um erfolgreich zu sein. Darum also auch der Blick in die schulische Welt, die Welt des schulischen Unterrichts, in der ich seit meinem Abschied aus dem Journalismus 2009 tätig bin.

Und was dort wirksam ist, Erfolg hat, weiß man spätestens nach der weltweit angelegten Untersuchung des neuseeländischen Bildungsforschers John Hattie. John Hattie entwickelte eine Rangliste verschiedener Einflussfaktoren auf den schulischen Lernerfolg, indem er die Einflüsse aus zahlreichen Analysen in Bezug auf ihre Effektstärke untersuchte. ‚What works?' lautet seine Frage: Was hilft wirklich, um Gelerntes zu behalten. Der Augsburger Professor Klaus Zierer setzte die Untersuchungen fort und kam zu dem Schluss, dass Kollektive Wirksamkeit den größten Einfluss auf erfolgreiches Lernen hat. Das gesamte Lehrer-Kollegium arbeitet gemeinsam am Ziel, den Schülern viel beizubringen: Vom Miteinander überzeugte Lehrpersonen steigern die Lernerfolge.

Bei der Übersetzung des Buches von und über die Arbeitsweise von Louis van Gaal musste ich fortwährend Parallelen ziehen. Aus dem Buch: „Monolog: Hierbei erzählt Louis, wie es gehen muss. Auf eine dominante Art. Ein Meter nach links, ein Meter nach rechts. Keine Interaktion, keine Diskussion. Nicht schön. Die Spieler fragen sich, was geht hier ab? Aber danach: Dialog. Louis stellt Fragen. Wie geht es zu Hause. Wie schätzt du deine Position ein? Aber hallo, ein netter Typ! Und wenn man es dann hinbekommen hat, ist der auch noch bereits, es für dich anzupassen, zu verändern!"

Jeder der Gruppe weiß um seine Aufgaben, weiß, wie es geht und arbeitet mit anderen zusammen – das Ergebnis ist kollektive Wirksamkeit, Fußballsprache in Wissenschaftssprache übersetzt. Auch nachdem Louis van Gaal schon so viele Jahre aus dem Fußballgeschäft heraus ist, kann man als Trainer und Manager, aber auch als Lehrer noch sehr viel von ihm lernen.

Egon Boesten

Register

Robert Heukels berichtete über Louis van Gaal viele Jahrzehnte für die Zeitschriften *Nieuwe Revue* und *Sportweek.* Er war Team-Manager von Go Ahead Eagles Deventer und schrieb unter anderen das Buch die *Godenzonen van Ajax – Tien jaar later.*

Egon Boesten war jahrelang Sportchef einer Regionalzeitung in der Nähe von Hamburg, schrieb über den niederländischen Fußball und übersetzte Johan Cruyffs *Voetbal-visie*: Johan Cruyff – der Prophet des Tores (2019).

Leibniz Blätter Verlag – aus dem Buch-Programm

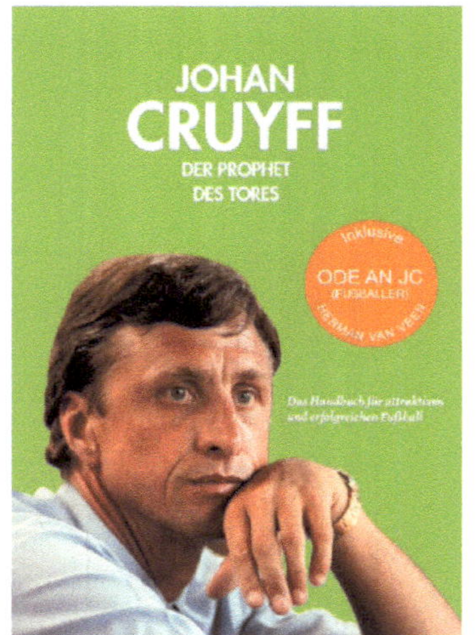

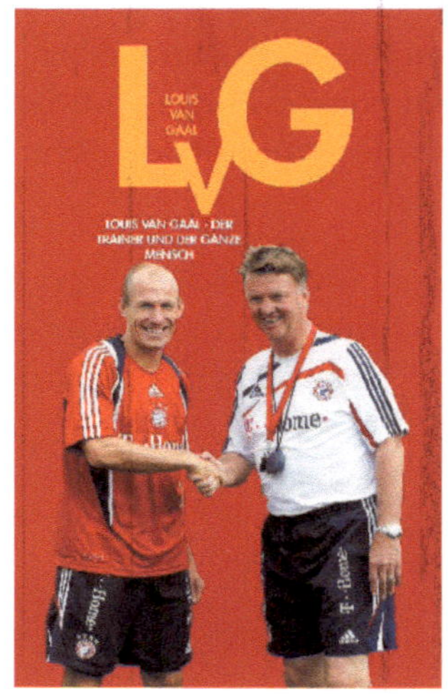

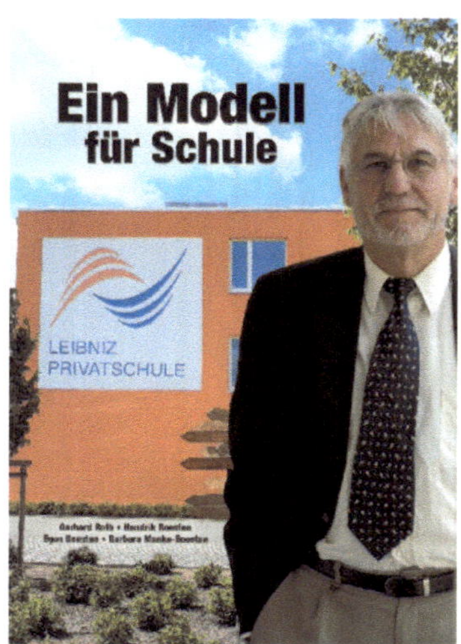

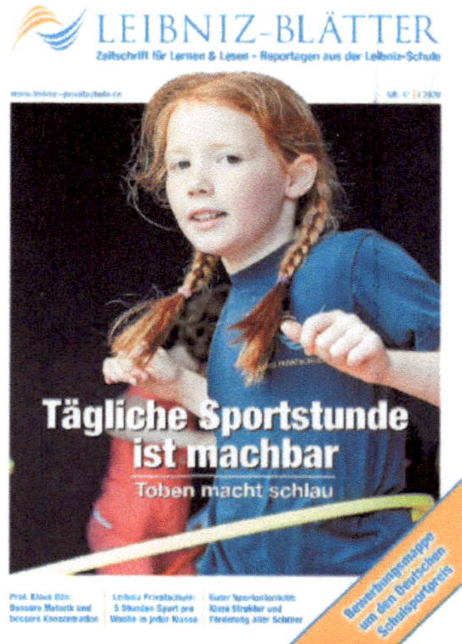

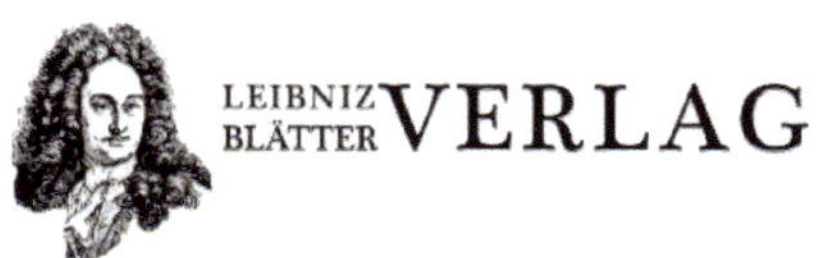